万世德传

卢银柱 / 著

山西出版传媒集团 三晋出版社

图书在版编目（CIP）数据

万世德传／卢银柱著．—太原：三晋出版社，2020.5

ISBN 978-7-5457-1862-1

Ⅰ．①万…　Ⅱ．①卢…　Ⅲ．①传记文学—中国—当代　Ⅳ．①I25

中国版本图书馆 CIP 数据核字（2020）第 052341 号

万世德传

著　　者： 卢银柱
责任编辑： 张继红
责任印制： 李佳音
装帧设计： 段宇杰

出 版 者： 山西出版传媒集团
三晋出版社（山西古籍出版社有限责任公司）
地　　址： 太原市建设南路 21 号
电　　话： 0351-4956036（总编室）
0351-4922203（印制部）
网　　址： http://www.sjcbs.cn

经 销 者： 新华书店
承 印 者： 山西人民印刷有限责任公司

开　　本： 720mm×1020mm　1/16
印　　张： 28.5
字　　数： 300 千字
版　　次： 2020 年 5 月　第 1 版
印　　次： 2020 年 5 月　第 1 次印刷
书　　号： ISBN　978-7-5457-1862-1
定　　价： 68.00 元

如有印装质量问题，请与本社发行部联系　电话：0351-4922268

序

阎晶明

乡友卢银柱先生又有新书要出版，这自然是一件可喜可贺的事。深居晋西北一座小县城里，却选择了学术与写作作为自己的人生道路，这让我想起很多小说里的人物，因为现实环境与内心理想的巨大反差，生出许多悲喜剧。卢银柱矢志不移几十年，如今年过花甲仍然笔耕不辍且屡有新作，倒不像是在与命运做斗争，而是顺应了某种正确的选择。细想这也不是偶然的事。一是他的研究和写作与生于斯长于斯的家乡有关，他是植根于自己生活的土地上的研究者和写作者，成果不论大小，传播勿论远近，他做的工作总会有某一方面的价值体现，因而时有欣慰；二是他赶上了一个好时代，文化受到重视，地域文化的挖掘整理、研究宣传得到多方面尊重。

著者力邀我为其新书《万世德传》作序，这实是可喜可贺中唯一让人为难的环节。我与著者为同乡却从未谋面，我对他的评价完全是阅读中遥想出来的"类型化"印象，再进一步则无从评说。比这更为难的是，我对传主万世德其人所知甚少，评价卢银柱的传记因此缺乏资质。如此情形，著者仍然力邀，实是因为乡情产生的天然信任，而且此前也曾有过一点文章上的关系。

那是去年的事了，我读到了卢银柱寄来的著作——中华书局出版的《偏关志校注》和《三关志校注》两厚册书，非常感佩，阅读中更是获益颇多。我联想到了和著者经历相似的很多乡贤式文人，他们必须克服比庙堂里的学者更多的困难，方能在事业精进的路程上取得一点成绩；他们必须突破自身可能存在的某些天然局限，方才可能让自己的声音得到传播。因此，他们对理想的坚持以及从中体现出的韧性，正是这个时代非常宝贵的品质。我就此写了一篇随感式文章，见诸《光明日报》后遂与著者有了一点通信往来。

万世德是晋西北小县偏关历史上分量最重的名人。他自有官位，并有武功，还有文采，更重要的他有功德，有为了国家奉献智慧与生命的传奇，在璨若星河的历史名人长廊里，他可能不是最耀眼的一个，但他的道德文章，他的功名伟业，是家乡人民的骄傲，是民间口口相传的神奇故事。本地人视其为神话式人物，而且将很多生活上的特殊习俗与之关联，就像端午节与纪念屈原有关一样。无论如何，这都是一种特殊的、最反映民间意愿的纪念方式。我印象中，偏关城内独有的十年一次的"万人会"就说是与纪念万世德有关。可这样一位人物，却缺少文字上的足够记载，传记更是无从谈起。卢银柱主动承担起文化的责任，殚精竭虑，完成了长篇传记写作。万世德这样了得的人物，离今天已过去几百年，正史记载甚少，而且真实故事与口头传说互相混杂，因此，作者苦于资料太少的同时，还苦于如何塑造起一个可感可知的人物形象。我知卢银柱是文史工作者，他写作此传，实是因为研究地域文化而产生创作的激情。他要为万世德作出历史地位的辩护，要为乡人塑造一个在历史河流中跃动的可敬人物，他要辨证许多学术上的错误，也要纠正口头传说中的些许不实。他要写出一个人的一生，还要安放其在正史中的位置，他要借此为一方水土一方人物做充满激情的诉说，在某种程度上，也是为乡人们找到一种文化上的足可凭藉的信心。应该说，他努力地做到了自己所能做到的一切。书中大量的旁征博引，实是一般的写作者所不能及的，对传主生平的尽力梳理和证据找寻，也体现出认真扎实的写作态度。当然，我必须要说，卢银柱毕竟本非文学创作者，虚实结合度，叙事生动感，说到底，文学语言的操作上还能看出某些不够圆润、纯熟的地方。但我又坚信，著者在信史与故事之间，在学术与虚构之间，都自觉地选择了前者，这是一种比妙语佳构更有意义的创作精神。也许它不够风雅，但它足够真诚。这种学术上的严谨又恰恰切中了写作的要害，谁能说不是一种对位与融合呢？我相信认真的读者一定会从中读出这一点。

是为序。

2018 年 5 月 7 日

（作者系著名文学评论家、中国作家协会副主席）

目 录

引　子

未入《明史》垂青史

“滚滚长江东逝水，浪花淘尽英雄……”这是明代文学家杨慎《二十一史》弹词第三章《说秦汉》开场词中的一句。普通百姓对这句弹词的熟悉，更多是因了《三国演义》开篇的直接引用。《二十一史》是中国古代的正史，正史到清代变成了《二十四史》，民国时期加上《清史稿》，共称《二十五史》。在众人的心目中，历史上赫赫有名的人物，尤其是帝王将相、治世俊才断然不会在正史中缺席或漏载。然而，在历史长河中，大浪淘沙、泥沙俱下的同时，也往往会裹挟走一些珍贵的明珠。这些明珠，如果不是重新淘洗沙土，重新筛选，可能会一直沉寂，隐藏在历史的尘埃中，鲜为后人所知。本书传主——明朝万历名臣名将、偏关万世德，就是隐藏于泥沙中的一颗璀璨明珠。

斗转星移，岁月如梭，朝代更迭。有些人和事早已淡出人们的记忆，可是偏关万世德却永驻三晋大地，在民间口耳相传。然而，这位享誉国内的历史名人却在正史《明史》中阙略。原朝鲜经略万世德属下的四位将领麻贵、董一元、刘綎、陈璘以及一些不太知名的大臣，被载录于《明史》，唯独万世德这位文武兼备的总指挥却湮没无闻，被修史者裁略，给熟悉这段历史的人们心中留下了一大疑团，给后世学术研究造成一大缺憾。所以，对万世德这位名人形成了认识不同的谜底，赞叹有之，毁谤亦有之。万世德，其功绩是真实存在？还是后期传闻叠加造就的？众说纷纭，莫衷一是。

带着这些疑问，笔者在史海中钩捞碎片，拼接图案，力求寻觅答案。以往，笔者掌握资料有限，仅靠民国四年版《偏关志》中明代大文学家屠隆的一篇《万公传》，是很难准确评价万世德的。所幸的是，在知识信息极度丰富的今天，笔者得以从各种文献与学术文章中仔细搜寻万世德的有关史料，并对这些资料进行细致编次与分析；近十年来，笔者曾两度整理、增补、校注民国四年版《偏关志》，又通过深入研究地方志与广征博采相关资料，对重新审视万世德起到了重要的推动作用，对乡贤万世德的印象日益加深。史称万世德是中国历史上文武全才、治国安邦的民族英雄，他不仅是偏关的杰出人物，三晋大地的骄傲，也是名播中华的历史人物。随着资料的逐渐丰富，万世德曾经在明朝万历时期创造的辉煌，与其他名臣将相一样，终于重新矗立在国人面前！

纵观历史，所有知名人物都有褒有贬，更何况是一位未载入《明史》的名人！然而，被誉为“一代史家、千秋神笔”的著名演义小说作家蔡东藩，在《明史演义》中却抹杀了总指挥万世德于万历二十六年赴朝抗倭的全部功绩：“万世德毫无战功，至是亦同膺懋赏，加右副都御史，并予世荫。”[①]甚至民国四年版《偏关志·万公平倭颂》中有“公虽不有其功，简在帝心”一语，这句本来是指万世德没有与先期赴朝抗倭的大臣争功而是让功、万历帝内心清楚的话语，也被一些学者、读者误会。到现代，仍有研究者凭一知半解发文质疑，甚至否定万氏的功绩。如地方文学刊物《偏头关》杂志 2002 年第 1 期有文章认为：“偏关‘万人会’就来源于一个荒诞不经的历史传说，就在于乡人万世德的无功请赏上。”凡此种种，

①据蔡东藩《明史演义》第七十八回。

不一而足。万世德之功绩，因《明史》失载，即使成就卓然也被做出不合理的判断。笔者为之深感不平。

“千年的字据会说话”。《明史》虽没留下万世德传记，但大量史料却折射出他不灭的光辉。当您读到《明神宗实录》的时候，就会清醒万分，觉得上述怪论纯属无稽之谈。《实录》对万世德两度平息国内西部叛乱、倭寇侵扰沿海时首任天津巡抚，以及经略抗倭援朝的事迹记载详明。其实，在他所处的历史时期，哪里出现“大火险情”，哪里就需要他这位“救火队长”带队去扑灭。他真是功不可没的朝廷重臣啊！

特别是万历二十六年，抗倭援朝战争已达七年，久拖不决，“坏形已著，败局谁收？所幸天启圣衷，公膺特简，宠兼四镇之节……”[①]在此生死存亡之际，刚治理好海防的天津巡抚万世德，再次获“宠”，他受命于危难之时，万历皇帝亲授其“节钺”与“一品服色”，让他统领节制朝鲜前线麻、董、刘、陈四大总兵部队，担起经略抗倭援朝的重任。万世德深孚众望，在与倭寇最后一战中，把卓越的军事指挥才能发挥到极致，迫使倭寇溃逃岛国，明朝军队以最小的军事成本，换取了最大的胜利成果。

毋庸置疑，历史上确实存在庸臣劣将冒名冒功等问题，但绝不会发生在世代忠心报国的万氏名下。读者诸君如能熟悉万公的生平履历，就不难看到，万世德出生在将门兼书香门第，从小成长在偏关这个边塞地区，年少时便通晓兵书战策，谙熟守边御虏方略。尽管他在少年时就获得朝廷封荫的小官职，但他有着远大的抱负，很快决定放弃祖荫，决心通过科举考试争取仕进的机会。几年之后，万世德连中举人、进士，连任三邑县令，因治理地方政绩卓著，擢升兵部职方司主事，又升员外郎。此后，他身受皇命，担当重任，相继出征青海，备兵怀隆，巡抚天津，经略朝

①据明万历内阁首辅王家屏《王文端公集》卷一《尺牍》。

鲜,成为文进士领兵挂印、驰骋疆场的儒将,在治边定国的进程中,一次又一次取得大胜。他在抵御外侮、戎马倥偬的岁月中度过一生,成为享誉朝野的著名政治家、军事家。

那么,万世德这位历史名人为什么会被明史遗漏呢?这一疑问,曾悬在笔者心头若干年。后来笔者在校注《偏关志》梳理万氏史料过程中得知:清顺治六年(1649)一月,降清名将、时任大同总兵姜瓖叛清起事,以图“反清复明”,推翻入关不久的清王朝。其时,万世德长孙万炼不服清朝统治,积极配合参与姜瓖号召的“三关兵变”,历时八个月,清军围困大同城,姜瓖被部将所杀,城破遭屠。万炼在太原筹集粮草中,眼看要被山西巡抚带兵活抓,紧急中吞金而死。万氏全族成员在被清廷派兵镇压之时,有二百多人出逃在内蒙古地区,有一百余人在万炼弟媳孙氏的指挥下,关门闭屋,纵火焚烧了万府大宅。等官兵赶到时,万氏家宅只有一堆灰烬和自尽殉明的百余具遗体。在那兵荒马乱、朝廷更迭的年代,万家悲壮的举动,实现了效忠明王朝的最初选择。逃过满门抄斩大劫的一多半万氏子孙,隐姓埋名存活下来,延续着万氏香火。

史书不会告诉我们,在明朝享有盛誉、在边关立有卓著战功、在朝鲜前线成为抗倭名将,生前官职做到蓟辽总督、都察院都御史,卒后被封赠“太子太保兵部尚书”一品大员的万世德,为何没能在《明史》中立传留名?其答案不言而喻,是万氏后人参与“反清复明”的“三关兵变”,留下了真相。又《偏关志》关于清初时记载的页面有“万叛”二字,点明万氏有颠覆清政权的行为。姜瓖起事的清顺治六年(1649),恰好正处在清朝廷组织修撰《明史》的起步时期,时至乾隆四年(1739)总裁张廷玉定稿,进呈刊刻。张在总纂当中,一提到清朝就“大清太祖高皇帝”,一口一个“大清”“大清军”,一副毕恭毕敬、万般顺从的样子。既然这样,就造成了受到不效忠清王朝孙辈株连的万世德是否能入选正史的问题。史官本着明哲保身的思虑，将万世德排除在《明史》之外，也在情理之中。

历史上各个政局时期在处理各类人和事的过程中，总是要根据形势的变化进行取舍。这个世界上没有多少人敢在强大的政治压力之下，站在完全公允客观的立场上主持公道；只有时过境迁、政治形势转变以后，人们才以公正的立场，来恰当地评价我们所要认识的历史人物，才以审慎思辨的态度来认知这些人物的功过是非，并尽可能做出相对客观的判断。

所幸的是，历史是众多有识之士写就的。是黄金总会发光，万世德的功绩并不会因为《明史》无传便湮没无闻。除民国四年版《偏关志》中有较为翔实的《万公传》外，明朝翰林学士陈懿典所作精准而详细的传记《万公墓志铭》有幸保存下来。清《山西通志》《宁武府志》中也有万世德的简传，清《西宁府新志》《天津府志》及《明神宗实录》《万历邸钞》《万历三大征》《朝鲜李朝实录》等史籍中也存有不少万世德平息西部叛乱、任天津巡抚筹备海防事业、东征朝鲜的零散资料与诗词作品。《明史》散见着万历年间抹不掉的有关万世德的活动史料，哪怕是只言片语。此外，明朝大臣及文人学士著作中也有推荐万世德升职的奏议、褒颂功绩、记载政绩、歌颂东征成功的诗文。在当今数字化时代，网络上也有对万世德部分著作的介绍与其部分奏议、诗词的公布；有些学者也意识到万世德的历史作用，其论文对万世德功绩的记载与评论，都从一定的角度让我们看到了一步一步前行着的真实的万世德。这对重塑万公形象，推倒不实之词，均起到了一定的作用。

历史证明：万世德是将门与书香门第出身，不是蝇营狗苟之徒；是有计有策的治世能臣，不是浑浊如泥的庸人；是有勇有谋的征战良将，不是胆怯如鼠的弱兵。他是文官中的楷模，武将中的英雄。

历史一再告诉我们，留存千古的文献会说话，在发黄的书页中寻觅，我们能从字里行间打磨出一个杰人达士的音容笑貌。仅靠道听途说，或狭隘片面的史料，得出的是难以让人信服的结论。如果没有大量史料的支撑，于今天也很难为万世德这样一位未能载录于《明史》的历史人物立传正名。很幸运，我们将历史上留存至今的、对万世德的赞誉诋毁等各种言论放在一起进行分辨时，终于厘清了万世德的生平事迹。《万世德传》将会通过分层叙述、步步推进的方式全面展开，期望能为读者重现这位有血有肉、鲜活生动的历史名人形象。

“大江东去，浪淘尽，千古风流人物……”大江大河只能淘尽历史的沉沙烂渣，却淘不去那些创造辉煌历史的精英人物！更淘不走打上历史烙印的一代民族英雄！也许，历史正是留下了这样一个机遇，让我们承担起让万世德名垂千古的历史责任，使其成为未入《明史》却能永垂青史的风流人物！

第一章

万氏将门　戍边守关

本书传主万世德之家族为将门之家，祖上初始在大同、保德一带戍边，后来长期在偏关一带守备。其祖上来历及边关守防情形，笔者一直心存疑问。所幸于1998年春，在偏关城北油坊头村东部的将台坪修建工程发现了万氏祖茔，出土了四通墓志铭，较为清晰地记载了万氏家族的发展轨迹。

一、万氏将门入边关

万世德远祖出自豫章，即今江西南昌。在豫章郊区有一个叫“万家屯”的村庄，村里有一个出身贫苦农民家庭的青年名叫万杰，字士能。元末战乱频仍，苛捐杂税，民不聊生。万杰尽管长年辛勤耕作，仍衣不遮体，食不果腹。为了生存下去，万杰在战乱之中加入了元朝军队，跟随元将孔兴、脱列伯征战。孔兴、脱列伯，为北元的两个军事头目，至正二十六年(1366)二月，他们跟随元末将领察罕帖木儿组织地主武装，镇压红巾军。后察罕帖木儿的属将元末大将扩廓帖木儿(汉名王保保)调动孔兴、脱列伯等部出兵南方，与明军交战。

洪武元年(1368)十二月，明将傅友德在宣德府(即今河北张家口市宣化区)，击败元将脱列伯(图鲁卜)。以朱元璋为总首领的明军队伍，所向披靡，摧枯拉朽，将北元骑兵打得狼狈不堪，逃回漠北。

明朝初年承袭元代行省制，不久，将全国十三行省改称十三承宣布政使司。元代大同路于明洪武二年(1369)改为大同府，隶属山西承宣布政使司。洪武三年，万杰深感元朝在中原地区大势已去，带领了一部分人归降明朝，投奔在时为“征虏大将军”徐达军帐下。经过转战，万杰来到北疆重镇大同一带边防线防御。奉明太祖朱元璋“广积粮，高筑墙，缓称王”的指令，徐达指挥万杰等兵士开始修筑长城以及大同镇城，戍守漫长的北疆国土。洪武五年(1372)，徐达依元代遗留下来的旧城重建大同城。此城呈方形，周围13里，高4丈2尺，后包砖，设四门，均有瓮城、吊桥、城壕。可谓固若金汤。

大同城建成之后，万杰落籍在大同府大同县周名桥王院都，此即万氏北方戍边祖第一代。都、甲制盛行于明、清两代，一般县下设“都”，都设置“甲”，主要负责征收赋税钱粮，民国时期改为乡或镇。安定下来后，万杰娶妻徐氏，生子万钟。一年之后，万杰因守护疆土有功，官升太原明军中的左护卫。时至晚年，万杰厌倦了官场上明争暗斗、互相倾轧的不正常生存状态，萌生了“离世”的念头，遂隐身入山修道，过上了清静无为的道人生活，不知所终。

万氏二世祖万钟，青年时便加入了明军。永乐年间，占据漠北的蒙古贵族不时侵扰中原内地，明成祖朱棣为彻底解决来自北方的威胁，决定亲征漠北，这就是“犁庭”策略。所谓“犁庭”，就是“犁庭扫穴”，即犁平敌人的大本营，扫荡其巢穴，以便彻底摧毁敌人。明成祖此举有效地打击了蒙古贵族势力的侵扰和破坏，保障了边境的安宁，促进了明朝社会经济的恢复和发展，进一步巩固了中央政权的统治地位。

万钟所在的部队跟随明成祖朱棣出塞，参与了扫平漠北的战争。史称万钟跟随成祖永乐皇帝有“犁庭”之功，连晋小旗、总旗两级，在大同一带防卫地成为一名总旗官。总旗即为明代军队卫、所官制的千户、百户下设的管理50人的小官，管理10人的官为小旗。万钟效命明王朝，血战疆场，为万氏的发展初步打开局面。

三世祖万宁，是万钟与妻栗氏所生。万宁根据战略形势的变化，举家奉命从大同迁移到西南六百余里的黄河东岸保德守御千户所。该所于宣德七年(1432)成立，隶属太原镇(后称山西镇)，太原镇总兵是于宣德四年率领万余兵力驻防偏关的，该所沿黄河东岸北距偏关约二百里。同时，保德所也归山西都指挥司(相当于现代省军区)直辖。万宁上任保德千户所小旗，后升总旗，再升百户，百户是正六品，为管理约 120 人的官。从万宁开始，万氏家族正式有了具有品级的武官。经过三代人的努力，万氏家族在山西边防地区站稳了脚跟，根据明朝卫所世袭制度，有了世袭官职的机会。

万氏四世祖万瑛，是万宁妻于氏所生。万瑛承袭了父亲万宁保德所百户之官。在万宁训导之下，万瑛马上马下的功夫相当娴熟，刀枪剑戟搏击技艺超群。是金子自然有闪光的机会，明天顺元年(1457)万瑛参与塔儿庄一带的战斗，取得成功，获得朝廷御赐的银币。成化九年(1473)，万瑛再次于石人村作战立功，进级保德守御千户所副千户，与千户为管理 1200 人的官职，钦授“武略将军”，此系从五品官。从万瑛开始，万氏家族中出现了将军。

更值得一提的是，随着万瑛的升迁，万氏家族正式与偏关结缘。成化十二年(1476)一月，朝廷设“偏头关守御千户所”。万瑛奉命以保德所副千户升任塞北要地偏关所掌印千户长，与兄弟子侄举家迁籍偏头关。

二、防务日重的偏关

在中国古代历史上，偏关常常被认为是军事要地，对这一区域治理的记载，不绝于史。偏关城，明代称偏头关，“盖以其地形东仰西伏，如人首之偏隆，故名偏头”。又曰：“突出雁门、宁武之西北，如人首之偏隆，故名”[①]。清代地理学家顾祖禹在其名著《读史方舆纪要》中这样描述偏关的地理形势：“四面环山，形若覆盂”。说明偏头关，四面的山像“覆盂”一样环绕着关城。偏关城地理位置十分重要，西临关河，北临东沟，在黄河东岸二十余里处，位于管涔山脉北端的黑驼山山坳内。明代偏头关是战略防御地，“东连丫角山，西逼黄河”，为黄河东岸第一关，地理、风物独特，河流纵横，山峦重叠，沟壑遍布，自古就是兵家必争之地。

偏关，古为林胡地，战国时期，赵武灵王破林胡、楼烦，于其地置儋林郡；秦、汉属雁门郡，北魏属代郡，隋属马邑郡，唐属岚州天安军，为唐隆镇地。隋唐名将、鄂国公尉迟恭往来偏关，曾在关河西岸建造九龙寺。五代十国时期，刘崇于乾祐四年(951)在太原称帝。这位北汉政权的开国君主依靠契丹支持，与新生的北宋王朝作对，同年在今偏关城东一里处的韩光岭筑成寨垣。天会元年(957)，子承父业的北汉主刘钧在原址扩展寨垣，以夯土高墙筑成“偏头寨”。宋太平兴国四年(979)，太宗赵光

①据民国四年版《偏关志·地理》。

义收复北汉后，命杨家将镇守三关，偏头寨即在其中。杨家将大战契丹，征战于雁门、偏头一带，已成为世代家喻户晓的佳话。元朝大德三年(1299)设关守御，升偏头寨为偏头关，置武节将军枢密院判；顺帝至正二十四年(1364)七月，河南右丞相魏赛因不花移镇偏头关。

偏头寨转为偏头关，说明其战略地位的上升。至明代，偏关仍不设行政建制，洪武二年(1369)由山西都指挥司直辖。洪武七年在岢岚州设镇西卫，分兵戍守偏头关与大同卫。洪武二十三年(1390)，镇西卫指挥使张贤在原偏头寨西一里之关河畔西原河坪重新修建关城，地势仍为东高西低，似人首之偏隆，因袭旧名“偏头关”。明王朝在此设置守备，专饬守关。

为了严守疆界，明王朝命驻大同之山西行都司于洪武二十九年(1396)，开始修筑外长城第一道边墙——大边。大边位于偏关城北120里，东接大同镇平鲁卫崖头墩界，西抵偏关黄河东岸老牛湾以上至今内蒙古清水河县之下城湾，长290里。洪武年间，偏关作为外三关之一的守戍地受到朝廷重视。永乐元年(1403)，将洪武年间的边防布局取消，明成祖内迁大宁、开平、东胜三卫。随着位于偏关北部三百里之东胜卫的撤走，使偏头关突出于大明王朝边防第一线。因位于黄河东岸，地控西北，进逼河套，与漠南仅有黄河一水之隔，故偏头关防务更加重要。为顺应形势变化，偏关一带的军事布局也出现明显变化，成为明朝初中期战事频发的地方之一。

明宣德二年(1427)，偏头关添设太监提督军务；宣德四年(1429)，出身勋业世家的太原人、中央五军都督府后军左都督李谦出任太原镇又称山西镇、三关镇之总兵。他率兵万余，驻防偏关，分左、中、右三营。李谦从上任之时起，考察山溪之险，制定守关方略，认为偏关是襟喉之冲、西北要塞之地，遂督率军民展修关城，挖护城河，在偏头关境内大量建造营堡寨垣，增设墩台，置办军械，训练精锐，军政举修，实行全面改造关城，完善了一系列防守设施，此后沿袭至明末，在战略大防区境内共建 39 座营堡。所设总兵、参将、游击、守备、千总、把总、千户根据各自的职能，遂行驻防与管辖任务。

宣德七年(1432)，兀良哈由段家村入犯偏头，总兵李谦设伏黄草梁，擒其酋长。十年，兀良哈寇偏关，指挥江梅、千户包让等战死。正统元年(1436)，北虏复入寇偏关，指挥马贵等败其前锋；将军陈茂又大败之，进至苏武山而还。四年，偏关大饥，诏垦塞下荒田，以实军储。”①

正统十四年(1449)，中央后军右都督杜忠出任太原镇总兵，增加了关城城堞的修建。本年，“也先寇偏关，其别部由阳方口入寇，南掠忻州诸处。景泰元年(1450)七月，也先犯偏头，至五寨堡。”②鞑靼诸部的侵扰，都被杜忠率兵逐出境外。

天顺二年(1458)，山西都指挥司都指挥袁胜将偏头关城池之东进行了拓展。“成化元年(1465)，初置兵备道，以叶盛为兵备副使，驻雁门、偏关。二年(1466)，初设宁武关，再筑偏头关长城。(东)起老营丫角墩，(西)至老牛湾，南折黄河岸抵河曲县石梯隘口二百四十里，号为二边”，③由山西都指挥佥事王玺主持。正德、嘉靖年间，又相继于偏关百里境内修筑第三、第四道长城，号称“三边”“四边”。

成化六年(1470)，山西巡抚李侃再次拓展了偏头关城池之西与南两部。成化十二年(1476)一月设偏头关守御千户所，相当现代团级建制，主管地方部队。根据偏关战区的特殊性，千户长代行行政长官职能，随后，千户所千户、百户、签书、屯捕等官也逐渐完备。

万世德四世祖万瑛首任偏关掌印千户，“备御于关，佐元戎之政。德

①②③据民国四年版《偏关志·余录》。

性温弘,谙晓韬略,谋事揆理……治所政十余年,清慎励心,人多德之”。[①]又“建城郭,创学校,筚路蓝缕,以开穷边,瑛有力焉”。[②]在万瑛的治理下,偏关一带得到了较好的发展。与一般血气方刚的习武之人不同的是,万瑛有一股宁静之气。在他56岁时将工作移交,过上静养的生活,直至84岁去世。关于他的去世,有一个有趣的传闻,据说在正德七年(1512)十二月的一天,万瑛突然正襟危坐,对家里人说:“我昨晚梦见白衣大士持简有请”,五天以后万瑛去世。人们认为,这是万公生前德行无亏所致,由此而超升天界。这一评价,亦贴切地说明了万家的品行。

从万杰到万瑛,万氏一家经过四代,发展壮大。万瑛去世时,万氏一家的基本情况是:

> 昆弟有三,曰瑄、曰瑀、曰璥,甚相友爱,俱授恩荣官。子男有四:长曰祯,绍爵后……次曰祥,纳级将仕郎;次即禧,曰祉,克保家业而无坠。女四。孙男有五:长曰亿,绍父爵,升指挥佥事;次曰载,曰正,曰京,曰纪。孙女有六,皆适武胄。公之曾孙男有十,女有五,尚幼。[③]

积善之家必有余庆。迁居偏头关之后,万家持续发展,不仅走出了山西,还走向了全国……

万瑛长子万祯,为妻子陈氏所生,为第五代。从万瑛奉命驻守偏关,举家迁居到偏关开始,万氏家族逐渐开枝散叶,在偏关一带根深蒂固。万祯承袭偏头关守御千户所副千户一职,他是在偏关历练成长起来的

①据出土的《万瑛墓志铭》。

②据民国四年版《偏关志·艺文志》中屠隆《万公传》。

③据《万瑛墓志铭》。

一代，接替父职之后，再续辉煌。《万瑛墓志铭》在叙述家族史时记载：万祯“成化间从参将支玉战有功，授正千户”。这是发生在成化年间的一场比较重大的战斗。当时，北京宛平人支玉是太原镇总兵属下的驻防偏关的山西西路右参将，在鞑靼入侵之时，支玉率领明军与之血战，受辖于支玉参将的偏关副千户万祯奋不顾身，一马当先，舞一把大刀左冲右杀，其他兵士也效其英武，勇猛杀敌，将入侵的敌寇杀得落花流水，仓皇而逃。战后论功，万祯升正千户，秩级正五品。

成化二十年（1484），万祯指挥军队在偏关北部长城灭胡口附近的古寺庄窝与入侵的鞑靼兵交战再获大胜，蒙恩被皇上授予“武德将军”称号，秩级正四品。

第二章

武备文德　关城共荣

一、再铸偏关之辉煌

弘治元年(1488),山西提刑按察司副使兼岢岚兵备道王璇又一次拓展了城池东面。经过四次拓展,偏关城逐渐变得宽广起来,达到"周广五里一十八步,城墙下宽三丈,上阔两丈,高三丈。城开三门,仅缺北门,上置丽谯。"①

嘉靖年间以来,随着蒙古部落的不断壮大和南下袭扰次数的频繁,偏关一带承受的防御压力不断增加。为了确保偏关能扛起拱卫明王朝的重任,驻防偏头关的总兵、参将、游击、守备,以及文官领兵的巡抚、兵备道在偏头关城周围添筑望台与环围护城墙,将关城的东西南三面均进行了加高、加厚处理,还将垛口改为砖砌。到隆庆三年(1569),兵备副使范大儒创议新旧城俱增高至三丈,下广三丈,上广二丈,堞高五尺,俱以砖甃之。万历年间,驻防偏关的岢岚兵备参政萧大亨、赵彦相继于城墙上周围建重楼,于城南关、西关厢沿河筑石堤,置重阁洞门、水门。天启三年(1623),兵宪杨若予、参将卢晰于南、北更置砖洞门楼,"由是规模大变"。偏关城门额石匾南镌"晋北锁钥",东书"文明启端",西刻"永镇边陲",表达着守关将士们希望边境安宁的心愿。钟鼓楼位于关城正中央,南门城楼为三层,东、西门城楼各两层,飞檐斗拱,镏金彩绘,城堞

①据民国四年版《偏关志·地理·城池》。

相连。城东山巅“文笔凌霄”宝塔耸峙，城西虎头墩护城楼雄踞，周围九座山包环拱，六座望台坚守，关河曲流绕城西下，俗有“铜偏关、铁宁武，生铁铸成老营堡”之说。

明代的偏头关，四条边墙环绕，烽燧星罗棋布，兵营城堡遍设冲要，骑士紧握钢刀纵马驰骋，后勤供应的车辆、驮骡络绎于道，演绎着军事重镇抵御游牧民族的特色，是它最显耀的辉煌时期。从大明中原地区天南地北汇集到偏关的万余戍边将士，披盔甲，盘弓马，持兵器，在此步步为营，处处设防，捍卫着大明王朝的尊严。一批又一批文臣武将在这片临虏关防的北国要塞地上，付出了智慧、心血、汗水，甚至是宝贵的生命。

明朝在270余年间为巩固国防，不停息地加强边防建设。正是在诸多文臣武将悉心悉力的努力下，对偏关进行了一轮又一轮的增修扩建，垣高池深，铜墙铁壁，固若金汤，偏关成为“九塞屏藩，三关首镇”之经典关城。

二、万氏武将亿与山

继承驻守偏关祖、父大业的万亿(1474—1552)，字一乡，别号翠峰，于明弘治十五年(1502)承袭其父万祯职务，为偏关所正千户，是万氏戍边祖第六代。到正德五年(1510)万亿得到提拔，成为应州守备，这是正四品武官。但不久，万亿因为小的过错被贬，重返偏关担任千户，品级也下降到五品。但有才德者终不会被淹没,只是待时而动。

正德十一年(1516)冬十月十二日,一股规模浩大的鞑靼骑兵队伍从偏关北部长城水泉营红门隘口突破,向南大举进犯,一路长驱直入,南下攻城略地深入到岢岚州镇西卫防区;一路侵略到兴县、岚县之境,完全没有将边关守将看在眼里。此时,朝廷派出兵部尚书、太原人王琼为经略,预檄大同、延绥两镇兵马,又联合三关守军,集中于偏关,准备迎击进犯的骑兵。

在王琼的战略部署之下,三关总兵郭锦率领的部队为中路军,万亿率领偏头关守御千户所的部众隶其麾下。在中路军中,有的将领见进犯的敌骑兵势不可挡,主张避其锋芒,所谓"贼锋锐甚欲避之"。万亿则坚决主张出战,并引兵法说:"力疲可击,未列可击,气骄可击。"即在敌人用尽力气时,在没有形成队列时,在骄傲自满之时均容易被打败。但其他将帅均不敢战,希望采取防御的办法,而万亿主动请缨,率领偏关军队为前锋一路进击,所向披靡,追到偏关南180里处的五寨堡山庄坪时,双方列阵交锋。敌军一位将官舞旗出列,挥刀叫阵,企图吓退明军。万亿凭借高超武艺,跃马直冲上前,挥刀直取贼寇首级。在万亿的鼓舞下,官军齐心,奋勇驱敌,大获全胜。《万亿墓志铭》载:"百八十骑虏,呼号鼠窜,至相抱携,匿冰洞中以毙。"万亿此战大捷使北方鞑靼有所惊惧,嘉靖年间他们再次入犯,途经山庄坪时犹如旧伤复发,都不敢造次,悄悄离开。"嘉靖十九年(1540),虏入经山庄坪,犹噬指引去,盖深有所惩也"即此。

此功在万亿一生当中属于骄人的战绩,后在其子万山的墓志叙其祖辈功德时,对其亦有记载:

正德丙子(十一年,1516),翠峰从副总兵郭锦战有功,授指挥佥事。

自祖至亿皆有斩获奇功，而亿名远著。亿，别号翠峰，乃君之严父也。少雄伟不群，善骑射，通孙吴兵书，智胆俱全，谙练边事①。

这一次战斗捷报传至朝廷，天子嘉悦，将万亿晋升为“偏关守御千户所指挥佥事”，封赏“明威将军”，由正五品荣升为正四品。按军事常规设置，千户所只有正五品的千户长，可是偏关守御千户所因与镇西卫同属省都指挥司直辖，比一般不加“守御”二字的千户所大一级，所以朝廷授予万亿为卫一级长官名的“指挥佥事”，秩级正四品，仍为偏关守御所的一把手。

万亿“不倦政”，以指挥佥事的身份与驻守偏关的兵备道、总兵、参将等官员治理边政。偏关地理形势复杂，有些地方容易疏漏。万亿在巡边时发现，偏关边防有一致命缺陷，原来位于偏关城北六十里的黄河绝壁有一断口处，形成一条东西向达一里的沟谷，当地人称“青沟”，又为黄河边“山险墙”的一处隘口，通往黄河岸畔，距离北部上游晋蒙交界的老牛湾隘口二十余里。平素，黄河与崖壁虽为天然屏障，而这里却容易被攻破，尤其是冬天来临，黄河封冻结冰，河西岸的游牧民族瓦剌部就会趁机从冰河上过来，沟谷口成为进犯中原内地的要路。如果不在这个隘口设防，一旦异族进犯，后果是不堪设想的。于是万亿以军事家的智勇和胆略，在这条沟谷往东入一里处的一座耸峙的孤峰上，建起上下两层石砌围垣的兵寨，率领明军驻防，控守沟口，以防敌军进犯。上层地面为平台，正中建悬山顶亭楼一座，作为观敌瞭阵、传递军情的哨楼。地当冲要的兵寨十分古朴，依山傍壑，与黄河、长城构成人天合一的军事屏障。因系将领万氏率众所建，历史上将其称为“万家寨”，为明代著名的

①据出土的《万山墓志铭》。

边防兵寨。

有了万家寨的军力部署，每当冬季黄河结冰之前，万亿便指挥明军将临黄河畔的寨子出口用长条石块封死，再加派兵员驻扎瞭望，严格把守。春天冰开，再将石块拆除，凭借波涛翻滚的黄河天险守戍，明军继续在黄河畔巡逻放哨，守护一方的安宁。万亿终其一生在此守边抗虏，他一边屯田耕种劳作，一边接收难民。据出土的《万亿墓志铭》载："将军拓地河堧，与虏比邻，春耕秋获，易虏如犬豕，而虏亦不敢轻犯，因是资雄一方。"除了保卫疆土之外，万亿将军还经常帮助逃亡的中原民众从河西回归。有时河西的汉人刚逃出虎口欲归附明朝时，又遇黄河天险阻隔，将军每日在岸边巡逻，遇到此种情况，就雇请识水性者帮其渡河，然后给予衣食接济，再告知下属官员负责，由投递文书的驿站人员转送回内地。前后共有老幼百余人受益，这些同胞都称万亿将军为父母官。可见万世德祖父万亿是一位军事过硬、济人利物、品德善行皆优的地方官。

嘉靖十二年(1533)，万亿因年事已高而卸任。此后，他在万家寨顶层"悬山顶亭楼"旁建一间禅房，利用黄河边上这个清幽安静的地方修道。万家寨一带山峰翠绿葱茏，风景秀美，环境优雅，是学佛习禅者修行办道的高雅场所，所以万亿别号"翠峰"，又为对照趋向该景打坐、参禅、修道之法名。嘉靖三十一年(1552)万亿去世，享年79岁。万历三十四年(1606)，其孙万世辅、万世表在顶层竖立"翠峰禅林碑记"功德碑一通，其时长孙万世德已经去世四年。因历时久远，风雨剥蚀，碑文字迹早已漫漶不清。从落款人名考证，证实万家兵寨为万家将领所建。

偏关万氏传至第七代，有两位较为显赫的人物就是万亿长子万山、次子万岩，均为刘氏所生。万山，是万世德的伯父，字国瞻，生于弘治十二年(1499)三月五日，是延续万家在军事领域地位的重量级人物。

嘉靖十二年(1533),万亿退休,万山以嫡长子承袭偏关千户长官位,后晋升偏关守御千户所指挥佥事。据《万山墓志铭》载:

蒙总镇选委,治兵有声。乙未(嘉靖十四年,1535)理屯田、捕盗二事,巡抚奖其能干。丙申(1536)虏骑侵犯,苑洛韩公(邦奇)经舆抚按,谈兵论将材以君为首,乃以君高荐题奏,钦命守备八角地方。于是,君之才能名冠三晋。①

万山为将门之孙,自幼进学读书,熟习兵书战策,通晓孙吴兵法,天赋大智大勇,少年英雄不凡,又练就刀枪剑戟,马上马下功夫精熟,属于大将之才。自任指挥佥事一职以来,万山妥善处理边防事宜,治理得当,地方安稳。特别是善于训练偏头所守备部队,成为一支能生产、能打仗的过硬部队。嘉靖十四年(1535),在无战事的情况下,他指挥部队大量屯田,减轻地方财政负担,又兼地方行政管理职能,在抓捕盗贼、维护社会治安方面亦政绩显著。这两项工作,都受到山西巡抚韩邦奇(字苑洛)的嘉奖。

嘉靖十五年(1536),在巡抚韩邦奇掌管山西军政时,北部塞外蒙古鞑靼大举进攻内地,其时偏关东南150里处新建起的“八角堡”缺守备官一员。众多人才论证武备兵事时,选万山为第一。太原镇的各位武将亦认为,万山各方面的能力齐备,是八角堡守备的最佳人选。事后,韩邦奇上奏朝廷保荐万山为八角守备。守备,相当于现代的警备区司令员。

嘉靖二十一年(1542),鞑靼再次侵略内地,突破朔州后,沿南向宁武关方向奔来,要进一步向藩城太原进犯。其时驻偏关太原镇总兵张达

①据出土的《万山墓志铭》。

移驻宁武关，恰好八角守备万山为其坐营指挥官。他统领部队打败敌兵，然后奋起直追，越战越勇，在师通桥的地方截住敌军。万山跃马上前与敌交战，速斩一敌将于马下，士兵见状，士气大振，奋力杀敌，将入犯之敌打得向塞外奔逃。从此，整个山西都知道偏关出了一位能征惯战的将军名叫万山。

嘉靖二十三年(1544)，万山由于长期辛勤工作，积劳成疾，但他不顾病体，仍将军事要地八角堡治理得井井有条。返回偏关居住后，他对待兄弟姐妹、邻里乡亲和蔼可亲，谦恭朴实。即使一个人在家中时，举止动作也不敢放逸怠慢，“钦钦如对神明，颇有古名将风”。嘉靖二十六年(1547)十月十日万山病逝，享年49岁，葬于偏关城东北一里之将台山祖茔。万山一生唯一的不足是缺少子嗣，据其墓志铭载：“娶山西都司掌印、武举都指挥马公豸之长女，生一女，年七岁。”

三、将门儒士万民瞻

随着万氏子孙的不断拼搏进取，他们由一方勇武之士，成为独当一面的将领。职责所系，他们再不能像以前那样只娴熟弓马，而应该注重军事战略，熟读兵书，学习儒家文化。经过几代人传承，万氏子孙中逐渐出现了喜爱诗书的气象，并与武功结合。如果说万氏前六代人读书只专注武略的话，那么第七代万岩就是万氏子孙中贯通儒家学说而入仕的第一人。他彻底改变了之前万氏以武为主的传统习惯，改为以文为主。

万岩，字民瞻，生于弘治十七年（1504），为万亿次子、万世德生父。《偏关志》载："岩，少而沉默雅静，不好戎服骑射，下帷折节读书"。万岩对诗书表现出了浓厚的兴趣。有一次，万岩看到大户人家有私塾先生教孩子读书，他站在窗外久久不愿意离去，聚精会神地听讲。万亿看到儿子那么希望读书，也为他聘请了塾师。从此，万岩不论严寒酷暑，夜以继日，读书不辍。嘉靖二年（1523），万岩20岁，经过考试进入偏关文庙学习。

万岩博闻强记，只要先生讲授的知识，他都能记忆背诵，以治学精深广博著称。也正因为他学习刻苦，成绩优异，声名远远超越了其他同学。但命运往往会跟人开玩笑，在科举太原省试中，万岩没有能考取举人。他反思原因，很快找到症结所在，诗词歌赋是短项。返回偏关，万岩在城西五里的凤凰观风景名胜地狠补自己的缺项，辛苦与功夫下到，唐诗宋词很快熟背如流，并了解其义。第二年，万岩被选为贡生，前往北京中央官学国子监继续学习。在国子监学习，万岩每次考试都名列前茅，成为同学争相效仿的榜样。但与之前省试的情况相似，万岩在会试时总是出现违缘，无法考中进士。虽然发愤努力，终未能获得科举成功。他将这些归咎于命运造化，从此不再苛求自己一定要考取进士功名。

在明朝，国子监肄业的学生都具备当官的资格。万岩在无心科名之后，上书吏部，请求以贡生身份分配工作。不久，他被吏部铨选为枣强县县丞。

当时的河北枣强县，属于通都大邑，民风顽悍。万岩出任该地县丞时，豪强恶霸任意武断，官府不易管制。势力较弱的豪强也常常因为一丁点小事就互相争斗，搞得满城风雨，衙门官吏对此却无能为力，他们之间也散布流言蜚语，互相中伤，人人自危。上任后，万岩通过大量调查研究，获知真相，明察秋毫，解决了许多积案。万岩宽严结合，该管教的管教，该罚劳役的罚劳役，该处以刑法的处以刑法。为保证政令得到有效执行，他特别注意从自身做起，约束自己的言行。万岩一身正气，凛然不可侵犯，豪强猾吏也逐渐感受到了环境变化，再不敢恣意妄为了。

万岩协助知县开展工作，将地方治理得“夜不闭户，道不拾遗”，受到上级嘉奖。万岩清廉奉公，在当地声名鹊起。他在公务之余，礼请当地儒生聚会，讲说经义，谈学论道，相处甚欢。

万岩在枣强县工作两年之后，继母任恭人病逝，请求归籍“丁忧”。这是古代官员在父母去世之后放下工作，返回家乡守孝的一种制度。一般生母去世守孝比较常见，继母有鞠育之恩而追思的不多见。而万岩在为继母办丧葬期间，哀礼超越常人，得到了世人的称道。

守孝三年之后，万岩没有着急回去赴任，而是留在家里侍奉年老多病的父亲万亿。乡居期间，他因仰慕陶渊明在“桃花园”静修学儒，便选择在偏关城东山盖了一间茅舍，自己题写匾额“栖云”，有空便到此攻读经学、诗词等。

偏关一带常常遭遇北方鞑靼部的进犯，万岩的才学在当地享有盛誉，从小养成熟读兵书战策的习惯，其武将家庭也让他耳濡目染相对熟悉防边战略，因此，驻守偏关的兵备道文臣与武将等往往会请他去一起商讨偏关一带的战守方略。“公至，则画地形，望敌气，谈说要害中款，诸老将莫及”[①]。万岩至后来亦成为擅长计谋的军事人才。有人认为万岩只会学文入仕，不懂军事武艺，这是失之于偏颇的。

万岩虽注重文学，但在家庭影响下，他也学习得一手射箭好武艺。“又尝驰骑峻坂，下深谷若飞，挽强弓命中，少壮莫敢角”。[①]骑马射箭，万岩丝毫不差，展现了文武全才。在读书过程中，其精气神常与古人神交，

①据《王世贞墓志铭集·万君岩墓志铭》。

提升道德修养，对忠孝节义之事尤为注重。“而公时时读史传，至忠孝节义事与兴衰得失之际，未尝不感激用壮，泣涕数行下”[①]。万岩出仕时间很短，一生多在偏关居住修持。

隆庆六年（1572）夏，万岩因病去世，享年69岁。他曾娶两位妻子，发妻杨氏很早去世；续娶陈氏，卒后获赠“夫人”，陈氏即万世德生母。其时万世德已经考取进士，出仕光耀门楣，让万家再续辉煌。

四、文武人才化育地

地处山环水抱的偏关城，明代为国防要塞地。经过历代官员精心修造，又成为一块与大自然山清水秀相融的风水宝地。关城东山有“文笔凌霄宝塔”，西山有虎头墩护城楼“笔砚”，中有钟鼓楼，南有雄伟的南门关城楼挺立，东、西两城门楼亦巍峨壮观，遥相呼应。关城内有文庙一座，其他寺庙80座，各类牌楼、坊表、匾额处处皆是，是一处藏风聚气、文化底蕴深厚的地方。百里关河横贯县境东西，绕偏关城西下至25里处流入黄河。黄河在偏关西界，北起老牛湾，此为黄河南流入晋第一关，南至寺沟口入今河曲县界，滔滔不息昼夜奔流，一路诉说着中华民族发祥的历史。

明成化年以后，驻防偏关的文武官员在偏关境内大修内外长城。偏

①据《王世贞墓志铭集·万岩墓志铭》。

关境内北面、西面有外长城，东面有内长城，循环今县境形成三维的内外长城通往北京八达岭，为京师屏障。除此之外，还有北魏、北齐等多代长城一起拱卫京师。明廷为加强防御，还于境内自建东西横向并列的百余里长城。险要隘口遍布内外长城，有的地方重墙达11道之多。偏关境内内外长城纵横交错，“山川之表里环拱，营堡之星罗棋布”，三里一台，五里一墩，二十里一堡，彰显着偏头关军事重镇之特色。长城在连绵起伏的群山上奔涌，犹如巨龙腾飞；墩台在相望的峰巅上，好似雄虎蹲踞，更增益壮美着偏关山川的雄胜与灵秀之气。

形胜壮山河，山河存胜迹。偏关城周围有九座黄土山包环拱，将关城包围在中间，成为盆地状。堪舆家认为，偏关城区为金盆，周围伸长的黄土山包为黄龙，意为“九龙戏金盆”。其内涵是偏关城为聚宝金盆，九龙为降福显灵之龙，会福荫其地。东山的“文笔”，西山的“虎头砚”，象征“大笔巨砚旺盛，地灵人杰辈出”，是一处人文荟萃、人才辈出的发祥之地。或许地理风水真有应验，明万历中期著名的兵部尚书万世德，就诞生于偏关城。万世德具有奇异的禀赋，是中国历史上一位文武全才的精英拔尖人物！

偏头关守卫者在加强武备防御的同时，也未忽略文教。在明朝前期，修建了一座太原以北规模最大的文庙。历代官方于偏关城周围的优雅环境地建立书院，有“凤山书院”“关西书院”“儋林书院”等，都延请名师讲学其间，切磋学问，砥砺道德。为优化人文环境，偏关城与书院多以吉祥图文、建筑雕刻、楹联谚语等勉励学子读书。大自然的独特景观与人文建筑的融合，造就了学子上进的浓郁氛围。虽为武备之区产生军事人才，但又以儒家文化熏陶。在历代科举与仕途中奇迹般地涌现出了一批文人学士、文臣等职官。文有文进士、武有武进士，文官有尚书、员外郎、主事、按察使、知府、知州、知县，武官有提督、总兵、参将、游击、守备等,可谓人才济济。

据明万历《山西通志》记载,当时与偏关相邻的河曲县人口只有一万余人,偏关驻军加上居民人口大约就是两万余人,因为当时的军粮依靠自行屯垦,不主要依靠地方,故边地居民较少。居民要从万氏戍边始祖万杰说起:万家一门从明初至明末,出文武职官就有 18 人,其中 11 名做武官,7 名做文官,可谓偏关名门望族。第二位进士是偏关城王芋,官至广东按察使,其祖父王显忠与孙子王芋兄弟四人成为训导、知府一类的文官。明代考取举人的偏关有 11 位,大都做到知县、知州,少数做到中央京官的职位,其中有"父子文魁"的卢承业、卢传甲。卢承业官职做到兵部主事、通州知州,即首创《偏关志》的作者。终明一代,偏关城出贡生 91 人,老营出贡生 7 人。贡生为明代选拔文行优秀的生员升入京城国子监(大学)读书者。其中官职做到的有训导、教谕、学正(分别相当于现代县学校长、教育局长,市教育局长)、县丞、知县、知州,最大的官做到知府(四品)。

科举选拔武官的途径是"武科",偏关在此一途优势明显,终明一朝偏关人考中武进士的有 16 人, 是文进士的 8 倍; 考中武举人的有 32 人,是文举人的 3 倍。第一位武进士孙吴,老营人,官做到大同镇总兵。孙氏一门,共出武将军 12 人,亦称"忠武世家"。偏关除世代武职的万家、孙家外,偏关城还出了 5 名正、副总兵(相当于现代大军区正、副司令)以上的武将。其中王维城,于天启年间做到蓟州镇总兵官,最后超擢"太子太保左军都督",与文臣万世德的官职"太子太保兵部尚书"一样,为关城内两位从一品官的文武大员。除此,关城薛敏忠、白腾蛟,分别为蓟州镇、河南总兵官,另出副总兵两名。

偏关籍人做参将及都指挥使官的有 14 位, 参将为总兵一级军官,位置略次于副总兵,相当于今大军区参谋长,都指挥相当于今省军区司令员。偏关出游击将军 11 名，守备官员 23 名，省都指挥司佥事 5 名，千户所千户（相当于团级）5 名，还有相当于千户及以下的官吏，无法统计，志书上限于笔墨及当时的印刷条件，从而省略。就以明代为例，偏关出了高级的文武官员 196 位，加上相当于现代的团营连级的基层官员就更多。

明代偏关，是大兵压境的边塞地区，形成了人才麇集的局面。亦为守防官员文武之才大显身手之地，人才汇聚之处，必有英雄豪杰出现。外籍官员在偏关工作不断得到晋升，是朝廷选拔文臣武将的区域。朝廷不断派出有才德的巡抚、总督等大员往来，制定防御大计；更有武将文臣长期驻守偏关，提升了军事理念，使偏关这一边防地区，逐渐成为文武人才的锻造、生成与用武之地。仅万历初期相继驻守偏关的四位兵备参政官萧大亨、王璇、胡来贡、许守谦在偏关任职二三年、甚至是一年的时间均已升迁为巡抚、总督以上的官职。至万历中后期内，又有赵彦、李从心、陈昌祚三位兵备参政、副使在偏关皆有德政口碑，后均晋升兵部尚书，为朝廷重臣，他们三位被民众请入偏关文庙名宦祠供奉。还有驻守过偏关的几十名朝廷文臣、地方官与武官均得到升迁。可见偏关不仅是出人才的地方，而且是扶持外籍官员晋升的佳地。

明代偏关，是产生将军的“摇篮”，是生文养武的俊才之所，尤其在人口极少的地方，涌现出了一大批可歌可颂的文武职官，正所谓：偏关是武备与文德共荣之关城。

第三章

将门书香　诞生世德

一、红光吉兆现万府

人常说,“地以人胜,人以地灵”,偏关城与万世德就是这样的关系。名播千秋的历史人物万世德诞生于偏关城,历代偏关人以“钦命万人会”等方式对万世德以纪以祀。

关河北岸,偏关城西“平阳营”,顾名思义为驻扎兵士的地方,后兵营撤离,成了关城内的一条主要街道,名曰“平阳营街”。就在这条街道上有一座坐北朝南的长方形五进大院,大门砖楼威严气派,砖雕鸟兽、花草惟妙惟肖;宽阔的大门两旁,一对高大的石狮子两眼怒目圆睁,威视远方;中间呈七级平整的石砌台阶,拾级而上便抵达大门前,两扇朱红的油漆大门在阳光照射下闪闪发光,两开大门各配有五个铜钉,金黄耀目,又各加两个黑色的虎头拉环,显得庄严而富丽堂皇。由此可知,此院住户即非名门望族,亦是世代官宦人家。这就是名震偏关的“万府”大院,本书传主万世德的出生宅地。

明嘉靖二十六年(1547)七月初十日午时,只见万府大院上空,有一个大火球落于房顶,好像起火一般。关人见此情景,惊诧不已……却不知此刻的万府室内,中堂异香满屋,红光闪耀,一位披着斗笠的高僧毫无顾忌地闯入中堂……不一会儿,一声清脆高亢的啼声,震动万府大院,一个男婴呱呱坠地,他就是日后享誉华夏的万世德。

其时,万府第七代万岩先生正在书房聚精会神地展卷读书,忽然家人来报:“老爷!添丁了,恭祝老爷喜得贵子!”本来万氏是世代以武侍国的“将门之家”,可万岩本人却不太喜欢武事,专好读书,经史子集、诗赋辞章无不雅好，育成书香门第。这就成为万世德将来发展的重要奠基——他拥有将门与书香门第家庭之双料出身。此时,万岩喜得长子儿郎,内心有按捺不住的喜悦与激动……

万家添丁进口,喜气盈门。这是成边始祖万杰自明洪武三年(1370)从南昌北上而来落籍大同,后第四代万瑛迁居戍守偏关,计第八代裔孙万世德。万世德出生时如前所述吉兆,选入《偏关志》中的明代大文学家屠隆撰写的《大司马万公传》中有明确记载。

万世德出生,万氏阖家欢乐,高兴不已。到第十日,父亲万岩还是殚精竭虑,整天思考着为爱子取名一事。取名,寄寓着父母对子女的殷切期望。在中国古代,很多家族为了记住传承次第,往往会以较有意义的话语或者诗词来确定取名排行。同一辈分的兄弟姐妹,往往会用相同的字来取名,这个相同的字叫派名。按照《万氏宗谱》,这个第八代新生的孩子属于“世”字辈。万岩冥思苦想之际,忽然灵光一闪,想到常背诵的《文选》中陆机《文赋》“咏世德之骏烈,诵先人之清芬”一语,击节称叹;结合东汉末年经学大师郑玄的注疏“以其世世积德,庶为终成其大功”的解读,深感“世德”二字与万氏家族在山西发展历史的暗合,便给这个带着祥瑞出生的孩子取了一个响亮的名字:世德,既总结前世的功绩,又勉励后世的子孙。因为他是世字辈的长子,又寓意本人将来要砥砺人品、修养德行,继续培植祖上元气,长发其祥,故取字为“伯修”,即文章、道德足为表率者。其乳名为“文明”,寓意万氏发祥文化,肇兴科第连绵。从名字上可以看出,万岩期望自己的后代能在道德、文章方面成为人间表率,并在孔孟儒家文化方面扩充自身实力。

二、蒙童凤雏亮清音

中国古代，仕宦家庭往往会让孩子在四岁左右进行童蒙教育。《周易》云："蒙以养正，圣功也。"万岩对其子世德寄寓厚望，自然不会忽视对他的各项教育。万世德自幼领悟力超常，在多方面表现卓异，四岁时就懂得乐曲，唱歌按节和合，拍拍皆准。

五岁时，他以颖悟异常的自然流露赢得美名。故事发生在嘉靖三十年（1551）。一天，驻节宁武关山西镇总兵官、后军右都督戴廉到偏关视察，专门访问将门万氏家族。在万府，他见到了活泼可爱的小顽童万世德，发觉世德口齿伶俐，聪明异常，出口皆是四书五经的词句，这就引起了他的兴趣，寻思此子必将是一块进学读书的好料，于是决定用联对的形式考校一下小世德的才华。

中国古代的童蒙课程中有一门是对对子，这门课程的练习能让学生较为迅速掌握平仄、韵律与事物之间的联系，是为将来学诗打基础的学问，又为巩固名物知识的功课。戴廉选择了一则名对联来考万世德，他试以"三光日月星"出上句，话一出口随着心想：这句上联很有来头，是北宋时辽朝一使者为显示辽国水平所出的上联，暗含挑衅宋朝文臣的意味，因为含有三个数字和三个名物出上联容易，用其他高于或低于三的数字与三个汉字，来表达更多事物的下联则是极其不易的事，曾经难倒了很多名人雅士。只有宋朝儒学大家、文学家苏东坡略一思索，就对出精彩的下联:"四诗风雅颂"。四诗指《诗经》中的《风》《大雅》《小雅》《颂》四种体裁,故与上联对仗工整绝妙,无与伦比。

戴都督沿用宋代旧对，自思这句上联就是平常饱读诗书的才子也难以应对,何况万世德一个五岁的毛头小孩童其概括能力、认知能力、数字能力能运用到几分?没想到万世德应声对曰:"一统山河地。"激昂清亮的童音刚落,戴都督大吃一惊,半晌说不出话来。陪同戴都督的文武官员以及地方知名人士,都惊叹不已,自愧弗如。万世德所答的这句下联,不论是词语对仗工整,还是在数字、内容、意义上的前后搭配,都无懈可击，更蕴涵着清晰而有创意的高迈情怀！当他们回过神来的时候,无不惊讶佩服,满座称赏,拍手叫好。

很快,这一对句犹如传奇,不断被描摹传诵开来。自此,人们知道万家出了一个神童。明翰林院编修陈懿典记载了这一故事:"公讳世德,字伯修,号邱泽,后更号震泽,山西偏头所人。公生有奇征,颖敏非常,四岁而解音律,按节和歌,拍拍皆合。五岁而属对如响,语意英特。稍长,就外传。"①

又屠隆在《万公传》中曰:"先生幼奇颖,五岁解对句。有都督某公试以'三光日月星',先生应声曰:'一统山河地。'满座称赏,已就外传。"

---

①据明翰林院编修陈懿典《陈学士先生初集卷》十三《总督蓟辽保定军务兼理粮饷备倭经略都察院右都御史兼兵部右侍郎震泽万公墓志铭》。

三、幼年游戏当将领

万世德与父亲万岩相同点是都有文学天分，不同点是万世德对武功也有特长，而父亲不大喜好。少儿时期，万世德与伙伴玩耍时，特别喜欢战阵营垒、排兵打仗的游戏。万世德出身将门，从小耳濡目染，在家中听到父辈长者们谈论的多是兵书战策、营垒布阵之事。父亲万岩虽为文秀才，亦擅知兵事，常给他讲解《太公兵法》《孙子兵法》及历代经典战例。族中长者在讨论兵法等事时，满脸稚气又聪明睿智的小世德在一旁瞪大双眼静静地听着，若有所思。在这种环境中，万世德幼小的心灵里就充满着兵法战术、御虏防边等武备常识，使他从小对军事发生了兴趣。当时的偏关本是明朝重兵防守的区域，边塞地区常有军队的演武操练等项活动。万世德的父祖辈曾经是高级军官，为他亲自到现场观察排兵布阵创造了有利条件。万世德带着浓厚的兴趣到军营、校场观摩兵士们的军事训练及武术演练，时间长了他就跟在士兵后面操练，潜移默化间学会了方队、阵法，还知晓冲锋、埋伏、夜战、利用地形地物防守等具体战术。

他还和小伙伴们在自幼长大的关河岸畔仿照兵营规矩，学习军营列队，以及士兵出操训练的操典。

从 12 岁开始，万世德总不忘将他从军营中学到的知识拿来与小伙伴们做巩固练习与分享。他在和伙伴们玩耍时，亦是发号施令、带兵打仗一类的游戏。他自立军府为“上将”，将其他孩子分别授以“副将”“兵士”等角色，作为自己的部属统之。有时万世德设置对抗赛，与年龄大的伙伴各为“将领”，各带一队“交战”。在偏关瓮城、城楼、城墙、望台、烽台上“排兵布阵”，在山上、深沟、河滩等地设“壁垒”，即军营围墙、防御工事，进行“冲锋追击”“擒拿格斗”“活捉敌兵”的游戏。他一直以大将自居，号令孩童“布阵、行军、打仗”，其“部伍”严肃，互相间“枪来刀去”，丝毫不马虎，俨然如真正的练兵、行军、战斗。凡看到万世德与伙伴们“统兵演武” 游戏的大人都感慨地说：“这孩子不简单，将来一定是个将才啊！”

翰林学士陈懿典评价万世德：“时引群儿为营阵之戏，建壁垒，设旗门，自署为上将，分署偏裨、步曲，鼓而麾之，众凛凛无哗，或时驰怒马挽雕弧，射猎于榛莽之墟……”①将军不是自封便能成为将军，发号施令也不是令出必行。所有的一切，都需要一定的磨炼和高超的技能。万世德统领伙伴们的组织指挥能力便在少年“军事游戏”中一一体现。

与将领之才相匹配的是将领之德，万世德在少年时期也表现突出。

盛夏的一天，13 岁的万世德正领着一群小伙伴们在西关外的关河中游泳，不料上游山洪暴发，多股洪流汇入关河，如怒狮咆哮，裹挟着大量泥沙向下游汹涌而来。临近 30 米处时，游兴正浓的万世德眼尖，突然发现一个接一个的毛头大浪向他们扑来，在将要被大浪卷走的一瞬间，万世德大喝一声：“有山水，快跑！”六七个小伙伴闻声不顾一切地往出跑。一个小伙伴动作慢了一点，在快出关河时被一个大浪卷回河心。万世德奋不顾身，机智果敢，敏捷如猿猴一样返身投入浪中接近那个小伙伴，凭他出身将门、自幼习武练功、膂力超常的本领，他脚蹬手掀使尽全

①据翰林学士陈懿典《万公墓志铭》。

力将小伙伴推上河岸。这个孩子得救了,而万世德却被接二连三的大浪冲进河中,伙伴们都惊得魂飞魄散,却只见他闲庭信步,顺着水浪的推力,坐着浪头,用手扒拉着洪水向下游游去。虽然山洪凶猛,他却从容淡定,悠闲自得,边游边向岸畔靠近,在下游一里处的西沟村畅河滩登岸。

重新汇合后,小伙伴们对万世德救人与自救的勇敢行为,心服口服,尊崇有加。万世德亦自兹培养了领袖群伦的威信。后来大人们知道这件事,赞许他少年不凡,大智大勇,坚定沉着,是个大才地,将来一定堪当重任。

渐渐长大的万世德仪表超凡不俗。身材颀长,相貌英朗,体力强健,阔额方口,高鼻大耳,眉清目秀,面白如玉,像一介秀才书生,说话声如洪钟,行走健步如飞,又像一位英俊武士。15岁时,万世德已经擅长刀枪棍棒技击,尤其擅长骑马射箭,力挽强弓,左右开射,矢无虚发。他有时乘快马,挟弓矢,射猎于丛杂的荆棘荒野,饿了到村庄向老农要烧饼吃,粗茶淡饭,寒热自适;渴了向乡村老妇要凉米汤喝,冷暖自乐。临近夜晚疲倦了,与打柴的青年、放牧的小子一同结伴归家,其豁达豪放、不拘小节的风范,显示了他适应环境的能力与宽阔的胸襟。

四、初显鸿鹄大志向

"将相本无种,男儿当自强";"朝为田舍郎,暮登天子堂"。万世德胸怀大志,常吟诵着父亲在他幼年的时候教的箴言名句,感慨道:"古之将相多出自田亩者，难道就是他人吗？吾亦要学会文武百艺，报效帝王家，以建功立业为意也。”

幼小时，万世德虽然奇颖聪慧，对文学感兴趣，但因贪玩好动，却不肯用功读书，父亲万岩给他请了名塾师，也难以管束他，反而对骑马射箭，练习兵器感兴趣。父亲万岩幼年时读书学业成绩好，无奈屡试不第，靠选取的“贡生”学位，最终仅做到八品的枣强县县丞。他以为万家世代武将，世德将来也是一块武将的材料，所以他在学业上没有强求世德，暗自道：就顺其自然吧！学士陈懿典称：“顾性佻达，不能屈首受塾师约束。”可见，万世德当时喜好武功胜于文学。明代大文学家、“明末五子”之一的屠隆在《大司马万公传》中也这样描述万世德：

> 佻达自喜，时时从群儿游，好为营垒行阵状，或创军府，自署为上将，授群儿偏裨之属，部伍严肃，识者知为伟器。又或乘快马，挟弓矢，射猎野外，饥从田家啖胡饼，饮凉浆，日晏与樵青、牧竖啸歌而归。大人禁诃之，不为止……为人颀长英朗，有膂力，善骑射。①

万氏家族的人都以为万世德虽有文学天赋，但不会走文士这条路，他将来还会继承祖上勋业，继续当武将。根据朝廷“世袭军职”的封荫政策，他在15岁时便因了四世祖万瑛、五世祖万祯、祖父万亿、伯父万山相继任偏头关守御千户所千户的关系，当上了偏关千户所一名“百户”。在古代15岁的男子称“束发”，这般年龄大人是不会允许出外谋生的，但自小有志向的万世德是不惧出外的。当时偏关所由镇西卫代管，镇西卫设在岢岚州，身为“六品”武官百户的万世德又被派往岢岚州州衙门

①据民国四年版《偏关志·艺文志·大司马万公传·屠隆》。

兼当捕务。捕务，就是逮捕犯人一类的小官。万世德本来就年少，在执行任务及工作期间，有些官吏要滑弄奸，故意为难他，生性刚直的万世德痛斥他们的行为，但常常无端地遭到衙门上级的责骂和同事的侮辱。初入职场的万世德很不适应，志不同，道不合，他在体验世态炎凉的过程中，深感当捕务并不能实现自己人生的远大理想。他感慨道："燕雀安知鸿鹄之志"？[①]然后愤然辞职，返乡偏关。

退出职场后的万世德，从此励志读书，勤奋刻苦。由于在官场"受责辱"的经历，给了万世德强大的转变动力，使他有了储备"文化食粮"的最佳时期。偏关至今还流传着"万瞎子"的绰号，这于万世德昼夜刻苦攻读《四书》《五经》典籍，成为近视眼有关。万世德在家中读书的时候，正是俺答汗率众袭扰明朝边疆地区偏关之时，山西北部一带人心惶惶。但是，万世德每日从刀兵相见、战火纷飞之中，从从容容地、持续不断地攻读圣贤书。唯一遗憾的是，当时偏关一带属于战区，可供学习的文献颇少，能够涉猎的也不多，对于从学者扩大知识面有较大的局限。但万世德只要得到儒家经义的书，用眼一看、耳一听，其大意就能牢记在心，了解深透。他天资禀赋可日诵数千言，过目成诵，触类旁通，能举一反三从已知推导到未知。屠隆在《万公传》中记曰："时俺酋扰边，边境骚然，先生日从戈戟劻勷中从容受书。地鲜文献，颇俭于耳目，而先生淹纬言诠，一闻百悟，殆有神授云。"

万世德在进偏关文庙儒学时经过了童子试，即科举时代参加科考资格的县试。当时县试，为偏关千户所所试，由驻防偏关的副省级文职官员、岢岚兵备副使主持。三年后又到太原府试合格，再三年去太原参加省级院试，又叫道试，由主管全省学政的一名按察副使负责。最后万

①据清《宁武府志·人物传·乡贤·万世德传》。

世德通过县(所)、府、院试合格,成为“生员”或“诸生”,习惯称“秀才(茂才)”或“相公”。然后,方可允许进入县、州、府学或官学国子监读书。遇有每隔三年一期乡试,才能正式参加科举考试的省试,如成功,再摘取进士的桂冠。

万世德从 15 岁经过三年家庭私塾刻苦学习, 到 18 岁正式成为偏关文庙官学的生员,即史书上所谓“博士弟子员”(明、清两朝对县学生员的称谓)。偏关文庙于弘治二年(1489)创建,是太原以北规模最大的庙学。在万世德成为庙学生员时,已经有 51 名生员升入北京国子监读书成为贡生,万世德的父亲万岩也是从这里被选拔为贡生的。万世德受到当时文庙儒学训导、经学造诣深厚的刘思文先生的传授和培养。山东沂水县人刘思文博学多识,才思敏捷,动履端庄,讲经有创意,使万世德受到熏染,进步很快。刘思文后来升任河南镇平县教谕。

万世德在庙学学习时,除熟背牢记儒家经典外,还进修了《御制大诰》《律令》两部大法,其中《御制大诰》是明太祖朱元璋亲自编纂的一部带有特别法性质的重典。这是明代各级学校授课的重要内容,也是应试的内容。在庙学读书学习中,万世德逐渐精通六经大意与诗词格律,达到了较高的造诣,对皇帝的诏书及名大臣的奏疏、论议,也有了独到的见解,尤其应对策问,已经达到较高的水平。

具有鸿鹄之志的万世德刻苦努力,经过攻经学诗、写作训练之后,不断发出凤雏清音,他的文章不仅从同辈中超拔出来,就连很多先辈名流也自叹不如。当时,山西提学副使、海陵(今泰州)袁公督学三晋,看到生员万世德的文章,称赏不已,作为范文推荐给所有的士子学习。正如翰林院编修陈懿典所记:“年十五,始台意下帷,下笔奇文蔚起。补博士弟子员,试辄为冠……”

到隆庆元年(1567),万世德成为关学廪生。廪生,全称是廪膳生员,属科举制度中生员名目之一。廪生，每月有朝廷廪米供给，名额有限，博士生员中只有考试名列前茅的才能获得这一资格，享受这一待遇。隆庆二年，驻偏关兵备副使范大儒了解到廪生万世德的学问造诣与文章水平，诚邀他到家中，为儿子讲学。其年万世德22岁，他讲授水平很高，每讲一篇，范大儒都拍案叫绝，赞叹不已。

万世德性格豪放，交际广泛，诚实守信，每当与朋友谈论到西晋并州刺史刘琨与东晋镇西将军谢安时，辄衷心佩服，更发思古之幽情，慷慨激昂，拔剑长歌，吟诗作赋。

五、三晋奇士受称赞

寒来暑往，矢志苦读，万世德终于迎来了隆庆庚午年（四年，1570）的乡试，即省试。在乡试之前，经过较长时间知识积累之后，万世德与各州府县的生员正式参加了山西乡试。自洪武九年（1376）开始，山西乡试每隔三年在省城太原秋八月如期举行，故又称秋试、秋闱。由朝廷选派翰林、内阁学士赴省充任正副主考官主持乡试，事毕复原职。同考官有朝廷派到各省的监察御史，以及各省的提刑按察使，或提学副使，分房阅卷。乡试三场，初九、十二、十五日正式开考，考《四书》《五经》《策问》，以及诗、赋等内容，并试诏、判、表、诰一道，其中儒家经学是科举考试的主要核心内容。

万世德时年24岁，在下发的考卷文章答题中，他妙笔生花，思辨考证，一语中的，建言献策，无可辩驳，深具韬略。阅卷官一眼看中这是一篇好文章，为思想深刻的治国鸿猷。秋九月乡试中举叫乙榜，也叫乙科，发榜之时正值桂花飘香，所以又称“桂榜”。万世德顺利通过乡试，考中举人，名列桂榜。据有关史料记载，前朝山西全省在乡试之年最多考取举人时是70多名，最少时是10余名，一般考取20余名时有之。考取一名举人实属不易，更何况是进士？万世德破天荒成为偏关有史以来的第一名举人。当时，阅卷官、山西按察使王世贞在考试结束后展读、评阅万世德的文章，内心很是激动，认为这是一篇上乘之作。他情不自禁地又将文章拿给朝廷都察院派往山西的监察御史饶仁侃过目，且称赏有加，指出万世德才学出众，是“三晋奇士”。明代文学家屠隆记曰：“大司寇王公世贞以观察使，典闱中得先生文而大奇之，以示直指饶公仁侃曰：‘是三晋奇士也’。司寇文章宗匠，既推毂公名，一时而噪西北。”①

王世贞何人？他是明朝中晚期著名政治家、文学家，字元美，号凤洲，又号弇州山人，苏州府太仓州人，隆庆年间为山西按察使，“纲纪振肃，贪墨解绶。寻升布政使，以砖改修科场号房。时以提调兼主文衡，中式皆为名士，晋风为之丕变。至学问渊博，文章典雅，著作之富，为有明一代之冠。”②后与李攀龙、徐中行、梁有誉、宗臣、谢榛、吴国伦合称“后七子”，李攀龙死后他独领文坛二十年，著有《弇州山人四部稿》《弇山堂别集》《嘉靖以来首辅传》《觚不录》等书。万世德能得到王世贞的称赏，相当于欧阳修称赞苏轼时说：常人不能“望其项背”。从此，万世德被世人刮目相看。

饶仁侃读了万世德的文章后，不仅对文章称赏不已，更明确地认

①据民国四年版《偏关志》。

②据明万历版《山西通志》。

为，万世德的才能堪受国家重用。他说：“是国器也，其取进士若反掌”①。意谓考取进士易如反掌，万世德果然被饶御史言中，翌年考取进士。饶仁侃，字近刚，号城山，湖广崇阳县白霓镇人，嘉靖四十一年(1562)壬戌科进士，后官至云南巡抚。

万世德能得到两位国家重臣名士、文章宗匠的称赏，从此声名远播，振翅待飞。

六、进士及第题金榜

考取进士难吗？难！中国古代科举制度中，通过最后一级朝廷考试者，称为进士，是殿试及第者之称。进士，是科举考试的最高功名；及第，指科举考试应试中选。明清时期全国各省通过乡试的举人，于次年春天集中到京城举行“会试”，因在春季考试又称“春闱”。考中者为“贡士”，第一名称“贡元”，然后，中“贡士”者在皇宫接受“殿试”，又称“廷试”，最后按成绩以取进士。

万岩当年在文学上享有盛誉，但在科举上不顺，便一心期望儿子金桂折枝，龙门一跃。万世德经过十年寒窗苦读，是否能在众多才俊中脱颖而出？他果真能超越其父，荣升天子门生吗？

万世德在隆庆四年(1570)考中举人后，一年里闭门读书，艰苦努力，以应会试。隆庆五年春天，万世德与结伴同行的侍奉书童，出偏关城，东向沿关河一路过马站、老营堡，上平虏卫、山阴县、怀仁县、大同

①据翰林院编修陈懿典《万公墓志铭》。

府，过阳和卫、天成卫镇口台，进入宣化府地界，晓行夜宿经过宣化府、下花园、怀来卫、昌平，进入京城。这好像天定的缘分一样，万世德后来任职顺天府宝坻知县，以及怀隆兵备道，又在这条线路上往来多次，这是后话。偏关距离京城1500里，万世德经过18天的时间到达。其时，全国6000名举人云集京城，准备做最后一搏，考中进士，步入仕途。

隆庆辛未年（五年，1571）二月初九日，会试在京城由礼部主持如期举行，皇帝特派正、副总裁主考官主持。考试分为三场，每隔三日举行一场。会试与乡试内容一致，以《四书》《五经》之义为基本程式的八股文考试，体用排偶，通谓之制义。这在《明史·选举志二》中有详细表述："初场，试《四书》义三道，《经》义四道；二场，试论一道，判五道，诏、诰、表、内科一道；三场，试经史时务策五道。"从中得知，会试既考核儒家经义知识，又考核诏、诰、表等公文写作的能力，以及考察时事政治的见解，综合分析判断考生的实际才能。

此次会试全国有四百名举人通过"会试"中式"贡士"，万世德名列其中。事后，他拜见了主考官、朝廷重臣、久仰的大学士张居正。张六岁识字，七岁能通六经大义，十二岁考中秀才，十三岁参加乡试，十四岁中举人，二十三岁考中进士，被誉为"神童""奇才"。万历皇帝登基后，张居正代高拱为内阁首辅，至万历十年（1582）主持朝政。张居正也是明代唯一一位生前就被授予太傅、太师的一品大员。会试主考官作为"内帘官"可参与阅卷和录取事宜，是受皇帝重视的荣耀美差。万世德与同期贡士，成为张居正的得意门生。

会试一个多月之后，即隆庆五年（1571）三月十四日，隆庆皇帝下诏书曰：

以廷试天下贡士命：少师兼太子太师吏部尚书、中极殿大学士李春芳，少师兼太子太师吏部尚书、建极殿大学士掌吏部事高拱，少傅兼太子太傅吏部尚书、建极殿大学士张居正，少保兼太子太保礼部尚书、武英殿大学士殷仕儋，太子太保兵部尚书郭乾，太子少保工部尚书朱衡，户部尚书张守直，刑部尚书刘自强，都察院左都御史葛守礼，吏部左侍郎兼翰林院学士掌詹事府事吕调阳，礼部左侍郎兼翰林院学士张四维（山西芮城人），政通司通行使王正国，大理寺卿董传策，翰林院侍读学士掌院事丁士美，充读卷官。[①]

三月十五日，殿试主考官隆庆皇帝坐北面南，龙颜端庄，在皇极殿亲自策试新科贡士。殿试前一天，由鸿胪寺官员设置御案、黄座，由光禄寺官员排定桌次座位。黎明时分，众读卷官与在朝百官分列两旁，随后皇帝升坐皇极殿。参加殿试的贡士在殿外的丹陛上排好队，礼部官员散发试题，然后指定考场入座，于日落时交卷。要求贡士在一天较长的时间内完成策问的写作。殿试题目有时由内阁拟定皇帝批准，有时由皇帝亲自拟定。殿试是天子亲策于廷，被视为"抡才大典"。依成绩分甲赐及第、出身、同出身，然后释褐授官。天下应试学子，皆奉圣人之道，引古证今，发挥满腹经纶，举先圣之言，列先儒之例，阐明当政之务。忠告大明皇帝，施行仁政，以德治国，慈爱子民，创不世之伟业，开万世之太平。

万世德，早被王世贞、饶仁侃两位贤达看好，认为其"取进士若反掌"。他博学宏词、经纶韬略，抒写出忠肝义胆和治国主张，其议论精严，文采飞扬，寓意深刻，超过先辈名流，最终获得了第三甲第187名的好成绩。[②]同科进士还有：后来的理学家管东溟、后任巡抚的王汝训，以及

①据《明穆宗庄皇帝实录》卷之五十五。

②据《明清进士题名碑录索引》。

后来与万世德同为抗倭名臣的山东益都人邢玠。

三月十八日，由管礼仪的鸿胪寺传胪宣读皇帝诏命的录取新科进士的名单，然后行礼谢恩。清晨，在皇极殿，设有中和昭乐队，殿内正中设黄案，午门外设彩亭。万世德与其他中式进士者穿着“进士巾服”，由“礼部引至御前颁赐，上表谢恩日服之”。[①]传胪，即上传语告下、唱名之意，为殿试科举制中皇帝宣布登第进士名次的典礼。之后由礼部放黄榜，在仪仗鼓乐队热闹贺声的引领下，张榜公布于东长安街，公示三日后收缴内阁。

行礼之后，万世德按照礼部安排，参加了三月十九日为新科进士举行的“琼林宴”。完毕后，按朝廷规定于午门前颁发赐赠礼品：一甲前三名状元、榜眼、探花各奖银 50 两，万世德等新科进士获得御赐纹银 30 两。然后，礼部官员率领诸进士，到“至圣先师”孔夫子庙和文昌宫行三拜九叩大礼。然后“释褐”，发给相应的官服。“释褐”，即脱去平民衣服，换上官服，出任官职。万世德被大学士张居正推举，授予河南南阳知县，吏部给予文书，择吉日上任。

明朝每次考试结束，工部都会拨出一些银两给国子监，在监内立“进士题名碑”。这些题名碑历久不坏，最终集为《明清进士题名碑》一书，保存了这些有价值的资料。当打开此书，如万世德等有功名的进士便历历在目，犹如现时考中，让人悬想当时的荣耀，确系光宗耀祖，流芳百世。

万世德尽管处于边防前线战火纷飞、“地鲜文献、颇俭耳目”的环境中，但还是考出了最好的成绩，亦为偏关“破天荒”的第一名进士。

夏季四月的一天，偏头古关阳光灿烂，晴空万里，好像披上节日的

①据《酌中志·大内规制纪略》。

盛装一样。万世德考中进士的喜报传到驻偏关的岢岚兵备道衙门，传到驻守偏关西粮厅的潞安府同知衙门，传到偏关守御千户所等官署衙门，驻守官员皆有荣焉，兴高采烈，沉浸在幸福的喜悦之中。偏关武备之地，边塞战区，首辟千古之荒，出了万世德这样一位进士，确系难能可贵，令这些官员感佩不已。驻偏关所有的十几座官署衙门，文庙孔学，挂红灯，扭彩棚，彰显庆祝；万氏府第更是喜气盈门，热闹非凡，前来庆贺的官府要员、乡绅士子、庙学师生，以及街坊邻里，络绎不绝。乡亲们奔走相告，拍手称庆！庆贺偏关地灵，人杰世德，将要为国栋梁，造福邦国。

不久，万世德回到偏关，拜见了父亲万岩和母亲陈氏以及宗亲、乡党。万世德母亲，为镇西卫千户陈璧之女，有贤德，培养世德功不可没，见儿子考中进士，自然欢喜非常。之后，万世德拜见了偏关守御千户所指挥、千户等官，拜见了驻偏关兵备副使纪公巡，拜见了驻偏关西粮厅潞安府同知尹祺，拜见了文庙训导等先生，谢过授业之恩，即将走马上任河南南阳知县一职，以期实现他“弃燕雀之小志，慕鸿鹄之高翔”的远大理想。

第四章

倾身民生　孝子贤行

一、初任南阳显身手

（一）遵父训当好官

万世德25岁中进士，初出茅庐，授官南阳知县，可谓春风得意。原准备将父母接到任所府上，让双亲颐养天年，以恪尽孝行。但老大人慈父万岩却考虑儿子刚过弱冠年龄就高中进士，去千里之外的异地他乡做官，自己不便跟随，于是在锦帛上写下了密语，让儿子好好照办："好好为民众办事，要多在实际工作当中尝试，千万不可掉以轻心，不要干那些缺仁少义的事情，要日夜孜孜不倦、尽心竭力地从政，少张扬自己的成绩，多关心民众的疾苦，尊敬老者，多向长者请教。裁处公事时，要了解透彻，要像在清澈平缓的泉水中舀水一样平稳缓慢，分清轻重缓急进行处理，保持中庸，做到公正妥当。"

父亲千叮咛，万嘱咐，唯恐儿子年少有负众望，再三要求儿子随身携带锦帛，念念不忘。万世德年轻志大，深知父亲寄语背后的忧虑，毕竟父亲当过县丞，知道从政为官的艰难，于是他尊崇父亲的训导慎独谨行。

隆庆五年(1571)初夏，万世德告别父母，告别伯叔长者以及子侄晚辈，告别邻里乡亲，带上随从侍卫，不远千里，南下中原大地去上任了。他们从关城出发，顺着西南官路过楼沟堡，出塔子会口进入三岔堡，往东折过神池堡，南下阳方口、宁武关、忻州、阳曲、太原府，然后折而向晋东南方向，经过榆次、太谷、榆社、武乡、襄垣、长治、晋城，进入河南焦作，又经过武陟，到达郑州府。在中原名城郑州府逗留一天之后，向西南580里、接近河南边界的南阳县出发了。一路上，广袤的中原辽阔无垠，良田千顷，各色庄稼绿波翻滚，万世德尽情领略着这中原大地的美好风光，心情大好。总经半月余，万世德一行到达南阳府南阳县。

南阳，位于河南省西南部、豫鄂陕三省交界地带，因地处伏牛山以南、汉水以北而得名，为楚汉文化的发源地。春秋时楚国在这里设宛邑，称为宛，是楚国冶铁中心。著名爱国诗人屈原曾在这里扣马谏王，秦、楚丹阳之战亦发生在这里。秦朝时这里设南阳郡治宛城。西汉时为全国六大都会之一，东汉时期为光武帝刘秀的发迹之地，故有“南都”“帝乡”之称。“商圣”范蠡、“科圣”张衡、“医圣”张仲景等历史名人，在不同时期诞育于此。三国时期，南阳是诸葛亮躬耕隐居之地，刘备“三顾茅庐”之处。

明朝时南阳县隶属南阳府，洪武二年(1369)又设南阳卫于南阳县城，隶属河南都指挥司，上属五军都督府之中军都督府。南阳卫下辖左、中、右、前、后五个千户所。永乐六年(1408)为唐王藩地。前代至明朝，南阳既是通都大邑，又是军事要地。

万世德来此重地，急欲一效前贤，施展抱负。

(二)正气化导

当时的南阳县，地当中原要道，地域宽广，人口密集，商业贸易繁盛，人员南来北往，交道频繁。在此人口稠密的地方，也产生了一种陋习嚣张、民风强悍、豪强横行霸道的习气。特别是恶霸与猾吏、奸佞轻狂之徒妄图掌控南阳县衙门，先前任职的县官常常被这些人欺侮。万世德上任之后，这些狂徒欺负他年轻，常寻衅滋事，刁难不已。“邑多大猾，舞文告讦，诸老皆以公年少，每以疑事难公，而公钩稽得情，洞于款綮[①]，莫不惊叹折服。”②

但一些衙门人员仍然不甘心，还在试探万世德。一日，万世德在县衙门公堂首次审理民事纠纷案，正在调查问询当中，一位叫周阔的麻脸大汉，是县衙年久的老皂吏，惯爱逞强耍横，发泄情绪，他见万世德年轻又满脸稚气的样子，认为好玩，要羞辱他，出他的洋相，于是前来扰乱，闯入公堂，寻衅滋事，他大声吼道：

“你这乳臭未干的小子，见过虱子放过个屁，还是蛤蟆耕过个地？你还办案子，你懂个啥？我在县衙干事比你年龄也大，你快走一边玩去吧！”此人说话时，满脸横肉一抽一抽地，凶神恶煞般地吓人。

面对横逆之来，万世德神态自若，面不改色，一敲惊堂木，和而不弱地指着对方的鼻子道：

“大胆！咆哮公堂，干扰公务，你可知罪吗？你欺侮本官年轻，对你奈何不得？难道大明法律也奈何不得你？难道你想以身试法？”万世德声音洪亮高亢，句句入理，周阔被逼问的理屈词穷，无言以对。

“念你初犯，否则，二十大板叫你皮开肉绽，定不饶恕！”万世德又义正词严地指责道。

周阔受到斥责，暗暗惊叹：“这位年轻的县老爷这么厉害，精通律令，叫人无反驳的余地。”周阔原想羞辱万世德一番，反碰了一鼻子灰，顿觉脸上无光，心想“不能就此了结，以后还得找机会难为这小子”，二话没说，慌忙退出了公堂。公堂上的人原先满脸惊惧的神色一下子平静下来，觉得这位年轻的县老爷可敬可畏。

又一次，万世德在上厕所当中，快要进门的时候，因为里边有人躲着看不见，他一直放开脚步往里走着……原来上次闹公堂的周阔就在里边，他已早早地看清万世德在来路上，心想这一次我非得报复你一下。于是，他装作没有看清外边人的样子，在万世德将要进门的时候狠劲地往身上撞去，万世德在猝不及防的情况下，被撞了一个趔趄，定睛一看，又是这位五大三粗的汉子周阔，心想此人还想闹事，继续欺侮本官，如不教训一下这个老小子，岂能在此地任职？于是，万世德丹田运气憋足劲，照准周阔一个“黑虎掏心”拳打过去。周阔“啊”的一声，当胸重重地挨了一拳，轰然倒地。

在他翻起身来准备溜走的一瞬间，万世德照准他后腰部，又重重的一脚踢上去，只见周阔背朝上面朝下一个狗啃泥倒在了地下，碰得鼻青脸肿，满身尘土，半天爬不起来。他哪里知道，年轻的知县还有武功在身。于是，他磕头如捣蒜地说道：“对不起，万大人！小的无知，有意难为老爷！请老爷开恩，以后小的再也不敢了！”

万世德看着他那副狼狈不堪的样子，心里十分好笑，大喝一声“滚！”此后，周阔见了万世德，满脸堆笑，低头作揖，再老实不过了！

又过了几日，一个叫梁翰的县丞，倚仗县衙门的老资格，一贯刁恨，衙役们对他都很惧怕，他见万世德年轻似娃娃状，觉得如想办法把他撵走，自己凭资历正好升任知县。于是，他玩弄文字，曲解法律，背地里上书南阳知府，诬告万世德年轻不懂事，办理案子不力，引起民怨。又指责万世德的“过失”，说他“不务正业”在县衙内悠闲自得，经常弹琴作乐，并指责像这个懵懂的“娃娃”怎能治理好一个县份？请求将他降职使用。

原来万世德多才多艺，琴棋书法，样样皆通，亦引起猾吏的嫉恨。南阳知府接状后，看到梁翰这篇状词说理精严，论证充分，心中思忖，像这样的人怎能治理好一个县邑，难道朝廷在选用官员时不考虑本人的实际工作能力就随便用在一个通都大邑？但转念一想，先不要听一面之词，派人到治内访查一下老百姓对新任知县的看法再说。

派去的差吏，没多久很快返回府衙回复：“南阳知县万世德，莅任三月余，口碑很好，百姓说起，赞不绝口，称他虽然年轻，但办事老练，澄清了多年积压的冤案10起，而且经他手新办的案子百姓心服口服，没有一点怨言。”知府大人听后，满腔狐疑顿时烟消云散。觉得梁翰是在有意捣乱，更感万世德年轻有为，前途一定不可限量。

原来万世德能在这样重要的地方任职，曾经接受过“学富五车、才高八斗”的朝廷重臣张居正的考核，相当于现在的“面试”。张当时见万世德年纪轻轻，仪表不俗，遂当面考察，看他的才能究竟如何。他大到治国方略，小到具体治理一个县邑的举措，都一一询问。万世德对答如流，识见新颖超群。久历吏事、胸有雅量的张居正，宽阔的脸盘上露出满意的笑容，亦认为万世德堪当重任，遂推荐与吏部，建议到重要的地方任职。

就这样，年轻的万世德，担当起了治理一个大县的重任。

不久，知府派遣属吏给县丞梁翰送去一份警告书，内容是要他以后不要诬告好官，好好配合新任知县治理县域。鉴于此次初犯不予追究，否则定不饶恕。

这些衙门猾吏们很快发现找错了欺侮对象。万世德机智过人，迅速识别了他们的企图与目的，以较为简短的话语戳穿他们的欺瞒情状。“南阳当中州孔道，俗嚣务繁，豪右习椎埋，猾胥舞三尺。复少，先生心易之。尝以事难公，诸所擘画，迎刃立辨。下以隐情面谩，片言折之，洞于观火。群下惊顾吐舌，目为神君，相戒无欺也。”①万世德洞若观火，虽然猾吏在暗中作乱，玩弄阴谋诡计，将案子预先策划得复杂难断，但到了万世德手里，每事都能迎刃而解，且又能识破阴谋，辨别隐情。

再说上次梁翰接到“警告书”后，满脸不快，心中不服。心想，不能就此了却此事，还得刁难万世德一下。过了一段时间，按分工本来是他办

---

①据民国四年版《偏关志·艺文志·大司马万公传》。

理的一桩案子,非常棘手。南阳知府勒令限期破案。他将此案推给万世德,以为像他这样经验不足的人根本审理不清,由此可以将他挤走。

万世德接案后,反复研究内情,问询调查,根据线索,推理判断,觉得疑点很多。于是,他微服私访,深入民间调查了解案情,终于弄清了事实的真相,根据法律很快审理好了此案,使当事人与衙门吏员心服口服。至此,县丞吏员再也不敢刁难万世德了,觉得他是一位很有作为的能人。

(三)惩恶扬善

万世德生于峰峦叠嶂的古关要塞地区,养成了像山峰一样的傲骨崚嶒性格。在任职知县以来,深感南阳是个积重难返的地区,特别是百姓反映最强烈的遗留不决的一桩大案要案,即县内官庄有一绰号叫王霸道的恶霸无赖,依仗其兄是湖广按察使的地位,与地方乡绅相互勾结,横行乡里,鱼肉百姓,搜刮民脂民膏,把周围的百姓欺负得叫苦不迭,又聚众勒索,稍有不从,便大打出手,致死人命。对此,民众义愤填膺,要求官府严惩王霸道。但官庄等地乡亲几经越级上访告状,都无济于事!百姓怨声载道,人心难平。王的后台有朝廷权臣庇护,省级有兄长的势力范围,县内又有王霸道黑社会势力的打手成群,府衙与县衙慑于自上而下的权势压力,一拖再拖,不敢秉公办理此案。

万世德上任5个月以来,连续接到诉状,深知老百姓寄希望于他这位新任知县。其他县的衙门同僚与本衙门吏员得到这个消息,都为万知县担忧起来,认为这是一起非常棘手、异常难办的案件。万世德就是不信这个邪,对众吏员说:“我万某虽然不才,但我发誓一定要替众百姓除掉这个恶霸!”说话间他双拳紧握,满脸正气,眉宇间露出一股英气。

万世德在县内不管走到哪里调查此案案情,对照状词,百姓都是众口一词，愤怒地诉说王的恶行。王霸道见状也暗中托人送来一笔丰厚的银钱，请求网开一面。万世德怒发冲冠，恼恨王的恶行，严词拒绝。心想，叫我徇情枉法，一点门也没有。他说道："当官不能为百姓做主，要这个官有啥用？还不如回家种地去！不管任何人犯法，都要接受法律的惩处，这样一方才能稳定平安。"

万世德下决心要为百姓除去此害，保一方平安。于是，他亲自带领捕快于一个夜晚秘密进到官庄，在王霸道毫无防备的情况下将其抓获，然后整理卷宗，一面上报刑部，一面选定日子召开公审大会。心想我看这次谁还敢救你！公审大会后，将王霸道就地正法，然后张贴告示。万世德顶着来自各方面的压力，终于将为害多年的南阳一霸除掉。南阳人终于扬眉吐气，拍手称庆。事后，老百姓成群结队，敲锣打鼓，去县衙送去一块扭彩的"包公再世"牌匾，并且整整放了一天鞭炮。

（四）禁烟禁赌

在南阳县赌博、抽大烟风气有所蔓延时，万世德撰写了禁赌、禁烟的布告到处张贴，并制定了相应的禁止措施。一次，县衙捕快抓回一个满脸黑气的贩鸦片大汉，可当他看到知县是个年轻后生时，便起了傲慢心，不但拒不交代抽大烟、贩鸦片的罪行，还态度蛮横，把没理的说成有理的，好似衙门抓错了他。

审问好长时间毫无进展，大概又僵持了一个小时后，大汉慢慢从嚷嚷声中变得疲倦沉默起来。万世德马上转变策略，进行"攻心战术"："你为什么要抽大烟，还要贩卖鸦片？老婆一定远离你而去了吧？家庭父母与孩子生活过得很窘迫吧？"

当万知县说到家庭的时候，这个面目可憎的嫌疑人突然嘴角抽动，露出了失态的表情。原来，大汉曾经有一个幸福美满的家庭，妻子贤惠温顺，几个儿女活泼可爱。他本是一个勤劳的农民，原经营的十几亩土地产粮富足有余，又牛马成群。自从染上毒瘾后，家里积蓄的钱财很快就败光了，日子过得一天紧似一天，在众乡亲多次劝说下，发誓戒毒。自控失败后，他又干起了以贩养吸的勾当，最后妻子与他分道扬镳，还带走了儿女。

在万世德晓之以理、动之以情的开导下，这个黑脸汉子突然流下眼泪，哭了起来。这叫万世德始料不及，趁着火候继续鼓励他增进信心，并给他举了过去办案中碰到的"投案自首、改过自新"的例子。这时，大汉的心理防线彻底垮掉，毫无保留地交代了一切犯罪事实。

从此，衙门属吏对万世德的办案水平刮目相看。

（五）整顿吏治

如前所述，长期形成的衙门恶习一下子难以杜绝，有些不法吏员借助衙门庇护，仍寻衅滋事，刁难百姓，索要财物，败坏着政界风气。万世德深知这一恶习的危害，他找问题，挖根源，在走访老百姓中了解到官员属吏违法乱纪的情况。又从整顿吏治、"严肃刑威"入手，整肃了衙门作风，惩办了衙门与基层的不法胥吏。发令限期解决衙门吏员不择手段索取私利、危害群众以及不尽职责、为所欲为的问题。

对百姓反映的久治不愈、社会秩序差的"顽症"问题，他不怕得罪恶势力，敢动真碰硬，绳之以法。万世德严格要求所有吏员严守大明法律，相互约束监督，杜绝违法乱纪的行为。具体在衙门胥吏与地方豪绅勾结的关系网里，区别罪行，予以打击，该杀的杀，该抓的抓，该关的关，该罚的罚。对欺上瞒下、徇私舞弊、徇情枉法的人事，亦给予甄别处罚。经过惩处，南阳老百姓无不拍手称快，拉开了鼓舞民心、淳化社会风气的序幕。

对衙门内所存在的软懒散、不负责任、推靠拖沓的官老爷作风，万世德勒令其限期改正。对衙门内新暴露出来的问题，发现一起纠正一起；对违反程序办案、对百姓申诉和举报不闻不问、置若罔闻等行为，则给予问责。尤其对性质严重恶劣的人，决不宽恕原宥。此外，还建立规范管理衙门的长效监管律条，对有令不行、有禁不止、屡犯不改的吏员与职役，坚决依照律法严肃处理。

万世德又经过张贴“净化社会风气”布告，明确是非善恶，赏罚标准，言出法随，在较短时间内使得南阳社会安定，风气好转，广大百姓对生活充满信心。

之后，万世德决心继续整顿吏治，他从自身做起，以廉洁奉公的清官条例来严格要求约束自己和下属。他夙兴夜寐，勤于政务，深入民间，调查研究，了解各方面的情况；他体恤民情，及时地处理了大量棘手难办的案子与矛盾，深得民众信赖；他又平易近人，和蔼可亲，至后来无论部属官吏，还是普通老百姓，有话都敢向他叙说，从而为百姓分忧。他掌握着“兼听则明，偏信则暗”的原则，下属隐情、民间疾苦都了如指掌，这样处理事务就能有的放矢，达到准确无误。他不贪不占，绝不收不义之财，对部下严加管束，对违章者严惩不贷。赢得属下佩服，百姓拥戴，“猾吏皆惊服，所至弊绝风清”。①

（六）改善民生

万世德在任上，要求每位吏员清正廉洁，关心民瘼，访问民间疾苦，不扰民不害民，真心实意地为民众办事。他要求吏员做到，自己首先做到。

---

①据清《山西通志·人物》。

他亲自深入山庄窝铺体察民情，访贫问苦。查灾情，查生活，查生产，查土地，查贫富，丈量土地，定税定赋，征求百姓意见。在掌握了大量的第一手资料后，万世德权衡利弊，综合平衡，制定了管理南阳地方的方略。然后张榜公布，晓谕当地百姓。内容主要有以下几条：

其一，大力发展农业生产，兴修水利，保证连年丰收。其二、利用南阳中州要道的便利条件，大力发展商业、交通运输业，动员老百姓人人出主意想办法寻找出路，改善生活状况。其三、修缮庙宇寺院，完善祀典，利用宗教，教化民众，诸恶莫做，众善奉行，诚心正意，做一个守法奉公的百姓。

经过丈量土地、查核税赋，减轻了人民负担，尤其堵塞了商业大户偷税漏税的弊端，使得县财政收入稳步上升。南阳地理条件优越，加之万世德正确引导，群众生活水平日益提高。

万世德当时还按照朝廷的方针、策略，在南阳广设广积仓、大仓、义仓，在乡下设社仓。义仓即官府动员民众自愿捐献粮食设立的公共粮仓，遇灾荒年景时开仓赈济，保全万民。这是一种动员富户搞慈善事业的方便途径。万世德按照上边的方针，惩治在管理粮仓当中的腐败现象，绝不形同虚设，而是将赈灾救济落到实处，尤其对特困户及时救济，让他们度过难关。万世德把南阳这个通衢大邑治理得井井有条，老百姓很快富裕起来，人人为生存生活忙碌，犯罪率自然减少，社会治安也相应地好起来了。他真正做到了为官一任，造福一方，受到老百姓拥戴，被上司看重。

前面提到，南阳为中原要道，陋习嚣张，豪强横行，奸佞轻狂之徒常常寻衅滋事，除本邑人口多外，南来北往的流动人员亦多，社会治安自然是一大难题了。万世德上任时便发现这一问题，在其他工作多头并进的同时，他又想尽一切办法对社会治安进行综合治理。当时的南阳重地，在自然灾害来临时，豪强恶霸占山为王，强盗土匪打家劫舍，偷鸡摸狗，还造成冤狱官司。对于这些，万世德在保证民众基本生活的同时，整顿强化地方武装。他首先施行乡兵、民兵编伍，再开展军事训练。军事工作是万世德的强项，他亲临实地指导，地方武装战斗力大为提高。然后，他竭尽全力地处理南阳的历史遗留问题，首先劝谕那些占山为王、打家劫舍的强人弃恶从善，回归田亩。对接受招抚者既往不咎，对负隅顽抗、顽固不化的死硬分子，就动用地方武装给予沉重打击。对首恶者从重惩处，胁从者让其回乡参加生产劳动，自食其力。其次，万世德实行"联保法"，让都甲里邻联合保卫，各负其责，防患于未然，将犯罪行为消灭在萌芽状态。各基层组织保证一方平安不出事，稍有事，首先由基层处理解决。如遇棘手难办之事解决不了，由以万世德为首的县衙官府前去解决。凡经万公之手的案件，很快会迎刃而解。对冤狱案件，万世德发动所有领薪俸的官员，调查了解，逐一解决。他说，是不是冤案，民间群众自然清楚。十室之邑，必有忠信，家有百石粮，门外有九十九杆秤，老百姓的眼睛是雪亮的，你做的好事坏事，有人在称量着。他认为，深入民间充分调查研究，是解决问题、处理要案的最好办法。

万世德每遇繁难之事都能一一克服，他是怎样化难为简的呢？凡是有人的地方，都有豪强贫弱之分，他首先调查民情，发展生产，将收容的豪强类人物、游手好闲不务正业的人，以及各类闲散人员，编入农村生产，加强劳动力。这样社会上寻衅滋事者少之又少，出现了稳定祥和的局面。又用联保法、慈善法使大户富豪对贫弱者广发善心，施舍救助。这样做好事的人多，做恶事的人少了。在处理公务的同时，万世德很清楚，让乡里接受儒家文化对治理地方的重要性，于是他组织地方绅士座谈，宣扬儒家学说"孝悌忠信礼义廉耻"的思想，敦促他们带领老百姓步入正途，并且要求在平常的生活当中身体力行。这样，自然对社会稳定起了一定的催助作用。

一次，河南巡抚听说南阳知县万世德有政声，亲自去考察。当他们一行到了南阳县衙，却空无一人，于是让属下出去寻找，最后在南阳新店村田间找到了万世德，找寻的人简直不敢相信自己的眼睛，眼前这个像普通农民一样在田间和老百姓共同劳动的人就是万世德，说明来意后，万世德才飞马奔回县衙，觐见巡抚大人。巡抚见此情景，忍俊不禁，心想这哪像知县的样子。但后经了解，万世德不仅自己以普通人员身份深入民间，而且让手下人及下层官吏也这样深入民间，深入田间地头，在第一时间为民众解决疑难问题。此事深受河南巡抚的赏识。

万世德在南阳披星戴月，勤于公务，余暇时间常同有才华的文人俊士饮酒写诗作文，考证古今。他的诗作、文章日益精到，声名也越传越远。

二、丁忧守孝返家乡

在南阳任上的第二年即隆庆六年(1572)春末，万世德突然接到家书，说父亲万岩去世，让他火速赶回偏关，料理后事。听到父亲病故的消息，犹如晴天霹雳，给了他当头一棒……他泪流满面，为未能及时地给老父亲求医救治而万分悲痛！于是，他马上向南阳府、河南布政司、朝廷吏部上了返乡“丁父忧”的辞官呈子，然后收拾行李物品，交代衙门事宜后，急切地离开南阳，走在遥远的返回山西偏关的行程中。

(一)祭祀表孝心

隆庆六年初夏,偏关城平营街万府大宅沉浸在异常的悲哀之中。这是关城首屈一指的乡宦贵绅之家,主人万世德之父万岩先生仙逝,享年69岁。万家正在隆重地大办丧事。

尽管偏关一带山岭连绵,沟壑纵横,道路崎岖,交通闭塞,是个偏僻荒凉的山野地方,然而关城五进大院的万氏府第,却是富丽堂皇,威严的高墙,白蓝色彩粉饰,有百余间房屋及部分楼房,红色耀眼的大门门额新挂有金边蓝底的“进士及第”横长牌匾,与原来“将门之家”“忠武世家”牌匾并列一起,显示着万氏文武兼备之显贵。大门旁一对石狮双眼圆睁威视远方,象征着万氏家族不平凡的社会地位。昔日,这个府第里欢乐融融,笑声四起,其时却笼罩在一片悲哀声中。黑白色的素帐交汇挂立在一起,身着纯白色孝服的男女老幼孝子贤孙进进出出,泪洗面容,声音凄婉。似乎青龙山在低垂,偏关河在呜咽,整个关城也沉浸在悲痛之中。

夜幕降临,天色微黑,大门口两边写有“奠”字的白色灯笼亮起来了。院子里各个角落也逐渐点燃放有素油的灯笼。万府的中堂门敞开着,外边搭建着一座白黑蓝黄色相交着的牌楼式彩棚,两边绸缎扭彩,上方各色彩纸结成花卉,中间绿色松枝映衬,更显得庄严肃穆。花卉中间四个白底黑色大字“大雅云亡”格外醒目。中堂东西两边各有七间厢房,执事的管家与办事的人们进出忙碌着。其时,彩棚里边的客厅正中摆放着一副黄色的绘有青松翠柏、五福捧寿等图案的棺材,里边安寝着经过整容修面头带瓜帽、身着绘有黄色“卐”字的蓝色绸缎的万岩先生。入殓时,家人将珠宝放于他口中含着,继而按“入殓”礼仪将其安放在寿木中。灵堂内摆放的多盏素油灯忽明忽暗地闪烁着。棺木上方是一块白色挽幛，上面有一行黑色的行楷大字："诰赠七品知县万公岩府君千古"。万岩先生卒后为"七品知县"，是因其子万世德时为南阳知县，朝廷以此给予万岩的赠官。后万世德官升二品"都察院右都御史兼兵部右侍郎"，卒后朝廷赠从一品"太子太保兵部尚书"；故父万岩、祖万亿亦以万世德的官位得到二品"都察院都御史兼兵部右侍郎"、从一品"太子太保兵部尚书"的朝廷恩荫赠官。古代官制，给活着的人授官为"封"，给去世的人授官称"赠"。古代"光宗耀祖"就是此道理，如果家门中出上一个好儿郎成为朝廷命官，其父、祖也可按其官职品位受到朝廷恩封或者恩赠。

灵堂左右竖长的挽幛联对书有："朗月清风怀旧宇，残山剩水读遗诗"。灵桌上万岩画像慈眉善目，面带微笑。前边摆着香炉，香烟袅袅，绕向空中……香炉前供着三盘 12 个白面大馍，以及各种水果、肉食荤菜、素食等食品。驻偏关兵备副使蔡可贤、驻偏关西粮厅潞安府通判刘东鲁派人悼念，并送了挽幛，摆放在显眼的位置，分别是："高风传乡里，亮节昭后人"；"一生行好事，千古流芳名"。周围还摆放着万岩生前好友、亲朋故旧所送的悼牌、挽幛等。

万世德晓行夜宿，经过 2800 里的路程，用了 13 天的时间赶回了家乡偏关。一进门闯入中堂哭拜在父亲的灵前："父亲大人！不孝子回来了，您怎么走得这样匆匆忙忙，连儿最后一面也未能见上！"万世德十几天来强压在心中的悲痛顿时涌出，哭得死去活来，亲朋好友极力劝阻也无济于事。待后万世德情绪稍有舒缓，转过身来回房间拜见他的妈妈陈母大人，母亲在失去相依为命的丈夫后，满面愁苦，一脸凄惨的样子。自丈夫去世以来，陈氏一直郁郁寡欢，此刻见到世德，母子二人少不了痛悼亲人的离世。拜见母亲后，万世德想到父亲生前对他的谆谆教诲，其音容笑貌犹在眼前，又回到灵堂一连几天昼夜不停地痛哭慈父大人，觉得生他养他的父亲在他毫无思想准备的情况下，就这样不声不响地走了，永远地走了，真是子欲孝而亲不待啊……

此后，万世德不顾鞍马劳顿操持起父亲的丧事。他思父忆父，满怀悲情，饱含孝心，研墨运笔，写下祭奠父亲的挽联：

呕心教儿二十年，为乡梓贡生，县衙佐丞；
中原哭父三千里，其南阳呜咽，卧岗垂泪。

万世德此时出于全部孝子纯心，祭联声情并茂，一挥而就。万世德回来了，亡父就要入土为安了。在出殡前一天，按照偏关习俗，为告别亡者送行前的一次烧纸祭奠，亦为接待亲朋好友宾客前来吊唁的一次隆重活动。白衣殿12名僧人进入灵堂，分站两列诵经超度；孝子万世德、万世明跪在灵前不住地烧纸，亲朋好友按长幼次序在灵前敬香、奠酒、跪拜磕头，对亡者祭悼。其时香烟弥漫，纸灰升腾，经声佛号悦耳，祭祀毕又鼓乐齐鸣，哀声阵阵。

次日为吉日，出殡。大孝子万世德、万世明与伯叔族兄、三亲六友将父亲安排在位于城东北一里处的将台梁祖茔。万世德因过分哀伤导致身体受损，人们称颂他的至纯孝道是完美无缺的德行。他又派族中二位老仆人南行四千里，远去今江苏太仓县请求原朝中大司寇（刑部尚书）、大文学家王世贞（别号弇州山人）为父亲万岩撰写碑铭墓志文章，追忆父亲功德品行，悼慰亡魂于九泉之下。

据屠隆《万公传》载：

寻闻尊公讣，痛不及祷医，含殓。哀毁鸡骨，人称纯孝。乞志铭弇州，若中郎之所为碑有道也者，而差慰泉下矣。

王世贞在墓志铭中写道，万岩虽为文士，但兼有军事谋略，并且纵横驰骋有武将技艺。又忆及他当年在山西任按察使为乡试同考官时发现文明（即万世德）答卷立意高深，深感惊异，介绍给饶御史，饶也赏识之。

始余按察山西，与场事得一卷，异之，以示御史今中丞饶公，饶公曰："是国器也，其取进士若反掌。"既启而知其为文明也……既手辑公之遗诗词三卷而藏之，复衔哀次事状，凡数千言，走二苍头蹩蹩冰雪四千里，而以志铭请。呜呼！余不识公，以公之子而识公，可也。铭曰：惟万之先，繇武功兢。诗书业就，与介胄并。父老而丞，子少而令。丞生有涯，令贵未竟。姑安若宫，有赍来命。①

文中的"丞"，指县丞，即万世德之父万岩。

（二）结庐守墓

古代丁忧，丁，指遭逢；忧，指"家艰""家忧"，指遭逢父母的丧事，也称"丁艰"。是古代封建社会传统的礼仪制度。根据儒家传统的孝道观念，朝廷官员在位期间如遇父母去世，则无论在任多高职位，从得知丧事的那一天起，必须辞官回到祖籍，为父母"守孝"三年，此为"丁忧"。

古礼三月而葬，然后初哭，行"虞礼、卒哭"。"虞礼"，指士人安葬父

①明王世贞《万岩墓志铭》。

母后返回殡堂而举行的安魂礼。三次虞祭后行“卒哭”礼，指百日祭后停止无时之哭，变为朝夕一哭。行“卒哭”礼与献食举哀于家室中堂灵牌位。卒哭十一次为“阳礼”，而妇人不参与，将亡父母“神主”迎入祠堂，行祭祀礼。丧后七个月举行“谭”礼，意为安然平静；13个月至15个月举行“小祥”“大祥”礼。

遭逢居丧时，儿女们会忧伤，会遵循一定的民俗和规定“守制”，这显然比单纯“人丁忧伤”包含的内容要广泛得多。其子女在三年间不做官、不婚娶、不赴宴、不应考。《礼记·王制》：“父母之丧，三年不从政。”当然，凡事都有特例，举凡碰到国家重大事宜离不开不能守孝的官员，其家事与国事发生冲突，要家礼服从国事，孝子可出来为国继续效力，这样以特殊原因必须回去做官的，以素服办公，不参加吉礼，叫“夺情”。即为国家夺去了孝子的悲哀之情起用，这样好似忠孝两全的变通。武将则不解除官职，只给假百天，因战事不可一日无将，称“墨绖从戎”。丁忧期限三年，期间要吃、住、睡在父母坟前，停止一切娱乐活动。

万世德与弟万世明在丁忧期间，按照国家礼制，一门心思为父亲守孝报恩。万世明，字少泽，曾任山东临清州同知。他们在将台梁祖茔父墓前搭了个小棚子，“晓苫枕砖”，即睡木板床铺草席，头枕砖块，吃粗茶淡饭。期间，他们夫妻分居，吃、住、睡都在父母的坟前，不宴饮、不洗澡、不剃头、不更衣、不外游，停止一切娱乐和应酬，不进行婚嫁庆典等喜事。万世德想到自己出生的三年内，时时刻刻离不开父母的照料，发愿要在父母晚年内尽到孝心。他认为，今父亲大人不在了，做子女的要时刻想念他，也应还报三年，报答他的大恩大德，至少要在坟前守孝，以此作为对父母孝心的表现。儿女是否孝顺？亦是对其是否发自良心的考验。万世德是儒学之士，他深知孟子讲过“慎终追远，民德归厚”的道理，如果连养育自己亲生的父母也不尽孝道，甚至是忤逆对待，一旦国家用在权力岗位上，他怎么会诚心实意地勤政爱民呢？只有在家庭中为孝子，用在国家才是忠臣。这是华夏民族历朝历代、千家万户都要举行盛大仪式祭祀父、祖、先祖的原因所在。这不但是孝道的延续，更是人性本善的维护。父母对我们的恩情比天高、比地大，如果连父母的恩情都忘了，就连禽兽也不如，那何谈忠君爱国、服务黎民苍生呢？

但也有的官员对权位的贪恋看重，特别是那些官运亨通、得志昌盛、如日中天的官场政客，突然遭遇“家忧”，要在较长的三年里离开已经娴熟的官场，怕时过境迁失去大好的前途与机遇，不愿解去官职，故隐瞒不报父或母之丧事。但最终结果是“纸里包不住火”，往往被揭发弹劾，导致官场生涯的彻底结束。有的官员对父母亡故不葬，或居丧不安心“守制”到处游走，或歌舞纳妾，饮酒作乐，这都是“丁忧”的不端不孝行为，最后受到朝廷刑律的惩罚，为人所不齿。品行优秀“丁忧”守制孝德显著者，则受到朝廷嘉奖，甚至超拔重用。

丁忧期间，万世德在将台梁父亲墓前棚子里，将父亲万岩生前所撰诗词集结为三卷，又为父亲整理撰写出行状，共数千言。如前王世贞在《万岩墓志铭》中所述。期间，万世德继续研习经史子集、天文历法、地理五诀，对《老子》《庄子》及李白、杜甫的诗作，唐宋文学大家韩愈、柳宗元、王安石、苏轼的文章名篇亦情有独钟，学习纯熟，背诵如流。

万世德在未考取进士前因偏关文献稀少，还是沾了父亲读书学文存书的光，当年父亲在枣强大县任县丞时又购置了一部分，保证了他考中进士学习的基本书籍。这次万世德在中州名城南阳任职，业余时间与才俊仕宦遨游书海“考订今古”时又借到与购置了较多的书籍，加之他天资聪颖禀赋强，读书过目不忘，拓宽了知识领域，更超过了他当年考中进士的水平，其下笔立就，辞藻丰富，语出惊人。守孝与至后任职期间，他写出了具有唐诗风格的“塞上”“塞下”诸多诗篇以及议论精严的理学文章、文学性强的散文名篇。其中有一部分流传下来，有一部分失传。

万世德的诗、赋、文章不仅是边塞生活的直接反映，而且是政治家治国思想的体现。万世德所生活的明朝是中国社会动荡不安的时代，北方游牧民族的侵扰，后来倭寇的进犯，战乱频仍，边境不宁，都在他的思想中打下深刻的烙印，也在他的文章中得到深刻地反映，其忧国忧民、忠君报国的思想可见一斑。

万世德除学习文学外，为了自己能更好地报效国家，还对《孙子兵法》做了进一步的研究。在反复体会孙武军事思想时，懂得了《孙子兵法》对战争规律的科学总结与对战略战术所作的精辟论断，从而丰富了他的军事思想与战略战术理念，使他在后来平西征东领兵挂印驰骋疆场取得胜利打下牢固基础，亦为他成为定国之臣奠定了基础。

三、补缺元城治邑县

万历三年(1575)春，万世德"服阕"期满。古代丧礼规定，父母死后服丧"丁忧"三年，期满除孝服称"服阕"。然后，礼部给吏部转文，说明河南省南阳县原知县万世德返乡偏头关"丁父艰"期满，请按吏部条例复官。吏部查找空缺，其时正好北直元城知县、山东聊城人王汝训由于政绩出众，被朝廷擢拔为刑部主事，留有空缺，万世德即被补为元城知县官职。王汝训，后改任兵部主事，与万世德同年，累官至浙江巡抚、刑部尚书。

（一）心系民众

万世德经过长途跋涉，来到冀南大名府元城县，王汝训移交一切手续后，与万世德彻夜长谈。二人都是自幼饱读诗书的儒学生员，从政后，孔孟“忠君爱民”的思想理念，不仅深深地灌输脑海，而且化为了实际行动。他们大到治国方略，小到百姓衣食住行，两人畅所欲言，谈了自己的看法与见解，都表示：一定要为官一任，造福一方，心系民众，为了百姓的利益鞠躬尽瘁。最后万世德满怀深情地说：“王兄，您在这里，治行得力，为民众办好事，办实事，惠及千家万户，深得民心，博得拥戴，政绩卓然，被上级官员所看重，擢拔入朝。我要向您学习，把您治理地方的好传统继续发扬下去，不负朝廷的重托，尽力报效国家！”

万世德这番掷地有声的话语，使王汝训深受感动。他饱含深情、热泪盈眶地说：“世德，我的挚友，你的一番豪言壮语对我是最好的激励，让我们携起手来，为国家献策，干一番事业，建一番功业！更要光宗耀祖，不负平生所学，不枉为人一场。”

万世德也两眼泪汪，不住点头称是。二人均是传统文化熏陶出来的人物，他们在家庭是孝子贤孙，为国家是忠臣良将。后来他们果然不负众望，治行风采，政绩卓异，成为国家栋梁之材，同为匡扶社稷、定国安邦的朝廷重臣。

元城县是万世德第二次任知县的地方，也是万世德在最基层的县份大展宏图、大显身手，干出不平凡业绩并深受民众拥戴的地方。

元城县的历史沿革：汉高祖十二年（前195）置魏郡（治所在今大名县东北），并建元城县，县境属魏郡，即魏州。即今河北大名城区。其地理位置东与山东冠县、莘县毗邻，南与大名相连，西与魏县交界，西北与广平县为邻,北与馆陶县接壤。当时大名府辖元城县、魏县、大名县。元城与大名同城而治。1949年,并入今河北大名县,即今河北大名县城区。

明元城县人、辽东苑马寺卿吴道明所撰《元城侯邱泽万公碑记》:

元风朴陋,褊鄙冲罢,穷苦民不知其上久矣。载在郡乘、传之口碑仅华、曹二公,固未有祠也。上下千有余载,凡今在其间欤?而心存百姓、加志穷民者不知其有几,而民之所祠者止于如是,则继此者不益难乎?惟我万公,功德之隆,迥出寻常,是以得民之深,民乐得而祠也。①

碑文中说:元城民风质朴无华,条件艰苦,民众安居朴陋,规制狭隘,人文凋敝,处冀、鲁、豫三省冲要处,却为边远穷困之地。其千余年来记载县志中、传之口碑中只有华、曹二公的惠民德政,但没有建祠庙供奉。只有世德万公,为民办好事、实事,元城百姓深受其惠,交口赞誉。其泽被社稷、功荫大众、迥乎寻常的功德,深入人心,广为传颂,故民众乐意为万公建生祠而常年奉祀。

(二)削除奸弊

元城在明代隶属大名府,与该府同治一城,为畿辅大邑、交通冲藩、人烟稠密的繁要地带,故奸弊丛生,特别是里甲长鱼肉乡民、胥吏夤缘内外为奸,豪强欺行霸市,横行乡里,本来乡村农民长年累月的辛劳,收入低微,这样再受到刁痞恶霸的侵害,无异于雪上加霜,苦不堪言。

万世德一上任,就微服私访,从城市到乡村,逐一查访,体察民苦,了解民情,充分掌握第一手资料,然后按部就班,依次处理积攒的弊习

①清《元城县志·艺文志·碑记》。

陋规，制定合理的规章制度。他首先从“里甲供应渔小民”的奸弊开始大刀阔斧地整顿。说到“里甲”制度，为明代的社会基层组织，城市中的里又称坊，近城者则称厢，每里民户为110户。洪武三年（1370）开始在江南个别地区实行，十四年推行于全国城乡。一里之中多推丁粮较多的十户为里长，其余百户分为十甲，甲设甲首。里长对上级官府负责，管束所属人户，统计本里民户丁产的消长变化，监督民户生产事宜，调理里内民事刑事纠纷，并以丁粮和财产多寡为序，按赋役黄册排年应役。甲长对里长负责，落实里长布置的事务。里甲正役主要项目是：

一、征收税粮。税粮包括夏税和秋粮，分别在夏秋两季依地亩由里甲负责催收。若里甲有逃亡人户，税粮照征，由里甲赔纳。

二、办运上贡物料。历代沿袭，各地方以其物产上贡。明朝天子玉食、军国所需等物料皆责之里甲，科派民间。如遇派纳的物料非本地所产，里甲民户必须出银购买供办。

三、支应官府的公用，一些地方衙门中的皂隶、禁子、库子、斗级等均出自里甲，官员们的生活用具，学校生员的用项，乡官的年例礼物、夫役，地方上的乡饮酒礼费用，送生员赴考的路费，为进士和节妇建立牌坊，馈送过往官员，支应驿夫铺陈酒食，甚至刑场上杀人用的木桩石灰，也由民人备办。

里甲长在执行第三条“支应官府公用”的过程中，出现了严重的弊端，里长、甲长额外索取，以一科十，中饱私囊，比比皆是，而由于里长“放富差贫”，导致徭役严重不均。当时的元城县里甲长，尤其在县衙门发放赈灾物资以及一切摊派当中，趁机克扣，敛取多收，鱼肉百姓，甚至暴力欺凌，任意残害无辜的人们。民众受其宰割，苦不堪言。访查得实后，万世德首出安民告示：

肃清地方弊端布告

为申严奸弊丛生乱象之禁,以安百姓,以靖地方。照得劳苦百姓,肩挑背背,辛苦备至,收入微薄。雇工佣子,更是挨骂受辱,屡事艰辛,屡遭磨折,所得无几。再加有等豪强恶霸,仗势横行,为害乡里,鱼肉百姓,科敛索取,虚立名目,巧取豪夺,百姓苦不堪言。为正其风俗,整顿吏治,铲除不法,特约法三章:

其一、有等不肖里甲长,不择手段科敛、鱼肉乡民者,一经告发查实,轻者撤职,罚其劳役;重者杖责,甚至关其牢狱,依法惩办。

其二、有等胥吏,夤缘攀附,拉拢关系,投机钻营,徇私舞弊,欺男霸女,横行乡里者,一经举报核准,严惩不贷！决不姑息轻饶。

其三、有等无赖歹徒,在街衢闹市欺行霸市,哄抬物价,扰乱市场,破坏经济秩序,一经联名上告,经由本县核准,捉拿关押,或发配边远村庄,从事劳作,与农人一起耕耘田间,并限制活动。有等里甲地保,一同徇隐,不据实首告拿获,一经发现者,定将痛罚痛处,决不宽贷！

至于生员学子为四民之首,宜奉公守法自重,言行举止,堪称楷模。作奸犯科之徒,不顾身家性命,荡检逾闲,一旦暴露,身败名裂。本县亦崇文重道,不为自暴自弃者姑息迁就也。各宜遵行,视为条例。

特示

元城知县　万世德

告示一出,万民欢欣,以为云开雾散,雨过天晴。部分民众主动揭发里甲长克扣挪用救灾物资发不到百姓手中,甚至据为己有,还揭露了部分里甲长在摊派费用时,加大筹码,从中渔利。万世德在微服私访时访知:不法之徒夤缘攀附,内外勾结,假公济私,贪污腐败;商贸市场中的不法之徒欺行霸市,哄抬物价,祸害百姓;闹市刁民欺侮良善,欺侮乡民，扰乱社会秩序，以及其他弊端。

万世德以“快刀斩乱麻”的手段，该罢的罢，该抓的抓，该杀的杀，治乱用重典，虽刑法严峻，但只对不法分子，从来没有牵涉到无辜百姓。经过一个时期的整顿，元城社会秩序明显好转，老百姓无不拍手称快！

然后，万公抽出部分公用资金，带领衙门官吏下到乡村慰问贫困百姓，抚恤孤苦老人，还修葺文庙，兴办县学、社学，定期到学校听教师的讲课，检查生员作业，听取生员思想汇报。他多次在朔、望日内，讲述《明洪武帝颁行卧碑》条例内容，以及明嘉靖帝《钦颁敬一箴序碑》内容，灌输了孝悌忠信礼义廉耻、忠君爱国的思想。万公赋性聪明，侃侃而讲，见解深刻，师生洗耳恭听，俯首称是，心服口服，认为此年轻的县老爷学富五车，才高八斗，是一位真正的名儒大吏。

他勤政爱民，每天处理千头万绪的事务到深夜才睡觉休息。在繁忙的政务当中，万世德利用余暇，拉二胡，弹琵琶，作乐府杂曲歌辞《大道曲》。其作为，乡民感念，传颂不已。《元城侯邱泽万公碑记》载：

元附邑冲扰，奸弊丛生。公下车悉次第处分，良法种种可继。始罢里甲供应鱼肉乡民，始革胥役夤缘内外为奸，始平物价不得勒削、白望，始禁市儈乡民欺害善良。性若至和，而不畏强御；法虽至严，未尝及无辜。恤孤则亲问疾苦，劝学则朔、望讲课。事如不已，每至夜分不息政。稍有暇，即鸣琴以自娱。此则乡民之所以称而感念者如此。[1]

万公在短期内削奸弊，平物价，惩恶霸，恤孤贫，兴学校，善政难以悉数。

---

[1]据清《元城县志·艺文志·碑记》。

（三）治理河患

万世德在元城县施行德政，口碑很好，深得民心。他气量深宏，性格宽和，喜怒不形于色，但是他和而不弱，不畏强暴，所制定地方法令规章制度，惩治了豪强恶霸，维护了无辜平民的利益。接着，他又在任上办了两件深得人心、有益民众的大事：一、治理了为害一方的漳河、卫河，二、革新了“马政”制度。据《元城侯邱泽万公碑记》载：

愚独以为，公之有功于民而祠者，又莫大于马政、治河二役。何者？漳、卫二河迁徙无常，元、魏、大名，世受其害。公始建干河、支河之议，分疏四派，而三县之民拯溺矣。①

元城县在明朝为朝廷直辖地区县份，地处冀、鲁、豫三省交界处，坐落于华北大平原南端，属黄河冲积平原黑龙港流域，温带大陆性季风气候，海拔最高仅为 49 米。漳河、卫河、马颊河三条河流横贯全境，全县地势平坦，适合种植花生、小麦、玉米、大豆等多种农作物。

境内漳河，分清漳河与浊漳河两支。清漳东源发源于太行山区山西昔阳县漳漕村山麓，东南流至左权县（古为辽县）下交漳村与清漳西源河相汇，长 104 公里；西源，古称潦水、潦阳水、西漳水，发源于和顺县八赋岭人头山下，南流入左权县西北至东南经全境，在粟城乡下交漳村与东源河汇合，长 101 公里。东、西两源汇流后称清漳河，因流域内植被较多，河水较清而得名。又南流麻田镇进入黎城县，在东北端进入河北涉县，流至西南边界的合漳村汇浊漳河，东流磁县、临漳、魏县、元城、大名等县，在馆陶县与大名县的交界处并入卫河。

①据清《元城县志·艺文志·碑记》。

漳河在观台(今河北磁县观台镇)以上段,两岸地势陡峭,河谷狭窄,水流曲折迂回,其间,有赤壁、候壁、天桥段等处天然叠嶂。河道出观台后进入丘陵地区,至馆陶县徐万仓处与卫河汇流后入卫运河。漳河是一条游荡型河道,素以“善淤、善决、善徙”著称。从明朝初期至后来的民国年间,“迁徙无常”,较大改道有 50 次之多,决口则数不胜数。元、魏、大名三县,“世受其害”。每当山洪暴发,漳、卫河溢涨,无故改道,冲毁农田,冲毁房屋,泛滥成灾,民众苦不堪言。

卫河,春秋时因卫地得名,是由古代的白沟、永济渠、御河演变而来,发源于山西太行山脉,流经河南新乡、鹤壁、安阳,沿途接纳淇河、安阳河等,至河北馆陶与漳河汇合称漳卫河,再流经山东临清入南运河,至天津入海河。以卫河为界,卫西为漳河冲积扇的边缘,土质黏重。卫东是由黄河冲积物形成的,土质以沙为主。元城县因系河流冲积平原,所以大平小不平,地貌复杂。但平原是构成元城地貌的主体,占总面积的90%以上。

万世德了解到民众所言世受漳河、卫河泛滥之害的详情后,决心根治河患,造福民众。他带领县衙官员与地方乡绅以及懂水利的人士,亲自到漳河、卫河周围勘察地形,了解河害泛滥的规律,寻求治理的良策。

最后,万世德经过集思广益,反复论证,决定在北部馆陶县与元城县交界处的漳河、卫河结合部的上游,与其他季节性河流的汇合处再挖一条主干流,即由两条以上大小不等的河流以不同形式汇合,构成一个主河道体系,为此河道体系中级别最高的河流。

方案确定后,万世德动员全县民众开挖、浚疏主河道。参与者有专门长期做工的人员, 又有农闲时投工的大量劳力。为保障工程顺利完成,万世德贴出告示,晓谕县民:有钱的出钱,有力的出力,衙门人员义务投工。全民总动员,改造漳卫河,变害河为利河。

在万公亲自倡导督促指挥下,调动了民众的积极性,经过几年的昼夜奋战,成功地建成了上游主干流。然后又指挥民众顺势建成不同方向分流与泄洪的四条支流,将主干流的水分四脉朝四个方向缓缓流去。这样既缓解了漳、卫河交界处的压力,又变害河为利河,浇园灌田。

经过治理,每当遇山洪甚至是特大山洪河水暴涨的时候,滚滚洪流通过这四条支流河驯服地分解出去,不至于像以前一样河水乱溢而改道造成危害。平素春夏两季,四条支河在县境内均匀地分布,灌溉良田,使得元城粮丰菜收。万世德整治河患举措,不仅使得元城一县受益,还使魏县、大名的民众也从灾害中走了出来,史称"三县之民拯溺矣"。万世德心系民众,德政施行,动员元城百姓完成了一件利益民生的重大工程,做了一件世代称颂的大好事,赢得了当地人民的尊敬。

(四)肃清马政腐败

万世德赢得元城人民爱戴的另一件大事,就是减轻人民负担、治理元城县"马政"当中的弊端。国家马政,关系到军国大计而为历朝历代所重视,马与军事相联,马的数量是国家富强的象征,因而亦为朱明王朝所高度重视。明朝的马政制度有着严密的运行体制,负责马政事务的机构有太仆寺、行太仆寺以及苑马寺,且总于兵部。当然,皇室之马由御马监负责,太仆寺与兵部也不得过问。马政事务十分繁多,所涉及的具体内容也十分复杂,俵马制度便是其中的重要组成部分。俵马制度正式确立于正统十四年(1449),主要是指明政府将官马散于民间牧养并定期验收马驹及原有马匹,同时对检验合格的马匹进行印俵以备操练。俵马制度主要是解决明政府战马所需,减少政府在购买马匹、饲养马匹等马政事务方面的开销。

民养官马是俵马制度的一部分,明政府对民户所养的马匹定期勘验，如有倒失、瘦损情况，民户要赔补，并且定期缴纳规定数量的马驹。明初规定种马每匹每年产驹一匹，洪熙元年（1425）改为种马每匹两年产驹一匹，未能如期如数上缴者依例受罚。马户承担养马责任后不能尽力于农业生产，若有马匹折损，马户则要承担巨大的赔补压力。除此之外，“法司赃罚官马，其良马多为豪权减价买去，老病者乃寄养于民，至倒死亦要追赔……”[①]马户在毫不知情时负担愈加愈重，为了尽量避免马匹折损，马户除精心饲养之外，还必须掌握一定的兽医知识以备不时之需。明朝，马户“马死至破产鬻子以偿”[②]的事情时有发生。除此之外，马户还时常因缺少草料而烦恼。因灾荒之年歉收而缺少草料时，马户需要自行解决或向官府借草料。最要害的原因是，牧马草场被豪强恶霸所占据，百姓无处放养官马，即使是自己的驴、骡也无处放养。在沉重不堪的负担之下，马户进行了反抗甚至发生了拒养官马的事件。当时，散养于元城县民间的马匹也存在类似问题。

据《元城侯邱泽万公碑记》载：“征马起俵，脱有疾患倒死者，赔偿类多倾家。公始建均值、均补之法，而株累之民保全矣。”文中“征马起俵”，是国家将征集的马匹散发给民户生产、喂养，过一定时期后再由民户将马解送指定地点，由官府验收。俵养，俵，指分给，把官马分派给民户饲养。万世德任职元城县时，因遭受荒年灾歉，原来的牧草绿坡变为荒山秃坡，被分配给的官马无放养处，加之粮食歉收，料豆不足，马匹瘦弱，验收不过关；或有患病倒死者，按照当时的制度由养马民户赔偿，本来受灾受患的民众已经苦累不堪，再叫民户包赔，无疑是雪上加霜，许多民户因为赔偿而倾家荡产。碑记称其为养马户受其株累，即株连牵累，

---

①明杨时齐《皇朝马政记》。

②《明太祖实录》卷一百一十一。

为害甚深。

万世德深入民间，根据群众的诉说，以及自己的调查研究，认为上述养马户株连牵累的赔偿，是导致民众贫困的一个致命原因。万世德作为一方的父母官，在朝廷尚未有新政策改变此种状况的形势下，暗下决心，要拯救民众于水火之中，觉得自己有责任、有义务割除这一弊端。万世德首先号召全县农民大力开垦荒地，广种苜蓿，拓宽放牧基地。于是，全县农民马上行动起来，填沟造田，掏挖荒坡，经过一个时期的奋战，开垦土地3万亩，种上了苜蓿。后来使牧养不足的马户得到充足的草坡、苜蓿田，喂养马匹，把营养不良瘦弱的马匹喂养得膘肥体壮。

然后，万世德又在元城首先设立了管理与鉴别、验收马匹的机构，并制定了一整套管理马政的规章制度，要求管理人员公正无私、客观准确地鉴别验收民间马匹，如有徇私舞弊者，定当严惩，决不宽宥！他反复酝酿思索论证，创建了“均值、均补之法”。在保证制度的前提下，将马匹验收的精确率，提高到最高限度，一旦民间有正常的疾病马匹倒死，经马政机构管理人员确认，按照“均值、均补之法”赔偿，即精确估算马匹价值，由县财政赔补一半，养马户负担一半。万公为民着想的举动，惠及一方，使民众深受感动，深得其利。《万公碑记》认为：“此诚法以义起，一方永赖者也。”

《万公碑记》又载：

使非切于爱民，讵至于此哉？凡此皆吾亲罹其害，而首被其泽者。愚不佞，承乏辽左，乡耆两督为记，直书所闻所见以归。公名世德，忠节世家，以胄子登辛未（隆庆五年，1571）进士，邱泽其别号云。

此段意为，万公德政口碑，元城年高德劭的长者，几次督促邑人、辽东苑马寺卿吴道明,为万公撰写功德碑,以传千秋。元城民众又为万公建生祠,塑像,设立功德碑,长年奉祀,香火不断。

第五章

文学艺术　彰显才名

一、书法艺术成名家

在古代,应举学子十分注重书法艺术。万世德自幼研习书法,除保证最基础的楷书秀丽端庄外,还对隶书、行书、草书、篆书皆有揣摩,最终成为这五种字体皆过得硬的书法家。

万岩对万世德从小教导紧抓不舍,世德5岁始,就叫他习学书法,首先从具有筋骨气象的唐代名家柳公权字体学起。因为柳体书法的特点是潇洒清瘦,笔画细劲,棱角峻厉,卓然而有骨气。父亲讲道:"古人曾说,'只要功夫深,铁杵磨成针'。只要按学习规律坚持临帖不辍,加之自己揣摩体悟,在古人基础上创新,必然学有所成,然后自成一体。"万世德默默记下了父亲的谆谆教导。

由于家乡地处边塞战区,纸张缺乏,万岩自制了一个沙盘,请铁匠打了一支细铁笔,叫万世德手握硬笔练习字体。随着年龄的增长,逐步将沙盘改大,沙子加深。通过用沙盘的大小,沙子的深度,铁笔的重量,使练书法时的世德增强臂力和腕力。后来,每隔十天时间,万岩就叫世德往纸张上写一首古诗,这样日积月累,万世德不仅背诵了大量的古诗,而且书法技艺也大有长进。万世德持之以恒,不骄不躁,用心钻研,在完成所学儒家经典功课的同时,坚持不懈,每日练习,又兼用正楷字体写文章,练就了一手秀丽的书法字体硬功夫。

到了10岁时,万世德所书的柳体书法字,就在偏关小有名气。后来他帮助偏头关守御千户所公署誊写公文，撰写简单的告示、军情总结，端庄秀丽的正楷字体，吸引了官员与众多乡亲的观赏。

至后来，万世德学习的书法已经不满足于柳体字，开始涉猎更广泛的书法领域，先学习王羲之字体有了新的体会和收获后，遍阅当时被称颂的几位名家书法字体。再学颜真卿字体，融汇自己的新意，部分笔画紧密穿插，使宽绰处特别开阔，虽用笔出自颜真卿，而与颜体的浑厚宽博不同，特别显得英气逼人。他的书法字体匀衡瘦硬，点画爽利挺秀，骨力遒劲，结体严紧，写出了精气神，书出了灵魂，代表了自己"傲骨崚嶒"的风格，成为富有美感的艺术作品。

后世所发现万公的第一件书法艺术作品，即万历十二年(1584)为"北宋黄庭坚小行楷《自书诗卷》"题："黄山谷书法，为后世所宗，鲜得真笔。此卷墨色滑腻，结构圆转，势如飞动。黄诚善书，恐此帖亦甚得意，不与寻常等，当为文房第一珍异。云中万世德伯修甫读。"①

万历二十四年(1596)，万世德再次为黄庭坚书法题字："世有精物，文翰为上，余观黄山谷真笔，再逾年春日谒中丞幕府，再出览之，益见光采，文翰之精，得造物之最上乘者，德夫。万历丙申春九日同孙观察方镇识，世德。"②

黄庭坚作品收入《中国历代书法名迹全集·卷二》，即日本中勇次郎编《黄庭坚·名迹集》，此作卷后有明郭惧阶、万世德，清刘墉等人题跋，皆信为山谷原作，刘墉甚至盛称其"格韵高绝"，赞叹不已。这是黄庭坚所作颇为著名的一件书法作品。③

万历二十六年(1598)五月三日，天津海防巡抚万世德游登州所作

①②据网络史料载。

③此段据网络史料所载改编。

《蓬莱阁观海市》七律四首，以刚劲有力的草书书于平整的石面上，经艺人镌刻而成。其所有草体字，走势暗接，状似连珠，奔放不羁，但又独立成为有特色的连绵个字，草体中又显正楷、行书之中的风骨之气。活泼飞舞中显示刚骨气象，刚劲中舒展洒脱。万世德之诗文与书法艺术俱佳，流芳千古，至今仍嵌于山东蓬莱市西北之丹崖山上蓬莱阁东厢东墙上，供游人观赏。

又万历三十年（1602），前蓟辽总督、时任南京兵部尚书邢玠，请同年、时任蓟辽总督万世德为母墓志铭书丹。万世德竭尽全力，为邢母书写了墓志铭，楷书字体方正圆润，自成风格。全篇2700余字，事迹感人，字迹端庄秀丽，俊逸漂亮，为一件宝贵的艺术珍品。此碑与万世德手书字迹拓片现存于山东青州博物馆。

二、雕版刻书显技艺

万世德不仅治政是一把能手，而且是一位著作丰富的作家，更使人意想不到的是他还擅于刀笔刻书。据中国目录版本学家、敦煌学家、图书馆学家，河北高阳人王重民先生所著《中国善本书提要》载，美国国会图书馆藏有《皇明疏议辑略·三十七卷》，扉页书名下题写："吏部尚书、前大名府知府仁和张瀚纂辑，大名府知府永嘉王叔杲、推官吴兴顾尔行重校，元城县知县东郡王汝训、云中万世德重刊。"实则，万世德是于万历三年（1575）接任山东聊城人王汝训知县的，同时接替王汝训继续雕版刻制《皇明疏议辑略》,最后完成三十七卷。

版本学家王重民尝考《大名府志》知府、知县任:“王叔杲隆庆四年任(知府),万历元年去职;顾尔行万历二年任(推官),王汝训隆庆五年任(知县),万世德万历三年(接)任。则剞劂之役,盖始于隆庆四五年,而竟工于万历三四年。下书口记刻工姓名。”剞劂,指印书刻版的刀具与雕刻木版。此工役完成人在书的扉页有记载,表明万世德参与刻书工程。

雕版印刷术是唐代的重要发明,是在纹质细密的枣木、梨木等版料上雕刻图文,再进行印刷的技术。首先要将写在薄纸上的字反贴在木板上,待纸干燥后显示字和线条。雕刻者再根据每个字的笔画,用刀一笔一笔雕刻,突出在板上,故“梨枣”又为古人印书的代称。后来宋代虽然发明了活字印刷术,但是普遍使用的仍然是雕版印刷术。要制作好雕版,不仅需要高超的书法技艺,更需要一手过硬的雕刻技术。

说到万世德,一介文人学士、县令官员,为什么会刻一手好字?这绝不是偶然的。关键得益于万世德从小练就一手过硬的书法字体,以及少年时候练就的刻字本领。已经讲过,明代的偏关,地处边陲,文献稀缺,一旦借到成边文官的一部经书史籍,就得赶紧抢救下来。一则靠昼夜不息的抄写,一则制作雕版。为使同族子弟以及乡里的孩子能够学习,万世德父亲万岩一片慈悲济世的心肠,他有一手好书法字体与过硬的雕版技术,准备雕刻好版面后,出资到省城印刷成册。但光靠自己老眼昏花是刻不了多少字的,于是他就教世德学习刻字,这样既能使所学经书记得牢,又能利益别人。万世德在父亲的指导下,练习刻版,每天抽时间坐在书桌前,身体稍微前倾,半握拳的右手紧握刻刀,左手四指并拢按住版面,大拇指推行。父亲教导,刻字要按照古人“横平竖直,点点如桃,撇撇如刀,钩如皂刺,捺如锹”的招式运作,尽量不要刻成“呆字”。万世德从小练就书法的腕力臂力,加之练就武功的耐力,且领悟力强,至后成为熟练工，刻出了一手漂亮的正楷字体。

万世德刚到元城知县任上，接替原知县王汝训雕刻《皇明疏议辑略》三十七卷木版，工程量大，任务繁重，他们每天凌晨起床雕刻，到达正点上班理事，晚上在油灯下雕刻直至深夜，眼睛模糊干涩了才睡觉。他们雕刻极为严格，不能有丝毫差错，仿照原有的古籍刻为宋体字，在雕版字体中显示出遒劲的笔法和刀法。宋代的雕版印刷术已经很成熟，字体以楷书为主，有着鲜明的书卷气息与工具特征，哪怕是一个点，也有站点、睡点、桃子点之分，不可以马虎大意。当时万世德如有公事时一天只能刻出四五十个字，摊进早起晚睡的超整天时间也最多刻出 100 多个字。

万世德接续王汝训刻书，就是仿照宋代古籍刻本字体为原型雕刻的。他雕刻的字体形态略为狭长，秀美清丽，挺拔骨立，富于变化，笔势遒劲，笔锋鲜明灵动，笔画刚健有力，结体参差错落，穿插避让，顾盼呼应，好似信手拈来，在不经意之中雕刻出技艺美与古典美。

古代学者获取知识的难度真是不可思议的。雕版印刷，学者先将书籍内容不辞辛苦地仔细抄录，又经数遍的校对，才施行雕版。由于工程繁巨，费时费力，国家刻印一部书甚至比现代修一座豪华的大楼也艰巨费难，因印量受限，且又成本高，故书籍价位相当昂贵。除国家馆藏外，只有少数官宦、富贵人家才有少量的藏书。穷家子弟能阅到书相当困难，借到书就更难，根本不像现代人一样有时对书不屑一顾。所以当时官府考虑集中刻印一些典籍来供给学子学习，这就是官方刻本。为了保存典籍，又要为国家节省昂贵的印刷成本，像王汝训、万世德这样的官员才含辛茹苦地刻书。少数进学的穷家子弟一旦借到书，不惜耗时费力，不分昼夜地用蝇头小楷全部誊抄，由于全神贯注，结果学的精熟扎实。正是这种情况，成就了较多穷家的优秀学子功成名就。不像当今一样，印刷术发达，人们反而不愿意花费力气读书了。

万历四年（1575），由江西临川桂天祥批点、山西偏关万世德校正的明高棅所辑《批点唐诗正声·二十二卷》印行，封面题目下为"明高棅辑、临川桂天祥批点、后学万世德校正"。每页十行，每行二十字，白口单边，校勘严密，刻工精湛，为万世德刻版。万世德不仅著书、校勘书籍，其雕版刻书也日见丰富。

万世德所刻书籍，有书目记载。据《中国古籍善本书目》载：万历二十二年（1594）刻本、明张重华撰《南北游草续一卷》，上海图书馆独家收藏；万历刻本《北畿贺文宗批点论学指南二卷》，国家图书馆收藏；万历刻本《北畿贺文宗批点策学指南四卷》，宁夏图书馆收藏；万历刻本《批点唐诗正声二十二卷》，国内六家图书馆收藏；万历二十二年万世德著《湟中牍七卷·附家食稿一卷》，石家庄图书馆收藏。以上书籍大部分是万世德单人刻出。

从万历三、四年间刻版《皇明疏议辑略》，到万历二十二年所出版的《湟中牍》等，万氏的刻书事业持续了近二十年。尤其是《湟中牍七卷·附家食稿一卷》共八卷的刻本，极为罕见，原题"云中万世德伯修父著，燕山门人张绍魁校正"，仅为石家庄市图书馆独家收藏。"是书板框 20.1 × 14.1 厘米，四周双边，白口，单鱼尾，九行十八字，开本 25.7 × 16.8 厘米。"此书，万世德不仅亲笔著述，还亲自刻版，实属难能可贵。①

据 2008 年 7 月 17 日《西安日报》载：

西安碑林博物馆所藏的三册古籍文献，近日入选我国第一批国家

---

①以上所记万世德所刻书籍，据"博泰典藏网"石家庄市图书馆古籍部李锡凤《海内孤本〈湟中牍〉及万世德刻书》整理。

珍贵古籍名录，为明万历桂天祥批点、万世德校正的《批点唐诗正声》，一函四册二十二卷，竖排版刻本。明代唐诗评论家、曾任顺天知府的桂天祥对该书做了详尽的批点。每页书上，他用朱蓝黑三色分别批注，分为符号和文字两种形式。批注内容有段落停顿标记、字韵校正符号、读书心得文字等，以及《怀仁集王圣教序》的北宋拓本和南宋拓本。

这一短讯说明了万世德对重点书籍的校正与刻版。万公治理政务非凡，文学才华杰出，著作丰富，而且擅长书法艺术、音乐乐器、刀工木刻，雕版艺术尤为精美，字体端庄俊逸，多为稀见本，具有重要的文献价值和文物价值。

三、同登大伾赋诗章

大伾山，又名黎山，位于河南浚县城东南，属太行山余脉，山势高耸，柏翠松苍，秀丽幽静，佛寺、道观、儒院遍布大山。

万历六年这一年，万世德 32 岁。适逢春天，阳光明媚，天气晴朗，一天早上，春风拂面，万世德心情极佳，他从元城县治上相约同城而治的大名府推官顾尔行，踏春远行，准备到名胜大伾山一游。

二人乘马南行百里余，到达河南内黄县，抵达县治衙门。万世德老乡知县孙继先欣喜万分，他乡遇故知，本是人生一大幸事，孙继先自然少不了盛情款待。在席间觥筹交错中，万世德向孙说明来意，要他一同去名胜地大伾山访古览胜，赏山河壮丽春光，像古人一样观景论诗，赞图抒情。孙继先当即赞赏，决定一同前往。用过午饭休息一阵后，孙继先亦找来一匹马，然后三人乘马并行，向西南浚县大伾山方向进发。

在古代，官员治政之余，有充裕的时间游山玩水，相约友好的文人墨客吟诗作赋，或者进行一番棋琴书画的演娱，此业余生活为其一大乐事。在当时的自然环境中，他们的工作节奏是极其舒缓的，这样给官员腾出大量空闲时间读书学习，谈古论今，编修地方志，施行书法、绘画、弹琴、考古、旅游等项活动。官员们在游山玩水、吟诗唱和、把酒言欢当中寻找乐趣，增长见闻，所以古人的精神世界相当丰富。

万世德一行三人时而纵马快驰，时而舒缓慢行，一路上谈古今兴衰、唐诗汉赋，别具一番情趣。不知不觉经过三个小时的行程，他们来到了浚县城东大伾山面前，放眼一望：该山不是丛山中的峻岭，而是平原突起的孤峰，凌云插天，山势奇特，气象峥嵘；山上寺庙洞阁棋布，摩崖碑刻林立，松柏夹道，浓荫遮蔽，曲径通幽。大伾山与浮丘山东西对峙，相距约一里余，卫河环城傍绕，城中有山，山上有城，山下有水，山水辉映，构成独特的自然和人文景观。

万世德他们拴好马匹，从山下缓缓而上，沿途观风望景，领略“河朔胜景”，得知这里自古即为帝王将相登临之地，文人学士登山览胜者也代不乏人，他们多赋诗留辞，抒发“登大伾、俯大河、怀大禹”的豪情壮志。大伾山为黄河转折点，南控名渡黎阳津（又名黎阳关，对岸为白马津），为大河南北要冲。县城“凭山为基，东阻于河”，山危河险，故历来为兵家必争之地。大伾山系太行山余脉，东西宽约二里，南北长约三里余，平地高起七十米。大伾山上有道观、佛寺、石窟等众多古建筑，还有各具特色的摩崖碑刻。始建于北魏的规模宏大的天宁寺，唐代《大伾山铭》摩崖题记，宋代的天齐庙、兴国寺、丰泽庙，元代的观音岩，明清道教宫观吕祖祠、壶天道院、禹王庙、张仙洞、阳明书院，以及藏经阁、龙洞、丰泽庙等建筑，各具特色。

万世德他们来到古寺庙的山门前，举头一望，山门两侧的对联赫然醒目："邯郸道上，黄鹤楼头，一剑西风留幻迹；卫水桥边，浮丘林表，三山海路在尘寰。"前门横额题"青坛紫府"。他们得知，"青坛"，即青坛山，相传东汉刘秀镇压河北王郎军还师经过大伾山时，曾在山上筑青坛祭告天地，谥大伾山为"青坛山"。"紫府"，指神仙所居之处。显然，这则横联是在告诉人们，此乃属于青坛山上神仙居住的地方。进入山门后，他们一行边走边聊边观看，经过半天的时间，兴致勃勃地把所有文物古迹、自然美景欣赏一遍，不禁诗兴大发，万世德首先随口吟出一首七律：

登大伾山

晓攀青嶂出巑岏，独立高风万木寒。
洞古云深龙睡稳，林幽春尽鸟啼残。
河流东控神功远，山色西来王气蟠。
我欲寻真更高顶，九天阊阖羽翰难。

这首七言律诗，直奔主题，点明了登山之意，又似工笔画法描写了初登大伾山的深切感受。年轻的万世德在公务之余，对大伾山这座"禹贡"名山心仪神往，有"高山仰止，景行行止"之感。而今有了机会，与二友人结伴同行登临，迤逦而来，朝拜名山，大有游仙之快乐。此诗意境高远，豪迈奔放，动静有致，描绘出大伾山峰峦高耸、林深茂密、洞幽神秘、雅静深邃、山河险峻、天宇仙境一般的长卷画图。其虚实相生，声情并茂，可谓纳须弥于芥子，给人一种神与物游，浪漫千载之感。后一句"我欲寻真更高顶，九天阊阖羽翰难"，似有扶摇直上、欲与天公试比高之凌云志向，亦抒发了他“鲲鹏展翅九万里”的人生豪情。万世德作《登大伾山》诗时，正值年轻气盛、意得志满之时，放眼天外之天、山外之山、楼上之楼，眼前物，胸中臆，无不导引着他奋发向上的气魄和饱满昂扬的激情。

内黄知县孙继先亦口占一首七律诗：

登大伾山

虞臣经罢此山头，大伾声闻遍九州。
此日犹余大伾迹，何年复见虞臣游。
云根郁郁岩花灿，风岫依依涧草幽。
我亦勤驱周八载，玄圭欲锡使人愁。

顾尔行随兴向万世德、孙继先各依韵回和：

登大伾山和万伯修、孙胤甫二使君韵

千家城郭倚巑岏，十里阴森六月寒。
览胜星辰清夜落，思功河洛几时残。
帆樯树杪随东注，宫阙云端直北看。
从政转伶才未达，暮天怀古思漫漫。

飘飒尘裾怯壮游，中原佳胜共谁收。
峰连鹫岭青于黛，洞隐龙湫翠欲流。
物外乾坤形转旷，云边杖屐意俱幽。
鸾声欲傍孙登啸，愧我同来顾虎头。

三位对景，当仁不让，各显其能，以不同的风格作《登大伾山》律诗，别有一番雅趣。至今，大伾山立有万、孙、顾三位的诗碑，使人遥想当日风采。孙继先，字胤甫，号南川，明晋阳(今太原)人，隆庆五年(1571)进士，与万世德同年考中，先后任直隶雄县、遵化、内黄、献县知县，后任庆阳府推官，升四川道监察御史。

禹王庙西侧立有一诗碑，上面镌刻顾尔行《登大伾山和万伯修、孙胤甫二使君韵》，落款为“万历戊寅(六年)春日吴兴顾尔行孟先甫题”，“甫”，用于人的表字之后，表示对男子的美称。顾尔行，字孟先，明吴兴(今浙江湖州)人，万历元年中浙江乡试举人为经魁，万历二年中进士，其时为大名府推官(正七品，掌理刑名、赞计典)，后升巡按直隶监察御史。顾尔行曾辑有《皇明两朝疏抄》十二卷，又作《文体明辨序说·刻文体明辨序》，是一位文行俱佳的官员才子。

万世德与顾尔行不仅是义气莫逆的同僚，亦是刻书撰文、诗赋创作的文友知交，又与同年孙继先相知甚深。此次他们在大伾山上旅游，有观不完的佛寺道观，赏不完的摩崖石刻，睹不完的诗词名联，看不完的奇峰峻岭，望不尽的名胜古迹，观景论诗，赞景抒情，心旷神怡地游玩一天，自觉意义非凡。特别是明代哲学家王阳明《登大伾山》的诗碑，使他们大开眼界，受益匪浅，其大字行楷，诗衬字，字映诗，得体壮观。其书法劲拔，神采苍秀，观后令人激动不已。其诗句如下：

晓披烟雾入青峦，山寺疏钟万木寒。
千古河流成沃野，几年沙势自风湍。
水穿石甲龙鳞动，日绕峰头佛顶宽。
宫阙五云天北极，高秋更上九霄看。

万世德他们认为，从书法价值和文学价值两方面来看，不愧为“诗书双璧”，由于阳明先生在其他方面的名气大，故把他的书法名气遮掩了，不为人所熟知。

他们一行在山上住一晚，考订今古，谈经世治国的道理，直至深夜。第二天早上，三人才依依不舍地离开大伾山，原路返回。

是年，万世德母亲陈氏去世，他再次返乡偏关，丁母忧三年。

第六章

赴任途中 考察古今

一、正月登程识风物

万世德“丁母忧”三年期满，还和上次一样，礼部转吏部公函，告知其事，补顺天府（治北京）通州宝坻知县。明朝的补官制有升迁、返乡守孝、荣归故里，或者被罢官等事宜出现空缺的，补缺职官位称补官。像万世德这位历任南阳、元城两地县令的官员因守孝卸任返乡，这次到新的县份上任，称复官补授。其时是万历九年（1581）春节后，过了正月十五，万世德决定十九日启程赴任。

这天清晨，一轮红日从东方升起，初春的阳光照得大地通明透亮，万物开始苏醒。万世德从家乡偏关驿站骑马启程，随行的有两位自幼相知相熟的文友。他告别了父老长者、兄弟姐妹、妻儿侄子，以及邻里乡亲，可惜他再也见不到生他养他的父母双亲大人了！此时，一股难以言状的辛酸涌上心头，尽管天气晴朗，春光明媚，但他却无心欣赏这美好的景色，带着一丝惆怅的情绪上路了……

出关城楼南门，他们一行三人骑着马，缓慢地溯关河东向顺着官道进发，看着这条还没完全消融的、少量冰冻的、流水缓慢的母亲河，又勾起了他万千的怀念，常记得他儿时在这条河畔玩耍，在这条河里给家中挑水，闲时还替母亲抱一堆衣服到河畔洗涮，到城西五里的磁窑沟煤矿担炭时淌着这条河走入家中。记得和他从小一起长大、一起玩耍的小伙伴经常在河畔摔跤，在河中耍水打闹，甚至发洪水后在退涨的山浪中

"坐浪"玩耍,亦想起父亲为了他学好文化知识对他的约束,想起了母亲因为他胆大无拘而忧虑挂怀……儿时情景一幕幕涌现在他的脑海中……长长的、缓缓流淌的、清澈见底的关河,排解着他失去父母的郁闷心情。

他还回忆起父亲生前为他讲述的关河的来历。

关河,为明代官府所定十景之一的"偏河曲流"。关河,又称官河,古称太罗河。河流发源于关城之东大同镇井坪守御千户所境内的四条支沟河流,入贾堡界,至关城以东 90 里的鸭子坪狐狸沟增汇多泉,形成流量大的河流,又经老营、小营、方城、黄家营、八柳树堡、杨家营、西庄子、陈家营、马站堡、高家湾、阳坡店、腰铺、窑头、关城、沈家村、磨石滩等 30 余个村庄,至关河口注入黄河,全长 130 余里。关河灌溉着两岸平整的良田,保障了两岸土地五谷丰登。是这条母亲河养育着偏关乡民,亦培育出这方众多才人志士,涌向国家的四面八方……眼下,关河两岸杨柳挺拔,春意盎然,激起万世德未来的豪情壮志。关河,是万世德故乡的自豪,是他魂牵梦绕的寄托!

他们联马并行,走着走着,不知不觉地走出五里地,来到关河畔的马梁村,万世德与好友讲述着该村的来历,是父亲生前和他讲过:因古时此地刍荽蕃茂,水草并丰,是牧马牧牛之地,故名马梁。两位入神地听着。

他们一路说笑不停地再往前行五里路,刚过窑头村地界,沿关河河堤上走着,万世德忽然看到河中间突兀的一块"蛤蟆石",只见这只"蛤蟆"张嘴昂头,面向东方,两只眼珠瞪着,四条腿伸长,好像负重载物向前奔行,行至此处累了,走不动了。它不怕迎面而来的河水冲击、冰凌碰撞,屹然不动。三人看得聚精会神,万世德开言道:"听老人们讲,这是一只修炼已久的蛤蟆精。有一年暴涨的关河水,由上游老营那边冲来一只癞蛤蟆，寄居藏身于关城西部一带村庄的破旧炭窑洞里。它已修成精怪，力大无穷。一日，它思念故乡，觉得空手归里，脸面无光，于是想把关城西部的煤炭资源运回老营，以作回乡之礼，泽被乡民。但它只是小有道行，没有移山倒海之术。是日晚，它用尽平生气力，把偏关城西储藏煤炭的整山拉着向东移动，黎明时分才走到离关城八九里的响水村，但已精疲力竭，气喘吁吁。其时，一位老人打早来到河堤道路上拾粪，听到河中有大声喘息的声音，再一看有一大黑影在河中蠕动，大吃一惊。正在迷惑不解时，听见瓮声瓮气的声音："此地离老营还有多远？"老人声音颤抖地答道："还有八……八千里。"慌乱中老人卷舌不清地将把八十里说成是八千里。只听得河内唉声叹气的一声："唉！还有八千里，什么时候才能到了？罪过呀！"然后就无声无息了。天明后，就变成了躺在这里一动不动的一尊大蛤蟆石。原来这只蛤蟆泄了气，在这里不走了，不动了！它又像一块大巨石一样与河床石熔铸在一起，不论刮风下雨，山摇地动，怒涛冲击，河流漂淹，岿然不动。

万世德看了看同行好友，继续说道："传说虽归传说，后来却因以石蛤蟆停留的石块红石碣为界，下游偏关城以西村庄果真煤矿储藏量丰富，以东地域却全无一点储煤。乡民神乎其神地说，是因为蛤蟆没有将煤运往东部地区的缘故。"

万世德深情地往西看了一眼远离的偏关城，感慨道："这是偏关的风物，也许是偏关显灵的地方。上苍赐予大自然的巨灵神手，会发祥这个地方。"

此时虽然是早春的正月，但他们却没有一丝寒意，陶醉在大自然的风物中，激发起对家乡的眷恋和热爱……

二、考察关塞营堡城

(一)首访马站堡

停留片刻,三人策马扬鞭,继续向关河东溯流奔去,官路也是一直呈上坡趋势。约行 5 里,来到距离关河不远的腰铺村,万世德勒马缓步,对着路北边墙上醒目而工整的“腰铺”二字说:“这个地方就是在境内所设的传递、转送官方文书、军情文书的一个铺站,由偏关守御所设立的铺兵奔跑传递,同时也在这里转换马匹,铺兵住宿休息。时当边事紧急,羽书不断,传递急促,方显战略要地之本色。”两位文友亦慢下步来,点头称是。

不知不觉又行 10 里,3 人来到了河畔的阳坡店村, 万世德顺手一指,北面的山梁上整整齐齐兀立着一座精美的小堡城,周围大约一里的样子,堡墙上有突出的望台,威视着关河南岸以及四面八方。万世德对文友说:“这就是著名的韩家坪堡, 是前朝嘉靖八年镇守咱偏关的太原镇总兵李瑾所建。境内像这样以关城为轴心, 辐射四周的堡子还多着哩,大约每 20 里就有一座,是咱们这里军事要塞的特色。”3 人一路望去,半结冰的关河,伴随着低沉的声音,像一条巨龙一样静卧在河谷,装点着大自然的秀色。一眼望去,偏关山川表里环拱,各山巅烽台相望连接,更增添着秀美山川的英气。

转眼之间,万世德与文友走了一个时辰,他们忽然在转弯处看到一座威严的军堡。一眼望去，迎面看到的是堡城西门，石头匾额上“应援”两个大字醒目显赫，堡门下是一片开阔的河滩地，并向东转一个大弯绕到堡南门。整个堡城位居东西流向的关河北岸岗阜，万世德他们顺着弯道从西门北的官路行去，来到了堡北墙下，这时守堡的一队官军正好从堡东门走到这里，迎头一位军官模样的人，端详着万世德，见他们不像本地人，要查验他们的身份。万世德满脸堆笑地拿出通关文牒。

在确定了万世德的身份后，军官一脸肃穆。万世德在气氛缓和后问道：“我想这座堡城就是地处偏关中心的马站堡吧！”看着万世德一行精神抖擞的样子，这位军官认真地说：“此堡正是！”

万世德接着说道：“它就是前朝正德十年(1515)省按察副使、三关兵备道、四川夹江人、儒将张凤翋所建，他与我祖万亿将军是同一时间的文武官员。自建堡以后这里驻有三关游击将军守戍。此堡位于偏关腹地，它的东部如有战事，就率兵接应水泉、老营，南面它可接应永兴、楼沟堡，西面它可接应韩坪堡、偏头关，北面它可接应寺埝、黄龙池、草垛山等堡。所以马站堡游击将军带领的部队称‘游兵营’，是‘应援’四面八方的部队。”一队官兵与同行的人入神地听着。他们根本没有想到，一个县令竟然出身武官世家，对边备了如指掌。

万世德望着崭新的、清一色的城砖砌就的堡城墙，墙上堞口如齿、角楼分明的样子，突然想起是本朝万历六年(1578)驻偏关岢岚兵备道官萧大亨重新主修了马站堡与北部边界的滑石涧堡。眼前的马站堡城修得城高池深，结实坚固，垣墙宽厚，堡城扩展。万世德仰头向北一望，北部山梁上是一座高大的空心楼台，为“九窑十八洞”式，威震山冈。上边驻扎着士兵，他们常年瞭望，观察敌情，轮流换班，一刻不停地守着这座瞭望楼。

由于万世德通晓军事，他们被邀请进堡城之内，由军官领路，顺着北边整齐雄伟的堡墙，一路转弯来到堡城东门，门额石匾上两个“威震”的大字映入眼帘。进入东门，左右墙上分别嵌有一块石碑，上面镌刻着近年来扩修马站堡的朝廷与地方文武官员的名录。他们仔细观看后，折出来顺路转到堡城南门下，仰头一看宽大的堡城门是进入堡内的正门，门匾上“马站堡”三个大字端庄遒劲。堡门前下临七八丈高的崖头，崖下是一片宽阔的河滩地，隔关河，南岸亦是大片平坦地。万世德知道，这些地除种庄稼外，大量地种植着苜蓿，供养堡内两千余匹战马与驮骡。他们站在堡门前极目远眺，视野开阔，河南的众山一览无余。环视堡城，大约有四里，万世德知道境内城堡偏关第一，老营第二，马站是第三大城堡。尽管万世德在偏关长大，家中长辈又属军中高级将领，但沿着官路参观偏关的军事堡城，这还是第一次。这让他兴奋，也让同伴过瘾。偏关的军事堡城，使万世德他们大开眼界，大长见识，觉得这是一片保卫大明王朝的前哨阵地。

（二）再察老营城

离开马站堡，万世德他们纵马扬鞭，继续沿着关河北岸的官路前行，经过陈家营、杨家营，再到八柳树堡时，已行二十里，这里是前朝景泰二年（1451）总兵杜忠所建的戍堡。行不远，又经过黄家营、方城，来到明代兵营小营堡，望见关河南面是林家坪堡。再行五里，近午时分，入老营城，总行八十里。远远望见“怀抱关河”的西门，仍与马站堡情形一样。一行人顺弯路来到老营堡的西门前，抬头往北一看，北边的山梁上是间隔不远的四个“冲烽敌楼”，每台修小罗城兼兵房一座。敌楼北边的一片开阔地又是一道护城墙，东、西两面又是各一道城墙从山上南行延伸下至老营主堡，与东、西城墙连接，这样老营城的北墙好像变成了“两座城”的中墙。原来，这是连接老营城的一座“郭城”，墙上有间隔的骑墙墩台威视着远方。再面视眼前的老营城墙，更是金城汤池，高大雄伟，丈余长、尺余厚的青石条块垒砌包筑，高度足有两丈五尺，石墙上有六尺高，上面又加五尺高的堞口墙，整个墙体白灰勾缝，显得美观大方。万世德清晰地记着，这座营城是前三年驻防偏关的文武大员又一次扩修而成，它是仅次于偏头关城的偏关战略防御内的第二大城，明代一称“营”的地方，为驻防部队兵员多的大营区，明清地方志书与官方文件上经常与偏关并称“偏老”。清雍正三年(1725)，老营并入偏关县，才将老营城彻底称为“老营堡”。

万世德他们来到北山头的“郭城”北墙内，俯瞰老营城：它坐落在群山环抱的盆地之中，为一座长方形堡城，东西长一里，南北阔半里多，周广五里。城墙夯土高筑，砖石相包，犹如钢浇铁铸。自幼攻读经史的万世德，脑际马上涌现出《汉书·蒯通传》上的一句话：“边城之地，必将婴城固守，皆为金城汤池，不可攻也。”他感叹道：“国家不惜巨资投入国防工程建设，成就这一牢不可破、坚如磐石的营城，真是皇上圣明、保国大臣贤智，可谓有长远的战略眼光啊！”

往东一看，老营城东一里处的长城，是由北部40里之丫角山上绵延而来的内长城经过，跨过关河上的桥洞奔向南梁，它将要行三四十里到长林堡境出偏关界，相继接宁武关、雁门关长城，延伸到紫荆、倒马、居庸关。他想到，他们一行再往东行20里就是贾堡口，实际上就是老营东大门关口，也是大同镇与太原镇两镇相交之关口，其驻兵往往在有军警时，顺便前往两镇之地支援。

老营城也是太原镇总兵杜忠所建，于正统十四年(1449)成就，后经历代增修，逐渐变成了雄伟壮观的营城。嘉靖十八年(1539)设老营守御千户所，与偏关守御所平级。营城先后置游击、参将，现在驻副总兵。因为驻偏头关的太原镇总兵于嘉靖二十一年移驻宁武关，这里成为偏关境内实际的最高武官。万世德又对文友说:“副总兵所统领的部队称为‘奇兵营’,即承担奇袭突击任务的部队,也为部队番号。总兵移出偏头关,派驻有分守山西西路参将,参将所领的部队称‘援兵营’。”万世德曾经翻阅史料,得知老营堡驻军有骑兵 3000 人,步兵 1800 人,马骡 2312 匹(头),所辖边垣 60 里。城内建兵营房舍数百间,街道为四大街八小巷,井然有序。老营是明代中华外长城与内长城结合部一个重要关口,它西距偏关城八十里,关河从城南缓缓流过。

万世德他们从山梁郭墙边下到老营北城墙后的官路边,然后沿着官路往东走一段路,折而顺东城墙来到东城门,门额上一块大石匾走边花纹,中镌“老营城”三个一尺见方的行楷大字,左右两边竖行分别为:

钦差总督宣大山西等处地方军务、兵部右侍郎兼都察院右副都御史吴兑,钦差提督雁门等关兼巡抚山西地方右佥都御史高文荐,巡按山西监察御史田乐,钦差整饬岢岚偏老等处兵备、山西提刑按察司副使萧大亨,钦差镇守山西等处地方兼提督代州、三关总兵官、右军都督麻锦,钦差协守山西等处地方副总兵官、都指挥使赵崇璧,钦差分守山西西路偏关等处地方右参将、都指挥同知李东阳。

旹(时)万历六年(1578)秋七月。

万世德看到这里与马站堡一样,老营堡也是朝中与地方文武大员主持修造,由于级别较高,更多了一位宣府、大同、山西三镇总督的朝廷重臣。与偏关城所不同的是,老营东城门是出进的主城门,其瓮城与偏关南门瓮城是一样的威严气派。

与之前一样,万世德他们不愿错过通观老营城的机会,他们从东城门出来后前行几十步拐到了南墙,来到了南城门,匾额为“南安屏障”。

与地处关河北岸高岗马站堡不同的是，城门前稍下一点就是奔流不息的关河。关河南岸有几百亩开阔平坦的河谷地，往东边界为横贯偏关境内百里关河的发源地。三位边走边观察老营城，是一座整齐的、呈长方形的精美大堡城，为仅次于偏关城的第二座大营城。城墙上亦是城堞如齿，角台、望台、炮台参差相交，与偏关城一样规模宏大，设施完备。

三人从南门又转到西门，围绕老营城转了一圈后，返回原路。万世德同守城的官军告别一声，向东缓缓地行去。他与送行上任的文友说："老营与偏头关一样，素有'晋北锁钥'之称，它的名称由来已久，为历代驻扎军队的古老营地而得名。它与下游的陈家营、杨家营、黄家营、方城一样，在北宋时这些营地曾经住过杨家将、呼家将。杨家营的得名就是如此。

万世德自小耳濡目染的就是祖父辈们的战守方略，或者是舞枪弄棒，冲刺迂回，或者是少年时与驻军登城守戍。他自幼在攻读儒家经典的同时，喜爱研读兵书，如孙武的《孙子兵法》、三十六计兵法策略，他都烂熟于心，为他日后成为驰骋疆场、统兵挂印的文臣武将奠定了基础。此番在上任宝坻知县沿途考察城堡，就是研习军事的一个例证。

三、初访祖地云中城

离开老营地，万世德他们三人乘快马驰骋二十里，越过贾堡口，来到大同镇平虏卫境地，又二十里越过乃河堡，转而北进，经过称凤凰城的平虏卫城，这座堡城明初称老军营，屯军驻防，成化十七年(1481)设为平虏卫，成化二十一年又于卫城南60里的地方设井坪千户守御所(今井坪镇)，这些堡城均属大同镇管辖。他们晓行夜宿，过威远堡，奔大同镇之右卫、左卫城，同行的两位问及万世德："左卫东南有个怀仁县，为什么这个县份叫作'怀仁'？"万世德道："'怀仁'之名取自'怀想仁人'，因辽太祖耶律阿保机与晋王李克用曾经在这里东城相会。后人以美好愿望纪念二皇，给这里起名为怀仁。"

又一日行百余里，于上午来到了大同府云中城，算计总行程从出发至现在已经四日。万世德感叹道："到老家了！我晋北开基始祖讳士能公，最初跟随中山王、定国公徐达在大同修边戍守时，落籍大同县周名桥王院都，我万氏家族遂以大同为原籍，后来转防戍守为偏关军籍。"想到祖先一代代奠定基业的不易，万世德激动不已。此刻他来到老家云中大同，浮想联翩，感慨万千！

大同，为中原文明和游牧民族交汇之战略重地，是一个有着悠久历史和灿烂文化的古都，其地理位置特殊，北西东三面临边。东连上谷(宣府镇)，南达恒山、并州，西界太原镇之丫角山，北控沙漠，实京师之藩屏，中原之保障。洪武二年(1369)，常遇春攻取大同，明廷将其视为"天下之脊"，作为"肩背之地，镇守攸重"。明太祖朱元璋采用"高筑墙"之策，开始于北部边疆大修边政，设立卫所，陈兵牧马，广建营堡，星置墩台；各府、州、县开始修筑坚固之城池。洪武四年正月，设立大同卫，并在此屯田；五年，设山西行都指挥使司治，七年为大同府治。永乐六年(1408)设大同镇总兵驻防。

大同城的建设是在北魏都城"平城"及唐、辽、金、元旧土城的基础上，于洪武五年由大将军徐达"因旧土城南之畔增筑"，即重建云中城。从旧城南移建近三里，为边长三里余的方形城，城墙高三丈，垛墙高三尺。垛口为磐口和射击口共583对垛子,代表当时大同所辖城堡数。均有瓮城、吊桥、城壕。城设四门,东曰和阳,南曰永泰,西曰清远,北曰武定。四门均建城楼,四角有角楼,城正中有牌楼。不仅城防设计规模奇特,固若金汤,为古代北方所少见,亦为我国军事重镇之典范,而且整体布局有如"凤凰单展翅"。

大同镇于明永乐后设协守副总兵1人,驻左卫城;设分守参将9人,有东路、北东路、中路、西路、北西路、新平路、井坪路、威远路、总督标下左掖;设游击将军2人、守备39人,辖8卫、7千户所,13隘口、城堡583座,其中军堡72座,余为民堡。管辖长城东起镇口台(天镇县东北,上接宣府镇之西洋河),西到驻防偏关太原镇东北之丫角山丫角墩,长647里,为京师之西、北屏障。又太祖朱元璋十三子朱桂于洪武二十五年十月就藩大同,成为九塞王之一。

万世德一行自然少不了游览大同镇城,并入驿站倒换公文。休息半个时辰又开始上路了。他们向东北奔行,经一个半时辰行150余里来到阳和卫(今阳高县),投驿站歇宿。次日清晨继续向东北疾走,行近70里到达天成卫(今天镇县),过镇口台出山西界,来到居晋、冀两省与北方游牧民族交界处的宣府镇界怀安卫境内。怀安位于外长城的内侧,于明洪武年间置卫筑城,隆庆三年(1569)增筑,周围九里。

一行人在军事要地怀安卫驿站小住后,到了万全卫。明洪武二十六年(1393),合置万全左、右卫。永乐元年(1403)移筑万全右卫城,永乐二年专设万全右卫,治所在德胜口堡城,即后来的万全县城,地处张家口西北翠屏山长城脚下,是倚山坡而建的一座卫城。正统三年(1438)开始砖包右卫城墙,周长六里三十步,高三丈五尺,规模宏大。万世德等三人一路观看着宣府镇的军事设施,沿万全右卫城向东北行30余里,处在外长城线上自古被称为"大漠锁咽"之军事重地的张家口,正站在那里恭候万世德一行的到来。在张家口巡察观赏一阵后,万世德看明白了许多险要的地理与军事设施的巧妙结合,印证了自己在家乡观察到的营堡与长城的布防情况。

下一站,他们向东南行 80 里便来到了宣化府宣府镇城。万世德经过查阅相关史料得知,洪武二十六年设宣府左右前三卫,永乐七年设立宣府镇,驻总兵 1 人,协守副总兵 1 人。观察了宣府镇城一番后,万世德热血渐渐地沸腾起来,因为再向东南行 130 里便抵达首站目的地——怀来卫土木堡。在这里,明朝历史上有故事产生,更有永远不会忘记的耻辱。

四、祭拜显忠“出塞曲”

(一)发誓土木堡

万历九年(1581)春节后万世德复职赴任,补缺宝坻知县。在上任途中,由大同镇天成卫镇口台进入宣府镇怀安界,然后相继经过怀安卫城、万全卫城、宣府镇城,来到怀来卫地面,将要踏访土木堡。

土木堡,一个令几代历史难以忘怀的地方,一个令人感到非常伤痛的地方……

自幼饱读诗书、谙熟文史的万世德,对前朝正统末年发生在怀来的 “土木堡之变”自然熟知。他要在赴天津卫邻近的宝坻县之前,顺便踏访一下 130 余年前发生在这里的惊天事变的场所,凭吊“土木堡之变”的纪念地——“显忠祠”。但在到达之时，必须经过怀来城西 60 里的鸡鸣驿。

怀来卫西有座“鸣鸡山”，唐贞观十九年（645）东突厥犯中原，边民不得安宁，唐太宗李世民恃其英武，御驾亲征，驻跸此山，夜闻山上有鸡鸣声，从此这座山就叫“鸡鸣山”。传说北魏文成帝、唐太宗、辽圣宗、萧太后、元顺帝、明英宗等都曾登临此山，观赏北国风光。元代在此设驿站，驿站因山得名“鸡鸣驿”。至明永乐十八年（1420）时，鸡鸣山驿扩建为进京的一个重要驿站。作为历史上留下来的方城重镇，鸡鸣驿在中国古代邮驿史上曾是个大型驿站，它在明、清两代对中国的军事、政治、经济、通信等方面都起过极其重要的作用，其特殊的战略位置竟使之独驿成城。

万世德一行从宣府镇城经过下花园，行 60 里来到鸡鸣山。首先到鸡鸣寺上香敬表拜佛后，又观赏这座巍峨峥嵘、郁郁葱葱、富有神奇传说的有灵性的大山。这里山势突兀，草木繁茂，孤峰插云，秀丽壮观。细访之下，万世德才知道鸡鸣山有“参天一柱”之称。他从早已阅读的史书中得知，它是一座气势壮观、历史悠久、景色优美、文化底蕴深厚的塞北小泰山。此刻万世德站在鸡鸣山上，眺望着山环水绕的怀来盆地，发出由衷的感叹：大明江山如此壮丽，岂容外侮践踏……

晚上，他们住在驿站馆内。这一夜万世德望着星空，怀着对当年“北虏”掳我英宗之国仇、对朝廷名臣先烈的敬仰，思绪万千，辗转反侧，不能入眠。

第二天正好是一个黄道吉日，五更时分，万世德和随行的朋友喊醒了守站的官军，打开鸡鸣驿的东门，骑马踏着驿道的积雪奔向东六十里外的土木堡。塞北的初春，万世德一行人顶着稀疏的星辰上路，不惧沿途野兽出没的威胁，不畏春寒料峭的冰凉，他们急于要拜谒显忠祠，祭奠土木堡为国捐躯的忠烈。经过一个多时辰的奔波，当他们望见土木堡高大的城墙时，万世德激动得热泪盈眶，他跪在土木堡西面的高地上面对着京城方向拜了三拜，大声发誓："伯修自幼攻读经史，世受皇恩，深明大义，一旦朝廷启用，驰骋疆场，赴敌先登，志在灭胡，精忠报国，不惧抛头颅洒热血耳！"

万世德一番发自内心的表白后，快速来到堡城镌刻"沛泽门"之西门，守城的官军验明身份，他们一行进门入里，原来是一座瓮城，抬头北看瓮城门额"土木堡"三个大字，显赫耀目，令人生慨。

土木堡，时为宣府镇怀来卫辖地，今为河北省怀来县土木堡村。"土木堡，《通志》本名'统幕镇'。唐初，高开道据怀戎时所置，后讹为'土木'。明永乐初置堡。"[①]正统十四年(1449)，这里发生了一场惊天动地的、具有划时代意义的"土木之变"，被认为是明王朝走向衰落的开始。

历史上，怀来卫的战略地位非常重要，处在京师之西南，相距220里，"而近然由居庸关北出重冈，复岭崎岖山谷间者"[②]，被内外两道长城夹在中间，是防御蒙古族进犯京师的重要通道。卫城地处盆地，四周皆山，西二十里的土木堡，于事变后的"明景泰五年(1454)复修，筑土木堡"[③]，后至隆庆三年(1569)砖甃完成，周二里有余。

万世德的夙愿今天终于实现了，他怀着虔诚的心情走进了魂牵梦绕的土木堡，沿着一条碎石土路，前行百余丈，"啊！显忠祠，到了！"土木堡，到底发生了什么划时代的巨变？显忠祠，是祭祀正统年间"土木堡之变"为国捐躯的大明英烈的庙宇，万世德将要在这里穿越时空去思索，去感悟，去认知……

---

①②③据清光绪《怀来县志》。

(二)祭祀显忠祠

显忠祠,建在土木堡城东西大街的北侧,是一座三进院落的祠院。祠庙坐北面南,院墙为清一色的长砖砌就,更显肃穆庄重。头道山门高出地面五尺,朱红色带有铜钉的大门紧闭着,门额上有宪宗御笔"显忠祠"三个刚健有力的大字,楹联为"一代忠贞光俎豆,千秋气节壮山河"。万世德他们推开侧门进去,整个院落悄无声息,一片寂静。然后一直往里走,来到了第二道门,匾额书:"大节凛然",楹联为"隆千秋事典,表一代忠良"。推门进去,迎面一看,有一坐北朝南的硬山顶柱廊式建筑,面阔三间,青色琉璃瓦铺顶,殿高约一丈二,台基高约二尺八,有五级台阶进出。中间正堂房的额匾上赫然写着"显忠堂"三个行楷大字,房檐下楹柱联语为"故老尚余哀兵溃不堪论往事,诸公应自慰君存何必问微躯"。这里就是"显忠祠"正殿,两厢设有配房。

正殿显忠堂堂门关闭,两扇花卉木格窗户门油漆斑驳脱落,已许久没有人碰过。进的门来,但见长形的大供桌上立有许多神位,乃是正统末年殉国之高官显达,墙壁上绘有多位殉难大臣的画像。左、右两旁亦放有桌凳,桌上摆放着悼祭的香炉、砚台、砚墨等物。东、西墙壁上贴有文人墨客敬挽的诗作联语等,整个祠堂,一派庄严肃穆悲凉。

此时,从祠院西厢房出来两位僧人,发现了万世德他们,一听口音便知是远路来此祭拜的客人,即主动上前与之攀谈。

为首一位须发飘然的长者,见万世德身材颀长英朗,相貌堂堂,气宇轩昂,觉得此人将来一定会成大器,为国之栋梁,谨慎地问道:"敢问施主何方人氏,仙乡何处?"

万世德道:"在下姓万,名世德,军籍偏头关守御千户所是也。此番来到贵地,特来祭拜前朝阵亡的名臣英烈。"

言谈中,长者听说万世德是云中将门万氏之后,肃然起敬,连忙将他们接入禅房。他对万世德说:“先生不愧为万氏将门之后,别的官员到此地往往是先到驿站歇息,先生一行却是先到忠烈祠祭拜先烈。先生不妨先到土木驿站打个卯,若不嫌弃的话,容老僧先准备斋饭,随后请回来一起进食。”

万世德谢过,然后恋恋不舍地离开了显忠祠,原来这土木堡还设有驿站,为从怀来入京之第二个站口。他们遵嘱来到驿站,找到主簿登记画帖,然后将马匹和书籍等物品交与管事人,这才轻松地返回。

显忠祠的僧人为他们准备了小米干饭、炒豆芽,并特意为他们买了块本地特产“好大豆腐”,招呼他们进餐,万世德谢过僧人。

早已饥肠辘辘的万世德一行并不急于吃饭, 而是将路上买到的黄裱、香烛、蒸馍、烧酒等供品,带到正殿显忠堂内,恭敬地贡献在大供桌上,然后对着先烈牌位行一番大礼祭拜,再上了布施,才回到斋房用饭。此举,僧人看在眼里,他们激动地说:“真乃忠臣名门之后,将祭祀先烈与名宦贤人放在第一位,让人敬佩啊! ”

万世德用过斋饭, 重新返回显忠堂, 随两位僧人做了一番超度功课。然后缓缓地走回小院子里,在这个仿佛与外界隔绝的环境里,万世德神游百年。关于“土木堡之变”,他非常熟知。此时此刻,他忽然想起当年翻阅到的那几页亮煌煌的史书,字里行间迸发出的炮声隆隆、战马嘶鸣、人声嘈杂的混乱声,仿佛穿过这厚厚的墙壁从 132 年前的战场上传来……面对为国捐躯大臣的画像, 他似乎与那场战争相对接……正统十四年(1449),那场悲壮惨烈,天昏地暗的战争画面,清晰地浮现在他的脑海中……

明廷赐以汉文官印的蒙古瓦剌部落首领也先, 于正统十四年二月向明朝廷虚报人数邀赏,朝贡的马匹质量差,数量竟差五百多匹。大太监王振派人严格“验口给赏，其虚报者皆不与”[①]。并根据马匹质量减去马价五分之四。从此，也先对明朝积怨很深，心思报复。也先于当年七月率领各部骑兵、步兵，分四路大举南下，其中中路为进攻的重点，又分两支：一支直攻宣府、围赤城，另一支进攻大同。当时因内、外长城没有修建完善，未能阻挡也先的猖狂进攻。

也先统率五六万人马猖狂进攻大同，明军前线战败的报告不断传到京城。在操控朝中大权的宦官王振的蛊惑挟持下，明英宗朱祁镇不顾众大臣苦劝，一意孤行，贸然亲征。于七月十六日，调集号称50万大军（实则36万）仓促出京城抵御。由于王振不懂军事又专断，随征的文武大臣不能参与决策指挥，军内无组织纪律且混乱。行至大同，听到前方接连小败失利，于是慌不择路地后撤。王振为显示体面有尊严，要英宗“临幸”家乡大同府蔚州（今河北蔚县），然后返回京师。走出一段路后，又担心慌乱的大军踩坏家乡的庄稼地，于是屡次改变行军路线。八月十三日，在王振的挟持下，明军狼狈地逃到怀来卫土木堡，瓦剌军紧跟逼近，团团包围。夜晚，王振命令在土木堡高地宿营，山中无水，军粮已经几天供给不上，军士饥渴至极，疲劳应战，死伤惨重。十四日黎明，瓦剌军佯装撤退，王振命令拔营行军，军士纷纷出营取河水解渴。这时埋伏的瓦剌军杀了个“回马枪”，从四面向明军进击，明军无力抵抗，被瓦剌凶悍的骑兵杀得死者枕藉，一败涂地。英宗被俘，王振亦在战乱中被杀死。兵部尚书邝埜、户部尚书王佐与其他5名侍郎一类的文大臣，英国公张辅等5名武大臣，共计64名文武官员战死。在前后不到一个月的时间内，50万大军全军覆没。

随后，瓦剌军向京师开进。此时京城空虚，在国家生死存亡的危急

①此句与数据资料来源《明实录》卷之一百七十三。

关头，兵部侍郎于谦力排南迁都城之议，力主抗战，请郕王调蓟镇、山东和沿海的明军进京固守。九月，明英宗异母弟、郕王朱祁钰即帝位，翌年改年号“景泰”，为元年(1450)。新主立，于谦升兵部尚书，整饬兵备，部署要害，率师 22 万列阵北京九门外，多次击退瓦剌的入侵。也先挟持英宗逼和，索取财物，于谦受“社稷为重，君为轻”儒家思想的感染，拒绝了也先。于谦择京军精锐兵马分十团营操练，调兵遣将出守要害关口，边境安定。又整顿朝纲，清肃奸顽，恢复正常秩序。在代宗朱祁钰的支持下，渐开中兴。

景泰元年(1450)，代宗朱祁钰在土木堡建立“显忠祠”，春秋祭祀在“土木之变”中为国捐躯的文武官员及 50 万大军。其中文臣 46 人，武臣 17 人，内官 1 人，共 64 人。[1]后清代又增两名，为 66 人。其余随同祭祀的是那 50 万连姓名都没有留下的亡灵。

英宗被俘居“胡地”整一年被放回，然后代宗朱祁钰将其软禁于南宫，尊为太上皇。景泰八年正月在朱祁钰病重期间，将领石亨、太监曹吉祥等趁机拥戴英宗复位，史称“夺门之变”或“南宫之变”。朱祁镇复辟后，于谦以谋逆罪被处死。后又发生了曹吉祥企图弑位的“曹石之变”。

历史是公正的。七年后的天顺八年(1464)，宪宗朱见深即位，命重修“显忠祠”并塑于谦像，亲撰碑文并题写祠匾，宣府等地亦相继建立庙宇祭祀。

此时此刻，这一幕幕如过眼云烟一般，不断在万世德脑海中闪现……这里的一砖一瓦都显出异常的魅力，万世德面对遇难大臣的神位肃然起敬。这是他平生第一次来显忠祠祭拜。

---

①据清《怀来县志·艺文志》。

此刻，万世德静下心来，神思凝重地打量着殿堂与祠庙的环境，好像是受到某种启发一样，“土木堡事变”在他的心中泛起波澜，激情在胸中涌起，他诗兴大发，走回殿堂，磨墨提笔，摊开宣纸，饱含悲情，纵笔挥洒，一气呵成，以“出塞曲”名，接连写出四首七律诗。“出塞曲”为唐边塞诗的著名题目，主要描写边疆的军旅生活与军事行动。这些诗牌名，都是万世德擅长的。后来他在西征青海、巡抚海防时又作了许多出塞、入塞的诗篇。万世德所作四首“出塞曲”如下：

出塞曲

显忠祠祭①

感（正统）土木己巳之变，卒之乘舆无惊，宗社奠安，盖往古所无焉，并及之。

塞门春去草芊芊，青跸何因下九天。
一自真人归大统，至今龙气护燕然。

雪里穷庐拥至尊，名王歌吹向黄昏。
莫言冒顿无情者，犹自嵩呼德汉恩。

胡姬倚徙拂新妆，待得君王一笑将。
多少娉婷看北极，一时翘首在昭阳。

胡笳四合夕阳残，无数貂裘拥汉官。

①此诗碑现立于河北怀来县土木堡显忠祠内。

不信六龙亲出塞，家家犹记唱回銮。

万历九年仲春之吉云中万世德撰

万世德作完这四首诗，紧锁的眉头一下舒展，一吐胸中之块垒，如释重负。他将笔墨放好，长长地出了一口气……四首出塞曲，气势磅礴，荡气回肠，浩然正气冲霄汉，英雄气概贯长虹。

万世德在显忠祠所作的这四首“出塞曲”律诗，与祠庙柱上的楹联内容一样，分明是一组祭悼的悲歌，流露出隐隐的阵痛和沉沉的悲哀。不久，怀隆兵备道官员将万世德书写的诗作，勒石纪念，立于祠院。这块石碑，仿佛诉说着正统己巳年那悲壮沧桑的日月。

这一次万世德怀着瞻仰前贤的心情，志愿祭拜显忠祠。也许是天意，是上苍特意的安排，殊不知 11 年后的万历二十年，他接受钦命任“怀隆兵备道，”再次来到京师的西南门户怀来卫，守戍怀来—隆庆一段防线。冥冥之中他好像与这个地方结下不解之缘，这是他万万没有想到的。当他第二次来到显忠祠，重新看到石碑上的诗作，更是心潮澎湃。

万世德好友、后来同朝为官的明代大文学家屠隆先生评价说：万世德诗作“沉雄隽丽，尤工塞下篇什，悲壮跌宕，有高常侍、王龙标风。”后来，明朝灭亡之后，又有访土木堡显忠祠的学者来此和诗纪念。一位不具名的学者，读了万世德的出塞曲《显忠祠祭》后感慨万千，敬和了如下绝句：

读明人万世德所书诗碑有感绝句

阙　名

六军无力奋重围，朔马胡裘犯帝威。

上将勋臣皆殉节，谁征金帛换钦徽？

帝辇长驱百二关，六宫粉黛尽愁颜。
梦魂更渡桑干水，何事君王未肯还。

鸦鹘盘云远汉关，膻肉酪浆毡帐寒。
叠嶂连绵遮帝阙，更于何处望长安。

分围合阵六军多，未战惶惶奈若何。
当记风高边月暗，剽姚[①]八百靖关河。

(三)反思感慨多

站在显忠堂里，万世德浮想联翩，然后慢慢地踱着步子，打量殿堂上为国捐躯的列位名臣的画像，低头沉思。万世德出生在将门兼书香门第，文韬武略，幼承庭训，其孝友传家、忠君报国的家风耳濡目染，在他的灵魂深处打下深深的烙印。此刻他被这些忠烈之臣血染疆场的行为所打动，无形中触及了自己的思想与灵魂，同时也对奸佞误国倒行逆施的行为深感愤怒。

万世德以政治家的眼光和远见审视"土木之变"，他在内心说道：土木之败，与其说败给北虏，不如说败给了明王朝自身制度的松弛。太祖鉴于历朝因宦官误国的教训，不许宦官内臣干预政事，严肃告知，违令者斩！但是到了后期朝纲制度废弛，叫王振这个自阉入宫、不学无术、误国害民的庸人钻了空子。他用尽百般献媚的手段，得到小皇帝正统的宠信，开始独揽大权，垄断朝纲，与瓦剌族私下进行军器交易，中饱私囊，

①剽姚：指西汉名将霍去病，率八百精兵，渡长河入敌后，大败匈奴。

并接受瓦剌贿赂。正统十四年,瓦剌因没有得到大的回报,才悍然发动战争,导致那场祸国殃民的战乱发生。还有,这50万大兵需要一位久经沙场、能征惯战、多谋善断的将领统帅啊！而阉人王振根本就无法对军队实行有效的管理和控制,自身无组织无纪律再加上指挥失误,最终使明军形成了一大群不堪一击的乌合之众。

"真是不应该啊!"万世德从沉思中不禁失声喊道。同行的文友被吓一跳,但马上恢复了镇静。知道此时的万世德正触景生情,被不堪回首的土木事件所折磨……

万世德对两位文友说,这64位遇难大臣中有运筹帷幄、决胜千里之外的谋略名臣,有公允正直、保证吏治队伍通畅的吏部大员,还有执法公正的刑部高官,保障后勤、调剂余缺的工部高官,以及位至三公的勋戚大臣,他们毁在了胸无点墨的阉人手上,稀里糊涂地冤死在战场上。明军以绝对优势的50万大兵,被几万人的瓦剌杀得血流成河,暴尸荒野,真是奇耻大辱啊！但英宗复辟上台后,不但不痛恨宦官王振的罪恶行径,反而在京城禄米仓胡同的智化寺为王振塑像供奉,为他树碑立传……

万世德满怀深情地对文友说:"吾等一定要牢记历史教训,保卫大明王朝立于不败之地。要像于谦那样,在国家危难之时挺身而出,保护苍生黎庶安然无恙。忠心报国,力挺危疆,死安义命,功存社稷。"

万世德从小仰慕宋朝文臣文天祥,将"人生自古谁无死,留取丹心照汗青"熟记于心;崇尚南宋抗金名将、民族英雄岳飞,一旦国家需要,他会像岳武穆那样,"从戎报国",纵横驰骋,建功立业……

他走出院子,仔细地端详着祠内的一切。时近正午,他满脸沉思,与两位同行的文友缓缓地离开了显忠祠。远方是望不到头的大山,眼下是走不尽的黄土地。

返回土木驿收拾好行李物品、牵着马匹出来后，万世德他们继续沿着去京师的官道而去。向东，经过怀来卫城，一路上有广阔的原野，苍凉的山头，更有相距十余里、几十里林立的堡城，还有怀来境雄伟的内外两道长城，望不到头的烽火墩台。这一切，同样彰显着军事要地、京师门户的特点。两位文友深情地说："这与我偏头关相仿，亦是保卫大明王朝的边关重镇。"说完，他们打马扬鞭，向着远方奋力疾驰……

第七章

治邑卓异　晋职京官

一、治邑京门宝坻县

万世德拜谒土木堡显忠祠后，与两位送行的文友，晓行夜宿，一路上经过延庆、昌平、京师，再向东南行200里经过通州、香河，终于来到了天津北部百余里的宝坻县。

（一）微服私访

宝坻县，位于天津卫中北部、燕山山脉南麓，地处京、津、唐三角地带，临近渤海湾。它东及东北与直隶永平府唐山、顺天府玉田县相邻，南与武清接壤，东南临海，西及西北与直隶香河、三河相连，北及东北与蓟州、玉田县隔河相望。清康熙《宝坻县志》描述：“西拱京师，东连大海，南通天津，北抵云蓟，三山拥峙，四水萦回。”它背山面海，一马平川，水流充沛，利于开垦，再加上鱼盐芦苇之利，故称“京东大邑”“畿辅望县”。宝坻夏、商时属冀州地，秦属渔阳郡地，三国时属曹魏之领地。隋属冀州涿郡，唐朝时归范阳郡。五代时与幽云十六州割让给契丹，金代建县。元朝属大都路大兴府，明代为顺天府属县，管辖范围大致包括今宝坻、宁河、汉沽一带。

又据清乾隆《宝坻县志》载，因该县濒临大海，有漕运河道逶迤曲折，流经二百多里，境内又有鱼盐芦苇之利，故称为“宝”。《诗经·小雅·甫田》中有“如坻如京（京为高丘）”之语，“坻京”表示粮丰谷茂、堆积如山之意，恰境内已为鱼米之乡，故得名“宝坻”。自古是商业要地，境内歇马台、秦城等古迹遍布。北宋时因“高阜平阔”而设置专卖盐院，时称“新仓”，成为朝廷贮盐基地。金大定十二年(1172)因人烟繁庶、贸易兴旺，设为县。据传，前期称“宝坻(音池)县”，乾隆皇帝到此巡察时将县名读成了“宝坻(音底)县”，从此以皇帝金口玉言的读音沿用至今。此地盐产的收入丰厚，占全国盐利的十分之一，国人视盐为国宝，故“富商巨贾，货置丛繁”。

面对这样的京门重地，畿辅大邑，万世德深感责任重大。他到了宝坻县衙，接过大印，办过公文，然后和文友游玩几天。送行的文友和万世德告别后，原路返回。万世德回到任上，开始考虑如何治理好宝坻地方。尽管他“吏道精白”，治理县域有经验，但具体到某一县，又有其独特的方面和错综复杂的上下关系，不能掉以轻心。

万世德在一个月的时间里，他穿着百姓服装晓行夜宿，深入城镇、乡村、集市、海畔渔业场微服私访。他发现宝坻县大量的土地被达官贵族强占，老百姓因土地缺少背井离乡到外地出卖苦力逃生者居多。再加上沉重的赋役，闹饥荒的地方较多，广大民众苦不堪言，怨声载道。由于贫富差别很大，形成恶性循环，已经到了积重难返的地步。新官上任三把火，万世德经过反复考虑，下决心要力排繁难，彻底解决最关键的民生问题。

(二)清核钱粮

万世德上任后，首先从丈量土地、“钱粮清核”上开始，解决民众土地缺少、赋役重，生活温饱等问题。

宝坻，在明代为京城近郊、畿辅大邑，境内多数为达官贵人、皇亲国戚，他们在京城中有背景、有靠山，其上下关系极其复杂。万世德发现从皇朝退休，回归来的高官显贵，地方上的豪强恶霸势力，还有靠势力关系拉拢进来的外籍官员。凡此种种不一而足。正因为如此，宝坻的前几任知县知难而退，得过且过，选择了明哲保身的办法。而一身正气的万世德，没有被这些邪恶势力所吓倒，决定组织县衙官员职员以及基层乡保里甲长，统一清查丈量土地，进行“钱粮清核”，还民众一个公平。

“钱粮”，指明代按“田亩”所核定的“徭役赋税”，就是通常说的“皇粮国税”。那么，万世德为什么要进行这项“钱粮清核”工作呢？因为《明律》规定：各级官僚，可以按照自己的职责范围，有减免徭役赋税的特权。可是万世德发现在宝坻有一些奸商，一旦将自己置下的田园算在官僚地主的名下，就可以轻巧地逃避国税，躲过徭役。还有一些中小地主、富农以及部分自耕农，为了逃避赋税和徭役，将田地寄献给官僚地主一部分，自己以其官僚地主名日享有一部分土地，这就是史书上记述的“投献”。由于这部分官僚地主按名册少报及隐匿了大量土地，侵吞国有资源，偷税减赋，独占财富，致使明王朝财政收入困难，形成“帑藏匮竭”的现状。有朝廷中正直的官吏义愤填膺，坚决要求“钱粮清核”，取缔非法“皇庄”与其他非法庄田，惩治中小地主兼并“民田”损公肥私的行为。

因此，对于“钱粮清核”，是朝廷堵塞漏洞、限制税收流失的一项决策。虽然朝廷积极支持各级官吏做好这项工作，但很多吏员畏缩不前，怕得罪恶势力，不敢推行这项工作。也有吏员在进行“钱粮清核”的过程中得罪恶势力，不是被排挤走，就是遭遇暗算。生性刚直、智慧聪明的万世德，就是不信这个邪。他在元城能将久拖不决的“河害”与“马政弊端”在短期内治理好，也相信自己有能力做好“钱粮清核”。近十年的官场生涯，为官清廉，又千里做官，与朝廷上下、地方官僚集团毫无瓜葛，他满怀信心，坚信自己有能力完成好这项清核任务。

万世德首先发出安民告示晓谕民众：

钱粮清核告示

我京门宝坻，为畿辅重地，通都大邑，境内土地辽阔，物产丰富，但有一些皇亲国戚、地方豪绅、不法奸商，相互勾结，强行霸占土地，侵吞良田，且又大部分隐匿，不上国家土地使用名册，私蓄资产，偷减皇粮国税，造成损公肥私、国家财政匮乏、良民百姓赋税过重、民怨沸腾之状况。今新任知县万，奉天子命，来牧兹土，充分调查，发现上述行径。为申朝纲，正国法，使赋税征收公正畅行，决定重新丈量土地，清核钱粮，兹请现有土地之所有户数，从即日起，先经里甲，以实报上县衙，重新登记造册。然后县衙组织吏员逐一核查，最终核定皇粮国税。如有隐瞒不报，或有意漏报少报、侵损国家利益者，一经查出，严惩不贷！

特此告示

宝坻知县　万世德

大明万历九年三月十五日

告示一出，宝坻县广大民众奔走相告，认为这是给老百姓办好事的举措。多少年来他们被不合理的、沉重的税赋压得头也抬不起来，过着饥寒交迫的日子，于是他们积极配合知县衙门，报上实有的土地亩数。

其时，奸臣权宰严嵩被革职，其子严世藩被罚没家产处以极刑已有15年时间，但他们过去在宝坻等地置下的田地庄园，却长期被亲戚所占据，假托名目隐匿不报，逃避税赋。万世德深入民间了解真相后，坚决收回，通过自己的努力，民众的支持，最终划为国有。但让万世德想不到的是，内监李芳、东厂理刑官白一清，以及仁圣皇后的亲属都在扩展田宅，不仅想瓜分刚收回的严嵩亲戚的田宅，而且还想霸占其他老百姓的土地。万世德得知详情后反复上门告知大明的法令和政策，并且希望这些皇亲国戚交出手中隐匿不报的土地。但他们仗着朝廷中的势力,就是迟迟不予交出,还想尽办法极力反对与阻挠。万世德秉公执法,给他们下了最后通牒,限令五日内交回土地,不管你是朝中高官,地方大员,还是这些大臣的亲属姻亲,如有违规,一律按照大明律法惩办。

这些皇亲国戚、地方豪绅一看万世德要动真格的,一部分人慌忙交出霸占侵吞的田地、庄园,豪强地主也被迫“退”出了许多“投献”的民田。但也有一部分人死硬顽抗,仗着朝中的势力拒不交出。万世德得知此情,双眉一拧,怒目圆睁,“看来不法办几个是不行的”,他自言自语道。于是他给县衙兵丁、巡捕快房下了命令,将那些拒不交出土地的皇亲国戚、地方豪绅羁押入狱。这些恶势力终于遇到了对手,后悔没有交出土地,其家属哭哭啼啼极力阻拦,都被兵丁衙役制止。老百姓一看新任知县敢碰硬,个个扬眉吐气。

这些被抓的豪强,他们在朝中的亲戚,也不敢明目张胆地阻挠,因为“钱粮清核”一直是朝廷制定的律令,如果纵容包庇,岂不是公然违反国法吗?“万知县在奉国法行事,我等岂敢逆理而为?”所以他们私下说服其亲戚赶快把土地交出去,求得宽大处理。这些恶势力一看势头不好,没有靠山了,马上找到知县衙门交出土地庄园,请求万公宽宥放人。看着自己的田产在短时间内易主,虽然咬牙切齿,痛恨到了极点,但又无可奈何。

万世德在“钱粮清核”中,该罚没的罚没,该充公的充公,该归还老百姓的归还百姓。只要是合乎公平,对老百姓有利的,他都不畏权贵,不阿谀逢迎,还百姓一个公道,为此深得百姓拥戴,朝野上下交相称赞。

“钱粮清核”,丈量土地有声有色地开展,在宝坻收回大量被强占的田土,为缺田少地的老百姓分摊下去,这样既增加了皇粮国税,又为老百姓增加了收益。后来万世德上书“请求减免额外加征米银八条建议”,

被朝廷采纳。这样又减轻了负担，民众欢天喜地，无不感恩戴德，一心一意种好自己的土地。“宝坻密迩京师，多贵戚田宅，请托无虚日，稍不称意，横作蜚语中之。公平若持衡，不激不阿，势家无能难也。”[①]万世德秉公办事，不偏激，不逢迎，刚正不阿，惩恶扬善，使得权贵不敢胡作非为，从而赢得政声。

（三）多方善政

宝坻县，地处华北平原，旧时代洪水、干旱、风沙以及蝗灾频发，植被损害，农业生产落后，民众温暖不保。但每年上交“皇粮国税”倍于周边他县，故历年拖欠较多。万世德深入农村，看到老百姓衣不遮体，食不果腹，心情沉痛，一种责任感油然而生。于是，他在连续的灾荒之年，把宝坻民众疾苦写成条议，上奏朝廷。他备陈民众凄苦，请求朝廷再次减免赋税，减轻民众负担。朝廷派员查核，发现万世德的奏议完全是出于救济黎民苍生的一片真心，所以他的请求得到了朝廷的恩允，百姓为此感恩戴德。

万世德上任时，由于宝坻水灾频繁，洪流集聚，冲毁农田和民舍，使民众深受其害。万世德还和在元城县治理水害一样，深入调查，集思广益，请丰富经验的老农出谋划策，兴办水利事业。他亲自组织指挥，将当地河流疏通，并筑堤坝，以抵挡暴涨的河水。他号召各乡里甲在沿海岸堤坝上植树，实行里甲长负责制度，组织吏员验收。合格者予以奖励，不合格者除撤职外给予罚款。万世德督导当地百姓改造盐卤荒地，打坝淤地，增加良田。在旱地内大建沟渠，引三叉河水灌溉。万世德还组织民众疏通城内排水渠道，增设桥梁，方便往来。

①据民国四年版《偏关志·万公传》。

经过当地百姓几年努力植树种草，修渠引水，风沙和干旱得到有效控制，自然环境和耕作条件有了改善，荒废的土地被开垦了，更多农民的生活条件改善了。

济困扶弱，是中国的一种传统美德，万世德每到一地任职都积极推行。按照宝坻县的实际情况，他推行"衣食补贴"救助措施。他经常深入民间，亲自将穷民和鳏寡孤独老人的底数摸清，然后按照不同的方式因地、因人、因户分别予以救助。具体实施方式，还和当年在南阳县的情形一样，动员商户、富户、大户与有救济能力的人出钱、出粮，交与里甲地保长造册，然后送到救助对象手中。万世德虽然俸金有限，但对地方上的穷困者竭力施舍，直至后来包括对自己的家族和一生中所结识的朋友都尽力给予资助，这已经成为他一生中的美德。为了动员全县民众"济贫助困"，万世德曾几次撰写这类公文布告，张贴到城乡大街小巷，使丧失劳动能力的鳏寡老人和身患疾病的贫困者得到衣食上的救助。万世德之所以能这样，与他25岁上任南阳知县时父母的谆谆教诲是分不开的，也与他从小熟读儒家经典有着强烈的"民为本、君为轻"的善政思想是分不开的。于是他每到一地，勤政爱民，为民众办好事，办实事，都得到民众的拥戴。

万世德在宝坻倡修文庙、文昌宫，每到朔日与望日必到县文庙的明伦堂，亲自为学子讲学。在他的带动下，宝坻学风兴盛，崇文重教思想普及。在武备上，万世德主持浚城壕，补城墙，修角楼，置楼橹，大力训练乡勇，修理炮台兵器，实行乡村联保自治。这批乡兵平时协助县衙门缉拿盗贼，如遇战事可用为兵员上阵冲杀。

在任上，万世德还将那些巧立名目的摊派剔除。他常说："我们拿着国家给予的俸禄，如再变着法子向我们的衣食父母搜刮，然后中饱私囊，那是极不道德的。"他说到做到，只要有违反条例搜刮民财的，有向官员行贿的，一经告发，他都给予惩罚。

万历十年宝坻发生旱灾，万世德毫不隐瞒，立即呈文向顺天府汇报，但是府官想隐瞒不报，万世德据理力争道："按照大明条例，凡是谎报灾情骗取国家救助财物，或者遇有重大灾情隐瞒不报的官员，都要受到法律的追究。"上级官员被说服，最终以实情上报朝廷。朝廷派员开仓放粮，救济灾民。万世德设立很多粥厂，赈济难以度日的饥民。

他经常微服私访，明察暗访，对那些侵吞公物、祸害百姓的官员一律予以惩治。

宝坻县盐业发达，是当时北方屈指可数的商贸集散地，外地富商大贾多来此地囤积货物，从事贸易活动。新仓镇盐场是京东重要的商贸屯集区和运输中转地，不法之徒贩卖私盐的现象相当严重，影响官盐的销售价格和销售量，导致税收减少，造成明王朝经济的损失。盐业官营，用以保证税收，明王朝自然不愿此类事件发生。对此，万世德深入盐场摸清情况，设立多个稽查分队，集中惩治了一批私自生产食盐的民户，从而稳定了食盐价格。此后，万世德结合宝坻实际情况，制定盐业管理制度，保证了当地盐业的正常秩序。

在宝坻任上，万世德面对积重难返的问题和连续不断的自然灾害，他丝毫没有退缩，勤干惠民实事，博得民众的信赖。作为朝廷命官，说起来应该是荣华富贵的，其实不然。明代知县的俸银每年只有六十三两四钱九分，万世德勤于政事，清廉自守，一心抚民，对上忠心可嘉，在官与民之间曲为调停，巧妙周旋，做了很多造福宝坻民众的好事。他把百姓的利益放在第一位，亲民务实，推行善政，成为一代廉吏、勤吏、能吏，其胆识、智慧、魄力、才干是有目共睹的。所以，当地人民为他树碑立传建立生祠，永远铭记他的功德。

二、循良声炽入京职

万世德连任三个大邑县令，为官清正，吏治有方，循良声炽，在朝廷的考较中得到了好的评价。万历十一年十月二十四日，37 岁的万世德以其有治边之才，又深谙兵法韬略，熟悉边防战策，被科、道官举荐为兵部职方司主事(从六品)。“三宰剧邑，循良声炽甚应名，拜兵部郎。”①

“科”：指吏、工、礼、刑、兵、户六科给事中，明代为朝廷的一个独立机构，因给事中分掌六部故称。长官都给事中是正七品，下设左右给事中与给事中为从七品，品级不高而权力非常大。其职能是辅助皇帝处理奏章、稽查六部百司之事务，职权颇重。“道”：明代废隋唐遗留的御史台，设都察院，通掌弹劾及建言。长官为左右都御史、副都御史、佥都御史，内设十三省十三道，监察御史 110 人，为正七品官，掌管监察区域内所有大小官员是否守法，可直接给皇帝上奏折弹劾。

万世德被兵科给事中、十三道中某道监察御史推荐，上奏皇帝后擢拔官职。不久，又晋升为兵部员外郎(从五品)。兵部的正长官是尚书，副长官是侍郎；各司的正长官是郎中，副长官就是员外郎了，相当于当今国家部委副司长、省下面的副厅长。根据明朝军事文武分职体系，万世德进入的是军事文官体系。通过前三任治理大县的经历，人们都以为万

①据《偏关志·万公传》。

公是文官小吏，在治理地方上有作为，殊不知他还有人们不太了解的军事才能，更不知万公还能够领兵挂印、带领军队冲锋陷阵，行使武将的职能。“先生为人颀长英朗，有膂力，善骑射，素讨兵志韬略，生长边鄙，故将门子，习知防边御虏长策。而文章、诗赋，复登作者堂奥，所交悉海内贤豪，人识者咸以文武器略推之。”①

此后四年兵部京官生涯，万世德在任上熟读《孙子兵法》，研究古人军事思想，研习边疆地理，详查品评九边形胜，对蒙古族的各个部落悉心研究，他与朝中大臣谈起敌情兵事，旁征博引古今，论证精到。识者以为万公是真正的治边之才，是有一定军事才能的兵部官员。“公本将种，生长边陲，为诸生时习见虏阑入，扰边曲折，而躬亲骑射，尝从士伍，登埤御敌。每慨然，有勒铭燕然之想。受职夏曹，益究镜九边形胜，诸夷强弱，战款机宜。与人谈夷情兵事，缕缕不置，或发指冠，或手画地，闻者推为真边材。”②

因兵部又称夏官、武部，兵部尚书又称夏卿，“受职夏曹”，指万世德任职于兵部司级官员。曹，古代为分科办事的官署，即部曹，部属各司的官吏。万世德为曹郎，即任兵部员外郎。“益究镜九边形胜”，究镜，指详察，品评。明代兵部职方司的职能是：掌理各省与边防之舆图（地图），武职官之叙功、核过、赏罚、抚恤及军旅之检阅、考验等事。万世德履行其职能，勘察九边形胜，亲自考察了明王朝从永乐元年以来，在北国东起鸭绿江西至嘉峪关的万里长城上设立的九边重镇，即辽东、蓟州、宣府、大同、太原、榆林、宁夏、固原、甘肃镇。

①据《偏关志·万公传》。

②据翰林院学士陈懿典《万公墓志铭》。

三、京官出行察边备

万历十二年(1584),万世德38岁,正是人生的黄金季节,他虽然年轻,但通过10年官场历练,经验丰富,日趋成熟。

这一年夏初,他随同下属的一位主事官员出京城,过宣府下花园、张家口、大同、平虏卫、乃河堡,其时已接近老营堡东20里之贾堡口,到老营后沿关河经小营、黄家营、八柳树堡、马站堡、韩家坪堡、窑头,在一个下午回到了偏关城平营街万府大院,还和以前一样与长辈、子侄嘘寒问暖后,回到房间研读兵书。

第三天一早,万世德同随行的兵部主事官,以及驻守偏关的岢岚兵备道员官、翌年升为巡抚的许守谦,驻守老营奇兵营副总兵、著名战将麻贵侄子麻承恩,分守偏关西路参将郑尚金、老营移驻马站堡游击张承业,偏头关守御千户所指挥孟养浩,一行七人来到偏头关城的南门外,考察关城的地理形势。他们考察半天,却找不到关口在哪里?万世德说:"明正德十三年(1518)农历九月二十四日,武宗到此察看地形,也没有发现偏关关口在哪里。因关城建于河谷,地形低凹,四面环山,孤城一座,既无险,也无关,故看不到关。"接着他又说:"偏关不像雁门关那样设在'一夫当关,万夫莫开'的险要位置上。偏关是一座关城,是统一部署所辖数百里长城各处关口、隘口兵力之总指挥部。偏关不是关,可到处都是关。偏关不是指险要的关口防御,而是指'四边'或'六边'长城的战略大防御。”

岢岚兵备道许守谦乘兴道:“那咱们就一起去考察一下偏关的六边长城与重点关隘吧! ”

万世德一行纵马来到偏关城北200余里的今内蒙古清水河县境,他们发现一条呈东北至西南走向的大边。此边,东起今兴和县西阳河南岸头道边村东山脊上,西经丰镇、凉城、和林,至清水河境内西黄河畔下城湾600里,有敌台48座、烽火台103座,广宁、哨马堡2座。下城湾南沿黄河畔40余里接偏头关防卫地—老牛湾隘口。这条大边是明廷委托驻大同的山西行都指挥司于洪武二十九年(1396)修筑,实则为今清水河县中部接西黄河岸自临洮(岷县)东至准格尔旗十二连城的秦长城,往东至平鲁、右玉一线。明朝初期主要为偏关城北300里的东胜卫防御地,自永乐元年(1403)东胜卫内撤今河北卢龙,将偏头关推向防御第一线。

考察完大边,一行人又南行百余里,来到偏头关北部百余里的二边长城五眼井隘口。口北是丫角山,一眼望去,口南北长城数条,纵横交错,墩台林立。万世德介绍:“由于鞑靼、瓦剌族不断南下,严重威胁着明廷的安全,且偏关地形丘陵绵亘,沟壑纵横,山势复杂,很难守卫。因此朝廷不得不再次加强偏关之防务。成化二年(1466),山西都指挥使佥事、后升大同总兵官的王玺初驻宁武关,再筑偏头关长城,为二边长城。”

万世德一行又来到丫角山上,开始考察内外长城。他们发现丫角山主峰丫角墩为大同镇与太原镇两镇交界处,有四条边墙交汇:从界墩东北面方向行走的边为大同镇平虏卫将军会堡边;从界墩南面分布着三条长城:从西南方向向山下行走着一条边,从正南向山下行走着一条边,从东南向山下行走着一条边。这样,界墩南三条散开的边,形成等腰三角形,为太原镇又称山西镇边。后来考证,西边为成化二年(1466)所筑称“老二边”,中边为“新二边”是嘉靖二十三年(1544)所筑,东边为“内边”是中华内长城的西端终点,与“新二边”同年修筑。丫角墩为三角形角点,第一次呈现内外长城交汇处。这三条散开的边下到五眼井口沟,然后向南山柏杨岭爬上去……这样,丫角山成为大同镇与太原镇两镇交汇、四边相聚的形胜冲要地。

万世德他们从丫角山下到五眼井口,然后顺着正南方向的长城行七八里上到了柏杨岭山上,转身向北部方向的丫角山纵目远眺,通过目测发现:北面丫角山上来的老二边,到了与柏杨岭西部交界的野羊洼山约 10 里;丫角山长城从正南方向而上到柏杨岭他们站脚的这个地方约 8 里;丫角山长城从东南方向而来到柏杨岭东山岗的内边约 9 里。他们的站脚之处上到柏杨岭正中的新二边,向西延伸了 6 里与老二边交汇,向东延伸了 5 里与东山岗内边交汇,呈现“丁”字形状,形成“等腰三角形”的底边,亦为内、外长城在柏杨岭东头第二次交汇。他们站脚处的柏杨岭边,南三丈处建有小型的柏杨岭堡,其时万世德他们一行 7 人正在考察此堡,它与长城西部 15 里以外的好汉山隘口,均为驻偏关兵备道与老营副总兵之防卫地。

站在雄伟的柏杨岭主峰上,开襟而迎风,挺身则融天,望着连绵的大好河山和纵横交错的内外长城,万世德感慨地说:“大明万里长城,雄关漫漫,铁壁重重,隘口连连,步步为营,处处设防。我偏关境内,表里河山,营堡星罗,敌楼、望台、烽堠如颗颗明珠镶嵌在崇山峻岭,为边防重镇,三关首御。真是铜偏关,铁宁武,生铁铸成老营堡啊!”

他们继续沿着柏杨岭山向西行 110 里,经过野羊洼山、马头山、好汉山(今小圆峁山)、水泉堡兔儿洼口、红门口、驴皮窑口(今阳洼子口)、滑石涧口,到达老牛湾口黄河畔悬崖上的望河墩、又称“大阳墩”前。黄河从两岸崖壁夹缝中奔腾向南而来，经过老牛湾口，成为晋蒙交界的第一关口。向西望去，隔河为鄂尔多斯高原和毛乌素沙海，是瓦剌族虎视中原的驻地；再望北部隔砖包长城的地方是蒙古高原，风沙漫漫，丘陵绵亘，更远处是鞑靼族的驻地。这条二边的北下方，是一条随长城东西走向的杨家川沟。从丫角山墩西向到老牛湾望河墩之二边，为偏关北部长城，全长 120 里；关城正北 80 余里处为草垛山堡驴皮窑口边。

他们一行在老牛湾望河墩，沿黄河悬崖峭壁山险墙南折行 20 里到达边防将领万亿创建而守戍的黄河兵寨—万家寨。万世德登上万家寨顶层楼台，凭高远眺，望着滔滔南来的黄河，望着山上连接不断的烽火台，若有所思……他的祖父万亿曾经在这里日夜戍守，紧盯着河西的瓦剌族，防止他们进犯大明王朝。日久天长，因祖父与伯叔辈带兵戍守，因名“万家寨”。如今这里依然如旧，和其他营堡一样，为重要护卫地，大明官兵日夜监视着黄河西岸。此时，明代大同巡抚王纶的一首《巡边》诗在他耳畔响起：

山色参差小径斜，眼前无地不吹沙。
石堆营垒两三处，云锁柴门四五家。
花带春飞逐野鸟，柳含烟舞引昏鸦。
边城冷落貔貅帐，刁斗深沉夜不哗。

此诗生动地描述了万家寨一带的防边情况。为此，万氏家族世代戍守成为将门，万家寨亦成为明代黄河边之重要关塞。

万世德他们一行出万家寨口，沿黄河畔行 20 里到了下游关河口，亦为黄河边口。又沿黄河南行 7 里来到桦林堡西 5 里的黄河畔寺沟口——它与关河口均为桦林堡守戍之隘口。他们在寺沟口发现：十余里的砖包长城从上游的关河口蜿蜒而来,垂立挺拔,高耸河滨。砖包长城上建有数座密集的瞭望台,与长城内侧北、东部山脉巅上排列的烽火墩台相互映衬,更显得气势磅礴。这时万世德忽然想到前朝山西巡抚崔镛的一首诗,他兴致勃发地朗诵道:“黄河曲曲涛西下,紫塞隆隆障北环。”

万世德在考察边备的同时,观赏山川风物,凭吊先祖,深刻体验着故乡风情。

从寺沟口顺着黄河崖上的官路南下,行110里,万世德他们相继经过今河曲县境楼子营、罗圈堡、河保营(旧称灰沟营,今河曲县城)、唐家会堡、五花营、得马水堡、杨勉堡、石梯隘口,再沿黄河向南行60里到达保德州城,隔黄河与陕西镇相望。保德州,曾经是他四世祖万瑛守戍过的州城。

一路走来,万世德考察完与游牧民族相交的第一道防线—二边外长城,共计350里,为太原镇总兵、参将所辖。这条二边长城中的黄河边,有时专称“黄河长城”。二边长城,构成偏头关的北界与西界。每当“秋防雁门、冬防偏关”时,调集偏关、老营大批骑兵到沿黄河线的边堡,严防瓦剌族从结冰的河面上东侵中原。

偏关北界外长城,在老营堡北丫角山丫角墩接大同镇平虏卫将军会堡长城,然后沿东北方向经右玉、左云、大同、阳高、天镇镇口台界,全长647里;再到达张家口、宣化、怀安界,到今北京延庆县四海冶接八达岭居庸关长城,长1023里;加上明代偏头关守戍的350里外长城,共计2020里。外长城在明代为中原王朝与北方游牧民族接壤的国界线,为第一道防线。

万世德他们当时在柏杨岭山上就已经看到了内外长城的交汇处,其内边,从丫角山南向纵行近40里,经老营堡城东2里处,跨过关河到山上经南梁上、辛庄子、安儿沟、地椒峁、大庄窝、长林堡(今北场村)之南5里的南场村出境，全长80里。然后，折东接宁武关利民堡边，西南折至神池堡南石湖上村，宁武大水口、阳方口以南；复东折宁武之盘道梁直抵雁门关，沿东北到达平型关，曲折至紫荆关连接八达岭长城。按当时里程计算，总长2050里，为明王朝的第二道防线。

万世德他们一行返回偏关城后，又考察了偏关境内三关兵备副使张凤翃于正德年间主持修筑的三边、四边长城，共计210里。三边、四边，为守关境内御敌之自置长城。因有大边、二边、黄河边（从二边中分出）、内边、三边、四边，又称“六边”长城。明代长城在偏关境内共计610里。这样，加上北魏长城、北齐长城，偏关境内有长城1000余里，辖营堡多达39座，其军事设施居全国前列。

考察完毕，万世德惊叹家乡的军事地位和功能。偏关，城堡相望，营寨相接，形成一个强大的军事防御体系。偏关境内有石砌长城、砖包长城、土夯长城、崖壁长城四种类型，涵盖了关、隘、烽、堠、墩、台、营、寨、城、堡、望台、亭障、壕堑等多种设施。三里一台，五里一墩，二十里一堡，甚至在内外长城线上有密集的骑墙墩台与瞭望台。偏关，在宣德四年（1429）设总镇，成化元年（1465）由雁门兵备道于冬防时驻防，十一年又设偏头关守御千户所。嘉靖二十一年（1542）设岢岚兵备道驻防，同时总兵移防宁武关，改设分守参将；增设老营副总兵，下属游击、守备、千总、把总，量地防守。“宣、大以卫京师，偏头以蔽全晋”①，这里成为北国要塞，天下雄关，对中原王朝的安全，起到了不可估量的保障作用。

此次对偏关长城之考察，是万世德的又一次历练。万世德明白了长城的走向与防御设施，以及各营堡之兵力配备，通达了山川地理形胜，以及怎样占据有利地形，怎样在险要处设防，怎样布置敌楼防御，怎样

①据民国四年版《偏关志》。

组织快速传递军事讯息。又在岢岚兵备按察使、优秀的军事家许守谦的带领下，观摩了驻防部队的军事训练、乡兵组织，营堡之间的协同作战，以及征集兵员、后勤筹粮、上报朝廷的防区总结。凡此种种，万世德耳闻目睹，胸中丘壑更为清晰，如同受到亲身训练一般。这为他日后驰骋疆场，成为守防的兵备道员官、海防巡抚、朝鲜经略，成为政治家、军事家打下坚实的基础。万世德通过考察后，返朝上疏对偏关的设防建议，为朝廷所采纳。

万世德在兵部任职期间与礼部主事、海内著名文学家、浙江鄞县人屠隆，国子监监酒、后为礼部右侍郎的山西定襄人傅新德等朝廷大员结为挚友。正当他在朝中潜心研究军事的时候，却被外放陕西西宁战区任职。

第八章

两入湟中　平息叛乱

一、西陲的历史烟云

明朝的陕西省包括今陕西、甘肃、宁夏全境和青海的一部分，时西宁卫亦在陕西境内。青海，位于国内西部，处世界屋脊青藏高原的东北部，是黄河、长江、澜沧江三大江河以及怒江、雅鲁藏布江的发源地，其高耸的山脉，纵横的河流，湖泊与沼泽遍布。昆仑山横贯中部，唐古拉山雄峙于南，祁连山矗立于北，茫茫草原起伏绵延，柴达木盆地浩瀚无垠，有最大的内陆高原咸水湖—青海湖，故得名“青海”。青海地势是盆地、高山、河谷相间分布的高原。东部素有“天河锁钥”“玉塞咽喉”“金城屏障”“西域之冲”等别称。

青海，古又称西海、鲜水海、卑禾羌海，商、周、秦时属西羌地。西羌即西番，族种最多，自陕西历四川、云南西徼外皆是。又散居于黄河、湟水、洮河、岷江流域地区，在古代一直为中原王朝之患。汉赵充国、唐哥舒翰、宋王韶之所屯戍皆西番地。“历后汉、魏、晋皆诸羌所居。东晋后又为吐谷浑所据。唐龙朔三年(663)吐蕃灭吐谷浑，尽有其地。宋亦为吐蕃地。”[①]元封驸马章古为宁濮郡王镇西宁，于河州(今甘肃临夏市)设吐蕃宣慰司，以洮、岷、黎、雅诸州隶属之，统治诸番众。明初，青海东部实行土汉官参设制度，在青南、川西设有朵甘都指挥使司，在乌斯藏(古吐蕃

①据《清史稿·地理志·青海》。

地，今西藏）设都指挥司。“又设西安行都指挥使司于河州，兼辖二都司。”[①]在今青海黄南州、海南州一带设必里卫、答思麻万户府等机构。清初为卫藏即前藏地，后分设西宁办事大臣，又称青海办事大臣，为青海得名开始。

西宁，地处黄土高原，坐落于青海东北部的湟水谷地，海拔 2200 多米，与海拔 4500 米以上的青藏高原形成强烈反差。青藏湟水（西川）与南川、北川河两支流在此交汇，冲击形成的西宁盆地，处于黄河上游、湟水流域。西宁，素有“西海锁钥”“海藏咽喉”之称。它东接秦、陇，西通西域，南达蜀、藏，北护甘、凉，一直是古今战略要地，为历代王朝重点经营地区之一。

从商、周时期，西宁所处的这个河湟地区就成为古羌人聚居的中心地带。汉武帝元鼎六年（前 111），在湟中地置军事和邮传据点—西平亭、长宁亭。元狩二年（前 121），大将军霍去病率军西进湟水流域击败河西匈奴，重修军事据点西平亭，这是西宁建制之始。东汉建安年间（196—219）将西平亭改建为西平郡。三国时筑城扩建西平郡。西晋沿袭，属凉州。东晋十六国时期，鲜卑拓拔部在甘肃西、青海东建立地方割据政权南凉国，一度迁都西平郡。北魏改为鄯善镇，后为鄯州。隋炀帝大业三年（607）复为西平郡，辖湟水、化隆二县。唐代因“安史之乱”，西平郡陷吐蕃。宋初，由吐蕃王系后裔确斯罗在西平郡地建青唐城，周围 20 里，分东西二城。北宋收复其地后，于元符二年（1099）复建鄯州于青唐城，崇宁三年（1104）改为西宁州，隶陇西都护府，取“西陲安宁”之义，至此“西宁”之称始见于史。元太祖二十一年（1226），成吉思汗率蒙古军队南渡黄河攻占西宁州，并入元朝统治。洪武三年（1370），明朝开国名将

①据《明史·西域三》。

邓愈随徐达远征甘肃，击败北元军队，然后率军进入河湟地区。至此，原追随北元的旧势力人群纷纷降明。明廷于明洪武六年(1373)，改西宁州为西宁卫。顺治二年(1645)清军进入西宁，雍正三年(1725)改西宁卫为西宁府，辖西宁、碾伯二县及大通卫，后设西宁办事大臣以统辖之。民国二年(1913)废府设西宁道，十八年(1929)九月五日，青海正式建省，省会西宁县。1946年成立西宁市。

在两千多年历史进程中，西宁所在的湟水河流域主要有羌人、匈奴、月氏、汉族、氐族、鲜卑、吐谷浑、回纥、吐蕃、响厮啰、藏族、蒙古族、回族、撒拉族、土族等，民族杂居、纷争、融合、迁徙持续不断。青海处于西北边陲地，担负着防御游牧民族进犯的重任，大批内地汉族人通过从军戍边、移民屯垦，向西部地区不断迁徙，形成定居在湟水流域新的居民。汉民族人数的上升，使汉文化逐渐占据主导地位。西宁地区多种宗教共存与互容，藏传佛教和伊斯兰教历史悠久，史书记载青唐城内佛塔寺庙居多，信徒多且分布广。明朝洪武年间于西宁东关建立清真大寺。

洪武元年(1368)明朝建立，元顺帝弃大都北遁，其残部退居漠北，但强大的骑兵集团伺机南下，不断进犯中原地区，明朝受到严重威胁。明太祖朱元璋首先实行隋唐时的"府兵制度"，在国内重要的军事要冲府州县地区建立卫、所，以便防范。为了加强对西北地区的军事防御，更好地控制诸番作乱以及蒙古鞑靼等部的进犯，在"关陇屏藩"的青海河、湟，甘肃的洮、岷州一线地区，建立了诸卫、所。洪武三年(1370)，明军进入西宁地区；四年，西宁州同知李南哥归附明朝。洪武六年正月，正式改西宁州为西宁卫，下设千户所。又设置碾伯(今乐都)守御千户所，改元贵德州为归德守御千户所，在河州卫所辖今循化县一带设置积石州千户所。同时，明朝为了加强控制，在河湟地区实行土汉参治的治理政策，还在今青南广大游牧地区设置若干羁縻卫所。洪武四年以元必里万户府之地置必里千户所，于永乐元年（1403）升为必里卫；洪武六年，在今川青藏交界地区设朵甘卫，次年升为朵甘行都指挥使司；此外，在柴达木盆地撒里畏兀儿人居住地区设置安定、阿端、曲先、罕东四卫，史称“西宁塞外四卫”，后隶驻甘州的陕西行都指挥使司。宣德九年（1434）在今玉树州通天河流域设必里术江卫。这些羁縻卫所均由部落首领担任卫所官，部落内部准其因俗而治，辖左右前后中五个千户所。洪武十九年（1386），长兴侯耿秉文率领军士割原西宁州城之半，筑成方形城，建东、南、西、北四门楼。①

永乐元年（1403）设立甘肃镇，总兵驻甘州卫，西宁卫亦受其辖。西宁卫的疆域位置是：东南400里之大通河与河州（今甘肃临夏州）接界，东北600里至甘肃古浪城，西南1500里抵安定卫（在今甘肃阿克塞哈萨克族自治县南），西北600里接永昌卫（清改永昌县）境，东去西安陕西布政使司2300里，并有古之西平、乐都、西海、浇河之地，有15蕃部所居，为明朝附属。明张雨《边政考》解释：“昆仑、青海、黄河之间，西事底宁，故曰西宁。”

由于政事繁杂、战事频仍，从永乐元年设立甘肃镇以来，相继与卫所系统平行的，至后形成一整套镇戍系统的官职：有总兵、副总兵、参将、游击、守备、把总等，所统之兵称为“营兵”，后来成为地方驻军的主体。另有防守官系统，共驻防13处。弘治元年（1488）明廷又在军事要冲西宁卫城设“整饬西宁兵备道”，兼管凉州、庄浪、镇番、古浪等卫所。在政务上管理汉蒙藏事务与一切治国事宜，握有吏治和刑狱大权。在军事上监管整顿、守卫，有权调动卫所官军，遇有战事可直接参与指挥、作战。兵备道军政兼统，地位显要，受辖于正统年间以来设置的甘肃镇巡

①此段据网络资料载。

抚。明朝视西宁地区为“西夷重地、河西巨镇”,万历时又增设“西宁协守副总兵”驻防。这一系列军事机构,有效地抵御了东蒙古鞑靼部从西宁卫北川、南川、西川对西宁及其周边、青海、甘肃等地区的袭扰,维护了明朝西部边陲地区的安定。

元朝灭亡后,蒙古分为东西两部,东蒙古称鞑靼,游牧于漠南、漠北地区;西蒙古称瓦剌,游牧于漠西。从明正德初年(1506)以来,东蒙古鞑靼部酋长达延汗为孛儿只斤氏、成吉思汗黄金家族十五世孙、瓦剌也先绰罗斯家族后裔。他展开了统一鞑靼各部的活动,明史称他为“小王子”。当时,驻牧于河套蒙古的领主—东蒙古右翼三万户永谢布亦不剌和鄂尔多斯首领阿尔秃斯联合起来,在反抗达延汗的兼并战争中遭到惨败。然后,率部从河套地区转向西南,在甘州(张掖)、凉州(今武威)边外驻牧一段时间后,进入青海。随后,右翼各部亦纷纷迁入青海。正德四年(1509)小王子亦率领部属经河套地区进入河西,翻过祁连山,到达青海湖环湖地区,在明朝被称作“西海”地区。东蒙古各部按侵入河湟地区的先后时间,以武力驱逐居住在青海湖周围及黄河北岸地区的藏族等各部落,袭击破坏明初设置的安定、曲先、罕东、阿端四卫,开始对西宁地区造成严重的威胁。从此,今青海东部地区为东蒙古诸部与瓦剌部统治区域,被称作“西海蒙古”,直呼其为“海部”“海寇”“海虏”。西海地区水草肥美,为漠南蒙古族南下之目标,诸部扰番掠边,争夺地盘,青海地区开始战事频繁,亦因驻牧的各番族势力分散容易被各个击破而导致其肆无忌惮。

从明嘉靖十一年(1532)开始,以东蒙古小王子达延汗两孙吉囊、俺答汗为首,连年用兵,西征青海,讨伐不臣服顺从他们的亦卜剌、阿尔秃斯、卜儿孩、大同部。十二年(1533),吉囊率数万蒙古铁骑西入青海,击败居牧于青海湖一带的亦卜剌部。至二十一年,进攻无数次,击败达延汗同母异父之弟—卜儿孩部。其后，东蒙古整克部和大同部向他们俯首称臣。

嘉靖三十八年(1559)，俺答汗(阿勒坦汗)是明代继达延汗以后蒙古土默特部又一首领，“羡青海富饶，携子宾兔、丙兔等数万众，袭据其地。卜儿孩窜走，遂纵掠诸藩，已引去。留宾兔据松山，丙兔据青海。”[①]俺答带领数万兵马，从河套南下西进，经阿拉善、景泰、古浪、天祝松山、永登袭据青海。一年后俺答东返，留其子丙兔驻牧青海，留其弟着力兔、宰僧，侄子宾兔、儿子阿赤兔占据大小松山(今甘肃永登县东北部及天祝县乌鞘岭一带)与上述西进经过的地方。宾兔亦以松山水草丰茂、延袤千里、宜农宜牧、肥田沃壤为由，召唤其亲朋及旧部属从河套平原迁往松山，并侵占甘肃河西走廊部分地区。俺答汗后于隆庆四年(1570)被封为“顺义王”，与明朝在宁夏、陕西等地建立了互市。明万历七年(1579)征西蒙古回师时又经甘肃进入青海，在仰华寺与蒙古王公及黄教首领锁南嘉错会晤，建立政教合一政权。万历八年东返，万历十年病故。

至此，“时为陕西患者，有三大寇：一河套，一松山，一青海。”[②]为占据今内蒙古河套地区，明陕西境内今青海、甘肃地区之“三大寇”。“套寇”居东，地处今内蒙古河套地区，为右翼济农领地；“松寇”居中，位在甘肃大小松山，为联结河套、青海之中间地带；“海寇”居西，环处青海湖周围，为西迁蒙古之驻牧地区。丙兔部占据青海湖地区，以此扩大与巩固战果，臣服俺答汗的东蒙古整克和大同两支部落亦相继进入青海，游牧于青海湖环海和黄河南北地区，使之成为“西海蒙古”最强盛势力。

①据《明史》卷三十三。

②据《明史》卷三百三十《西番诸卫》。

“于是，鞑靼势力从河套到松山、青海连成一线，开大小市于宁夏卫、中卫和庄浪、凉州，日寻干戈，骚扰百姓，盘踞30余年。”[①]整个东蒙古势力掠地扰民不断，使得山河破碎，生灵涂炭。

丙兔占据青海湖地区过20年后，又于万历七年(1579)转移到了黄河南岸的莽拉川，即今青海贵南县茫拉河一带。丙兔死后，其子真相继领所部。

万历八年(1580)，在明朝的政治、军事压力之下，顺义王俺答汗与三娘子东返后，留在青海的蒙古游牧部落达到了29个。

另外，袭扰西宁卫南川地区的俺答汗侄儿永邵卜部，是明万历五年(1577)随俺答汗迎佛时进入青海的。万历七年，永邵卜部随俺答汗西征西蒙古瓦剌部，回师时留在环湖地区。俺答汗东返、丙兔部南移后，该部负海称雄一时，与居牧松山的宾兔经常联兵，侵扰西宁卫的沙塘川、燕麦川等地。

到万历中期，驻牧于西海地区的蒙古部落达10万之众，成为东蒙古势力在青海发展的高峰时期，也是背信弃义与明王朝发生冲突最为激烈之时。此时，东蒙古已不满足在青海湖周围和西海东部地区驻牧，逐渐向黄河以南富饶的河曲地带一宁夏、甘肃一带侵占、掠夺、开发。万历十二年(1584)俺答孙真相移驻莽剌川(今贵德以南地区)，和游牧于青海湖周围的蒙古永邵卜、火落赤等部联手，与明王朝分庭抗礼，开始屡生事端，武力冲击边关。

最初是驻大小松山的河套蒙古首发其难。万历十年(1582)春，土默特部首领俺答汗病逝，明朝廷封其子黄台吉为“顺义王”，但承位不到三年就病故。万历十一年(1583)十月，着力兔纠合永邵卜部从沙塘川进攻

①据《明史》卷三十三。

西宁。十四年春，套夷庄秃赖进犯西宁。十五年，松夷庄秃赖接连入掠燕麦川番部，再犯北川。接着，十六年、十七年又发生了一系列战事。十八年六月至九月，火落赤又纠合真相等部攻入洮州，明朝抵御，明军3000人覆没，史称“河洮事件”。至后于万历二十三年“湟中三捷”，青海基本平定。

总体看，明王朝与西海蒙古的战争分四个时段：其一，从正德四年(1509)开始，东蒙古入侵青海后，就有了“海寇之患”，诸部扰番掠边，争夺地盘，青海地区从此战事频繁。西海蒙古为了扩展领地，将战争延伸至甘肃甘州(张掖)、凉州(武威)地区。从嘉靖十一年(1532)至隆庆五年(1571)止，明军与其作战有十多次。因朝中主战派占上风，虽极力主剿，但收效甚微。其二，从隆庆五年俺答封贡到万历十年(1582)俺答去世，此时期张居正主持朝政，顺应历史潮流，与封疆大吏王崇古、方逢时力促通贡成功，战争缓和，明朝始有喘息备战的机会。其三，从万历十年俺答病故到十八年(1590)“河洮事件”，使明蒙关系再次陷入高度紧张的战争阶段。其四，从万历十八年郑洛、万世德经略西海，至万历二十三年(1595)“湟中三捷”，平定西海，东蒙古部失势。

历代中原王朝在治理边疆、反对分裂、统一民族之中，非常重视西宁与整个青海地区的发展和稳定。其民族分裂、融合，再分裂、再融合的历史，见证了中华民族统一的全过程。

二、出任西宁兵备道

屠隆在《万公传》中载:"会同舍郎有忌公者,挤于当路。出为陕西按察司佥事,备兵西宁。"树大往往招风,万世德在兵部由职方司主事升为员外郎,其优秀的军事才能迅速显露,被同僚嫉恨。他们在当权者面前用流言诋毁并排斥万世德。其时正好遇有国内西部叛乱战事,万世德被排挤出任外官,于万历十四年(1586)正月二十日,40岁时出任陕西按察司佥事(正五品)兼西宁兵备道。虽系排挤外放,但历史给了万世德充分发挥军事才能的一次机遇,他经历了上节所述的明朝西部最后两个时段的战争。

西宁兵备道,主要担负青海湟中一带军事任务。明洪武年间,陕西承宣布政使司设分守西宁道,分守道台一般由长官布政使司副职官参政出任,在凉州(武威)卫治南;陕西提刑按察使司设分巡西宁道,分巡道台一般由按察使司副职官副使出任,在陕西行都司治甘州卫(张掖)南。分守道与分巡道在明代为省内划定的分片管理的地区。道,一般是低于省高于府的建制。弘治二年(1489),随着"西宁兵备道"的成立,即由分巡道台兼任兵备道台。衙门改在西宁城东中街北(今大新街),因负有整饬西宁地区兵备、兵事之责,其衙门亦称为"西宁兵备宪司"。

明朝自开国以来,由于北方游牧民族与东南沿海一带的倭寇不断侵扰,使得地方频遭祸乱,为了有效抵御外侮,初期在军事上设置卫、所,后来又设立北方九大边镇总兵与海防总兵。再后出现新的体系,即朝廷文大臣主管各边镇与海防军事的巡抚、总督制，同时在地方上主管一省布、按、都三司的工作。但督、抚监控辖区过于广泛，通常面对的是一个或几个军镇、一省或数省的整体范围，具体到局部地区的一系列事务，还需要一位精干的文臣来领导与整治。为弥补督抚治理之间的落差，从成化元年（1465）开始，于各省军事要地设置治理、整顿军事与备防的兵备道，全称“整饬兵备道”，在沿海地区设置的称“海防道”。这样，专设的兵备道与恰好在一省按察司分巡道内有军事要地的区域，正好统一由副省级官员省按察司副使充任，有时也由少数具有管理和军事能力突出的按察司佥事充任，简称兵备道。长官称兵备副使、兵备佥事，代称兵宪。亦有少数按察使、参政、布政使兼任的，称兵备使、兵备参政、兵备布政使。兵备道集军事、巡察权力与一体，与统辖一大边镇、海防等地巡抚以及统辖几省、几个军镇的总督，同为文官领军的开始，但受辖于巡抚、总督。兵备道最初主要负责军镇或边镇防区内镇守总兵的公文及军队编制等，协助总兵筹集粮草，征兵请饷，训练兵员，整顿边备，战后以公文向朝廷（后向巡抚）汇报战况，总结经验教训。还管理分巡道区司法、粮秣、财税征收等民事工作。从嘉靖年间以来由于“北虏”入侵，战事突发频繁，在一个大军镇的防区内设三四道兵备道，每道又分管监理一至二路参将防区。兵备道主要是一个军事监管机构，其官员既可以监管区内的军事行动，也可以直接参与军事行动。文职的兵备道，初始相当于现在大军区政委，后来道的增加相当副政委兼管某个片区军事与地方行政工作的领导。

其时，在青海一带戍边的明朝廷文臣大员有：总督榆林（亦称陕西镇）、甘肃、宁夏三镇兵部尚书山西长治人郜光先，巡抚甘肃右佥都御史直隶三河人曹子登，陕西按察使山东益都人邢玠，陕西按察司佥事兼西宁兵备道山西偏关人万世德，总兵官刘承嗣。

万世德在隆庆五年(1571)与山东聊城县王汝训、益都县(今青州)人邢玠等同年中进士,分别在各地首任知县。万公历任南阳、元城知县,期间因父亲万岩、母亲陈氏先后亡故,返乡偏关两次丁忧六年,中断任期,影响了仕途升迁,其职位落在了同年王汝训、邢玠之后。其时王汝训已经是京官从三品的太仆寺卿,邢玠是外官正三品的陕西按察使,万世德为其下级的按察司佥事。直至万历二十九年(1601)职务才赶上邢玠,接任其蓟辽总督一职,但封赠之荣誉级别仍低于邢玠。

万世德初次奉命到达青海,本欲有所作为,然而,等待他的却是更为严峻的考验。

三、初战湟中建勋绩

万历十四年(1586)二月,万世德受命西宁兵备道。他晓行夜宿,顶着西部地区寒冷的空气,一路风尘,进至陕西西宁,带兵参加了平息占据青海东蒙古部族的叛乱。如前所述,西宁是古湟中地,处于黄河与湟水相交的广大地区之要害地,东部属于黄土高原的边缘地带,西部、南部与青藏高原相连,为西藏和中亚之通道口,与内地交通更为便利。明时,湟中地区汉族、回族大量移居境内,逐步形成了以汉族为主,藏、回、蒙等多民族共居的地区。

明万历初、中期,驻青海、甘肃之东蒙古俺答汗虽然于隆庆五年(1571)接受明王朝的"招抚",被封为"顺义王",但仍然贪得无厌,借与明王朝互市和好的机会，对青海水草茂盛、游牧广阔、易于拓疆的肥沃富饶之地垂涎三尺。于是，败盟坏约，停止贡市，恩将仇报，屡次进犯明朝西部地区。尽管嘉靖年间明朝驻防的文武大臣在西宁与湟中地区修建了长城等一系列军事设施，但还是挡不住东蒙古俺答汗部强大的骑兵队伍的猖狂进攻，战事频繁地发生在河湟地区与甘州、凉州等地。

最初进犯湟中地区的是驻甘肃大、小松山的河套蒙古部落。万历十一年(1583)十月，着力兔纠合永邵卜部8000余骑从沙塘川侵入，杀伤番族男妇1000多名，抢走数百马驼牛羊。

据《西宁府新志》载，万历十四年(1586)春，驻松山河套蒙古的庄秃赖部，“入掠碾伯等处诸番部”。又据《偏关志》载：“公未下车，火酋入犯，大肆杀掠。公至，而枕戈蓐食，计必灭虏，缮葺城堡，训练卒武。”

文中的“火酋入犯”实为“松夷入犯”，万世德还在上任的路途将要到达西宁的时候，就发觉天空乌云笼罩，墩台狼烟四起，鼓角争鸣的声浪不停地在他的耳际响起，眼前一派战争的烟云浓雾。他将要面对的是什么战况呢?其时，据守在今甘肃永登县东北部与天祝县乌鞘岭松山一带的“松夷”“松虏”，即东蒙古土默特俺答汗侄宾兔部一支庄秃赖率领骑兵，大肆入掠西宁及碾伯(在海东市乐都区)等地，烧杀掳掠，无恶不作。

万公赴任西宁未迈入兵备道衙门，就在碾伯地区投入到抗击松夷庄秃赖部进犯的紧张战斗之中。他由之前的文官身份一下子变为驰骋疆场的武将军，带着兵士一次又一次上战场冲杀在前，在激烈的战斗当中毫无惧色，像久经沙场的老将一样，沉着稳健，勇武异常。战事结束，白天他坐在草地上吃饭，夜晚枕着兵器睡觉，倾心思谋灭虏之策，决计要彻底消灭侵略者，于是积极备战，葺修城堡，训练士卒。

万历初期，东蒙古鞑靼丙兔、火落赤、永邵卜部占据青海湖东部草原一带，势力逐渐强大，南向莽剌川、捏工川扩张，对岷、洮二州构成威胁,北向占据大通河两岸,向凉州、永昌卫境扩张,使得西海地区战火连绵,无安宁之日。万历十五年(1587)六月,火落赤纠集红帽儿等从思打坝峡入掠湟中境,抢走马骡牛羊4000余。九月,松夷庄秃赖部从沙塘川出塞,入掠燕麦川番部,后犯北川[①]。

燕麦川在今西宁西北90里的互助县境内。其时,居住在燕麦川一带的藏族部落有巴哇族,该族是明初招抚的西宁卫十四族蕃族之一,于洪武十三年(1380)归附明朝,原居牧北塞外,与巴沙族相邻。"巴哇族,郡城北五十里……住居七塔尔脑,共九十八户。"[②]正德十一年(1516),总兵徐谦袭击巴哇族,而巴哇族势弱,归附明朝。后流处燕麦川、沙塘川、哈喇只沟等处居庐室,岁输贡马30多匹,至清代乾隆时弃牧从农。归顺明朝的燕麦川巴哇族,不断遭到松夷部的窃掠。"时西陲多事,羌戎交结,为边氓害。是年,松夷入掠燕麦川番部,再犯北川,世德皆御走之。"[③]

方闻警之时,本道与孟参将星驰百里,期一大创,使虏知我用威,消其复逞,竟乘夜潜归,未遂夙愿。但本道先时传谕诸藩,各以斩获自效。一鼓而发,杀其骁骑六人,其锋镝所击,闻尚数倍,虽未犬逞中国,挞伐之威,业已夺其骄虏猖狂之魄。顾犬羊未饱其欲,又折其锋,报复之心必不能忘情于我也。湟中,西陲之塞,暮夜即戎,不胜奔命,一切应援诸饷似不可不破格一处也。[④]

文官出身的万世德,面对松夷庄秃赖的进犯,毫不畏惧,亲自披坚执锐,率领将士上阵御敌,将敌寇打得落荒而逃,获得大量战利品。

---

①②③据清《西宁府新志》。

④据石家庄市图书馆李锡凤《海内孤本〈湟中牍〉及万世德刻书》。

农历十月,“松夷再犯北川”,庄秃赖部失败后,卷土重来,印证了万世德“报复之心必不能忘”的判断。首领宾兔亲率其众,再犯西宁北70里的北川流域一带。北川为今大通县境内的一条主要河流,属黄河二级支流,南流西宁汇入湟水,两岸居住着各族人民。万世德接到消息后,再次率部奔袭抵御。此时的青藏高原,已经是冷冻异常,滴水成冰了!宾兔率领大队骑兵进犯至西宁北部的燕麦川巴哇族番部时,抓来大量巴哇族民众,挖土方,筑起一座简易土城,夜晚在土墙上浇上水冻成冰墙,然后在冰城里边搭帐篷分组成为各自的兵营,又在四面八方派兵守卫,此冰城为他们的进退据点。

一日凌晨,驻西宁的分守参将鲁光祖带领前卫部队发起总攻。明军还未接近冰城墙边,就遭到宾兔部狼牙箭、礌石的迎头痛击,伤亡较重,攻击失败。此时,鲁参将情绪低落。接近黄昏,万世德带领的明军后续部队赶到。他顾不得鞍马劳顿,一下马就对鲁参将说:“兵法云‘知己知彼,百战不殆’,这一带虽为川地平原,但地形艰险复杂,又有大山凸起,需要侦察清楚,寻找出敌方的薄弱点,再攻冰城也不迟。”鲁参将应允。

于是,万世德带几名兵卒趁夜幕前去侦察。他们化装成鞑兵的模样,环冰城周围侦察其布防,在每一个要路口都作了标记。最后在冰城背靠山岭的险要处,找到一个防守稀疏的突破口。

一天深夜,万世德带领一支精悍部队,从山岭上那个险要地带突过去。首先暗摸了岗哨,向冰城中冲进去,顿时,城内火光四起,喊声震天,鞑兵从睡梦中惊醒,乱成一团。万世德让一队人马向城门方向杀过去,迅速打开城门,引进了鲁参将和守候在城门外的伏兵。明军人人奋勇当先,杀向鞑兵,万世德纵马闯入敌阵,大刀飞舞,向鞑兵头上砍去。另一支明军将领游击孟孝臣看到火光,听到呼喊声,也趁机火速杀了过来,鞑兵吓得慌不择路,纷纷投降。占据燕麦川的鞑兵残部在宾兔的带领下狼狈逃窜。

十一月，贼心不死的宾兔在驻牧地松山经过一个月的休整，发誓要复燕麦川被明军击败之仇，率领大军浩浩荡荡向西宁北部的北川又一次袭击而来……

万世德接到烽火警报，于是，他从西宁卫兼程赶路，带兵征讨，一路在行进北川的时候斩关夺隘，杀向鞑兵驻守境地。明军猛打猛冲，杀得鞑兵哭爹喊娘，狼狈不堪。万世德率领将士占领北川后，组织部队一鼓作气地追击，鞑兵在仓皇奔逃中有的溜冰窟，有的坠了山崖，有的当了俘虏，只有少数人逃回保住了性命。万世德智勇兼备，胆识过人，武艺高强，所向披靡，几次与松夷宾兔部交锋，都取得了胜利，威名振动青海高原，鞑兵闻风丧胆。接着他又挥师向西，驰援兄弟部队，配合友军赶走鞑兵。“贼寻入寇，公躬擐甲先登，五战皆捷，斩获甚多，虏大创，去。”[①]

松山大虏再犯湟中，盖意在诸番方未入境时，本道已令周时相订盟，不扰汉地。但骄虏狼贪，敢必驯顺。又湟中疮痍之后，士卒惶惧，本道誓心天地，矢竭孤忠，亲临行阵，务因势张弛，不失中国制御之体。脱虏不逞，则以裹革之志为诸君先，不令丑虏以前失而骄我也。除本道亲领庄浪兵马，与张游击、祁守备分道抚堵。谨此，先为禀报。[②]

这是万世德上呈甘肃巡抚的报告。本道，即指兵备道佥事万世德。他在青海高原上抵御“松夷”，披甲戴盔，身先士卒，五战皆捷。他到青海之前在三任县令上治理的地方“弊绝风清”，升入朝廷兵部为文臣，竟然一下子带兵上战场耀马挥刀，冲锋陷阵，并以谋略出奇制胜，为儒将勇将，而且是每战必胜，建立勋绩，真是令人不可思议！

---

①据民国四年版《偏关志·万公传·屠隆》。

②据石家庄市图书馆李锡凤《海内孤本〈湟中牍〉及万世德刻书》。

四、西宁失事被罢官

翰林学士陈懿典在《万公墓志铭》中写道：

此古湟中地，汉通西域，以断匈奴右臂，故置酒泉、张掖四郡。我朝设茶马司于甘肃，分安定四卫以辖诸番，收番制虏，其意与汉同。西海向无虏帐目，俺酋款贡后以迎佛造寺为名，移置逆虏有八枝之号。海虏、套虏往往相表里以困番，番或盗虏马，虏又以中国法持之，要其罚服。如是，则虏日横，番日弱，而折与虏。非创虏无以保番，非收番无以抗虏。因著《西事画余》一篇，上之督府郜司马。郜心不欲与虏为难，苟幸无事。而公意奋，甚思一当单于，秣马擐甲，以伺套虏抢番。[①]

万世德在戎马倥偬的紧张时期，根据西宁的战略地位与形势，著《西事画余》一篇，即关于“平息西部叛乱”战事的参赞议论、感想。万公虽为参战的兵备道员官，但又以“赞画”的身份写出此篇议论与建议文章。“赞画”，好比现代参谋一类。万公的主要思想是，集中优势兵力给予松夷部沉重打击，一战到底，以绝后患。故呈请榆甘宁镇总督、兵部尚书郜光先审阅定夺。郜披阅了万公的上言，为万公高深的战略思想、远见

①据明翰林院编修陈懿典撰《右都御史兼兵部右侍郎震泽万公墓志铭》。

卓识,感到震惊,不由地自语:“真是一位军事天才！”但内心又产生妒意。虽然深知万世德所言有一定的道理,但郜光先在强虏面前恐惧、怯懦,不敢与虏为战,一味妥协退让,以苟求无事,不采纳万世德的主张,也不为万世德“五战皆捷”上功请赏。

郜的所谓“和平”,并未赢得边境的安宁。“万历十六年(1588)……丙兔子真相移驻莽剌川,火落赤移驻捏工川(循化县南部和黄南州一带),逼近西宁,日蚕食番族。番不能支,则折而为寇用。扯力克又西行助之,势益炽。”[①]真相,为俺答汗的孙子,丙兔死后他移居莽拉川,即今青海贵南县茫拉(莽剌)河一带,也经常骚扰明廷边境地区,大兵逼近西宁。其火落赤部亦渡河而南,占据捏工川,给明朝造成威胁。

据屠隆《万公传》载,驻西宁协守副总兵李魁,本一庸碌狂妄之徒,他嫉妒贤能,认为打败海虏功劳出自文臣是武将的耻辱,所以乘着酒醉带兵去断海虏的归路,结果强图躁进,有勇无谋,被虏伏击身亡,明军亦大败。又据翰林学士陈懿典载:“而李副将自负材武,闻帐下夸公剿虏功,遂裹甲间道邀虏,蕲以善战自见,不为公所笑,不以闻于公。迨公闻,而帅众为后应,李已中虏伏坠崖死。”

上述史记,即万历十六年在青海发生的战事。“九月,海寇瓦剌他卜囊入掠南川番部,副总兵李魁等御于王狗尔峡,死之,覆其军。”[②]中军阿承印等也战死。即俺答的侄子永邵卜大成台吉部首领把尔户,其部属将领瓦剌他卜囊率五千余骑,由南川进攻西宁,诱杀副总兵李魁。李魁中计坠崖而死于王沟尔峡,明军千总、把总、指挥八员等领兵官四十余员阵亡,全军覆没,掠去官民牲畜数以千计,此战损失惨重。万世德得知此

①据《明史·西域二·西番诸卫》。

②据清《西宁府新志》。

事，跃马率兵去救援，当他赶到时李魁已经身亡。

此后青海一带的明蒙冲突渐起，俺答汗的外孙火落赤所部自从进入捏工川一带，烧杀劫掠，惹得民怨沸腾。翰林学士陈懿典记曰：

而公意奋，甚思一当单于，秣马擐甲，以伺套虏抢番。公亲率锐士逐之，所向皆捷，斩卤甚众，而督府抑其功不叙。后副将李魁来守湟中，海虏瓦剌入掠熟番，公驰檄谕令速出境，业听去……李已中虏伏坠崖死。督、抚以庸将失律闻(咎公)，而公仍戴罪治事。

本来，万公有谋有勇，虽率兵给李魁部解围，但上司陕甘宁镇总督与甘肃镇巡抚压制不给报功，反而怨万公预先不早制止。西宁副总兵李魁全军覆没失事，上奏朝廷，内阁枢臣申时行、王锡爵、许国、王家屏震惊。为此，兵科都给事中张希皋劾总督部光先、巡抚曹子登、总兵刘承嗣、佥事万世德等，宜分别治罪，由兵部覆议。屠隆《万公传》载曰：

中丞曹公子登，劾庸将失律，咎公不早禁止。有诏，戴罪立功。而公日夜治兵，为破贼计益急。虏惮公威名，时时侦公罢镇，以图得志。督府部公光先，暗于机宜，追论往事，罢公以谢虏。

中丞，即巡抚曹子登，他弹劾万世德，认为庸将李魁失误，是他管理不严、不早禁止的责任。皇帝下诏书，命万世德戴罪立功。不久，万世德日夜练兵，寻找破虏良策，决心雪洗耻辱，与虏决一死战。他摸准敌情，率部长途奔袭，对海寇瓦剌他卜囊驻牧地四面合围，将虏寇重创全歼，并且俘获一酋首，使得他卜囊部元气大伤。

万公足智多谋，能征善战，如前所述“五战皆捷”，此次再胜，本应予以表彰，而胆小如鼠、讳怯怕战的总督郜光先并不支持鼓励，反而怪万公生事，十分不满，上奏章请求将万世德调回内地“以老其才”。兵部议复：罢官回籍，听勘降用。之前，兵科都给事中张希皋上奏章弹劾李魁失败追究责任人一事，于万历十六年(1588)冬有了结果：

十一月丁卯(十八日)，兵部复议西宁失事之罪：督臣郜光先夺俸三月，道臣万世德降俸二级，游击张一贵夺俸半年，千户彭大胤等提问。①

本来，朝廷处理万公是“降俸两级”，但比他官大三级的总督郜光先已上奏章，使得他在“降俸”之前已被罢官。关于平息西北叛乱，诸多史料载，明万历朝廷重臣、兵部右侍郎兼陕甘宁总督郜光先是一位庸臣，面对海寇瓦剌他卜囊部的猖狂进攻，一味妥协退让，结果失去战机，致使海虏有恃无恐，气焰嚣张。对万公的忠言良策以及战功，他置若罔闻，反而怨怪其“招惹是非”。正如翰林院学士陈懿典所述：

而督抚郜，专务弥虏自完，不欲行公策。会火落赤欲得瓦酋永邵卜封号，遣谍告公云：番汉兵出，当为向导。公思海虏惟火酋雄桀，我因此以虚名饵火酋，以全力创瓦酋。瓦酋挫，火酋亦慑，河西庶可安枕。遂决计出师，斩其一酋首，俘杀无算。瓦酋辟易奔窜，徙帐绝幕。而郜公恚公生事，乃以前事劾公，请调之内地，以老其才。部复公听勘，去。

官员中“不干事无事，一干事就有事”，如果此次万公唯命是从，有可能不会被罢官的。正由于出众超常，才受到各方嫉恨。屠隆在《万公

①据《明神宗实录》。

传》中称，是郜光先罢万世德官为“谢虏”“媚虏”，用以讨好青海蒙古部。意在像万世德这类的人不再惹你们，你们也不要再向明朝进犯。或者，郜光先处罚万世德，是在推卸“西宁失事”的责任。万公被总督郜光先罢官，临回籍时写作如下诗篇抒发感慨：

入塞曲五首①

序曰：戊子（万历十六年）秋，余治兵湟中，以保藩创夷。夷既遁，当事谓起衅，罢余。余言虏必凭陵，我实启之，为赋《入塞曲》以见意。

雪岭黄河不解春，征裘犹带旧风尘。
谁知戈戟年来事，赢得纶竿塞下身。

二月边头不见花，匆匆归骑拥清笳。
不知定远成何事？才到秦关即是家。

长风吹动大刀头，明月黄云满戍楼。
试看请缨关塞客，太平原不重封侯。

醉来马上看吴钩，曾识光芒射斗牛。
两行青山千树竹，不妨开径置糟丘。

几人长剑倚崆峒，忽漫生涯似转蓬。
莫忆龙城射霜鹘，又来马上听春鸿。

①据清《西宁府新志》。

做完此诗后，万世德心情沉重，惆怅不安。他整理行装，晓行夜宿，向东部几千里的家乡方向赶去……

万世德从隆庆五年（1571）步入仕途，至万历十六年（1588）返乡，历时 17 年，其中两次返乡守孝达六年，实际在官场的时间为 11 年，在朝廷做官仅仅四年多。其时，同年进士、陕西按察使邢玠已经升为一省之最高职务—陕西右布政使（从二品）了，相形之下万世德成为一介被罢官听侯处理的人了。“西宁失事”期间，邢玠因病回乡休养，未被牵连进此次事端。到后来邢公在仕途中一直是稳步上升，从未受到处分，即使是他在抗倭援朝的万历二十六年秋季组织的“四路围攻”失败被弹劾，也没有受到朝廷的处罚。巡抚曹子登，因前不久“甘肃军卒哗变”被论罪罢官。总督郜光先虽然被罚俸三月，但受到朝廷重臣内阁首辅申时行等人的保护，官职安稳。这次西宁战役，是万世德宦海生涯中一次重大挫折。

五、西陲再战得复官

万历十七年（1589）初，万世德奉旨回到了家乡偏关“听勘”，也就是等候朝廷派人调查清楚后，最后给予结论。“听勘”，是一个比较委婉的说法，有些人自此与官场绝缘，有些人因机遇得以重新启用。

万公走后，总督郜光先竟贿赂火酋火落赤谢过，而火酋反而以为明军软弱，是个打击的好机会。是年，“哈咂部番人犯三川，防守百户刘存仁追战，死之。九月，套夷卜失兔入瞿昙寺等处。”[①]也就是万历十七年，驻牧西宁附近的少数民族哈咂部番，大肆进攻西宁之燕麦川、北川、沙棠川三川，西宁卫下属百户刘存仁在追击中战死。九月，虏王扯力克长孙卜失兔与火落赤、满克素围攻瞿昙寺（位于乐都县城南四十余里处的马圈沟口）。

万历十八年（1590）“正月，昝咂部番入掠棠川，防守百户刘世臣追战，死之。五月，第三代顺义王扯力克送佛至西海，因掠河、洮二州。”[②]

自从万世德离开，西宁战事不断，日益不宁。

五月，扯力克向明朝廷申明，请求前往西海镇抚上述叛乱之贼，收服他们的附属部落，并护送三世达赖喇嘛的骨灰至青海。扯力克一到西海，其驻牧的火落赤便怂恿他兴兵动武，称霸河西、青海，并说道：“河西五郡虽近，然城完厚，尤足固守。若留一套王卜失兔等于海底，以为声援，而潜渡精甲，直捣洮河，破其临、巩，余皆不攻自下，五郡真吾东道主囊中物耳。”[③]

其实，扯力克早已经有称雄蒙古之意，并打算以其雄厚实力要挟明朝，得到更多的实惠。为此，他曾争夺过父亲的部落，又有依俗转房作他妻子的有权势威望、明廷倚重的三娘子。明朝监察御史孙棕曾上书说他：“控弦之士动以万数，又善用兵，习于计，他日联结东、西虏，大为边患者，必此酋矣。”扯力克的阴谋，被孙棕言中。

五月，就在扯力克再次发动战争的时候，朝廷对前期松夷瓦剌他卜囊进犯西宁事件，终于有了调查结论：

①③据《秦边纪略》。

②据清《西宁府新志》。

勘西宁阵亡失事功罪：游击张一贵革任回卫，佥事万世德降调，阵亡阿承印等各升职追赠。李魁原无祖职，荫一子冠带。总旗、把总彭大胤等，各拟罪发落。①

尽管部光先欲将万世德安排回内地至老不用，但朝廷在熟知内情后只给了万世德降职处分。

六月，西陲烽烟四起，战事频繁。驻西宁捏工川（今循化南部和黄南州一带）火落赤等部大举东犯，深入到洮州（今甘肃南部临潭）、河州（今甘肃西南部临夏）、渭源、临洮一带大肆掳掠，并纠合驻莽剌川真相等部率4000余骑，风卷残云般地进犯，烧杀抢掠完就跑。驻守大明官军，岂容他们横行，临洮副总兵李联芳义愤填膺，带领全部人马奋起追击，不料进入埋伏圈，力战之后3000人马全军覆没。然后火落赤部长驱河州，凶残地大掠兰州南大门临洮、渭源，甘肃镇总兵官刘承嗣、游击孟孝臣等率兵抵御却连遭败绩，官兵死伤近600人，损失战马千余匹，游击李芳战死于朱家山。这次海寇的劫掠方式比以往任何一次都凶猛，手段十分残忍。所到之处，不留一人一物，史称“河洮事件”。原来达延汗之孙扯力克继承“顺义王”爵位后，野心勃勃，表面上对明朝通好，暗地里除想征服整个蒙古外，还想吞并大明王朝的疆土，实现其蒙古帝国霸业的美梦。

骤风暴雨般的战事，整个河洮地区惊慌失措。总兵李承芳告急京都，朝廷闻之大惊，万历皇帝为此破例早朝，召集众位大臣研究对策。群臣纷纷议论，要求朝廷派出能臣，率领重兵，前往西部，肃清海寇。此时的万历皇帝，处变不惊，他知道祸乱的根源是被袭封的顺义王扯力克作祟，应采取妥善的方法征服此巨魁。多数廷臣认为，“河洮事件”使火落

①《明神宗实录·万历十六年十一月丁卯条》。

赤部也遭遇打击，火落赤的次子与女婿相继阵亡，是明朝歼灭西海蒙古的大好时机，应当与火落赤部决一雌雄。内阁首辅申时行，认为蒙古其他各部不愿放弃与明朝互市的利益，扯力克也不可能下全面战争的决心，建议派一名得力大臣前去联络调处。皇帝允准，命兵部尚书郑洛兼右佥都御史经略延绥、宁夏、甘肃边务，平息西部叛乱。

"公既抵家，火酋大举入寇，顺义王合虏四十余万众，驻河套以为声援。关陇骚动，部公病悸死。"①万世德回籍听勘考用一走，如前所述盘踞在西宁捏工川的火落赤部就认为是除掉了让他们屡遭失败的"克星"，于是兴高采烈地再次大举入侵甘肃洮州、河州一带地区。并且得到三娘子最新一任丈夫顺义王扯力克联合驻防河套地区40万大军的声援。俺答汗的外孙火落赤，早于万历七年（1587）就移居捏工川，屡犯甘州、凉州、洮州、岷州、西宁间。其时，那位把万世德罢官的总督部光先一筹莫展，心惊肉跳，急火攻心，心脏病突发而死。

八月，朝廷命兵部尚书郑洛兼右都御史经略西部榆林、甘肃、宁夏、固原镇，不久添加宣府、大同、山西，为七镇经略，即京城以西七大边镇的总督、巡抚、总兵属他领导，所有大事，全由他一肩挑。万世德之前在家听勘，朝廷经过调查核实，认为他征西有功而受到诬告。又因西北战事骤起，国家处于多事之秋，正是惜才、爱才、用才之际，故将这位曾经经历过西部叛乱、有丰富战略与战役经验、令海虏头疼的万世德官复原职，转而又提升为郑经略的高级军事幕僚。万世德重新回到了西宁前线。

郑洛（1530—1600），字禹秀，安肃（今河北徐水县）人。自幼博览好学，少事寡母，以孝著名。初为登州推官，转监察御史，升四川参议、山西参政，佐总督王崇古款俺答有功，晋浙江左布政使。万历二年升右佥都

①据民国四年版《偏关志·万公传》。

御史巡抚山西，后移大同，入为兵部右侍郎。七年，以左侍郎总督宣府、大同、山西军务，俺答率部骚扰边城，掠夺贡市。郑洛命沿偏关经老牛湾至雁门500里防线修屯堡，建敌台，敌军不敢妄犯，后俺答降服。郑洛戍边有功，十五年升“太子太保兵部尚书”仍兼宣大山总督；十七年三月回朝协理戎政。郑洛久历边事，熟知虏情，文武韬略，从基层小官做到朝廷重臣，为封疆大吏。

明神宗期望兵部尚书郑洛彻底治理青海“海寇之患”，但郑洛到达西部前线后，有两种不同意见。当时，陕甘宁三边总督、陕西泾阳人魏学曾，甘肃镇巡抚、广东惠州人叶梦熊等力主与蒙古各部彻底决战，但遭到七镇经略郑洛的强烈反对。郑公认为，如果硬碰硬地与扯力克大战，导致其动员东蒙古部全体纠集在一起，与明朝倾全力血战，那明朝肯定会投入巨大的血本，最后形成国力衰微的局面，所以他力主以和平化解战争。

这一时期的明廷首辅是申时行，他沉稳、练达而圆滑，主张对西海剿抚并用，倾向于温和地解决战争问题。他拟定了平定西海的总方针：“不可以一部之作歹，而废各部之羁縻，不可以一边之骚扰，而致九边之决裂。如其背约，则当致讨。如其输服，则不穷追。此今日制驭之大略也。”①

深知战争危害的郑洛，秉承上述方针，在万世德的参赞下，对待海虏采取了“分化瓦解”与“和战结合”的战略战术。

①据《明神宗实录》。

六、断假道分化瓦解

万历十八年九月初一，郑洛、万世德、梁云龙进入西宁。他们经过仔细访查，认为火落赤和真相盘据莽拉、捏工二川，实际上是朝廷中部分官员思想麻痹大意，觉得已经和东蒙古俺鞑“通货贸易”，关系缓和，于是将军事道路允许火落赤、真相部通行，“皆由甘肃地方借路深入”，结果铸成大错。《左传》中“晋灭虞虢”，记载了“假途伐虢”这个历史典故。东蒙古为了实现其吞并中原的野心，表面上与明朝建立互市，和平贸易，增进友好关系，暗地里却磨刀霍霍，做着大举进攻明王朝的准备。

甘肃镇有庄浪之镇羌堡、黑松之铁柜儿、凉州的泗水堡、永昌的水泉和宁远、甘州的峡口等，均属明朝与蒙古之间自由贸易的场所。自俺答通贡后，这些区域逐渐成为蒙古部自由出入的通道。一般来说，这里的人员进出是需要有较为严密的审核和控制的，由于他们的疏忽，为蒙古族入侵中原打开了方便之门。郑洛综合万世德、梁云龙的意见认为：“欲清两川，须先堵截流虏”。为阻止河套、松山蒙古势力继续入侵青海、西川等地，采取了“孤立西海蒙古”“断其假道”的措施。

十月，郑洛抵兰州，下达了禁止东蒙古“借道通行”的命令。为了保证军事顺利，从本月开始，规定“自北而来者，必力为堵截；自南而归者，须稍放宽一路。”即加强河西沿边防务，只许青海蒙古东返，不准继续南入青海。并规定驻青海、甘肃东蒙古部返回河套老家者，借路仅限于十月以后的当年。这就一下子切断了青海蒙古与河套草原的通道，如果死心塌地不踏上归途者，将予以严厉惩罚。

与此同时，明廷传谕住在河套卜失兔、庄秃赖、明爱、炒哭儿、切尽黄台吉遗孀等，不准他们西行甘肃、青海。然而，卜失兔已动身率众至凉州借道，将要在西北部发起战争，这自然会受到明军的干预。西宁兵备佥事兼经略赞画万世德与甘肃镇总兵官张臣奉命率兵拒之，颇有耐心的万世德，苦口婆心地做工作，劝其东返，没想到卜失兔，说死说活不从。双方相持月余，万世德断然采取军事行动。一次，卜失兔部中了他所设计的伏击圈，所率兵力几乎损失殆尽。跟随其后的庄秃赖得到消息，仓皇地退了回去。

随着郑洛、万世德、梁云龙等人的战略布局形成，对河西走廊、松潘、川蜀各关隘都加强了防备，将西海与松山、河套分割开来，西海成为一个孤立的小区域。此后朝廷发布命令，悬赏擒拿火落赤、真相和瓦剌他卜囊。同时，郑洛、万世德、梁云龙还大造声势，让所有人都知道明军将由河州、洮州、西宁三路出兵，对西海、西川进行剿抚。通过“封锁道路”“分割包围”，痛打了松夷、火落赤等部。明军一边以武力惩罚，一边给各路蒙古部落发告示，从即日起只许东返河套，不许西进甘肃、青海，如一意孤行跟明朝作对的，一律严惩不贷。

扯力克原本利用封官许愿的办法，纠合各部落跟自己一起反明，没承想明朝来了个“各个击破”“各个瓦解”，彻底粉碎了自己做帝王的美梦。原先受扯力克怂恿来青海的部落后悔不迭，给明朝赔礼认罪，络绎不绝地离开青海。这样，在明朝强大的政治瓦解与军事压力下，扯力克更是一筹莫展，眼看着曾经跟随自己的蒙古各部解体。

火落赤、真相两部慌不择路，“夜弃两川，踏冰渡河北遁”，逃回西海。他们的随从党羽老可卜列、宗塔儿等五百余人因黄河冰开，被隔在莽拉南山；卜失兔则“认罪受罚、进送马匹”，声言归顺朝廷。顺义王第三代扯力克口口声声“请乞归路，送还人口”，但徘徊观望，仍以各种理由拖延，企图待明朝大军撤归，他们仍可留驻西海。

七、以夷制夷抚藩部

郑洛经略深知招抚番族，对其进行分化管理的重要性，制定了“欲荡两川，须清西海，欲清西海，须鼓诸番”[①]的策略。万世德也逐渐认识到武力与怀柔共济的妙处。正因为如此，他们劝说顺义王扯力克(俺答汗之孙)、三娘子东返，要求永邵卜部首领把尔户不得介入，并招抚依附蒙古的番族，即青海藏族各部，给他们以茶叶、布匹等，关心他们的生活，说明利害关系，让他们效忠明王朝，摆脱火落赤等部的控制，才能过上安稳太平的日子。万历十九年，万世德奉命前往西宁与湟中一带招抚，稳定那些以前归顺明朝的族群。据屠隆《万公传》载：

公闻命，单车就道，驰至西宁。将吏、诸番夷见公，咸欢呼崩角，以手加额。公以诸番夷助虏，勒马劳之曰：“若曹虽名番夷，亦有人性，世受中国之恩，奈何为虏使？虏最不仁，胜则已收其利，败则以若曹为饵，利害较然。今使者(郑公)奉天子命，率七镇精锐，问罪火酋。若曹其亟改弦易

①据《郑经略奏疏一》。

辙，无遗后忧。顺义阳为声援，实暂利其水草耳，安肯弃数十年金钱、缯帛利，而为火酋出死力？直走咫尺之书，虏王旦暮归矣。虏王归，火酋一孤豚。”于是，夷众罗拜谢去。公悬倡议格，招来被虏劫去之并向未中马、生番、如刺小儿等一百二十五族部落，计五万八千二百四十余名。

万世德昼夜兼程地“单车上道，驰至西宁”，曾经和他打过交道的将吏以及诸番夷得知他又回到前线，皆欢呼跪地，并且把手放在额上，欢欣庆幸。他们对万世德的再次到来喜出望外。万世德首先采取了分化西北各番夷与火酋蒙古人联盟的策略，晓以利害关系，说明大明官军将要讨伐火酋，你们“世受中国之恩”，请赶快改变原来方针、办法，倾向明朝，诸番夷幡然悔悟，带着部属连夜踏上了归途。

万世德按照与郑经略研究好的“以和平招抚为主，以军事手段为辅”的方略，进军青海，和平安抚，在西宁道、庄浪道以发倡议书的方式，招抚跟随顺义王扯力克番族部125族、近6万民众回归家园，后来这些部族也参与到进攻火落赤部的战斗中。

招抚番族，在一定时间范围内保护了番族群众的利益，是明廷孤立蒙古和征剿西海蒙古的需要，同时也是明廷分而治之的民族政策的又一表现形式。这种分而治之的方式，往往达到以夷制夷的效果。后来，陕甘宁镇总督李汶、甘肃镇巡抚田乐，会同上奏道：“今海上之番，归我汉疆者十有六七，尚在多方招致，设计间隙，番即不来，虏必疑番，必我然相。番虏相间，而渔人之功可收。”①

在明朝时，边境将吏实行“以番啖虏”的作法，在这个过程中蒙藏民族关系不断加强，如红帽儿、姑古只等族，早在俺答时拒绝为党，“逃匿

①据《明神宗实录》。

不从”，而到火落赤为首时，即甘为其党。史载：“火酋父子，不满千骑，其桀骜枭雄惟恃剌卜番子(属当地红帽儿族)。”久之，“番虏交通，大防以溃”。不容否认，在明朝“以夷制夷”的过程中，但在非常时期还是收到较好的效果。

八、孤立打击顺义王

郑洛、万世德、梁云龙以招抚的策略，加速分化瓦解蒙古各部落。当时，朝中士大夫主张开战的人居多。郑经略持重远计，认为必须先劝说扯酋东还，而后可以制约火酋。也就是先不打“虏王”扯力克，理由是他为明王朝册封的顺义王，与其撕破脸打斗，以前明朝具有长远战略意义的“招抚”就会毁于一旦。而停止其贡市，就会毁掉宣大山等七镇贡市，形成“一镇之忧为七镇之忧”。

万世德则认为，惩治虏寇，不可以不战，也不可以轻易地去战。扯力克没有东归，不要随意去说要战，要用外力驱使扯力克部与火落赤部分离，并建议郑经略前去说服顺义王与三娘子。他说：“您当年任宣大山总督时，就与顺义王扯力克他们打交道，他们一向感佩您的威信，您劝说必然会有东归之意。然后我们可以讨伐作对的逆虏火酋，火酋遭创，大虏扯力克东归之意愈坚。”郑洛觉得万世德的建议很有道理，于是亲自写信给扯力克，劝其火速东归。“郑司马如公言，遣使传谕顺义夫妇，宣示国家恩威，剖析利害，虏酋敬诺，顾迁延不时发。”[1]

顺义王夫人三娘子过去在互市交易当中，与总督郑洛也打过交道，这时她还在西北等待观望，迟迟不肯返回归化城（今内蒙古呼和浩特）。郑经略劝说三娘子东归，以停其市赏、不予立三娘子新子不他失礼为王相威胁。三娘子权衡利弊，表示服从。同时，她亦劝说扯力克东归。在三娘子三番五次地劝说与敦促下，“虏王”扯力克权衡利弊后决定先返回河套。于是，他不得不“遣使认罪，归还所掠”，准备与三娘子一起从祁连山中段今甘肃民乐县扁都口移师东返。但平静了一段时间后，见明军没有督促，他们还是等待观望，迟迟不予动身，只是玩了一下东归的把戏。

郑洛、万世德以“兵不厌诈”的手法，继续以“停止互市，不准与明朝贸易”相威胁。还将给青海扯力克送物资的运输队拦截，对扯力克釜底抽薪。扯力克惶惶不可终日，但还是心里放不下肥沃的青海大草原。

诚如万世德分析，过去总督部光先怯懦怕战，火酋才日益嚣张跋扈，轻视大明王朝无人敢与其敌对。只有给他们于重创，边患才能消弭，扯力克才能迅速东归。万世德献计，对驻防青海、甘肃蒙古族部进行军事围剿。

郑洛觉得赞画万世德的建议与自己的主张甚相吻合，遂同意万世德带兵前去征剿。万世德率部从兰州驰入湟中，按照火酋的踪迹追去，收复的番族部落见万公来，皆罗拜马首，称：“公来，我辈岂复从虏。公慰谕之，番稽颡，效命先驱……”[2]万世德再次安抚青海西宁、湟中、贵德、贵南、循化一带的番族，他们表示愿为征伐蒙古部落出力。

①②据明翰林学士陈懿典《万公墓志铭》。

九、三战套虏传捷报

(一)首战镇羌堡

为了改变顺义王观望态度,敦促其迅速东返,必须打击经常进犯湟中的蒙古势力,造成其孤立状态。于是,万世德决定对西宁东部甘肃境内的松夷部展开讨伐。

明代陕西这个大省,在其区域内设置榆林镇(又称陕西镇,初称延绥镇)、固原镇、甘肃镇三大边镇,相当于今三个大军区。青海境内的西宁等卫归属于甘肃镇,总兵官驻甘州卫(今张掖),管辖长城东南起自今兰州黄河北岸,西北抵嘉峪关南祁连山,全长1600里,划分五路防守。其中一路庄浪路,初设卫,再设参将、兵备道,治所今永登县。管辖边墙东南起自沙井堡(今兰州市黄河北沙井驿)与固原镇安宁堡分界处,西北至镇羌堡庄浪河南岸(今天祝县金强驿)。庄浪卫东120里大、小松山以山岭险峻、苍松茂密、崇林蔽日而得名,"东扼黄河,北阻贺兰,西亘庄、凉,南缀兰、靖,延袤千余里。"①其东西南北均为战略要地,是河套蒙古部到青海的必经之路。松山四周,有众多的少数民族部落,也是一块富饶之地。驻牧在这里的"松虏""松夷",不时地向青海地区进犯。

在万历十八年(1590)十月初的一天,根据番族间谍密报,万世德与

①据明茅元仪《武备志》。

甘肃镇总兵张臣率领官兵出西宁卫，长途东奔，袭击四百里外的甘肃镇边、今天祝县庄浪河南岸镇羌堡边外驻牧的松夷阿赤兔部。

夜晚，庄浪河面薄雾腾腾，笼罩着周围的一切，在骑兵马蹄“踏踏”地穿行中，万世德竭尽眼力透过轻纱似的薄雾与朦胧的月光夜色，紧盯着松夷驻牧地忽明忽暗的灯光。随着前行的加快，慢慢地映照出了座座毡房的轮廓……大明官兵死死地盯住了“虏寇”驻牧地，将其团团包围。万世德一声令下，明军奋勇攻击，喊杀声、拼斗厮杀声响彻云霄。野草燃起熊熊大火，烈焰腾空，火光冲天，照得夜晚通明透亮。明军发出“嗖嗖”声响的铜铳声震耳欲聋。万世德一马当先，挥刀杀入敌阵，官兵见状也愈战愈勇。阿赤兔部对这突如其来的打击，不知所措，慌不择路地逃跑保命。受惊的战马、驮骡踏在鞑兵的尸体上团团转，牛羊也惊厥乱窜，山野深沟混乱不堪，松夷部死伤过半，溃不成军。穿着长袍的蒙古军离开死伤的战马，行动笨重不便，在万世德与张总兵乘胜追击中除少数逃跑外，大部分做了俘虏，阿赤兔顾不得辎重、伤兵，率残部慌不择路地走沟汊逃往松山总部。此役，史称“镇羌大战之捷”。

（二）二战莽剌川

甘肃镇分五路戍守，除上述庄浪路外，还有凉州路、甘州路、肃州路、大靖路。西宁道辖甘州路、庄浪路，管辖甘州、凉州、庄浪、镇番、古浪等卫所。

陕西按察司佥事兼经略赞画万世德与张臣总兵获得“镇羌大捷”后，稍事修整，于万历十八年十月下旬又率领一支三千人的精锐之师，昼夜兼程南向八百里以外的莽剌川进发，准备聚歼火落赤部落。

莽剌川，在今西宁市南470里的贵南县境内，又叫莽剌河，现称茫拉河，流淌青海腹地。藏族人称为玛曲的黄河沿着山谷由西向东拐出S

型的大弯，在第二个弯道上，汇入滚滚支流莽剌河，莽剌河由东向西横贯今西宁市南 470 里的贵南县南部。在莽剌河源头的茫多草原深处，搭建着一座座毡毛帐篷，即火落赤部军营。春夏时，茫多草原一望无际，绿色的牧草郁郁葱葱，茂密繁盛，是一处理想的天然牧区。难怪火酋部选择在这个水草肥美的地方落脚。

屠隆《万公传》载：

虏既绝侦探，稍稍畏缩，而顺义王犹顿众观望，不即东归。公计，自部公恇怯讳战，虏日轻我跳梁，不一重创之，边患未已。与诸将决计出师，一战于莽剌川，再战于水泉口，皆大胜。

万世德与甘肃镇总兵官张臣率部向南进军青海腹地莽剌川，沿路经过未中马、生番、如剌小儿等番族住地，这些番族见万世德的队伍到来，团团围在马头前，双手合十，点头致谢，表示愿意为征讨火酋出力。

当时，彤云密布，青藏高原上飞雪下得正紧，呼啸的北风夹裹着石沙扑面而来，黑暗中大明官兵顶着风雪快速前进，在番族向导带领下，很快来到火酋驻牧地。万世德吩咐士兵，出其不意，攻其不备，将火酋部住宿的毡房营房分割包围。他一声令下，喊杀声如波涛怒吼，明军官兵焚烧毡房，火势借助风力，直冲云霄。接着将士们如同下山的猛虎、出水的蛟龙一样，冲进敌营，挥舞大刀、长矛，向火酋兵杀去，直杀得鬼哭狼嚎，血流成河。万世德手执大刀，纵马砍杀，勇武异常。毡房内、河川畔人挤马奔，刀枪撞击，杀声震天。虏寇四外溃奔，火酋兵除少数残余逃窜外，其他溃兵不是做了刀下之鬼，就是被俘。

（三）三战水泉口

万世德与张臣回师向北，返回西宁卫休息整顿。随后他们又乘胜进军，向正北五百里的甘肃永昌县水泉口卜失兔部进发，明军一路斩关夺隘，势如破竹，三五日即赶到水泉口。

万世德在口附近三道沟依靠地理形势，布置明军带一部分滚木礌石封堵沟口，在两侧山顶预伏“将军炮”、铜铳、弓弩手，再各遣一军据险埋伏，自己与张总兵率中军待机冲入沟中拦击。然后派出一小队兵马，到扯力克长孙卜失兔部驻牧地骚扰，引入包围圈。万世德命令，速战速决，打击要狠。

卜失兔部骑兵强大，是松虏中有战斗力的一部。卜失兔见明军一小股部队到来，于是率领部队追击，当追进水泉口三道沟，埋伏两侧山崖的明军开击“将军炮”、铜铳，扣发弩机……刹那间，炸药出膛，矢如雨飞，整个山谷上空，炮声隆隆，火光闪闪。在明军的沉重打击下，沟内人挤马翻，互相碰撞，哭爹喊娘，抱头鼠窜。当他们后退冲到沟口，又被一顿滚木礌石揍回去。此刻，万世德亮出寒光闪闪的大刀，与张总兵并肩一马当先冲入沟内，杀向松虏……主帅英勇，官兵骁悍，刀光剑影，枪舞龙蛇，松虏被杀得一败涂地。

《明史·张臣传》中对这一段历史亦有详细介绍：万世德与总兵官张臣在水泉三道沟迎战，“将军炮”轰击加骑兵冲击，直打的卜失兔部七零八落，万与张亲手搏击杀死数人，夺了帮凶卜失兔的战旗。卜失兔和他的同伙炒胡儿中流箭逃跑了，张臣也受了伤。明军将士斩首数百，活捉卜失兔的妻子、女儿以及八百多头牛马羊。此役打得卜失兔部几乎全军覆没，只剩下卜失兔等少数人。卜失兔仰天大哭，说：“我的女儿多么悲伤啊，真后悔不听母亲的劝阻，落到今天这种地步啊。”从此之后他不敢回老家，跟宰僧一起躲到西海去了。[1]躲在一边的庄秃赖被吓傻了眼，悄声无息地离开了青海。

三战水泉口，大获全胜。万世德率兵三战，“斩首、生擒，夺获器械、马驼无算。虏始怖曰：‘旧使君来师锐甚，不可挡’。于是悉甲宵遁，而虏王（扯力克）亦踉跄东归。”[2]当晚，经略郑洛来到万世德与张总兵队伍的驻地，通令嘉奖全体官兵。

万历十八年（1590），青海、甘肃“三战三捷”，经略赞画万世德作诗纪念：

塞上曲三首[3]

旄团赤日骥追风，将士如云虎豹雄。
只有壶中白羽箭，不须重问黑山戎。

金鼓旗门大将营，穹庐早徙北山清。
健儿骄马浑无事，射得黄羊带血行。

麒麟阁画将军像，鸿雁云排战阵图。
奋臂林间三力士，过河先击五单于。

①据《明史·张臣》，此段为译文。

②据《偏关志·万公传》。

③本诗与以下诗文据清《西宁府新志》。

塞下曲

霓旌西指下高冥，貔虎千屯护百灵。
报道单于今绝幕，祁连膏雨草青青。

搀枪夜指金城垒，帝命元戎推上宰。
十万联营下北庭，军声直似吞沧海。

河西二首

夷骑谁驱青海头？藩篱鼙鼓入新秋。
关东老将多筹策，一战能纾天子忧。

五月湟中气犹冽，天骄远遁长城窟。
汉家追击到昆仑，健儿夜啮西山雪。

十、力促虏王归老家

虏王扯力克在万世德第一次出师青海，就领教过他的厉害。得知又是万世德的队伍打败他的部属时，更是惊恐万状。郑洛、万世德对他主要采取招抚的办法，以打击火落赤部为主，给他以震慑，暗地对他的后勤运输队经常拦截，步步紧逼，如不东归就困死他。

虏王扯力克费尽心机地拉拢东蒙古十几个部落成为自己的生力

军，准备到水草肥美的青海开疆拓地，没想到在郑洛、万世德招抚与军事力量压制下，一下子如鸟兽散，各率部先归。扯力克形单影只地被孤立在青海，他见明军将火落赤部与长孙卜失兔部收拾得一败涂地，自身也陷入困境，便决定东归。但还是留恋美丽富饶的青海，找借口延迟东归时间。郑洛与万世德在扯力克内外交困的情况下，给他下了最后通牒，如若东归，可继续做你的“顺义王”，否则马上罢市停供，给予军事上的制裁。这时，历侍三代顺义王、被明朝封为“忠顺夫人”的三娘子再次力劝扯力克东归。扯力克见此情状，便派遣使者请罪送礼。万历十九年一月，扯力克带领部族迅速从扁都口移师东返大漠土默特地区，从此对明朝服服帖帖，谨守盟约，直到万历四十年三娘子去世，再未发生动乱。

扯力克一走，青海地区其他反叛势力，也失去了恃怙的主人，顿失嚣张气焰。松山阿赤兔、宰僧等曾向郑洛经略许诺东归而未归，仍在拖延时间静观其变。郑洛抓住他们的心理特点，将俘虏的摆言榜实放还，此举让他们知道，只要向明朝放下兵刃，表达归降的意愿，便可既往不咎。此外，万世德以“兵不厌诈”的方法，放出风去，说受朝廷使命的郑经略带来了五十万大军，克期出兵要荡平虏巢穴。不久，卜失兔认为主战是死路一条，于是委托宰僧前来谢罪，他的母亲和外公也为他求情，扯力克更是为其求情不止。于是，郑洛、万世德、张臣归还了卜失兔的女儿。不久，卜失兔渡河东归，回到河套地区。

顺义王扯力克一走，而后河套驻松山部亦相继东返，仅“所遗于西海火、真二酋，把尔户也”。永邵卜把尔户部下瓦剌他卜囊，曾杀死明将李魁，负有“不可饶恕之罪”，怕郑洛治罪，不敢请随顺义王东归。但郑洛经略分析，如果不原宥他卜囊，一旦激起把尔户部万余与数千人兵力的火、真各部重新联合，继续与明王朝作对，西部战事在短时期内是难以平息的，势必要耗费大量的国力财力。于是知会把尔户部，只要不勾结火酋部继续与明王朝作对，其部下瓦剌他卜囊杀死李魁与三千大明官兵之事不予追究。郑洛与万世德"宽恕把酋之罪,离间火酋之党",当把尔户的叔叔火落赤约他共守仰华寺时,把尔户断然拒绝,不与火落赤合作。自此,西海的敌对势力也就失去对明朝的威胁了。翰林学士陈懿典曰：

于是有镇羌之捷,已而有水泉口之捷,已而有莽剌川之捷。三战皆胜,斩虏级数百,获虏器畜数千,招回番族若干,火酋望风鼠匿。扯酋始定归计,初请由扁都内地,已请从川底,然卒从边外行,公与郑司马预严备伺其动静。虏十余万迂迴边外,肃然不扰,两河安堵。

驻牧青海黄河与湟水"两河"地区一带与甘肃部分地区失势的火落赤和真相部,再也不敢轻举妄动了。

十一、焚毁仰华还西宁

万历十九年(1591)正月戊午(二十一日),七镇兼西北平叛经略郑洛上疏曰：

……将吏奋勇,先经俘获虏八十一名,颗一,已具奏。报虏亦稍行远遁,惟卜失兔屡次驻牧甘肃,大肆抢掠,仍率众西行,应援火酋,当被捕剿，共斩获虏首九十五颗，头目首级三颗，夺其坐纛及原授敕书。卜酋被伤奔窜，所获骆驼马牛羊则一万八百有奇，戎器达衣帐房行李则三千六百有奇。是役也，西镇之捷，未之前闻，其镇、巡等官张臣、余之桢等，主事、兵备等官梁云龙、万世德等，参将等官何崇德、李国用等，各宜分别升赏，以励边臣……①

在郑洛上奏平西大捷善后事宜之后，万世德建议捣毁火落赤等部的重要据点仰华寺，他说："虏既退，仰华寺者，虏巢穴也，请毁之，以绝后患。"②

仰华寺，位于青海湖东岸的湟源县城西南八十里之日月山上。俺答汗为了迎请西藏拉萨的哲蚌寺活佛三世达赖喇嘛索南嘉措，与子丙兔提出"迎佛盖寺"的请求，得到朝廷恩准。于万历五年（1577）由丙兔出资修建而成，万历皇帝赐额"仰华寺"，即仰慕中华之意。当时，因俺答汗封贡互市，向明朝称臣，乌思藏（西藏）亦隶属于明朝，他要与"活佛"联系，必须请示明朝廷。从此，这里成为青海蒙古各部的佛教活动中心。万历六年，俺答汗与索南嘉措曾经在这里会面，并且向其赠尊号"达赖喇嘛"。

仰华寺成为佛教活动中心外，也成为蒙古人会盟的据点。俺答汗皈依藏传佛教，以开展大法会为名，召集越来越多的蒙古人往来于青海和蒙古之间，这引起了明王朝的警惕。特别是万历十年（1582）俺答汗去世后，仰华寺仍然作为会盟据点存在。然后，青海的蒙古人经常骚扰明朝疆界，无法得到有效控制。万历十五年，巡按陕西监察御史杨有仁上疏

①据《明神宗实录》。

②据民国四年版《偏关志·万公传》。

万历皇帝时说：

自俺酋迎佛建寺，招结众住持莽剌寺川，一以恋水草之丰，一以图诸番之利，久假不归，遂成巢穴，且又招引西海诸酋往来住牧，而洮河门屏之间，遂为腥膻屯聚之所矣。①

明王朝西部战事，果然被万世德、杨有仁言中，相继出现了万历十六年九月瓦剌他卜囊侵犯西宁、副将李魁阵亡，十八年六月火落赤等部大举东犯的一系列事件，此后青海一带的明蒙冲突逐渐兴起。

万历十九年初，顺义王扯力克率蒙古众台吉以送还索南嘉措遗骸、"礼佛"为名来到仰华寺，密议留下一批蒙古部落驻牧青海与大明王朝继续作对。而后，俺答汗的从侄火落赤及丙兔之子真相以仰华寺为据点，屡次犯边。当时的经略尚书郑洛与赞画万世德也在寻找良策，逐步清除西海蒙古给明朝带来的隐患。

经略赞画万世德曾经上疏朝廷这样陈述：

自俺酋奉贡，比我外藩，遂请命而来，无复忌惮。乃其狡谋谲计，阴为子孙图不拔之基，遂建寺海上，名曰迎佛修缮，其实树帜收番。年复一年，情形渐异，使中国之藩篱大溃，异类之狐兔成群，则青海为群虏不逞之巢，而佛寺实一方启疆之本。故欲驱海虏而不先毁寺，是医者之急标症而忘病根也。诚使海上无虏，佛寺犹存，则戎狄之媾未分，西牧之原尚在，是以本部抗疏决策，断在必行。②

①据清《西宁府新志》。

②据《西宁府新志》。

万世德认为，当初明廷允许修建仰华寺的初衷是要蒙古人学习佛法，成为藏传佛教教化众生修行学善的圣地，但扯力克不修持善道，却借仰华寺为自己谋求利益，成为进攻明王朝的阴谋聚会地。如果不毁灭仰华寺，青海的蒙古人不但不会学佛向善，反而会趁机将依附明朝的番人（藏族）镇压或收服，使青海完全纳入东蒙古的势力范围。万世德以寇聚集仰华寺，建议郑经略讨伐。

青海境内愿归故里的东蒙古部落纷纷上路东返，只有火、真二部仍然盘踞于青海湖一带继续作乱。万历十九年九月，郑经略他们兵分三路出击青海，决定荡平青海境内火落赤（达延汗曾孙）、真相（俺答汗之孙）部这两股“寇患”。一路驻黄河东岸的兵马沿黄河以南的南北两川行进，扼其南奔；一路驻甘州、凉州兵，自西宁卫北五百里、祁连山中段的民乐县城以南60里之扁都口南下，防止他们向北奔逃；郑洛、万世德、梁云龙统一路中军万余人从西宁出发，四天昼夜兼程经西石硖到达西海地区。明军三路进击青海，大兵压境，声势浩大。火落赤、真相听到风声携家眷与部属逃入乌斯藏（西藏），有的散居在鄂陵湖、札陵湖地区。如果继续追击，在这荒漠广寂的不毛之地，后勤给养上不来，会作茧自缚。为此，决定回师还军，中途毁灭仰华寺。

九月的青海，天空飘洒着浓密的雨丝，山间涌起薄薄的轻雾，在回师西宁卫途中，万世德与总兵张臣、参将鲁光祖等率2000人骑兵，冒着清冷的凉风，奔驰在雨雾交融、一望无际的原野，灰黄色的山峦，交错的沟壑，一闪而过。明军的队伍声势浩大，马不停蹄地行进，驰骋三昼夜返到青海腹地，擒拿奸细，然后继续进军青海湖东岸、西宁卫西二百余里之日月山（今湟源县西南八十里处），找到了蒙古部落据点“仰华寺”。少数留住的蒙古军与官员，听到风声，遂成一盘散沙，如鸟兽散……

一日，碧空蓝天，阳光灿烂。仰华寺周围山河环抱，风清气爽，虽非盛夏，仍然绿色葱茏，映衬着庄严雄伟、辉煌壮丽的寺宇……此时的万世德，望着眼前这座高大的寺庙，百感交集，内心矛盾重重，这是一座普度众生的圣寺啊！可是一想到蒙古部落的犯顺作乱，想到大明王朝江山社稷以及民众利益，他随即忍痛命令明军官兵燃火焚烧。

肃穆的仰华寺，顿时浓烟滚滚，火光冲天，火借风势，风助火威……战马在惊恐地嘶鸣，整个山川大地好似也在悲哀，峡谷笼罩在一片烟雾之中……望着眼前的情景，万世德心中升腾起一股难以言说的情状……仰华寺啊，仰华寺！创之艰难，毁之容易。几个小时过后，仰华寺木毁砖碎，焦土瓦砾，废墟一片。

此次万世德进军青海，往返驰骋七昼夜，兵行两千里，把火酋、真相部驱逐到西藏境内，最后焚毁仰华寺，拔除了青海蒙古各部的集结据点，然后胜利还军西宁卫。

关于焚毁的过程，郑洛在奏疏中言：

选锋兵马至西海仰华寺，将房屋一时焚烧。各虏望见火光驰至，官军对敌，昏夜射死，不及取首，生擒达虏二名，余虏逃奔山后。九月望日分道并出，直抵穹庐之北，去边五百里不见一虏。盖自汉卫、霍度漠以来仅有此举，猗于盛矣！还至仰华寺，复纵火焚其遗构，一椽片木无有存者。①

郑洛又上奏指出：

①据《明神宗实录》。

仰华寺为容奸之渊薮，而西宁为受祸之胚胎……此一举也，文武将吏及边方父老咸谓："俘百酋不如焚此一寺。"从此断匈奴已续之臂，扫西海未绝之氛，督抚诸臣可渐次图也。[①]

万世德在上疏中言：

三军奋勇，期于横行。职遂与总兵张臣统众出塞，四日夜乃至青海。分路远哨，千里无匹马之踪。诸将沿海周驰，竟不遇敌，淫祠既毁，振旅全归。又三日夜，诸军入境。是役也，我无一棰半镞之遗，彼无暮夜伏戎之警，夷势已溃，我可长驱。但深入穷荒，往返已逾千里，倏忽遇寇，马力必疲，穷兽难追，归途是虑。职亲在行间，与诸军连营并垒，眺望大漠，平川如扫，虽逆酋尚缓显戮，而海氛似已不扬矣。[②]

万世德上疏称，在四个日夜里深入千里荒漠追击中未见海寇踪影，已经兵疲师老，加之给养难供，只好还师，途中焚毁了与明廷作对的"淫祠"。仰华寺仅存在了 14 年，就被毁坏。随后，郑洛加强了西宁、贵德地区的防备，对于火落赤遗留在莽剌南山的可卜列残部，郑洛、万世德又进兵攻剿，从而消除了两川隐患。然后，班师还朝。

---

①据《明神宗实录》。

②据清《西宁府新志》。

十二、平西意义与争论

万世德配合郑洛经略西海蒙古后，治理有方，措施得当，先是“断西海蒙古假道”，于河西走廊一线增兵固守，加强防务。同时，为巩固边防，又严格执行民族政策，招抚番部，广布“招番之令”，安抚了先前被蒙古部落驱使而掠汉的众番即藏族部落，给他们划定了牛羊牧地。这样，扩展了支持明朝的势力。

对蒙古诸部则区别对待，逐渐分化瓦解各部，并造成军事围剿的极大声势，困迫并敦促诸部各归原地，以孤立和打击扰番掠边最烈的火落赤、真相部。以集“自治、鼓蕃族、扼川底、议招降”等十二条方略措置其事，三四年间收效甚著，稳定了青海局势。当时，青海蒙古诸部拥有十万之众，而郑洛所率仅宣、大 600 兵马，山西、宁夏 1600 兵马，单以军事进剿，力量悬殊寡弱，诚如郑洛所言：“绝群丑者何也？我进则彼退，我愈进则彼愈退……缓急失接，何以救援？此海上出兵之难也。”至此，施行“安抚为主，武力为辅”，软硬兼施，除火落赤部外，使云集青海的 10 万蒙古部落基本散归故地，而后兴师讨伐火落赤、真相部，收复两川，取得了最大成果，使得青海问题基本解决，迫使火落赤和真相残部逃匿。

焚毁藏传佛教寺院—青海仰华寺，从政治与军事的角度来看，是破坏了青海蒙古各部的集结中心地。在以后较长的时间里，西海蒙古势力得到遏制，青海地区基本恢复了和平状态。

不足之处是，当时为了招抚大多数部族，对其中一些顽固不化分子也既往不咎，后来明朝大军刚撤走，他们又复旧如初，仍然我行我素。驻牧甘肃松山的青把都尔就和火落赤继续勾结侵犯边境不停地折腾就是一例。其实，干什么事情都没有完美无缺的时候，回朝的郑洛与万世德被很多官员问责。

经过千辛万苦平息青海叛乱，劳苦功高的郑洛、万世德等人不但没有得到奖赏，反而受到朝野的一味指责。朝中主战人士不理解实际情况，给他们罗织罪状，恶意攻击郑洛、万世德，说他们不继续追击海寇将其全歼而焚毁仰华寺是软弱、怯战。于是，万世德的升迁再次受到影响，前后两次出使青海近六年，仅升半级为山东按察司副使，改任怀隆兵备道。郑洛回朝后，被兵科给事中张栋、徐琰等诬告“侮报功绩，欺骗朝廷”，希望朝廷治其误国之罪，幸亏兵部尚书石星保奏而免难。郑洛气愤至极，称病告归故里。

由于前期郑、万奠定的青海基础，才有万历二十三年(1595)“湟中三捷”。事后，石星以郑洛“才智多谋，战绩卓著”为其正名，奏本复职诏用，但此时退化的官场风气，对干大事实事的人还是责难不止，朝臣众说纷纭，争论不休。此议被万历皇帝搁置。万历二十八年郑洛去世，享年71岁，赠“太保”，谥“襄敏”。

郑洛与万世德、梁云龙等平定西海，使西海蒙古势力大为削弱。在他们还师回朝几年后，火落赤、把尔户等又重返青海，纳刺台吉、沙刺台吉及着力兔等也聚集青海。松山方面又聚集起一批蒙古部落，夷部实力仍然很大，头领青把都尔部初居昌宁湖，后移甘州甘浚山，与青海瓦刺他卜囊、火落赤等遥相呼应。

由于郑洛、万世德之前的治理经营，使得有了一大批对大明王朝忠心耿耿的番族藏族等部落回归，在各族百姓的支持下，明军信息情报灵通，在以后的战役中，陕甘固宁总督李汶与甘肃镇巡抚田乐等，布局轻松，用兵自如，将蒙古部落各个击破。四个月后，西宁兵备副使刘敏宽，在南川设下埋伏将他卜囊打垮。接着，又取得康缠战役的胜利。

为彻底清除海患，万历二十三年(1595)五月初四日，曾经驻偏关的山西镇监察御史、此时已经升为甘肃镇巡抚的田乐，指挥围击青把都尔部。此战部署周密，明军将士个个效命疆场，打击勇猛得力，几乎使虏全军覆没，青把都尔狼狈逃走，此为“甘山首捷”。

九月，西宁兵备副使、曾编纂《西宁卫志》后升陕甘宁固总督的山西安邑(今运城)人刘敏宽部署了与永邵卜部把尔户、瓦剌他卜囊等的战斗，于西宁南川打了个伏击战，又截击于西川，共斩首680多人，杀害李魁的蒙古头领把都尔恰也在阵前毙命，史称“南川大捷”。

把尔户、瓦剌他卜囊受到重挫以后，火落赤、真相、纳剌等部气焰仍然很嚣张。当年十月，他们又出动15000余骑进攻西宁。由于先前郑、万成功的招抚政策，明军事先得到了西纳番族的密告，知火落赤部倾巢出动突袭西宁，明军动用甘肃镇精锐部队并配有将军炮火器、骑兵部队，预先在康缠城设伏，予以沉重打击，火落赤部大溃，只剩小股逃窜。接着连环出击，又与红帽番剌卡尔等藏族、回族部落联手，截击于小康缠，痛歼虏寇，大获全胜。把尔户、瓦剌他卜囊率极少数残部逃到青海湖以西，惨败的火落赤仓皇渡河南去。此为“康缠大捷”。

这一次“湟中三捷”，使得西海蒙古彻底衰落，明朝持续五年的平息西部叛乱战争，终于告一段落。火落赤等部以后还零星小伙般与明朝作战，且屡战屡败，已很难构成对明王朝边境的威胁，西海蒙古处于弱势状态。正是郑洛、万世德“和战”策略的正确运用，以最小的军事成本换取最大的胜利，稳定了西北，给蒙古部以震慑，保住了明朝大量的精锐部队，更让明朝有足够的人力、财力对付后面的“宁夏哱拜叛乱、壬辰朝鲜倭乱、西南杨应龙叛乱”，即“万历三大征”。否则，如果像部分朝臣所说的全力开战,至少后来的战争是力不从心的。

十三、平西论著《湟中牍》

在青海征伐“海寇”期间,于戎马倥偬的间隙,万世德著有《湟中牍》七卷。万历十七年(1589)初回籍听勘后,又撰《家食稿》一卷。两书稿于二十二年由万世德亲自雕版,合在一起送出版部印刷,称《湟中牍》七卷、附《家食稿》一卷。①

《湟中牍》大部为在青海时与僚友、亲戚朋友的书信往来,有一人一封或多封,如《报李仰成》四封,《报余君房》两封,《报胡顺庵》两封;卷七为《公牍》,为驻守湟中之亲历感受。

《报余君房》曰:

> 弟自入湟中,此身如在异域,无论隔远京国,即知己故人,经年无一函之通者,寥落索居,日亲异类,真成卉眼穹居之长。仲春走武威,上事幕府,有操京华服饰语言者,云自长安来,持余君房书,令人豁然惊喜,如自天下。

余君房,时为陕西提学副使,与万世德是好友,他给余的信中说到:

---

①《湟中牍七卷·附家食稿一卷》现独家收藏于石家庄市图书馆。

自从进入青海地区，如身在荒远之地，与知己熟人常年无一信之通，寂寞索然，每日接近番族、虏人。

又有《地理建制》：

湟中，自武威岐而南与河西，别一疆域。东一面接积石，逾河为金城；其西南北俱番地。国家以茶马之利，羁制二百年来，境宇安堵，束服汉法，无异编民。锡愈番境三百里为青海，直北即焉。直以南，祁连诸山在焉，乃汉武所拓地，乃断匈奴右臂。

此篇为万世德出入湟中平叛时，考察军事地理的心得体会。文中所说“积石”为山名，即阿尼玛卿山，在今甘肃积石山自治县，延伸至青海东南部、甘肃南部边境，为昆仑山脉中支，黄河绕流东南侧。河南岸“金城”，为今兰州。

《报诸兄弟》中又云：

匆匆车马三月乃达湟中，于时番、虏交侵，道我疆域。又日坐戈烽燧中，卒之酋虏贪利，不虞长途，委顷而归。我兵扼其险要，仓皇自保，始得出疆。一方军民，谓书生有折冲之力，当是快心耳。

此篇为万世德与原朝中同僚或朋友诉说的湟中战况，即从京城朝中匆匆车马行走三个月到达湟中时部分番族与蒙古部落联手，侵犯我疆域。每日紧握兵器，时刻观察狼烟战火。虏寇贪利，掠夺即走，不深入长途。我军守其险要，慌忙自保，出师疆域。当地军民说，书生文臣实指万世德有煽动之力。万公甚感快慰。

《家食稿》为万历十七年万公罢官居家听勘时所作，内容颇为翔实。

家食，古代指在家中赋闲吃自家食，不食公家俸禄而称。万世德御虏有功，亦有诸多无奈，他于序中道：

而中间相宜，十九年在报牍，公移间客览而扼腕曰，子复仇创虏，至以身当单于，当事者目为邀功，目为生事，甚至罢官媚虏。顷经略之役，力赞战款，收功万全。悠悠之谭，尚亦疑于媚虏，孰知其中委曲耶。奈何以为帜中之秘，岂为往时当事讳乎？子即存厚道，薄功名，如边计、虏情、国是、公论何哉？因付剞劂，组掇于首，如此推怀经济者览焉。①

万世德被处分“回籍听勘”，在闲暇无事当中将自己当年在征西过程中的思想感受，写作成文，供有识之士镜鉴。万世德御虏有功，但也有诸多无奈。他本来一腔热血报国，要为受害的苦难同胞复仇，给虏以重创，甚至奋不顾身抵挡虏酋。但当事者总督郜光先却认为他是邀功请赏，无事生事，将他“罢官媚虏”。他“存厚道，薄功名”，将“边计虏情，国是公论”付印成书，给后世经国者以备览借鉴。其忧国忧民之情，可见一斑。此篇序文中提到的“十九年”，即万历十九年，正是万世德筹备刊印《湟中牍》一书的年份。原题“云中万世德伯修父著、燕山门人张绍魁校正”，即出版的明万历二十二年刻本，现独家收藏于石家庄市图书馆，为海内孤本善本书，不供查阅参考。所以，无法知道一名文臣武将在当时的所思所想，以及西部青海等地的具体战况。

①以上万世德著作内容据“博泰典藏网”石家庄市图书馆李锡凤《海内孤本〈湟中牍〉及万世德刻书》。

第九章

戍边宣府　备兵怀隆

一、尽职怀隆兵备道

万历二十年(1592),万公46岁。

正月己丑(二十八日)兵部题:"主事梁云龙、佥事万世德,从经略尚书郑洛行边,驱虏招番,备著劳勋,即水泉、莽剌二捷,指授方略,动重机宜。已经按臣覆报,宜各加升一级,若经略叙功,径拟京堂则非例也。上以二臣赞画著劳,命推边方兵备副使,需次擢用,仍赐金币旌之。"①

这是兵部上给万历皇帝为兵部主事梁云龙、陕西按察司佥事万世德请功晋级的题本。他们二人同为原七镇经略、征西大元帅郑洛的赞画。明代在总督、巡抚幕中有"赞画"一种职位,取赞襄辅佐谋划之意,具体职责和品级无定制,好比现代军队中的参谋长,职级不如参谋长大,权限却是一致的。因此,"经略赞画"这一无定制的品级,往往从兵部所有的文官中挑选能干者担任。

本来兵部题本,对万世德、梁云龙二人上功次优叙勋略,期望进行赏赐,但朝廷中对郑洛等人征西战绩存有疑义,认为他们未能全歼"火酋",结果万世德仅升山东按察使司副使(正四品)兼怀隆兵备道。梁云

①据《明神宗实录》卷二百四十四。

龙，海南人，万历十一年55岁时中进士，属于大器晚成，未经过基层七品知县的任职，直接被提拔为京官兵部武库司主事，为从六品，几年后晋一级为从五品的兵部员外郎。此次“优叙”，他越过按察司佥事这级升一整级为正四品的“山西按察司副使、井陉兵备道”，六月，改“山东按察司副使、天津兵备道”，与早入官场十年的万世德成为平级，后经过历练升为湖广巡抚。

翰林学士陈懿典称：

惟是火酋未灭，言者指为怯战谄虏，莫肯讼言经略功，公与诸将吏，皆抑不叙。公仅升宪副，备兵怀隆。然经略甫定，而朔方有哱刘之变，令公与郑司马趋时论，不先笼络大酋，七镇骚动，银夏告变，岂易收哉？

文中说明“莫肯讼言经略功，公与诸将吏皆抑不叙，公仅升宪副”。翰林学士陈懿典在为万公等将吏鸣不平，指出如果万历十九年(1591)九月间招抚青海、甘肃各藩部，平息青海叛乱不成，翌年三月，值宁夏镇“哱刘兵变”，两者再次联手，那后果简直不堪设想。此次变乱中，与后为抗倭经略邢玠同乡的山东青州人、宁夏镇巡抚党馨被杀，成为明朝历史上高官被杀的重大案件。

尽管万世德功绩大，因为朝廷两派和战意见不一，被“压抑不叙”，使得晋升缓慢，仕途多艰。青海叛乱平息后，万公实际是从兵部员外郎(从五品)升任外官陕西按察司佥事(正五品)兼西宁兵备道、赞画的。一位五品官，给七镇经略、相当于一品官的郑洛经略当参谋赞画，并参与定夺重大军事活动，说明万世德的军事才能堪当重任。

万世德从万历十四年(1586)初入湟中，经过近七年的西北征战，至万历二十年由实职陕西按察司佥事，只晋升半级为山东按察司副使，仍然是副省级职务的兵备道。可以说,其官职并未提升,只是增加了人生历练。

万世德卸任西宁兵备佥事、经略赞画,于万历二十年(1590)二月带领随从侍卫官从西宁出发,经碾伯卫(今乐都)、红古城(今红石区)、金城(兰州),靖虏卫、中卫、定边、靖边、横山、榆林、神木、府谷,从府谷过黄河到山西保德州城,然后北上百里,经过河曲县城、河保营(今河曲县城),再沿黄河北行八十里回到久别的故乡偏关城。到了平营街万府院,向伯叔辈请安后,稍事休息两天,就以山东按察司副使的身份,到边塞宣府镇上任怀隆兵备道了。

万世德沿着 11 年前上任天津宝坻知县走过的道路, 晓行夜宿,再次来到鸡鸣驿,又去了东六十里的土木堡。他没有忘记在这里所发出的"效命疆场"的誓言,又一次去显忠祠祭拜捐躯的文臣武将,此刻心想,难道是显忠祠显灵,应验了他上次的发誓?冥冥之中又来到了怀来卫这个京师西南的边塞雄关。他曾发誓,要不负自己的诺言,赤心护国,效法忠臣先烈,为保卫明王朝大好河山哪怕赴汤蹈火、粉身碎骨也在所不惜。他决心不改初衷,去践行造福社稷黎庶的宗旨。

怀来卫境,春秋战国时属燕国上谷郡地,秦始皇时为沮阳县,南北朝时属北魏,隋属涿郡怀戎县,唐属河北道妫州怀戎县。辽太祖元年(916)始称怀来县,有安抚北方少数民族臣服之意。其时延庆、怀来、宣化、大同一带为契丹辽地。金为宣德州妫川县,元时仍为怀来县。明洪武二年(1369)依元代旧城修筑怀来县城,三十年二月改为怀来守御千户所,属大同山西行都指挥司。宣德五年(1403)改为万全都指挥司辖,永乐十六年(1418)升为"怀来卫",永乐二十年展拓卫城北面,半倚高冈,历正统、景泰、嘉靖间砖石相包。嘉靖三十八年(1559),于卫城设立怀隆兵备道,统管怀隆地区军政。万历年间再包砖石,至此城高三丈五尺,周八里余，规模宏大。东距北京180里，西到长城万全右卫张家口205里。驻防的游击领怀来、延庆二卫游兵，守备所领官军1323员名、马227匹，只管火路墩38座。与昌平镇、横岭相为表里，蔽捍内外，因地当四面冲要，故应援颇繁。①先年，巡抚于秋防、冬御“两防”时移驻于此，惟隆庆五年（1571）“议和”后，兵备道与游击等官共同防御。②怀来卫城，地处燕山山脉环抱的妫水河谷盆地中，东眺八达岭，南临妫水河望军都山、灵山，西邻鸡鸣山，北靠燕然山、海坨山。

怀来卫位于居庸关西部、张家口东南部，东与延庆、昌平、门头沟接壤，西部、北部与下花园、赤城卫、逐鹿县毗邻，通逐鹿、阳原、怀安、蔚县山间小盆地。地处两山中间，其南山沿太行山而东驰，北山沿天寿山西进，中间地带为平原几十里；洋河、桑干、妫水三河在西部汇集东流永定河入京。东南部与昌平交界地山脊有内长城，沿河的平原地带有戍堡。所辖城堡为：怀来卫城、保安卫城、土木、沙城、东八里、西八里、麻峪口、南山堡，以上10城堡各设守备1名；还有镇边城、榆林、北辛、狼山、鸡鸣驿、长安岭、横岭堡，以上堡城分布于怀来卫境东南西北。其中南山堡位于北界，镇边城位于内长城南侧，为卫东南与昌平交界处，与长峪城、白羊沟并称北京边关三城。境内有上谷郡遗址大古城、瑞云观、官厅、暖泉等古迹与自然景观。

所辖东部隆庆州，今为北京市延庆区。春秋晚期至战国初期地属燕国，秦属上谷郡居庸县地，汉沿袭。北齐废居庸并入怀戎县。唐天宝年间（742—756）析置妫川县（以妫水名之），属妫州郡。唐末及辽金时，改为缙山县（以缙山名之）。元延祐三年（1316）升为龙庆州。明初设隆镇卫，

①据明万历《宣大山三镇图说·宣府镇》。

②据清《怀来县志》。

建文元年改为隆庆卫。永乐十二年(1414),成祖朱棣亲征漠北,途经妫河北岸台地,在此重建隆庆州,移民屯垦,翌年分置永宁县,景泰、万历年间展拓州城,周五里余,东南距京师德胜门150里。州城沽水西绕,南扼居庸关,北依冠帽山,颇为形胜。守备所领官军246员名,马27匹,腹里无边,止管火路墩3座,南30里之永宁卫城驻扎东路参将。[①]州境东邻怀柔,南依昌平镇,西接怀来卫,北达赤城卫,明代为陵京后扆,战略地位凸显,"屏翰京师,拱卫皇陵",为京畿要地。隆庆州、卫隶宣府、宣府镇。隆庆元年(1567),为避讳穆宗隆庆年号改延庆州。州南山于弘治十八年(1505)修建八达岭长城,西从岔道羊头山靖胡堡至东四海冶108里。堡城依次为:四海冶、周四沟、黑汉岭、刘斌、靖胡、柳沟、岔道堡,各设守备1名。而四海冶在皇陵之后,实为宣府镇东路咽喉要冲,"势极孤悬,其周四沟、黑汉岭、刘斌堡皆逼近虏穴,唯隔一墙,靖胡堡东河口夙通大举,尤为要害。"[②]

万世德与前任怀隆兵备副使、获鹿人孙化龙办理了交接手续后,不仅了解到了怀隆兵备道的管辖与职责范围,而且了解到整个怀隆道的地理环境与历史沿革。道守戍地东起隆庆(延庆)、西至怀来百余里地区,防卫108里东南部的内长城,属宣府镇东路要害,为京师北部军事要塞,有"北门锁钥"之称。

说到怀隆道,其受管辖的上级为宣府镇巡抚,军事上与宣府镇总兵定夺。宣府,古冀州地,初为宣德府,后为宣化府。明洪武三年(1370)称宣府,四年,置宣府左、右、前三卫;二十七年,展城六里。次年,皇子朱橞受封谷王就藩宣府。其所辖地域大致为今西起张家口地区,东至今北京延庆区。永乐七年(1409)设宣府镇,为九边重镇之一。嘉靖间又移宣府

---

①②据明万历《宣大山三镇图说·宣府镇》。

镇协守副总兵驻隆庆卫之永宁城。所辖外长城东起居庸关四海冶，西至怀安西洋河堡，隔洋河接大同镇镇口台（为今天镇县东北平远堡〈关堡〉边口）长城，长1023里。其边墙建造十分坚固，有的地段排列几道边墙。镇分四路把守，东路四海冶、中路葛峪、北路独石口、西路张家口和西洋河等处，其中又以北路的独石口最为重要，堪称咽喉要地。四路参将辖卫15、所26，关城、堡城69。宣府镇历来是兵家必争之地，战略地位十分重要，特别是明朝建都北京之后，成为拱卫京师，防御蒙古族南下的咽喉之地。其飞狐、紫荆关控其南，长城独石口枕其北，居庸屹险于左，云中固结于右。群山叠嶂，盘踞峙列，故有"九边冲要数宣府"之说。明代"冲要"，指处于地形险要的关隘与其守护的边城。明程道生在《九边图考》中称："宣府山川纠纷，地险而狭，分屯建将倍于他镇，是以气势完固，号称易守。然去京师不四百里，锁钥所寄，要害可知。"

万世德在上任的一段时间内，基本摸清了宣府镇战略情况与怀隆兵备道所管辖的南北长城、烽火墩台及其营城、堡城在百余里的布控守防范围。他认为怀隆道是宣府镇的左肩背，从怀来卫城沿古道北行80里到长安岭、再北行60里至赤城卫，再向西北行90里至长城独石口可直通蒙古高原；南行50里至横岭、镇边城或蚜蚄口、马水口可入腹里地带，西经逐鹿、阳原或宣化、怀安、天镇抵大同，东入居庸关、石峡峪或经过延庆四海冶、黄花镇可达京师。万世德明白了怀隆这一军事战略要地后，暗下决心，要在京师北部这个陵寝之地，大干一番事业。

二、御敌还须将帅先

怀来、隆庆，是京师藩篱之地，是拱卫皇城的最后一道屏障，自古为兵家必争之地。万历二十年，万世德任怀隆兵备道时深知责任重大，发誓要竭忠尽智，带领广大官兵护卫怀、隆这片神圣之地。

“怀隆为陵寝肩背，密尔上谷。虏酋悍跋，夜入边，窃我人畜，乘障吏觉，逐之。公侦知虏驻牧所，遣将捣其巢。”这是明万历朝礼部郎中、大文学家屠隆在《万公传》里记载的一场战斗。无独有偶，翰林学士陈懿典在《万公墓志铭》里也记载了其事：“虏曾入零窃，拒不得逞。公谍知其去塞不远，命参将解生直捣其巢，斩获甚众，虏不敢再犯。”

文中“陵寝”，指帝王及后妃的陵墓及墓地的宫殿建筑群。这里是天寿山明皇陵，在怀隆地区靠近京城的延庆州境，意谓怀隆为邻近京师之地。万历二十年秋，万世德刚接任怀隆兵备不久，蜗居漠北的瓦剌，越过赤城堡外长城，入犯明朝边境，抢劫人畜，被守城的将领发觉，率兵驱逐之。此后，万世德带领少部分精悍的官兵，深入到长城外北虏的驻牧地一带，经过几天艰苦细密的侦查，终于将敌方地形、兵力底细摸得一清二楚。返回驻地后，他带领久经沙场的参将解生等官兵长途奔袭出塞，一举捣毁虏巢穴。至此，北方敌对势力移驻塞外远处，不敢轻易犯塞。

万世德虽是文进士出身的按察司副使，但也在血流成河、你死我活的战场上和武将军、兵士一样，与敌军进行殊死拼搏的战斗。青海、甘肃、宁夏战场，万世德不知经历了多少次激烈战斗！他外表文静，长得儒雅英朗,成天坐在公署里计划运筹,读书写字,弹琴作画,人们以为他是只能进行谋划的文官。哪里想到在战场上,他也是一条英雄好汉,身先士卒地冲在敌阵,刀砍拳击,武艺高强,杀得敌兵狼狈不堪,其他官兵一看一位文职官员在战场上还如此勇猛,把生死置之度外,也就有了精神力量,效法其行为,果敢拼杀,愈战愈勇,直到把敌兵彻底消灭。

作为文职官员的万世德刚到怀来不久,率领士兵在宣府镇北塞外的第一战,经过缜密的布局获胜,赢得了属下的敬佩。他和当年一样,在战场上勇力不减,使跟随的将士大开眼界,惊讶佩服。一些官兵私下议论,有这样文韬武略的将领统率,何愁不打胜仗。

万世德初次到任怀隆兵备道,抗击塞外的鞑靼部有功,万历二十一年受到朝廷嘉奖,升为"陕西布政司右参政、分守关南道"。"将吏士民数千人,走白两台留公"①。怀来与延庆地区的将士、官吏、人士、民众几千人到驻宣府巡抚与监察御史公署,秉告抚台和御史台大人挽留万世德,请求向朝廷疏通,不要让万公去陕西任职。朝廷最终采取折中办法,决定万世德以陕西参政的名义继续兼任怀隆兵备道。

三、练就怀隆虎狼兵

万世德上任伊始,没有忘记自己的职责:考核部队大练兵。他觉得

①出自民国四年版《偏关志·万公传》。

在怀隆道防区内，平时如果不研究军事训练，不谋划作战规程，不扎扎实实练就过硬的本领，就无法带出攻必克、战必胜之师。他出身将门，熟读兵书战策，对古代军事家《尉缭子》练兵的一段话牢记纯熟："百人而教战，教成合之千人；千人教成，合之万人；万人教成，会之于三军。三军之众，有分有合，为大战之法。"万世德很清楚这段话的分量，如果没有练兵的过程，部队就是一群乌合之众。如果练成，那就是以一当十的力量。他从小于家乡偏头关经常在兵营与教场上见过步武严肃的练兵活动。当他在这个宣府镇东路、又临近京城的要害地方任职，深感责任重大。上任后他视察了防区与防线的设施情况，在对硬实力考察的同时，他发现了怀隆一带软实力上存在的问题。

上年，万世德虽然凭自己的计谋以及带领得力战将，在防区内小胜，但当他视察完这里的军事要塞与长城防线后，再到各个营堡视察，觉得其时的兵制几乎成了空文，守边官兵纪律松散，战斗力有点差。根据以往的战况得知，蒙古军骑兵一进犯就是几万人，使边镇防御不力，陷入被动挨打局面。万世德明白，这与明军军事素质有关。情况明了后，他施行的第一要务就是训练军官士卒，决心把部队带成一支克敌制胜的劲旅。将军不是所有人能当的，更不是简单地发号施令。因此，他要在怀来至隆庆 26 个城、堡以及驻卫所的部队施行大规模的军事训练，在较短时间内解决"将骄卒惰"的问题，到时候派上用场。于是，万世德平时加大力度，刻苦训练，整饬边备，健体强军，在训练中制定了模拟实战、循序渐进的方案、训练科目，及操作规程。

(一)练兵先练将

“三军之势,莫重于将”。“大将,心也;士卒,四肢百骸也”[①]。正所谓“千军易得,一将难求”。《孙子兵法》把“知兵之将”作为“生民之司命,国家安危之主也”。夫制虏在强兵,强兵在择将。古今中外,优秀的将领历来是带兵打胜仗的核心。只有将领正确运筹帷幄,才能保证军队决胜千里之外。故万世德选择“练兵之要先在练将”之宗旨,采取了“强军先抓将,考核先考官”的措施。

万世德更知《孙子兵法·计篇》中明确提出的“将者,智、信、仁、勇、严也”。他要求怀隆道任上的副总兵、参将、守备、千把总等官,要有智、信、仁、勇、严的素养,要熟知兵法战策,有谋略,有过硬的军事技术。万世德反复强调说,将是军中脊梁、部队中坚,更是士兵信赖的主心骨。只有练出强将,方可带出精兵,以及一支能打胜仗的部队。兵孬孬一个,将孬孬一窝。对这些军中将领,他制定出高标准、严要求的条例,作为练好兵的保障。他要求越是高级战将,越应率先垂范,走在士兵前列。

万世德天性颖悟,军事素质高,具有较强的组织能力和高超的指挥才能。历次战场上表现出鲜明的个人特性,以及不拘常态、灵活多变的指挥风格。当年他在征西平息叛乱中,能适应战场上出现的各种错综复杂情况,具有处变不惊、随机应变的指挥才能,成为一员叱咤风云的儒将。所以他在怀隆任上有一套超常的实战训练方法,最终将宣府镇东路的将领训练成为一批特别能战斗的战将。

根据历来的作战表现,万世德将战场上不惧生死、有勇有谋的人提拔起来,重点培养,要求这些战将以及中下级军官,爱护关心士卒,在战场上冲锋在前,退却在后,做好士卒的表率。特别在平时训练中要在军

①据《投笔肤谈·军势第七》。

事技术上超于士卒。万世德对各级军官使用的原则是信任和放手，做到“用人不疑，疑人不用”。为确保军队战斗力，万世德将各个军营的军官一起考察，直到各方面合格为止。并且将体力过分弱的、有病的军官发放安家费复原，或就地安排为民籍，保证部队的优化组合。

（二）军队合理编组

万世德认为，营伍战斗力的提高，要进行合理编组。他按照地方“卫所”人员的编制每“千户所”辖1020人，下属每“百户”100人，每“总旗”50人（两总旗100人为一百户辖），每“小旗”10人（10小旗100人为一个百户辖）的编制，巧妙移用推广到总兵属下野战各营堡的编员训练。如总兵领导的“正兵营”，副总兵领导的“奇兵营”，参将领导的“援兵营”，游击领导的“游兵营”，守备领导的“守城营”，此外还有守墩报警的侦瞭兵，通事（九边的通事大部分从蒙古驻地逃回的汉人，既是翻译，又是尖兵、向导）和家丁，即将领直属的私人亲兵；文官总督、巡抚、兵备道分别直接领导的“督标营”“抚标营”“道标营”等，按照卫所兵士的编组来训练。然后按“五五”编制，从最小的人数单位做起，比如在每10人中编为两组。这样以此类推到50人、100人、1000人、甚至是10000人，每小组五人中选一名军事技术与综合素质过硬的任组长管理四人，参加大规模地训练合成。在小训练中以五人为一组传帮带，在上了“训练战场”时，以“五人组”一起向敌方相拼搏时暗中配合照应。后来到了实际战场上，这个互相关照配合的编组发挥了很好的作用。这样符合明代军事的什伍制，每五人的“伍长”，每十人的“什长”起节制作用。自“什伍”以致“队哨”，由队哨而至“部曲”，部曲而至“营阵”，营阵而至大将，一节相制一节，紧密联系，最终成为万众一心的战斗整体。

（三）训练过硬的军事技术

明军队伍中使用的“大刀、长矛、战斧、弓箭、匕首、标枪、投石器与石弩、弩炮”等，炮兵方位的选择与射击，站岗放哨、墩兵报警等，要达到什么标准，万世德都作了详细的规定和要求。还要求士兵参与排演阵形，尽量学会使用多种兵器。根据士兵不同的身材、体质，擅长使用什么兵器，合理调配，尽量照顾各自的特长。按照重要的关口、堡城、墙台，山地冲口、住户村口潜伏部队，真枪真刀，假设敌军，实兵实战的训练。

（四）对营伍合成作战的训练

对行军、扎营、选择地形、作战，严格按照兵备参政万世德制定的操作规程办理。在训练好单兵作战的基础上，进行步、骑、车合成训练。万世德少年时在家乡偏头关，跟随父辈练就马上马下的功夫，他特别注重骑射功夫的训练。因为游牧民族的兵士从小在不备马鞍蹬套的马背上长大，擅于在马上使枪弄棒，要刀劈杀，且生得高大剽悍，冲杀起来凶猛异常。明朝大部分骑兵没有这样的功夫，多数骑士只能靠马上射箭命中率来射杀对方。生在边防地区的万世德虽是文官，但骑射功夫相当精湛，能力挽强弓，纵横驰骋。当众多武将兵士看到万世德所做的示范，目瞪口呆，不禁肃然起敬。万世德告诫将士，如果骑术不高，射技不精，很可能会被凶狠的敌骑吃掉。

为了加强部队的战斗力，万世德仿照原蓟州镇总兵戚继光练兵的实例，采用“练足”的方法训练兵士。具体方法是将长条沙包绑在小腿上训练跑步，平时要带着沙袋走路，逐渐增加重量和拉长跑步距离，并规定兵士练到跑短路不喘气为止。战时去掉沙袋，兵士在行军中疾走如飞，特别轻快。

(五)练好营兵的精气神

万世德训练部队的格言是“吃苦耐劳,磨炼意志,战胜恐惧,克服软弱,精诚团结,战胜敌人”。一支部队的综合素质怎样?体现在精、气、神上。在训练部队练好军事技术的同时,万世德还提出练好营兵的耐力、意志、胆魄,以及协同作战、相互配合的自觉性。也就是平时利用各种场合,训练部属超常的耐力,坚韧不拔的意志和单兵作战的能力。通过“营规”以及“营训”的方式,提高士兵的心理素质,激发士气、胆气,以及战胜敌人的勇气。平时教导兵士团结得要像父子兄弟一样,互相帮助,同心合力,上战场按照编伍配合,互相照应,打击敌人。特别是当士兵陷入困境的时候,要有勇敢顽强,不惧生死,孤胆作战的能力。

在练兵过程中,万世德按照“循序渐进”的方式,要求士兵按照真战、实战的方式,如临阵一般认真训练。他重视金鼓号令和行伍营阵,从士兵入伍到编队,由熟悉命令到辨明金鼓、旗帜,以及营阵武器的操练,都按照他亲自制定的操作规程,严格进行。万世德赏罚分明,恩威并重,严处违纪官兵,升赏有功人员,极大地鼓舞了官兵士气,增强了战斗力。在万世德的驻防守戍下,北虏不敢轻举妄动。

四、修缮城池固边备

明朝为加强北方防务,从永乐元年(1403)开始,逐渐将北国长城沿线划分为九个防御区,分别驻扎重兵,称之为九边、九镇或九边重镇,每镇均设有总兵官领军。至后来各个镇内添设文官领兵的几路兵备道、一位朝廷大臣巡抚，几个军镇合作设一朝廷重臣总督管辖。例如宣府镇巡抚，宣府、大同、山西镇总督。

怀隆兵备道属宣府镇东路，所辖边墙：东起居庸关东北永宁堡之四海冶，北至靖安堡，边垣 130 里，边墩 152 座，冲口 20 处。四海冶又名北口子，关口南五里为四海冶堡，居四山之内，上通独石口，下连横岭。

易县有燕南长城，怀来境内有燕北长城，位于境内东南部："燕长城西起造阳（今怀来县小古城旧村），经过狼山、小南辛堡向八达岭方向延伸，东至襄平（今辽宁辽阳），在长城沿线设有上谷、渔阳、右北平、辽西、辽东五郡，以拒东胡。这道长城是燕国的内长城，它不仅保护五郡，还起到护卫燕都蓟城（今北京）的作用。元代周伯琦过榆林驿诗：'崇崇道旁土，疑是古长城'。"[1]这段燕长城在怀来境约 61 里。

自上任以来，万世德牢记皇帝赋予兵备道员官的职责："整饬兵备，操练军马，修理城池、墩台、隘口，监督粮草，兼理军民词讼，禁革奸弊。凡事须与各该镇守巡抚、分守守备等官公同计议，从长处置。"[2]他守戍的明长城位于怀来东南角界，长城走向基本是从东北到西南，中间部分随山势弯曲稍凸起于北。长城自隆庆（今延庆）卫石峡，进入怀来卫东南陈家堡东山，经过董庄子、大山口、外井沟境，至西南水头村元城岭止，全长一百余里。沿长城墙体一线在内侧与外侧建有众多的烽火台。这段内长城是于前朝嘉靖时期所修。全国北部内长城最后完工于嘉靖中期，总长约两千里。内长城西边顶端一直延续到万世德家乡——山西镇偏头关东北部的丫角山，与偏关外长城、大同镇边相互交汇。

---

①据怀来学者祁万德《上谷雄风》。

②据明万历版《代州志》载。

万世德巡行这段内长城，发现有一段沟谷的边墙不仅墙体低矮单薄，而且颓废处也多，如果蒙古族骑兵大队冲来，是无法抵御的。而且长城线上有一些小的砖台、外侧的石台比较低矮，彼此之间不能配合，如果增加守兵藏住，又没有贮存军火器具的地方，这样给敌军围困墙台并单个击破创造了条件。于是，万世德上书宣府镇巡抚："怀来要像蓟镇那样，将骑墙砖台增高增大，便于眺望，一旦发现敌情就能采取应对措施。又要在长城经过山峰的内、外侧险要岗阜上增设空心砖楼，达到台高五丈余，中间为洞套洞之'九窑十八洞'，可宿八十人。顶层设有放哨的'楼橹'，用来储存军火、兵器、报警之燃料，一旦有战事，能报警，能四面炮击，还能冲出去拼杀。起码能坚持半月有余。"

宣府镇巡抚接到上书建议后，认为万世德分析得入情入理，不愧是久经沙场的战将，很有一套防御谋略。于是下达命令，同意与宣府镇总兵整修这段靠近京门的长城。万世德经过仔细考察分析，调集怀来、延庆等卫所的民壮、民兵、军士抽农闲时间修理，他亲自监工，对工程质量抓得极为严格，对偷工减料的人严惩不贷。在极冲口等险要的地方施行外面与里面双层包砖，在险要易守的墙体外只包一层砖。有的地方因地制宜，就地取材，只垒石墙。

对分布在边墙上的骑墙墩台、腹里各山峰上的接火墩台，设在驿路、官路两旁的报警墩台都逐渐修复完整。又在冲要的峰峦岗阜上大修空心敌楼，为丈余高的石垒基座、基座上梯形楼阁四周留墙洞，墙里为宽敞的洞套洞建筑、顶部为站岗瞭望的楼橹。这样扩大楼台规模，周围阔十丈至十五丈者不等，总高五丈至八丈。在极冲口的平缓处修的较为密集，几十步至百余步造一台。台与台之间相互照应，四面墙洞又为箭窗或炮洞。最上层平台建有"楼橹"，周以垛口，配有战卒。骑墙墩台有的设置为与墙齐的，向四周突出的平台，上面也可以放置武器、粮草等物品，并且协助空心楼台攻击来犯的近敌。在北部靠近赤城的腹里墩台——长安岭墩台修得尤为壮阔雄伟。万世德还以楼台为中心，在附近村庄组织了乡兵，平时派出营兵骨干去训练，将乡兵训练成有战斗力的队伍。并将大的村子石磊高墙，自治自卫。这些经过训练的乡兵配合作战，或虚张声势迷惑敌人，或在战斗结束时捉拿那些溃逃的散兵游勇。

万世德又增添远山的实心烽火台，设计为与楼台密切配合状，若发现敌情，按照传烽路线，白天点狼烟直冲云天，夜间燃火，邻台相接，依次传递，近处传至卫、所，远处把情况传递到宣府镇镇城，及时采取对策。万世德要求空心楼台一般储备三个月粮草，并且备有充足的薪柴、狼粪、火药、兵械、滚木、礌石等。

在征得上级同意后，万世德又对境内鸡鸣驿堡、镇边城、南辛堡、怀来城、安营堡、北辛堡、横岭城、保安堡、土木堡、沙城堡、榆林城、新保安城等城堡，有的进行了局部修葺，有的重新砖甃，增添了防御设施。据《怀来县志》载："西关另外建一座城，开南北西三座门，周长三百二十丈，高两丈七尺，外壕深、宽各一丈，先用土筑成，万历二十五年，外边砌砖。"[①]万历二十五年，正是万世德任职期间，他组织工匠将此土城砖石相包。在加固怀来城城墙的同时，在城墙上堞口下的宇墙上，按照一定的距离，设置瞭望孔、射孔，有些在外侧城墙筑有雷石凹槽溜道，大大加强了防卫能力。

万世德在甃城堡、建楼台、联村落的同时，还派出了大量的明哨、暗哨，掌握敌情；在关口与冲要处布置伏兵、疑兵，迷惑敌人。如遇北虏进犯，恃墙固守，机动出击，步骑联合追击，使自身在防御或进攻战中处于主动地位。在战役、战斗来临之前，对敌情、地形了如指掌，做到胜算在握。

---

①据2001年版《怀来县志·文物古迹》第755页。

此外,万世德特别注意缮制铠甲,整修武器,精简冗员,淘汰病弱,激励将士,禁革奸弊。在巡察宣府东路防卫时,他稽查出虚支冒领粮饷的军官,除罚其到边远的卫所当一般兵士喂马外,还将罚没的银圆用于公益事业。

五、以武制暴张家口

张家口,最初称张家口堡,始建于明宣德四年(1429),为宣府镇北部长城防御的一个重要关堡,是京师的西北门户要塞地。该堡建在东、西太平山长城内侧五里余的清水河西岸,其时只有东门“永镇门”和南门“承恩门”。嘉靖八年(1529)万全都指挥使张珍改筑城堡,在北城墙开一小门,因城堡与北面五里余的东、西太平山对峙如巨口,加之由张珍所改筑,故名“张家口”。至万历年间砖包,周四里余。张家口堡的建造十分坚固,城堡四角突出设戍楼,东门、南门为谯楼,西城墙上设有瞭望的敌楼,堡内设守备署、兵营,驻扎营兵千余人,故称“张垣”“武城”,紧要时期为明朝重兵集结之地,与所属万全都指挥司管辖境内的西阳河、洗马林、新河口、新开口、膳房堡、左右卫,都属极冲关隘要地。嘉靖年间,俺答长子黄台吉就在宣府边外旧兴和、小白海、马肺山一带驻牧(今张北、沽源)。“连年入寇,或在宣府、大同,或在山西,或在蓟昌,甚或直抵京畿，三十余年迄无宁日。”[①]张家口于清雍正二年（1724）才设立“张家口厅”为行政建制，与多伦诺尔、独石口并称“口北三厅”，先后隶属于万全县以及宣化府。张家口，东达北平，南接冀西，西通山西、蒙古，北连张北坝上，为古今战略要地。

明隆庆四年（1570），俺答汗的孙子把汉那吉投奔了明朝，蒙汉关系出现转机，历史上著名的“隆庆议和”由此展开。隆庆五年，明穆宗诏封俺答汗为“顺义王”，议定双方在边口展开贸易。双方协定在大同镇之新平堡、宣府镇之张家口堡、山西镇偏头关境之水泉堡三镇，开设马互市市场。当时，三镇交易马匹数以张家口三万匹为最，大同为一万匹，山西为六千匹。中原地区的银两、谷物、布匹以及铁质容器也经由这三个市场流向北部大草原。至此，张家口成为明朝重要的货物集散地。

万历二十二年（1594），万世德由宣府镇巡抚指派，前去万全右卫张家口马互市维持秩序。互市设在张家口堡外、长城经过的西太平山脚下，初始为方形的小土城，后来于四十一年改为周二里的“来远堡”，成为民族沟通、贸易、交流、融合的场所，影响力遍及草原。堡子稍北为东西太平山相接的正中沟谷长城，开一大口，后于清顺治元年（1644）建一座雄伟的口楼，曰“大境门”。其时为商业繁盛时，这里两山对峙，险要雄峙，便于控扼，万世德带领怀、隆两卫兵将800员，弹压其地。张家口堡在怀来西北200余里的长城内侧，从隆庆年间蒙汉贸易至此时已达23年。但明廷对其防御甚严，一方面要交易，一方面要防其骚扰破坏市场或者毁坏盟约，继续向明朝作对。尤其在互市交易中北虏贪婪而奸诈，对其必须严加防范。

当时的马互市，是设在军事重镇宣府长城的第一个关口—张家口，

①据明谢肇淛《五杂俎》。

距京师最近。"本堡,乃全镇互市之所"。"堡人习与虏市,远商辐辏期间,万虏蚁集"。[①]主要互市对象是蒙古老把都、永邵卜大成台吉部落以及哈不慎、青把都、打喇明安等部落。万世德率兵到达后按照军事地带管制条例,严格检验进、出关口护照,验明人数、兵数、马数,查清事由后,加文印一道,然后照兵部印字,再查验火牌。如果蒙商带着其他商品进来交换中原地区的物品,需要"讯明登记档案,回时验放销号"。按照严格的制度施行后,方可放蒙古人进入关口市场。

在互市,汉蒙日相贸易,人声嘈杂,吆五喝六,犹如蜂屯猬集一样,其中不乏强梁霸道者要挟。万世德曾在征西宁被罢官返回家乡偏关等待处理意见时,跟随协助驻偏关的岢岚兵备副使李时芳到水泉红门口边维持"马互市秩序",对北虏的行为举止了如指掌。此次他在京师西北大门的张家口,面对强悍的蒙古兵,毫不畏惧。以文的来,他把朝廷的议和与贸易政策讲得头头是道,晓之以理,动之以情,感化了一部分蒙古人,并按照他的说法行事。以武的来,遇有野蛮无理、骄悍凶狠的少数鞑靼人大打出手,与之较量拼搏,给予教训。

据史载他"善骑射,有膂力",力大无穷,虽然蒙古兵蛮横,长得肥胖壮实,但哪里是他的对手,几个回合下来,被他腾跃挪闪、灵活快捷、稳准狠实的招数,打得鼻青脸肿,头破血流。经过几次制服寻衅闹事者,蒙古人的不轨行为大大收敛。他统领守护的张家口互市逐渐趋于平稳。万世德以文德武威震慑住了凶狠的蒙古兵,宣府镇巡抚以万公有地方政务经验、熟习边塞防务,又在征西北一带积累实战经验为由,每当开办互市时,就派万世德带兵前去维持秩序,保护互市市场。后来蒙古酋长打听到万世德就是当年带兵急行军两千里,在青海火烧仰华寺,打得俺

①据明万历《宣大山三镇图说·宣府镇》。

答狼狈不堪的那位战将，再也不敢轻举妄动了，互市市场秩序井然，边庭宴然。

六、关心民瘼护百姓

中国古代在对士大夫的教育中，包含的主要内容就是“君为轻，民为贵”，即对民生的注重与关心。万世德在少年读书时，便留意世态炎凉的社会，经常深入民间，了解群众的困难和疾苦。后来他从政以来，一直以关心民瘼为己任。他在担任怀隆兵备道的前两年，怀来一带发生了瘟疫，很多苦难群众流离失所，远走他乡。眼下这两年又发生旱灾，民众食不充饥，衣不遮体，过着艰辛的日子。经过考察发现怀来水资源充沛，西界的桑干河、洋河，流入境内南部汇入妫水河一分为二，折东流去一支，向南出界又一支。于是万世德倡议在西、南、东三个方向修三条大渠灌溉土地，保证粮食增产。万世德率领僚属、技术人员勘察地形，研究方案，发动工匠、营兵与民工早出晚归地投入工程建设之中，共有上万人参与。一期工程完成后，又进行了第二期修渠，引延庆妫水河，修渠浇灌，总灌溉良田达到十万余亩。

万世德借鉴他年轻时任元城、宝坻知县时治理河道、排除水害、兴修水利的经验，这次在怀、隆地区任职，又发挥了过去的特长。后来他荣升天津巡抚，治理盐碱地，改造海河滩，大办水利，广开良田，拓展疆域，保证军民足食，供给朝鲜前线，也起到了积极的作用。

屯垦戍边，是明王朝既定的政策。万世德根据政策，动员怀来卫、保安卫、沙城守御所的官兵将长安岭、横岭的荒田闲地以片划分耕种，然后再按军户划分，闲时广大官兵发挥各自的优势，奋力开垦土地，忙时又各自耕种庄稼，战时放下锄头、镰刀，拿起武器奔向战场。还奖励民众参与屯垦，增加良田，丰衣足食，两年时间开垦出3万亩良田。

万公又在怀、隆地区增建“常平仓”300多间。“常平仓”，是朝廷为平抑物价而设的粮仓，即谷贱时出公款按平价购回入仓，每当春夏青黄不接、闹粮荒谷贵时，常平仓仍以平价出售予民众谷米。这样稳定了市场，禁止了奸商的垄断行为，民众深受其惠。学校教育，是万世德关注的一大重点，为此他捐出自己的薪金在怀来、隆庆一带购置学田，由学校收租，给贫困学生予济助。他又与协守副总兵、卫所官修葺了文庙，重修了明伦堂、尊经阁。在大乡巨镇兴办五所社学，聘用庙学毕业生员当社师，方便农村子弟上学读书。在惠及老年人方面，万世德成立“养济馆”，供养孤寡老人。对卫所与县内民间上报来的几百起冤假错案，在公署大堂内排列，不费时力，依次解决，当事者诚服。此外，在统驭下属时万世德对做出成绩的贤能者予以表彰奖励，对扰乱破坏公益的败类按律惩罚。在处理政事与杂务当中不偏不倚，客观公正，赢得了吏民的敬重。他在怀隆地区的善政，真是难以悉举。

其他如边镇之形胜，万世德熟读兵书战策，任上考察不辍，熟悉辖区内的山川地理、边口险隘，然后调兵遣将，合理配备兵力。又通达奇门太乙、易经八卦之类，懂天文地理，尤精地理术，这对他指挥行军打仗，大有裨益。

万世德在怀隆地区日出而治事，夜深而安寝，不畏繁难，不怕劳累，廉洁奉公，勤政爱民，深受拥戴。

七、晋升怀隆兵备使

万世德到怀隆地区的第二年即万历二十一年，率领军队长途奔袭，捣毁塞外北虏巢穴，受到朝廷嘉奖，升任陕西布政司右参政、分守关南道，因为怀隆地区的军民极力挽留，继续留任怀隆兵备道。

又经过三年的时间，万世德在东起隆庆州、西至怀来卫界加强武备，大练兵，修边墙，起楼台，增烽墩，甃营城，葺堡城，汰弱卒，训乡兵，联村落。又关心民瘼，兴水利，筑道路，修文庙，建社学，起常平，办养济，恤孤贫，筚路蓝缕，开拓边地。他所施行的善政，民众深得其利。至此，怀隆地区兵强马壮，士民团结。北虏侦知，不敢毁坏互市盟约，更不敢轻举妄动进犯中原。

在任职期间，万公宵衣旰食，鞠躬尽瘁，廉洁奉公，任劳任怨，给军民树立了楷模，民众敬仰，服其引领。“人遇之者，若披春风，如游华胥”①。

万历二十四年“二月癸丑（十六日）兵部题：梁云龙、万世德各升俸二级，遇缺，超升龙膺”。②其年，又“寻以三年大计，功进（山东）按察使，整饬怀隆如故，钦赏银帛”。③万世德在怀隆前后任职四年，晋升为山东按察使，继续留任怀隆兵备道。

其时，万世德遇到“大计”，即朝廷对官吏的考察，分为“外察”与“京察”，从洪武二十九年（1396）制定。明代考核“外官”地方官制度，为每三年举行一次叫“三年大计”，即“外察”：州县每月一考察，上报于府；府考察，每年一报，上报于布政使司；每三年，巡抚、按察使司通核官员事状，造册具报吏部复核，以为外官考察凭据。“才”与“守”俱优者为“卓异”，自知县以上，皆引见皇帝，候旨提升。劣者按照规定八法论处，政绩平庸或无过错者为“平等”。另外“京察”，每六年举行一次，即对在京朝廷任职的官员即“内官”的考察。

万世德在怀隆地区，大显身手，治绩非凡，受到民众拥戴，符合“德、能、勤、绩、廉”标准，晋升官职。

八、千里西进伐海寇

万历二十五年六月，盘踞在大小松山的“松夷”再次向富饶的西宁与湟中地区进犯，声势浩大，来势凶猛。告急的战报如雪片一样，飞向官府，飞向朝廷。朝廷命令兵部，选派能臣战将前去征讨。兵部立即想到了当年在青海两次讨伐“海寇”有功、现任怀隆兵备使的万世德。于是上书万历皇帝，命久经沙场的老将万世德带宣府镇骑兵5000余名，不远千里，前去西宁平息战乱。④

①③据民国四年版《偏关志·艺文志·祭万公文》。

②据明《神宗实录》。

④据民国四年版《偏关志》屠隆所作《万公传》改写。

此股虏寇于万历十八年(1590)在今甘肃永昌县长城水泉口曾经被万世德与张臣痛歼,后酋首阿赤兔躲在青海深处,苟延残喘,后来几经辗转返回了大小松山,又经过七八年时间的养精蓄锐,扩充实力,大约发展到几万人。

万世德受命后,带领怀隆道兵员迅速地奔赴青海。这是他一手训练出来的能征惯战的虎狼之师。他们一路出宣府,过大同,来到家乡太原镇地偏头关,经西南向河曲、保德州南下,过黄河到榆林镇,昼夜兼程,再经宁夏中卫开进青海地区。再次到达久别的西宁,感慨万千:这里是湟水中游河谷盆地,是青藏高原的东方门户。西宁,是一座历史悠久的古城,河湟文化的发祥地,是大明王朝辖境内海拔最高的一座边城。湟中地区的名胜有鸟岛、青海湖、塔尔寺、日月山,我大明王朝的大好河山岂容“海寇”践踏!这里曾经是他生活战斗了六年的地方,这里的山山水水都深深地印在他的心中,一定要全歼这股“虏寇”!

“兵者,诡道也”,《孙子兵法》如是说。万世德熟悉兵法精要,悄声无息地安营在西宁卫城东五里的隐蔽处。夜幕降临,他带领两名精悍的年轻军官化装成虏兵,绕过西宁卫城,到西十里的山脚下一座虏营驻地侦查,发现松山阿赤兔大约六七千人,分住在三座土城里,间隔三里余。然后他们仔细寻找到几座土城的薄弱处作为突破的首选点。万世德发现中间这座土城驻兵最多,配备最强,其东门、南门布防严密,西门靠山比较险要,布防较薄弱。返回营中,已经是后半夜。万世德命传令兵将随征的张参将,以及游击、守备将军,千总、把总等军官叫来议事。他将侦查的敌情告知诸位,又将自己制定的作战计划下达各位,吩咐如此这般。然后命令,除站岗放哨者外,全体官兵一律睡觉,待命行动。

深夜,万世德严令士兵用布裹好马蹄,一切容易发声的东西都做了处理。在万籁俱寂的时刻,万世德带领队伍悄无声息,秘密行动,绕过驻有大量军队的虏营,向着西十里外驻扎在土城的虏寇营地进发了。一路上兵士们轻装行走,步履轻捷地向敌营奔去。

万世德已经分布好兵力,他带领一支主力,主攻中间的土城,张参将带一支队伍包围左面的土城,游击王将军带一支队伍包围右边的土城。还配有一小支队伍埋伏在大路两侧,一旦有溃散的敌兵逃出,拦截追杀。他命令,等中间打响后,趁两边的敌军慌乱时再作进攻。

万世德带轻骑兵将守敌岗哨摸掉后,以迅雷不及掩耳之势,突进土城,霎时锣鼓声、号角声、喊杀声响成一片。虏寇从睡梦中惊醒,来不及穿衣服、拿武器,就成了刀下之鬼。有的光着身子来应战,又被抓了俘虏。当其他两面营门打开后,两面接应的队伍,势如破竹,潮水般地涌入敌营。一部分虏寇嗷嗷大喊,拼杀过来,万世德带着队伍,抡刀劈杀,杀得敌人像无头的苍蝇一样到处乱窜。万公英武不减当年,奋力拼搏,越战越勇,官兵也效仿其行为,奋力拼杀,虏寇尸横遍野。

其他两支官兵听到中间混战的声音,也开始了突袭,两土城也是一样血战,明军勇猛无畏,如下山的猛虎,咆哮怒斗,虏寇有的在睡梦中,有的刚清醒,有的刚拿起武器,就被砍掉脑袋。哭爹喊娘,惨叫不断。被明军打得慌乱的虏寇,当他们知道是旧使臣万世德的队伍再次到达,更加惊恐万状。六年前是万世德从宁夏、甘肃兵行两千里,深入青海,追赶得他们走投无路。此时,他们觉得只有一条路可走,那就是逃跑……

有一股败逃的虏寇队伍,万世德命令一位守备将军带领轻骑勇猛追击。虏寇在慌不择路中,又遇早已安排在路旁的伏兵拦截,一阵厮杀,只有少数虏寇落荒而逃。

这次战斗共用两个半时辰,明军全歼畏缩在西宁卫西山角落的这六七千海寇。这时,天已大亮,东方朝霞染红天际,万世德脸上露出了胜利的笑容。《偏关志·万公传》记载:"海寇入犯西宁,与战,大捷。"

战后,甘肃镇巡抚宣布嘉奖:怀隆兵备使万世德,作战有方,所带宣府镇怀隆道官兵勇猛善战,所向披靡,将狂虏顽敌合围聚歼。其忠勇可贵,上报朝廷,嘉奖官兵,以资鼓励。

万世德率军长途进剿青海的同时,明朝廷总共派出10万大军进剿西北今甘肃天祝县大小松山地区驻牧之蒙古部落。大军所向披靡,势如破竹,将盘踞在松山地区经营多年的蒙古着力兔、丙兔部落残余势力赶到河套地区。万历二十七年,明朝修筑松山城,建起西北保境安民的战斗堡垒,护佑着当地百姓的安全。

万公率军凯旋宣府镇怀隆道怀来卫不久,传来朝廷对他的嘉奖晋升令:怀隆兵备使万世德"进山东布政司右布政使兼按察司副使,备兵怀隆如故"①。

此时的万世德,已成为名扬国内的军事家了!但明朝廷出于保护江山社稷的需要,认为在重要的边防地区,更需要像万世德这样出类拔萃的精英人才。因此,本可以前往济南任山东布政使全面主持山东地方工作,但朝廷还是继续让他留在怀隆兼任兵备道。

万世德在怀隆地区不断巩固边备,声名鹊起,地位更加巩固。"公在怀隆久,赤心许国,倾身下士,四方怀才抱艺之士,莫不延颈盱衡,愿为公效死,负文武豪杰望日重"。②

万历二十五年九月,朝鲜战事吃紧,京门东部的天津海面有倭寇骚乱,朝野大惊,急需精选能臣,巡抚海防,弹压变乱。在国家社稷危难之际,刚刚平定西宁"海寇"的万世德,即将担当这一重任。

---

①据民国四年版《偏关志·艺文志·万公传》。

②据民国四年版《偏关志·艺文志·万公传》。

第十章

巡抚天津　巩固海防

一、告急的朝鲜战争

万历壬辰(二十年,1592)四月十三日凌晨,日军渡过对马海峡在朝鲜釜山登陆,朝鲜战争爆发。日本大权臣关白(相当于中国的宰相)丰臣秀吉命加藤清正、小西行长率十几万大军从对马岛攻占朝鲜釜山后,又渡临津江,进逼王京。朝鲜国王宣祖李昖(yán)沉湎酒色,政治腐败,疏于军事防御,面对日军侵扰,朝鲜军队望风而逃。李昖逃奔平壤,后又奔义州。日军进占王京(今韩国汉城,后称首尔)后,掘毁坟墓,剽掠府库,两个王子与多数臣僚皆被俘虏。日军攻入开城、平壤,朝鲜八道沦陷七道,大片领土被侵占。无奈,李昖仓皇奔走中朝边境,向明朝廷告急求援。

日本是太平洋上的岛国,隔东海与中国相望,隔对马海峡与朝鲜相望。明朝嘉靖时期,东南沿海"倭患"严重,成为与"北虏"一样威胁明政权的大事。十六世纪晚期,关白丰臣秀吉完成了对日本的统一,虽然天皇是君主,但实际由丰臣秀吉操控大权。为实现其野心,他推出了国土扩张计划,将朝鲜半岛作为进占亚洲大陆的支点与跳板。

与中国东北以鸭绿江为界的朝鲜半岛,为倭寇入侵中国北部边疆的战略前沿,历来是中国与日本争夺的重要区域。在中国古代历史中,朝鲜半岛上建立的民族政权,往往向中原王朝称臣,按时朝贡。所以,中国对朝鲜以附属国对待,以宗主国自居。从秦汉、隋唐、明清以来,朝鲜一旦发生战事与变故,中原朝廷尽一切责任与义务,不惜大量人力、物力、财力援助,保卫这块“唇亡齿寒”的国土。

“壬辰倭寇作乱”,兵科给事中张辅之上奏:

> 朝鲜为我藩篱,救朝鲜所以自为捍御计耳。盖国家建都北平,京师其腹心,蓟镇为肩背。从此而西至青海、玉门,延袤八九千里,是右之肩背,长而环抱颇固。从此而东至辽左、鸭绿,逶迤仅二千里,是左之肩背,短而环抱亦疏。兼之岁苦虏患,痿痹不仁,所恃朝鲜固外卫而消内忧,可坐视而不竭力以拯其难乎?①

明朝廷清楚地认识到朝鲜半岛对拱卫京师的重要作用,诚如万历皇帝在诏书中指出的那样,朝鲜“为国藩篱,在所必争”②。丰臣秀吉的狼子野心虽然没有直接通过语音传递至明朝,但朝中大臣皆认识到日本的战略目标不仅是朝鲜,而且是地大物博的中国。于是,万历皇帝接受张辅之等大臣的建议,为应对“壬辰倭乱”,决定派遣军队“抗倭援朝”。“目今倭贼大众据朝鲜与辽接壤,朕以门庭切近之忧,命将出师,势非得已”。③

经过审慎分析,明廷应朝鲜之请,出兵援朝。七月,明朝派辽东游击将军史儒率2000骑兵出征,副总兵祖承训率3000骑兵继后。史儒进到平壤附近,因道路不熟,误中埋伏,适逢大雨,火器无法发挥作用,导致全军覆没,史儒力战牺牲。7月17日,祖承训率领3000骑兵乘敌不备,

---

①据《神宗实录》卷之三百二十八。

②据《明史》卷三二〇《外国·朝鲜》。

③据《明神宗实录》卷二五七。

攻入平壤，随即陷入巷战，被700名日军火绳枪手轮番伏击，骑兵和火铳的威力无法发挥出来，结果大多数将士阵亡，只有祖承训等寥寥几人逃回。

明军失败后，兵部尚书石星做好了两手准备，以战为主，以和为辅。因为当时国内急于平息宁夏哱拜叛乱，一时难以抽调兵力援朝，需要拖延时间。石星于八月十五日派出懂日语、通日情的浙江嘉兴商人沈惟敬，以游击将军身份前往朝鲜与日军谈判，并探讨议和封贡一事，以求平息朝鲜战事。战败使朝中议论纷纷，形成各种意见。有人主张不当出兵，有人主张静而观变。沈惟敬到朝鲜后，借自己天朝上国特使的身份，把朝鲜、日本两方都给说服住了。他一方面安抚朝鲜君臣说天兵很快就会来救，一方面对日本将领傲慢的威胁，施加于压力，把朝鲜局势给拖延下来。

八月十八日，朝廷任命兵部左侍郎、杭州人宋应昌为朝鲜经略。十月十五日任命平息宁夏叛乱的提督陕西讨逆军务总兵官李如松，改为提督蓟辽、保定、山东军务及东征朝鲜提督，统蓟、辽、冀、鲁诸军四万兵马于十二月底入朝。说到经略，这里不得不提一下，前边有征西七镇经略郑洛，这里又有征倭经略。为了抗倭，明廷相继任命宋应昌、顾养谦、邢玠为征倭经略。明代有重要军事任务时特设经略，掌管一路或数路军、政事务，职位高于总督，战事结束则取消。这个职务一般由总督、尚书、都御史一类的二品以上高官担任，条件是有雄才大略、治理大才者。

提督总兵官李如松，辽东铁岭卫人，明朝著名战将，是辽东镇总兵李成梁长子。李成梁有五个儿子、三个兄弟，合称李门九虎，为明后期著名的将门之家。《明史》载：如松“以父荫为都指挥同知，充‘宁远伯勋卫’。骁果敢战，少从父谙兵机。再迁署都督佥事，为神机营右营副将。万历十一年，出为山西总兵官”。指挥过万历二十年平定宁夏的“哱拜叛乱”,此次又指挥闻名世界的万历壬辰抗倭援朝战争,以其抗倭成就名垂千古。

万历二十一年正月,李如松进攻平壤,他不信日方会接受封贡,利用“封贡”将计就计,击败小西行长部,获平壤大捷。此后又复开城,扭转战局,后又进逼王京。但在距离王京30里的碧蹄馆因轻敌中伏,损失惨重,李如松险些阵亡。后于十二月班师回朝,论功,升中军都督府“太子太保左都督”,为从一品武官。

明军碧蹄馆兵败后,石星认为打败日本并非轻而易举之事,于是议和就再次提到议事日程上来。日军也因受到李如松的重创,愿意接受和谈。此次石星决定以和为主,以战为辅。这个时候其实双方都已经打得很艰难了,战线维持在汉城附近。丰臣还是极力要求继续进攻,可是日军一线的作战部队和将领都已经疲惫不堪,而明军方面由于朝鲜政府松散的组织,后勤补给也遇到了很大困难。为此,石星也希望见好就收。朝鲜经略宋应昌赞同封贡,并赋予沈惟敬更大的权力。日方也再次愿意封贡(隶属中国互有贡品往来,伴随互市)。

万历二十三年夏,宋应昌见议和封贡不顺利,建议留兵协守朝鲜。不久,他被召回国。时朝鲜军务由兵部左侍郎、蓟辽总督、南直隶通州人顾养谦为经略,总兵刘綎、陈璘为东征提督率军抵朝。

刘、陈二将入朝后,明军迅速控扼临津、宝山等处,并切断日军粮道。日军缺粮,不得不放弃王京,退缩至釜山等地,开始与明军谈判。本年,顾养谦上书封贡方案,力主从朝鲜撤兵,并主张封关白丰臣秀吉为日本王。

万历二十四年九月二日,明、日、朝三国“册封大典”正式举行,丰臣秀吉无理要求日本不从朝鲜撤兵,希望以大同江为界,双方各有所据,并甩掉万历皇帝封他为日本国王的册封书,暗中增兵,谈判破裂。

万历二十五年正月十三日，加藤清正在西生浦登陆，锅岛胜茂在竹岛登陆。这是日军第二次大规模进犯朝鲜，增兵派将，妄图长久霸占朝鲜。二月十六日，署兵科给事中徐成楚上疏：

倭情紧急，倭将清正率兵船二百余只，丰茂守等率兵船六十余只复入竹岛，与原倭众合驻扎西生浦等处。又御坐船五百余只，且别起倭船络绎过海。清正深入晋州等八州郡，四散打围。又零星倭贼四处踏勘晋州迤西道路，则朝鲜此时存亡不可知也。①

奏疏说明倭寇从海上乘船再次大举进攻朝鲜的情况。朝鲜使臣又来哭诉求援。其时顾养谦被弹劾罢官，由孙矿接任朝鲜经略。《明史》载："顾养谦不能用朝鲜兵，数年无功。"这时首辅赵志皋等又把议和失败的责任一股脑儿推到兵部尚书石星身上，万历皇帝勃然大怒，立即下诏将石星下狱论死，妻孥发配广西。石星于万历二十七年病死狱中。

三月二十八日，内阁大臣张位上书建议将在家中守孝的杨镐"夺情"启用。于是，万历皇帝擢升原临近朝鲜防地的山东右参政、辽东兵备道、河南商丘人杨镐为都察院右佥都御史经理朝鲜军务。二十八日，张位又推荐右都御史兼兵部左侍郎、山东益都（今青州）人邢玠经略朝鲜御倭，得到皇帝允准，转其仍为正二品的"兵部尚书兼都察院右副都御史"总督蓟辽、保定军务兼理粮饷，经略朝鲜御倭等军务。邢玠成为继宋应昌、顾仰谦、孙矿之后的朝鲜经略。

邢玠作为明朝万历重臣，与万世德为同榜进士，同为抗倭名臣，又他与山西的情结，不得不做一重点介绍。邢玠，字昆田，隆庆五年进士，

①据《神宗实录》卷三〇七。

初授密云知县，万历三年升浙江道监察御史，巡按甘肃。六年，晋河南按察司佥事。八年，转任陕西苑马寺少卿，治兵靖虏。十年正月，擢升山西行太仆寺卿兼按察司佥事、宁武兵备道，驻防宁武关。十二年八月，升山西右参政，仍兼宁武兵备道。十三年二月，改任陕西右参政兼按察司佥事、甘州兵备道。十六年正月，升陕西按察使，再升陕西右布政使仍兼按察司佥事、甘州兵备道。十八年三月，转任山西右布政使兼按察副使、阳和（今阳高县）兵备道，十九年三月升右副都御史巡抚大同。二十一年八月升南京兵部右侍郎，二十二年十月升兵部左侍郎兼右佥都御史总督川贵军务，二十三年十二月升都察院右都御史。二十五年三月，为朝鲜经略。邢玠在山西前后做官六年半，并与著名战将麻贵在大同有交往。万历二十五年三月，受朝廷征召，麻贵被任命为备倭大将军总兵官兼提督入朝，宣府镇参将解生被任命为副总兵，二将统领南北诸军。调辽东、蓟州、宣府、大同、山西、陕西兵及福建、吴淞水兵援朝，又募川、汉兵等往援。

七月七日，邢玠抵达王京，做的第一件事就是计捕为日军提供军情的沈惟敬，除掉内奸。

七月二十五日，第一批明军刚进入朝鲜防守地域，倭寇便以 10 万兵力分左中右三路发起全面进攻。左路统帅小西行长率 5 万兵力连克泗川、光州、南海等地，全罗道南原明军失守。右路统帅加滕清正率军 6 万人进攻，不久攻取全州。

八月十五日，副总兵杨元率领明军先头部队 3000 兵马入朝，在倭寇集中优势兵力打击下，形成孤军作战。十六日，杨元驻守的南原城失守，2700 余名明军惨遭日军杀戮。两路日军会师于全州，又分别攻克黄石山、金州、公州等地，王京屏障尽失，朝鲜战局处于险境。

八月二十五日，杨镐得知南原失陷的消息，自平壤南下，于九月初一进入王京。

朝鲜危在旦夕，经略朝鲜总督邢玠急报朝廷。二十九日，山东道监察御史涂宗浚提议，“朝鲜危在旦夕，沿海宜加堤防”。内阁首辅赵志皋上疏《再催补本兵》：“南原已于八月十六日被倭打破，副将杨元从西门杀出，不知去向”。并称：

臣等屡次进言，皇上都付之不理，一旦败状来闻，相视但有长叹。皇上何不以宗庙社稷为重，一至此乎？邢玠欲九卿台省叩关急鸣，此真血诚赤意，万不得已而为此无聊之辞也。伏愿皇上即将本兵萧大亨准用，令其亟行到任，筹计东事，庶可以补前失而图后功。不然，一二书生必致误国，即万死何以赎罪乎？臣等谨替拟皇上先发，臣等不胜涕泣哀恳之至。伏候敕旨。①

八月，倭寇相继侵占朝鲜南原、全州等处，不仅朝鲜陷入危机，而且还对明朝北起旅顺口、南至登州（今蓬莱）、莱州的千里海防构成威胁。在此危急的战况下，明廷显然有点应接不暇，未能及时派出兵员。②

---

①据《神宗实录》卷三〇七。

②本节背景资料除注明出处外，均根据《明史》资料整理。

二、议设巡抚固海防

(一)朝廷大臣上言

万历二十五年(1597)八月,日本侵略军再次大规模地进攻朝鲜,并危及中国海疆地区。“羽书告急……脱夷艘出旅顺,山东阽危,畿辅震动。”[①]朝中大臣与地方官员针对日趋严峻的海防形势,纷纷进言献策,请求增设海防大臣,弹压沿海地区,防御倭寇进犯。

九月初四日,内阁首辅赵志皋再次上疏《请设监军抚臣》:

> 天津系畿辅门庭,至山海关仅八百余里,而登莱为中原襟带,南至淮安运河口三千余里,又山以东、江以北之藩蔽也。承平以来,沿海卫所单弱,处处滨海,在在宜防。万一倭奴乘虚而入,内无控扼,外无声援,中州、畿辅不无震动。天津虽迩蓟镇,山东原有巡抚,终难遥制,莫若添设备倭抚臣一员,弹压天津、登莱,据险练兵,因而留屯,无警周巡,有警策应。而衙门略近天津,以示特重根本,则南可以防中原,北可以壮神京,东障海岛;而山海、鸭绿等处声息易达,此实内防之最不可缺者。[②]

①据屠隆《万公传》

②据《明神宗实录》。

赵志皋对当时形势进一步分析道：

倭之不能北犯中国者，惟恃朝鲜全罗、庆尚二道为我卫耳……全、庆亡，朝鲜必亡。朝鲜一亡，倭奴之入犯必不从陆犯辽，仰攻山海关矣；必从东汉、临津、清川、大定、大同、鸭绿诸江分兵四出，扰我四镇，则我防倭之力分而不胜左右顾矣。凡东南沿海皆有切近之忧，此目今一大患也。故全、庆必当屯兵，以至沿海边卫均当预防。①又天津“北拱神京，南通运河，舳舻之会，冠盖之场，鸭绿扬帆三日可至。”②

内阁大学士赵志皋以上两段奏议说明，倭寇侵占朝鲜后，要以其为跳板进一步侵略中国，因而北部海疆口岸天津、登莱尤为重要。因沿海承平日久，天津卫属蓟州镇，登莱属山东巡抚界，互不统属，防备松弛，一旦出现战事就无力对付，任其宰割。或者侵占天津、登莱二地，则畿辅动摇，中原落难。因渤海湾西岸之天津卫，“东障海岛，而山海、鸭绿等处声息易达，此实内防之最不可缺者”③。又千里海防中，天津卫是京师门户，他建议，宜在天津卫添设“备倭监军巡抚大臣”一员，统一指挥并布防，弹压旅顺、天津、登莱等地，据险练兵，戍守屯垦，无警周历巡视，有警布控策应。而巡抚衙门设在天津，“以示特重根本，则南可以防中原，北可以壮神京”。④然后赵志皋进一步分析朝鲜战场形势，即南部海疆重要的军事二道全罗、庆尚二道应屯驻重兵，加强防御，一旦失陷，会殃及中国沿海地区。

其他朝廷重臣亦纷纷上奏海防事宜。大学士张位上疏言：

天津、登莱、淮扬、南京、浙江、福建、广东七门户皆当预为防守者，

①②③④据《明神宗实录》。

而前三门户在北，势近，后四门户在南，势远。今倭兵倾国而来，其意在北，宜抽在南四处之兵前来应援。请于天津特设巡抚、总兵，专治海上事务，续调水兵俱属管领，听其相险分布，以备战守。仍令山东、保定巡抚协力防御，毋分彼此。其天津、登莱、辽海兵备道皆属统辖，滨海军卫有司及各官兵俱听调遣，俾其增设险隘，盖造墩营，缮理战船，督护粮运，训练士兵，安排火器，料理屯田，北援辽东、旅顺，南控登莱、淮扬，声势联络，大振军威，此第一要务也。部覆奏允行。①

张位将东部海洋北中南海防划分为七门户，论述了设置海防巡抚的重大意义及综合协调的事权与职责，论述了需要实施的战守方略。

大学士沈一贯在设置天津巡抚的问题上，更强调天津、登莱密不可分，他认为：

为天津、登莱计者，但曰催督保定、山东巡抚各移驻本地，慎加防守。臣愚以为，事权宜一不宜分，津、莱同是一海，不得分而为两；兵气宜扬不宜抑，攻战与防守本是一事，亦不得分而为两……以臣之愚，与其使两巡抚分为之，不如使一巡抚专其事，而权易行使……请于天津、登莱沿海居中处所设立一巡抚，率总兵、兵备、参游总辖海道。

……

多调浙直闽广惯战舟师，相度机宜，进剿釜山、闲山及对马岛等贼，与（杨镐）经理之师相为犄角，救援朝鲜，兼以护送海运往饷辽东、朝鲜之兵。倘若倭犯中国，则从海中邀击，与在镇官兵夹剿。其保定、山东巡抚则令其处置粮饷、器械，不时接济。各军卫、有司官员俱听新设巡抚随

①据《明神宗实录》。

宜调用,一体举劾,而本官仍听蓟辽总督节制。[①]

沈一贯的建议从预防倭寇、保卫海疆、抗倭援朝的角度来论证登莱、天津、辽东海疆作为一个不可分割的整体,应该统一协调,综合布防,设一海防巡抚统一事权,管理各路兵马与水兵,居中调度,步调一致,共同御倭。与前两位大学士建议设立巡抚管理海防的意见是一致的。

之前,怀隆兵备布政使万世德也曾向大学士沈一贯提议设天津、登莱巡抚。沈一贯称:

顷者,怀隆兵备万世德,亦尝为臣言之,语意大略相似[②]。

万历皇帝对沈一贯的奏疏答曰:

卿言天津、登莱设立巡抚,专管海务,以图战守,具见经国远猷,深合朕意,该部即便议行。[③]

皇上准奏,决计开府建牙,设立天津海防巡抚。万历二十五年(1597)九月戊戌(十日),朝议山东右布政使兼怀隆兵备道万世德,以边才进职都察院右佥都御史巡抚海防。为加强防倭军事,以天津为大本营,驻海防巡抚,其为天津设巡抚之始。

①据《明神宗实录》。

②据《明神宗实录·二百四十八》

③据《明神宗实录》。

(二)天津海防

隋朝大业四年(605),修成2800里的京杭大运河沟通南北后,奠定了日后天津成为北方交通枢纽重镇的地位。同时,在沿途汇入众多支流的南运河、北运河交汇,入海河的“三岔河口”平原地带,形成早期天津较大的聚落。海河干流穿过今天津市区中心,蜿蜒140余里,东流至“京津门户、海陆咽喉”的大沽口入渤海。三岔河口史称“三会海口”,在今天津市区西北部、旧城东北隅(狮子林桥附近),古代为海港城镇,被称作天津的发祥地,是最早的居民点、水旱码头与商品集散地。唐朝中叶以后,成为南方粮、绸北运的水陆码头。时至宋、辽、南北对峙,三会海口平原成为军事前沿阵地,在海河以南采取一系列防守措施。南宋金国贞祐二年(1214),在三岔口设“直沽寨”,这是天津最早的名称,至此成为漕运枢纽与军事结合的畿南重镇。元延祐三年(1316)“改直沽为海津镇”,仍然成为漕粮集中与转运要地,并设立“大直沽盐运使司”,管理盐的产销。明初,为漕运码头与商贾大镇,沿至清代,盛极一时。

元至元二十八年(1368),明朝大将徐达、常遇春所率20万大军北伐,势如破竹,一路斩关夺隘,沿运河北进,攻下长芦镇,于洪武元年(1368)七月二十三日(8月25日)打到海津镇,缴获元军海船七艘在海河上搭起浮桥,直抵通州。元顺帝率众北逃,明军占领大都,元朝灭亡。朱元璋登基后,便把他的24个儿子分封为王,散居在全国各地,诸王都有自己的军队势力。朱元璋驾崩后,皇太孙朱允炆继位,即明惠帝。惠帝觉得藩王势力太大,有点尾大不掉,为了施行强权政治,采用左右大臣齐泰、黄子澄的建议,实行削藩政策,先后废削了周、齐、湘、代、岷五王。这时,据守在北平的燕王朱棣(朱元璋的第四子)拥有重兵,不服“削藩”,以“清君侧”讨伐齐、黄为名,向南京皇城进兵,史称“靖难之役”。建文二年(1400),燕王朱棣率兵沿北运河南下时,从这个直沽海津镇渡河，偷袭沧州，最终攻陷南京。朱棣登基后，为纪念由海津镇渡口进兵取胜，于永乐二年(1404)十一月二十一日(12月23日)赐名“天津”，即“天子经过的渡口”或“龙兴之地”，自此天津得名。同时成祖命：

设天津卫：上以直沽海运商舶往来之冲宜设军卫，且海口田土膏腴，命调缘海诸卫军士屯守。①

命工部尚书黄福、平江伯陈瑄等兴工筑城，于是在三岔河口西南的小直沽一带筑天津卫城。永乐四年“城成，周九里余，墙高三丈五尺，城东西长，南北短，形似算盘，又称“算盘城”；门四：东曰镇海，南曰归极，北曰带河，西曰卫安”。同年十二月，同城增设天津左、右卫，统属五军都督府之一的后军(北方军)都督府。随着朱棣迁都北京，天津作为北京门户的军事地位日益突出。正统十四年(1449)“土木之变”后，在天津卫初设“镇守”，“命都指挥佥事李端，往天津三卫镇守操备”②。后来天津镇守较长时间移居通州，疏于防备。到成化年间“都督陈逵镇守，而居于通州，未尝一至其地”③。

随着时间的推移，民户增多，事务繁巨，或者“地方骚扰不宁”，天津三卫互不统辖，无法治理军民混杂与矛盾日益突出的卫城市区，故于弘治三年(1490)钦命刘福首任“整饬天津等处兵备山东按察副使”，称天津兵备道，统一事权。因天津与万世德任职的宣府怀隆地区属京师直隶，不设布政、按察两司，遂“寄衔于山东按察司”，“自天津至德州止，沿河军卫、有司衙门，悉听管辖”④，逐渐成为历代王朝必须固守的战略要地，

①据《明太宗实录·卷三十六·永乐二年十一月己未》。

②③④据《明神宗实录》。

为京畿重镇与军事屏藩。

万历二十年(1592),日本丰臣秀吉悍然发动朝鲜战争,波及明朝海疆。二十五年,日本在朝鲜步步逼进,明朝抗倭援朝失利,海疆地区的压力加剧,加强沿海地带防御,成为明朝廷的重要事务。居于京师东大门及北部海疆重要位置的天津卫,自然列为防御的关键区域。“总督蓟辽蹇达,揭报倭犯朝鲜,辽左戒备。乞将保定总兵倪尚忠移驻天津,总管二镇兵马。从之”。①因有海河、渤海之便利,明王朝决定以天津为转输中心,继续发兵抗倭援朝。为此,调倪尚忠移驻天津,举凡调兵遣将、征募船只、制造武器等事务都在天津进行。不久,专门设天津海防副总兵官驻防。

万历二十五年(1597),内阁大臣张位在议设天津巡抚的同时,再次提议设置“镇守天津总兵官”,“专治海上事务,续调水兵,俱属管领,与旅顺、登莱、淮扬声势联络,以振军威”②。于是,九月十三日,明廷将“天津兵备道许守恩与易州兵备道汪应蛟互调”③。九月二十日,明廷又命浙江副总兵“周于德充提督天津、登莱、旅顺等处防海御倭总兵官”④。不过,天津总兵是出于海防而设,不像其他修筑长城工事的“九边重镇”一样,不被列入大军镇行列。“九月二十二日,明廷准经略御倭兵部尚书邢玠之请,将借发临清、德州仓米和召买之粮,存放天津,招募商船,运往旅顺”。⑤

说到武职军官的总兵,与卫所官一样,上隶武官体制的左中右前后五军都督府,相当于现在的国内五大战区,但在武官选授升黜方面则听命于文职体系的兵部,即以皇帝诏书颁发调兵,所以只有出兵权,没有

---

①据《明神宗实录·卷四十五》。

②③④⑤据《明神宗实录》。

调兵权。其长官五军各军左右都督为正一品武官,到各自战区兼任总兵出征,战争结束,交还领兵将印,回到都督府;士兵也返回卫所,形成"将无专兵,兵无私将"的原则。这是明朝初期的事。至后,产生文臣军事领导体系的总督、巡抚、兵备道体制,避免了武将专权,在其监控下,正副总兵、参将、游击等将军也有了自己"正兵、奇兵、游兵营"专属部队,所以,五军都督成为了出任战区的兼职总兵,或者是从战功升上来的二品总兵再升都督的阶梯。

(三)登莱与旅顺海防

新任天津巡抚万世德与新任天津兵备道汪应蛟、天津镇守总兵官周于德,巡抚、提督天津、登莱、旅顺等处防海御倭,辖分守登州、莱州参将。

登莱,指的是古代登州和莱州所辖区域,包括今烟台、青岛、威海所辖区域和潍坊所辖区域的大部分。明洪武元年(1368),升莱州为莱州府,治所掖县城,辖平度州、胶州、掖县、昌邑、高密、潍县、即墨县,隶山东布政使司。洪武三年设莱州卫。洪武九年五月壬午"改登州为府,治蓬莱县。时上以登、莱二州皆濒大海,为高丽、日本往来要道,非建府治、增兵卫不足以镇之。遂割莱州府文登、招远、莱阳三县益登州为府,复以青州府之昌邑、即墨、高密三县补莱州府"。[①]同年置登州卫,在"治府城内,领左右中前后,中左、中右七千户所"[②],与莱州卫隶山东都指挥司。登州府辖蓬莱、黄县(今龙口市)、福山、栖霞、招远、莱阳、文登等县。明末设登莱巡抚驻于此,登莱成为海防重镇。

①据《明太祖实录·卷一百六》。

②据清康熙《登州府志》。

登州、莱州府位于中国东部沿海地区，属于山东半岛大陆伸入东亚海域突出之地。其岛屿众多，北、东、南三面濒临黄海，北与辽东半岛相对，东与朝鲜半岛隔海相望。登州“三面距海，为京东捍屏。南走徐扬，东达辽左，水陆交会，比亦要冲之国也”。[①]又“登州一郡，三面洪涛，屏翰京师，控引辽左，扼东南冲突之要”。[②]莱州“内屏青、齐，外控辽、碣，藉梯航之便，为震叠之资，足以威行海外，岂惟岛屿之险足以自固乎哉”[③]？登莱形胜险要，诚为海防重地，为控制国内东部海疆之前哨阵地。

山东半岛又是与东海的结合部，是北方海防的战略前哨地，是京都海防体系的南部支撑点。明朝的山东布政司还代管今辽宁省的地域，当时称辽东，其民务由山东管辖；朝廷于洪武年间专设“辽东行都指挥司”，为山东都指挥司在军事重地的派出机构；永乐年间增设“辽东镇”，故与隔海相望的山东，其战略地位更加凸显。明代，登、莱二州的军事防御与海防体系尤为重要，不断得到强化。明朝建立后，山东半岛作为战略前沿与后勤保障基地，一是支援辽东军事重镇粮食、布匹、棉花等物品经登州水路运往辽东，成为稳固的后方。万历皇帝曾言，“山东粮饷、花布……由海渡辽，以给军需”。“壬辰倭乱”后，明军抗倭援朝，后勤供应成为这一地区的重任。二是防御临海的倭寇进犯，在沿海地区广建卫、所，在此基础上于沿海的北、中、南三个方向依次设置了登州、即墨、文登三大营，为犄角之势，屹立于山东半岛之上，向北拱卫京、津，向南支援江、浙。万历中期，登州、莱州皆设分守参将防守，可见明廷对这一要地的高度重视与战略布控。

“壬辰倭乱”即“万历二十年(1522)，因倭寇朝鲜，调集南北水陆官

---

①②据清光绪《增修登州府志》。

③据清顾祖禹《读史方舆纪要·卷三十六·山东》。

兵防海，登遂为重镇，与诸边等”①。朝廷从东南沿海地区调遣南兵抗倭援朝，转由登州运输。其时，登州为海防重镇的作用，与其他九边重镇等同。“总兵李承勋上言：‘登州原募南兵，业已练成节制。乞许带往朝鲜，以充标卒……部覆许之’”②。

天津巡抚、总兵所辖之旅顺口，是于明洪武四年（1371）太祖朱元璋派马云、叶旺二将率军从山东蓬莱乘船跨海在此登陆收复辽东，因海上旅途一帆风顺，遂将狮子口改名旅顺口。旅顺口，位于辽东半岛最南端，东临黄海，西濒渤海，南侧与山东半岛烟台隔海靠近相望，与其它岛屿相望，北依滨城（今大连），海岸线长340里。如果控制了旅顺与烟台、威海，就足以封闭渤海海峡，保障天津与北京的安全，否则敌方一旦从海上登陆港口，两个小时就可到天津。旅顺口为深水港，冬季不封冻，且丘陵地带，地势险要，各大山头制高点上都建有炮台，易守难攻，是理想的海军基地。旅顺又与同样重要的威海隔海相望，扼守渤海出海口，是京津地区海上门户，为防守中国政治中心的屏障，有助于控制黄海的制海权，控制朝鲜，战略位置极其重要。

靠近旅顺口与辽东半岛周围之金州、复州、海州、盖州卫，明代亦为战略要区，今为大连市辖金州区、瓦房店市、海城市、盖州市一带，旧时有流传于山东半岛和辽东半岛之间的“金复海盖，辽阳在外”的说法。明代因为在辽东不设省、府、县等地方政府机构，为山东都指挥司与后派出的辽东行都指挥司、山东布政司所辖。设立天津巡抚、天津镇后，辽东四卫为其管辖，旨在加强东北海防辽东半岛与山东黄海半岛的协同和联系。至此，以天津海防为主的北起旅顺口，中至天津，南至登州、莱州地区的巡抚、总兵文武系统形成。

---

①②据《明神宗实录》载。

为抗倭，朝廷又派出大员巡抚海防，其公署首设天津，兼理天津地方事宜。巡抚在天津的驻防，同时也提高了天津的区域地位。之前，天津仅为海防的军事要地，设左中右三卫，其地方事务归属河间府与顺天府管辖。虽为南北海陆枢纽，“且沿河军卫俱有府州县以相钤辖，而天津既无有司控制，又无驿递以送迎……”[①]故于弘治年间增设文官领兵的“天津兵备道”管理。随着天津政治、军事、经济日益繁盛，且又“壬辰倭乱”危及海疆，天津成为京都门户，在行政建置上更需要高一级的管理。设置天津巡抚之后，天津演变为实质上的类似省级地方高级政区的指挥中心，地位日益提高。

三、任天津海防巡抚

明代巡抚是中央派驻地方的特遣官。他们运用皇帝赋予的权力总理地方民政、司法、军政事务。洪武九年(1376)，废除元朝行省制度，将行省内原有权力一分为三：承宣布政使司、提刑按察使司、都指挥使司，分管民政、司法、军事，由此解决了地方权力过分集中的问题，但是三司鼎立，互不统摄，扯皮现象时有发生。为此，朝廷派遣部、院高官巡抚地方，由此产生了巡抚。从永乐年间至景泰年间，巡抚由六部与都察院官

①据明成化七年兵科给事中秦崇奏章。

员出任，事毕回朝交权，多为临时性差遣。从天顺元年（1458）开始，派遣巡抚成为定制，朝廷统一改为由都察院的佥、副都御史充任，如果派出兵部、工部、刑部等部高官出任巡抚，必须兼上都察院佥、副都御史才能出任，全称“巡抚都御史”。到后来巡抚所在的地方，朝廷每隔三年考核升迁或留任或撤换。明代前中期只称巡抚地方，例如巡抚山西，不称山西巡抚。终明一代巡抚始终是特遣官并形成派出机构，而非正式的地方官。到明后期各省与九大军镇、海防重镇离不开巡抚的管理，故成为地方、军镇等特区之实质性的第一长官了，巡抚已经演变为地方行政管理机构，有了自己专门办公的衙门。

在明代，巡抚不仅是官名，又有巡察安抚地方、现场办公解决久拖不决的问题之意。出任巡抚大都是“佥都御史”的四品官，有少数为三品的副都御史，极少数为二品的都御史或与其平级的兵部等部官。因为巡抚是朝廷派驻在地方的官员，故没有专门品级，是以官员自身在朝廷所任实职品级而定。有的巡抚，到地方上还兼其它职衔。巡抚驻地方，协调解决一省三司、处于平行地位互不统属的问题，又不使地方产生专权的弊端，从而统一事权，提高了行政与军事职能效率。巡抚握有一地之治民、察吏、军事等权力。

在正统年间，为了防止北方九大军镇形成总兵拥兵自重、尾大不掉的局面，兹于武官又不熟悉地方行政事宜，难以处理文职官员的事情，比如上报朝廷战况、下达要求的事宜，又筹粮以及后勤等事，需要文职官员来辅助，所以如前面提到的在九大军镇以及海防与其它军事要害地专门设立巡抚也形成定制。巡抚统领下属一镇几道文臣兵备道与一镇武将总兵、副总兵及几路参将，治理粮饷，行使向皇帝直接上奏情况的特权。遇有战事统一指挥，协调出征战斗事宜。九大军镇中唯有山西镇巡抚例外，除统领雁门、宁武、偏头三关兵备道与总兵、参将，负责整个军事工作外，还兼管整个山西地方“三司”的行政事务工作。例如：“钦差提督雁门等关兼巡抚山西地方、都察院右佥都御史”。巡抚在边疆军镇指挥中又行使管理民政的职能，深得皇帝的信任。边镇巡抚与省巡抚一样，经过三年考核大都呈升迁趋势。

各军镇在战略防御与战守方面需要，或大战区有重大军事任务、大的联合行动时，涉及到几个军镇的配合与统一协调，朝廷又派出皇帝身边的重臣为“总督”，代表皇帝出行办事，统一口径、统一指挥、统一行动，以保证战斗胜利与各项工作的顺利进展。例“钦差总督宣府、大同、山西等处地方军务、兵部右侍郎兼都察院右佥都御史”。至后来，因管理边防的需要，几个省份的政务、军务要求相互协调配合，朝廷又派出重臣总督管理，如成化五年（1469）所设的“两广总督”等。另外有专务总督：粮储总督、河道总督、漕运总督等，各以所辖专务为职，提督军务为辅。总督和巡抚一样，虽然没有列为常设机构，但后来也有了常设的办公衙门，成为不是地方行政、军镇机构的最高权力机构。

万历二十五年（1597）九月，“会倭奴翦灭朝鲜，辅臣张公位、沈公一贯建议，以为登莱者天津门户，天津又京师堂奥，宜于天津特置开府重臣，弹压其地”。[①]《明史·职官志》载：“巡抚天津地方、赞理军务一员。万历二十五年以倭陷朝鲜，暂设，寻为定制。”明王朝除派遣军队直接参与朝鲜战争之外，开始重点加强东部海疆防御建设体系。

明朝的天津卫，作为海防重镇，设置巡抚居中调度，防御倭寇海上入侵，确保京都安全是很有必要的。其时，朝廷内阁辅臣、南北两京的六部与都察院大臣纷纷上奏章举荐万世德治边之才，万历二十五年九月十日首开天津巡抚治，万世德由怀隆兵备布政使，被擢升中央都察院右

①据民国四年版《偏关志·万公传·屠隆》。

佥都御史巡抚海防，扼天津、登莱、旅顺海防等要地，为千里海防巡抚，非地方巡抚。后来随着筹边事务扩大，天津成为抗倭援朝的大后方与后勤基地，所以又兼理天津地方部分事务，习惯又称“天津巡抚”。

为什么万世德由从二品的地方官“山东布政使”，升为朝廷官“右佥都御史”为正四品，反而品级小了？这里涉及到明朝的官制问题。明朝中后期官制是重内轻外，即重视内官即朝官、京官，比较轻视外官、地方官。所以京官品级虽小，但职权很大，即使从六品的六部主事官，品级虽低，但也能给皇帝直接上奏折，建言献策，弹劾百官，职权同样也很大。尤其是都察院，只要是升为都察院的官，都有监察管理的权力，就连内设的七品监察御史，也被誉为是皇帝的耳目，可以代天子巡行视察各路诸侯所守的疆土，上至皇帝与一二品高官，下至七八品官，如有违纪失误，都可以弹劾，不经程序，直接上奏皇帝，由其作出裁断。因此，受其指责被处理的高官颇多。

因京官与地方官或内官与外官均受都察院监察，故权限甚广，职权很大，颇为百官忌惮。所以，四品的都察院佥都御史品级虽低于省布政使，但属于京师朝堂官，却能管辖从二品的地方官布政使，再加“巡抚”衔，预示着如没有违误，将来就要升为高品级的朝廷大员了。朝廷除都察院外，由六部高官出任巡抚、总督，也得挂上都察院的官衔才能任职，有广泛地督察地方的权利，形成明朝都察院纪检监察干部指挥行政干部、军事干部的职能，属于纪检监察权力扩大的结果。

万世德任海防巡抚后，直接布控北起辽东旅顺、中至天津、南至山东登莱之千里海防第一线，掌控海盖（辖金州〈今大连旅顺〉、复州、海州〈海城〉、盖州一带）、天津（辖天津卫，河间、沧州府等）、武德（辖山东武定州〈今惠民〉、滨州、德州一带）、青州、莱州、登州等六处兵备道。其海上辖区，为旅顺至登莱海域。

天津作为海防重镇，在日本侵略朝鲜、威胁中国海疆的情况下，首设海防巡抚，防御外敌从海上入侵，确保京师安全，即“外防海口，内护神京”。万历二十五年(1597)九月至二十七年十二月初置时，专治海上事务，并无具体的陆地辖区，天津地面上各种事务仍归保定巡抚管辖。第二次设天津巡抚，则是因为后金连续攻克沈阳、辽阳等地，紧急派遣天津巡抚，也是要其“专饬海防”，防备后金从海上攻入；为保卫首都的安全，于天启元年(1621)三月复置，其时天津巡抚才有了陆上辖区。据有关史料记载，当时辖河间府全境，顺天府的武清、宝坻二县，永平府的滦州、乐亭二地及附近海岛，天津兵备道与各军事单位也归天津巡抚节制。这种初置仅管海上防务，复置才有陆上辖区的现象，在明代巡抚中仅此一例。

明万历年间，第一次设置天津巡抚，把天津卫及周边地区的行政地位提升到与省级行政区相当的层次，以天津作为专名，无疑对确立天津近现代城市地位，起到重要的铺垫作用。另外，天启元年天津巡抚复置时，辖区是从保定巡抚和顺天巡抚辖区中划分出来的。从此，在今河北省境内形成顺天(辖今北京至山海关的河北北部地区)、保定(辖今河北中南部地区)、天津(辖今天津及河北东部地区)三巡抚鼎足而立的辖区。这种新的政区格局，同样对后世产生重大影响。

四、屯垦开源增粮饷

(一)开垦盐碱滩

明朝首开天津巡抚衙门治,万世德上任天津巡抚,面临的是一穷二白、经费粮饷不足,兵员缺乏,海防建设力量薄弱的局面,一切处于草创阶段。他在巡视海河及沿海地区调查研究后,发现天津沿河、沿海滩涂盐碱地、荒地很多,萌发“屯垦戍边,开源节流,自给军饷,减轻国家与人民负担”的念头。

以海河为主的多道河流,组成天津平原水网,也形成大量的河流冲积平原,主要分布在海河流域的广大地区和蓟运河的下游。由于这些河流挟带大量泥沙在低洼地区和入海处沉积而成,海拔高度一般不超过十米。地势低洼,河道纵横,河道由于逐年沉积且不断增高,超出周围地面,使得各河河堤之间形成了许多河间洼地。再加上地下水位高和海水的内浸,土壤中含有大量盐分,使得距海越近、地势越低的地方土壤含盐成分越高,地面蒸发越强烈,土壤表层或土体中积聚过多的可溶性盐类而形成严重的土壤盐化,出现了大量的荒废土地。

万世德经考察发现,距离天津卫城西北百余里的武清县境内、他曾经任职过的北部160里的宝坻县境内,还有西南近百里的静海县境内,以及直沽与郊区一带,有大量的低洼的荒芜土地,人烟特别稀少,土地都泛起白碱。于是，万世德一面向户部、兵部暂时请发粮饷，一面建议屯田天津，用以筹措海防饷费。万历二十五年十一月，世德上疏：

天津濒海，荒芜地土俱可屯粮，宜设法召集开垦。[①]

朝鲜国力薄弱，战争带来地瘠民贫的创伤，无法支持入朝明军的粮饷问题，为此万世德一上任就为国分忧，致力于开垦屯田，为保障朝鲜前线后勤供给，竭忠尽智，尽职尽责。所以朝廷又将他的职权范围，由海防军事扩大到了天津地方部分民政事务。

十二月一日，从海防巡抚万世德等所奏，万历皇帝批阅传示：

静海、直沽一带军民自备工本，尽力开种沿海荒地，由官方发给印照，世为己业。三年以后开始给税，专备津防饷费。[②]

又将其奏议转给户部。户部认为，此乃“兵农两利”之策，于是命巡抚海防都御史万世德督行各该兵备道：

即将各哨上环海荒田地，南自静海，北至直沽、永平等处，并谕远近军民人等各自备工本，尽力开种，官给印照，世为己业。成熟三年之后方许收税，酌量本地所获花利，每亩上地纳谷一斗，中地六升，下地三升，另项收贮专备海防饷费，此外不许剐项科扰。如有力大能开垦、凿池、浚沟、筑堤、建闸，并随便经理，不相牵制。每岁终抚臣躬亲巡督，果有成

①明沈德符《万历野获编·卷十二·西北水利》。

②据《明神宗实录》。

效，如长山岛、千家庄之补助军饷者，即分别垦田多寡，输饷厚薄，酌议赏格，径自举行。至于有力大能捐本倡率者，另题优叙。庶几人自劝勉，地辟而垦益增，兵农兼济，上下相资，计无善于此矣。①

直沽，如前所述为天津最早的地名，在卫城一带。永平府治所在卢龙县，包括现在的秦皇岛、唐山大部地区，辽宁西南部地区。长山岛是位于今烟台市长岛县境内的海岛，在胶东与辽东半岛之间、黄海与渤海交汇处。户部明确指出万世德建言的合法合理性，并且制定优惠政策，支持他开发盐碱荒地的举措。

万世德将在宝坻任职时治理盐碱滩与在元城、怀隆地区兴办水利的经验再次带到津门地区，他带领衙门人员走访当地治滩有方的老农勘察设计，制定规划，把需要改良的地段划分为若干片区。对其中可供改良的土地，组织广大农民和军队士兵修筑大堤、大坝、沟渠，一是把河流低洼地的淡水囤起来，再用淡水冲涮盐碱地，以达到洗盐改土的目的；二是通过牢固的大坝防止海水大潮倒灌继续侵蚀土地；三是将洼地周围高出的土堆综合利用，通过挖迁土堆建起较高较广的平台，既可在上面种地，可降低地下水位，防止返盐；又可挖走的土堆与洼地持平，扩展出平整的土地。经过一段时间的治理，水田每亩收成四、五石，旱地作物也有一、二石。经过大规模地治理，滨河滨海地区的农人开始看到了农业的希望。在天津巡抚万世德的督导下，天津地区持续不懈地出现治水、治盐工程，大见成效。

明朝举人、文学家沈德符言：

①据《明神宗实录》。

先是丁酉（万历二十六年）之冬，万邱泽世德，开府天津，建议兴水利。都水主事沈朝焕继之上，并下户部覆奏。世德言“天津濒海，荒芜地土，俱可屯粮，宜设法招集开垦”。朝焕言，“天津南连静海，北距直沽，尽属膏腴，可以开垦”。合二臣疏观之，真兵农两利之策，宜咨抚臣，开谕军民，自备工本，官给印照，俾永为己业。三年之后，方许收税，每亩输谷一斗，中等六升，下者三升，专备津门防饷之费。奉旨即举行之。①

万世德在天津沿海地区再次开始大张旗鼓地屯垦戍边，以戍卒、农民、商人、闲人编成一支大的屯垦队伍，由官方给予垦殖荒地的执照、凭证，划地包干，每人给地五十亩，然后自备或官方给与农具牲畜。共屯田九千顷，且免税三年。户部对不同土质规定其三种税收政策：“上地纳谷一斗，中地纳谷六升，下地纳谷三升”。同时还鼓励民间自由开垦，如有能力“开垦、凿池、浚沟、筑堤、建闸”者，可随便经营，官方予以支持，不准牵制，到时只收适当的租税。至后军队屯耕：逐渐发展到军耕为防海军耕种葛沽（今天津市津南区）之田，每人种田四亩，交粮两石；军屯每人种田五十至百亩，收入完全充作军粮。史书载，天津“岁益各千万石，畿民从此饶给，无旱潦之患。”②这是对万世德戍边屯田效益的最明确评价，即万世德开拓边疆，在荒闲田土上屯垦出千倾良田，为国家增收粮食千万担，人民饱食富足，无旱涝之忧。

万世德屯垦戍边，开发荒地，广种田粮，给国家带来仓满粮足，给人民带来实惠，为抗倭援朝提供了足够的后勤储粮，并且为国家增加了税赋，开辟了军饷新来源。由于开拓疆域有了好的基础，给后任巡抚汪应

---

①明沈德符《万历野获编·卷十二·西北水利》。

②据清《天津府志》。

较发展天津经济带来极大的便利,使他在土地基本建设上发挥了特长,他的"先种野草再种稻子,边改良边利用"的良策,取得了良好的成绩。徐光启《农政全书》记载,明朝末年的时候,天津滨海地区的治理仍在继续,可喜的是,已经出现了大片的稻田,成为鱼米之乡。又据后世史料载:天津地区"盐碱度降低,进而成为鱼米之乡,多亏了明朝时期治水技术和农耕技术的进步。明代在滨海盐碱地的水利改良方面有较大发展,这里先后进行过多次治水屯田。"①甚至到后来也给清末洋务大臣李鸿章手下的盛军带来了便利。故天津巡抚万世德堪称造福一方的能臣、名臣。

(二)设立屯田通判司

在万世德的建议下,户部不仅出台了天津屯田的政策,还设立了专管造作屯田通判司。万历二十五年十二月辛未日,户部下文:

> 着给天津专管军储同知、及旨管理造作屯田通判各关防,从巡抚万世德请也。②

官员的设置与制度的完善,是天津开府建设的重点,在草创阶段如何根据需要来设置相应的官员,是万世德需要考虑的问题。首先面临的是财务问题,一切出纳钱粮、稽核兵马,非一手一足之力可以料理,须有监管作用的发挥,于是他题请增设军储同知。军储同知主管钱粮文卷,逐月稽饷。后来的天津巡抚汪应蛟接任后深有感触地说:"各营领用前

---

①②据《明神宗实录·卷三百一十七·万历二十五年十二月辛未转给〈天津专管军储同知及专管造作屯田通判各关防〉,从巡抚万世德请也》。

银，按月备造册领，先赴军储同知查核明实，送道复查，方准挂号赴饷司支给，并无重冒情弊，并将收支过各项数目、官兵花名，备造文册，呈报到臣。"这说明了万世德上言增加军储同知的重要性和必要性。有了军储同知的稽查，就会减少贪污等弊端。如有一切冒费等弊及兵备、管粮等官违误军事的，军卫、有司官员有克扣冒费等弊端，按照参奏的事实，巡抚将一起拿问，按律治罪。这使军中徇私舞弊、虚报冒领之弊端缩减到最低限度。粮草到达各路后，令兵备官按时按数足额发放。

（三）增加盐引等税收

直沽即今天津一带产盐历史悠久，时至元朝，盐业作为国家财政收入的大项，于窝阔台二年（1230）就设置了大都河间税课所，征收盐的销售收益税。由于这里水路发达，商贩往来频繁，使的盐业产销两旺，遂设立"三岔沽司""大直沽司"。明初，为控制盐务、盐运行业，于洪武二年（1369）在河间府沧州青县的长芦镇设置了"北平、河间盐运使司"，简称"运司"。永乐初年（1403）改为"河间、长芦都转运使司"，增设归化盐场，共有 23 个盐场。运司驻长芦镇，掌控、稽查直隶湾（北起山海关，南至东明黄河口）一带的盐业生产、食盐运销，从此长芦盐昭著于世。

明代天津沿海制盐业，产生了先进的晒盐技术，产量有了较大的提高。南北运河的畅通，又使得长芦盐的转运和走私极为便利，所以盐商蜂拥，导致天津成为芦盐的产销中心，从而带动了天津地方经济和城市的发展。天津"万灶沿河而居"，制盐盛极一时。明初法定每一盐引重 250 斤，国营长芦盐总产量每年达 10 万引。时至嘉靖年间，明朝将盐的官营制度改为商人专卖，即由官府发给制盐者和贩盐者以凭证，规定盐的产量、销量和行销地。允许盐商拥有世袭盐业的权利和垄断贩盐的口岸，于是天津便控制了长芦盐的生产与销售，使得大盐商成为地方上有权有势的豪富。

天津具有海盐之利，其海水结盐量高，向来是著名的产盐基地，其中有中国最大的海盐产区“千年盐城”——汉沽盐场，地处京津唐中间地带。万世德借助这一区域优势，于万历二十六年二月二十一日上奏朝廷“开增盐引，加收盐税，以充军饷，加发士兵粮银”。户部如议，题请圣上：

于长芦运司开增盐引十万，每引纳银三钱，共银三万两，解赴天津饷司贮收支费。约征余没银六钱，共银万两，解部济边。今防倭戒严，饷宜从厚，防海标兵除每名月粮八斗、行粮四斗五升外，加给月饷银一钱三分。守城军除支月粮八斗外，加给行粮四斗五升，巡抚标下马、步二兵原给月饷已厚，今再每名月加行粮四斗五升，各府快壮团操，即戎乃其分内，且原有额派工食，今每名岁给盐菜银一两。其加给标兵、快壮银两，俱于运司新增充饷引价三万两内动给，其本色行粮径赴天津仓关支。①

万历皇帝同意了万世德的请求，并下诏：

朝廷为筹集防倭军饷，应海防巡抚万世德之请，增加长芦盐引十万，引纳银三钱，共银三万两，解天津饷司备用。②

①据《明神宗实录·卷三百一十七·万历二十五年十二月辛未转给〈天津专管军储同知及专管造作屯田通判各关防〉，从巡抚万世德请也》。

②据《明神宗实录》。

万历二十六年(1598),万公在天津海防屯垦的基础上,开源节流,为国家财政增收盐引税三万两,除筹办海防事业外,给每名士兵额外增加一钱三分饷银。又为士兵在行军途中或外出执行任务时加发粮食即行粮。除盐税外,万世德还通过其它税种的征收来保证海防之需,即增加关防税。天津出产的两种鲜美、无骨刺、无腥味的金丝眼圈银鱼、银丝眼圈银鱼,简称金眼银鱼、银眼银鱼。据《天津县新志》载:“鱼类多常品,惟银鱼为特产,严冬冰冱,游集于三岔河中,伐冰施网而得之,莹清澈骨,其味清鲜,非他方产者所能比。”对这种达官贵人以及富豪者喜爱吃的高级鱼类,由万世德奏请,增纳特产税,用于海防。在朝廷许可的范围内,万公开辟诸种税收来源,对减轻朝廷负担,具有重大意义。

五、转输粮饷上建言

万历二十六年(1598)二月十七日,明廷因防倭军队急需粮饷,“山东、天津、辽东岁运各二十四万石,山东、天津由水运”。根据督理东征粮饷户部侍郎兼都察院右佥都御史张养蒙的建议,采取短盘的办法,“就近输运,以图省便,减少岁运之数。辽东运十之四,山东、天津各运十之三,如屯田有收,运数递减”①。

六月六日,督饷侍郎张养蒙又提出:一、鉴于山东、天津海运太迟,

①据清《天津府志》。

天津应该从蓟镇山海关运至金、盖，雇车接运；二、为了转年完成运输，在天津、山东各添造淮船一百只，使能在今年未冻以前，赴天津、山东装运。明廷允准。[①]

自明朝建立以来，辽东地区战事频仍，是中原王朝与游牧民族双方军事斗争的要地。明廷于辽东及北平一带，派大量军队屯驻，今又支援抗倭援朝前线，需要调运大批军粮供给。明初以来，倭寇猖獗，不时侵扰沿海，又加海盗横行，或者在漂流时海路险阻，货毁人亡，海运被迫停止。永乐初期，虽实行海运但不久即废止。

巡抚万世德在他的巡防地考察认为，山东不仅是南北内陆交通的通道，其沿海地区也是南北贸易的集散要地，有便利的水陆交通条件，尤其是海运更便于将粮饷运往辽东。开府天津的重要性之一，就是要实现更顺利的“转输”。万历年间，首先面对的是，抗倭援朝的接近地辽东后勤工作和应援工作。万世德在后勤保障、朝鲜战争前线军粮的补充上，亦有独到的见解。他在《辽东军饷论》[②]一文中指出：

独万历二十年(1592)，倭寇破朝鲜，觊觎辽左、天津，所谋更逆。今数年尚屯兵驻扎釜山、西生浦未归。辽阳东至鸭绿江、西至山海关一千四百六十里，南至旅顺海口、北至开元城一千七十里。朝廷下明诏，勅谕戒防，但所虞以地方千有余里，卫、所军旅凡九万九千八百七十五员名，除新募应援兵不计，区区止藉山海关一路馈饷。

我朝北都燕，而远漕江南粟，又自京师达于辽阳，飞挽不继，边卒者辄叫嗷待哺，甚至凶荒，士卒相食。万一难守，交乘之势，委实难支根本

①据清《天津府志》。

②此文入选《兵垣四编》。

之地，所当计之早也。密迩畿辅，倭寇之入，兼以虏骑乘间，何以御之？此其患不在兵之不强，而在食之不足。食足则兵强，兵强则守固矣。迩者登莱运米，达辽甚便，惜其不多，旋复止。愚谓国初，军屯商中之制，至为精当，而大坏极敝。司国计者，当深念而亟图之，不当专责之幕帅而已也。

辽东虽北邻朔漠，南枕沧溟，然东西倚鸭绿、长城为固，且开元、广宁各屯重兵镇之，屹然形胜之区也。第西北窃发颇多，岛夷近生觊觎，遂不容息肩矣。区区一线之馈饷，其能充数万人之腹乎？初制已久淹，或未能猝如旧也。幸有登莱便道暂行，旋复中止。惜哉！

全文的主要意思是：辽东十万大兵、朝鲜前线部队军粮，仅靠区区山海关陆路一条道路运输，因路途遥远，又运输时有堵塞，粮食一时到达不了前线，造成士兵食不充饥，闹粮荒。严重时期，达到人相食的程度。军粮如果再从胶东登州、莱州跨海运输，而直接抵达辽东半岛，这样是很方便的，从前也曾试过，但不久而停止，这是多么可惜的事情！只有粮食充足，才能兵强马壮，巩固国防。万世德主张迅速恢复海上运输，利用海洋的便利性缓解陆路运输的紧张。

因物资供给需求量大，特别是万历年间，包括万世德在内的许多大臣都提倡海运，将所需要的物资从四面八方运送到政治、军事重心以及其它重地。同时社会各阶层人士也认识到了海运的便利，对于减轻国家负担，方便百姓的优势。万世德认为，沿海倭寇在原明军将领戚继光的沉重打击下基本绝迹，海盗也受到明军清理极少有了，特别是现在大明的造船技术发达，足以保证海运的盛行，如果将水道改善一下，能够及时足量足额地将粮饷运往辽东以及朝鲜前线，再辅之于陆运、河运、漕运，是切实可行的。

万世德还考察到辽东金、复、海、盖四州距离天津真是北、南顺畅一水间,顺风扬帆两日便可到,天津将作为南北咽喉,是辽东水陆货运的枢纽,又是征东军的粮饷供应地,必须作为重中之重来建设完善。他以全副精力加大力度地开发建设,这对后来为前线输送粮饷、后勤保障,起到了积极的作用。万世德主动作为,不因循诿过,使天津的功能和价值在较短时间内得到了充分的体现。又因天津巡抚有督理粮饷的职权,在战事紧张往朝鲜前线运送粮饷时,万世德有权责令有关衙门拨给船只、车辆、骡驮等交通工具,保证海运、陆运的顺畅抵达。

为保证统治根基的稳固,朝廷接受了万世德等大臣的建议,从而加快了开发海洋、利用海洋的步伐,保证了经济发展、社会稳定和国家的安全。

六、巡阅练兵防倭寇

日本关白丰臣秀吉侵朝,天津成为备倭和后勤保障重地,天津巡抚因抗倭而设。万世德到任天津巡抚后,"受命调集舟师,建立营房,选募智勇,周视沿海要害,虽建牙草创,军声大震。方将从海道下楼船,与诸军相犄角"[①],使天津成为抗倭的大后方。这一切,与万世德对时局、战局的密切把握相关。

万历二十五年(1597)——十一月二十三日,天津海防巡抚万世德

①据翰林学士陈懿典《万世德墓志铭》。

建议:立标营,留班军,募兵船,制器械;并请敕令沿海镇、抚、道、将等官同心料理,互为应援。海上渔盐船户及逃往海岛人中,可以当兵的,一体招募。

同日,朝廷允其所陈。①

作为海防首任巡抚,从入职的那一天起,万世德便紧锣密鼓地进行了全面规划与布防,开始了军队的增加、调整与训练。近一载,万公保留原设班军,新立标兵营,打造战船,制作军械。标兵,为明代高官亲自统领的直属部队,因此标兵营成为其亲兵营。万世德上任,巡察千里海防,组建了一支“标兵营”。建起标兵营后,根据海战的特点,充分募兵,扩充兵力。他认为,历代以来,人皆为兵,个个习武,军队之事则是全民之事,应该“全民皆兵”。基于这种认识,万世德不仅训练士兵,而且他将海上渔民、盐民、撑船户、农民,甚至是游民编为正兵或民兵,连同闲员一起编入军籍,训练调御新兵,制定应急方案。令文武百官精诚协作,密切配合,既稳定政治、强化防御,又防止闲员泄露军情、引狼入室。

练兵,是提高战斗力的途径,是防御倭寇的关键。万世德采取了一系列措施,积极练兵防倭。对于天津的防御,当时有朝臣议论,认为“增兵则增饷,民命既不可保,而国费益不可支付”。万公认为正当合理的防御宁可多备多费,亦不可侥幸疏忽,一旦防备薄弱被倭突破,后果不是多出费用能弥补起来的。他到任后首先招兵、募兵、积极练兵。他原在怀隆任职大练兵期间,深得其道,将宣府镇东路的怀隆明军练成了一支虎狼之师,在上任巡抚之前援助西宁,出色地完成了平叛任务。此次他又将怀隆大练兵的经验推广到天津海防,但海防于陆防毕竟不同,他在任内又有所创新。

---

①据《神宗实录》。

将帅是军队的核心,是保证军队能否取胜的灵魂。两军在战场上最后进行到白热化的程度,谁能取胜?实际上就是两军将帅之间智勇的对弈,指挥艺术的博击。而能否将军队训练成一支"攻必克、战必胜"的劲旅,也是评判将帅能力高低的标准之一。万世德在天津方圆数百里内将无数工农商士及渔民、游民等征集到队伍中,起初可谓是一群乌合之众,在古代称为是一群"白徒"。为了迅速适应战争形势,必须尽快地训练成为一支善战的劲旅,方能上阵杀敌。

万世德通过分析研究倭寇的作战方法与兵器,知道倭寇都是步兵,步战是其长技。其进攻时动作步伐快,闪转腾挪,跳跃轻捷,明军不能与之相比。倭寇所持鸟铳在百步内发射能百中,使用三尺快刀搏斗,使明军几乎不能近前。明军在北方与蒙古部落作战所用武器装备是长刀、弓矢、短刃三器,其长刀不如倭寇之三尺快刀,弓矢远远不如鸟铳发射伤人的威力大。明军唯独骑马驰骋追击杀伤力度大,远击是一长项,然短兵相接、近战肉搏远不及东洋兵。若不改进传统的北方御虏方法,是无法打赢倭寇的。

万世德仔细研究抗倭名将戚继光对付倭寇的练兵方法后,效法其针对倭寇三尺快刀的技长,制造一种相克制的三种兵器而应对之;视倭寇阵形飘忽不定而按戚继光所创制的一种阵形以对付之;远战则改进明军铜铳、火箭、佛朗机之类的远射程武器,用以阻挡对方的鸟铳;近战以狼筅、锐牌抵挡倭寇的三尺长刀。这样,按照戚继光设计的"鸳鸯阵"与练兵法克制倭寇的战法优势,使得倭寇的鸟铳、长刀不能发挥长处,在短期内收到了较好的效果。在具体战术上训练海防军使用"声东击西"与"诱敌伏击"的战法,确保己方处于优势位置。在进攻方法上,全军还演习火攻。不但以戚继光之先进方法训练军队,而且要求上战船的水兵也要兼习陆兵的技击,防止一旦离开战船在陆地上无法战斗、被动挨打的局面。要求北起旅顺口，中至天津港口，南至登州、莱州海口的水军官兵，除要求熟练操舵鼓枻、演习铳炮、掌握海战规程外，还命令这批海军效法陆军预编行伍，抽出时间在近岸练习狼筅、锐牌等武器，兼习陆战之法。万世德还以“怀隆大练兵”的方法与经验，该赏时赏，该罚时罚，恩威并重，这使得他实现了令行禁止的效果。

《孙子·军争》里说，训练最好的军队要达到“其疾如风，其徐如林，其掠如火，不动如山，难知如阴，动如雷震”。万世德尽力训练部队，以此为目标，希望军队最终达到攻无不克，战无不胜。他要求新征入伍的兵员，服从命令，听从指挥，严守纪律，严格训练，坚毅顽强，勇敢作战，尽快成为未来战场上的一支劲旅。

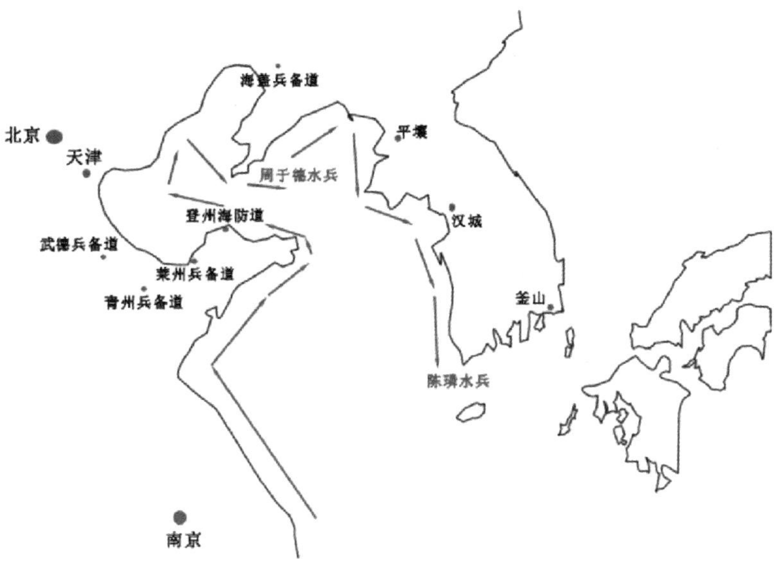

万世德渤海布防及明朝海军抗倭援朝进兵路线图（此图为北京学者丰小强先生测绘）

万历二十六年（1598）二月，为了防御上的方便，“天津巡抚移莱州”。因为和莱州相邻的登州，东部与朝鲜王京汉城隔海相望，东南与日本岛国相望，巡抚便于组织指挥救援朝鲜前线以及物资的运送，亦能监控防范日本的侵略。而以保定抚臣代守天津，于各要害驻防，便宜从事。二月二日，为加强海防，明廷令天津巡抚率标兵定期出海巡逻。

抚臣带亲兵巡历海上，春汛限以二月初旬为始，六月初旬撤还；秋汛限以八月初旬为始，十一月初旬撤还。择北海适中之处，控扼提衡，无事画地哨防，有警合营邀击，惟是复州地属辽镇。①

巡历海上，遂为定制。万世德在每年春、秋二汛时都要巡行阅试，巡察海防建设时，看到原有靠近海畔山头上旧设烽墩、楼台有残缺者，责成兵备道与镇将克期修葺；战舰、运艘、火药、器械，从实战需要制造，到时检查。看到水陆官兵认真训练、士气奋扬的时候，察觉兵器与防御设施不完备，责令部属限期完善；看到行阵虽严整而技击不精，又申严号令，责令其克期改变。督令水陆各将领制定科目，严加训练，届时举行拉练比赛，评选优胜与落后。严令官兵做到：眼耳要辨别熟悉旗鼓，手足并用精于技击，增壮胆气勇于锋刃拼搏，心念不忘严守军纪与法令。

五月乙酉朔（初一），万世德建议天津等处兵备道加监军职衔，协助天津海防巡抚处理军政。他上奏言称：

钦奉玺书，职掌海务，而海堧延亘绵长，将领星罗棋布，一人之耳目有限，难以编历周知。乃兵备之官节制不行，众心涣散，合将海盖、天津、

①据《明神宗实录·卷三百一十九·万历二十六年二月丁巳》。

武德、青州四处兵备道，各加监军职衔，假以事权，听其节制。平时训练稽查，有警督察纪验，事竣殿最品骘。既周综核之方，复联臂指之义，庶精神相贯，而军政益饬矣。①

万世德觉得千里海防，将领驻防分散，仅仅靠一个人的力量是很难监察管理到位的，必须依靠各分路驻防的兵备道员官，改变过去常规，给予主事权，加以“监军”衔。监军，即专门监督将军与军队的官员。为了更好的防御，将天津海防的四路兵备道加“监军”职务，负责上述四路驻防的参将、游击、千把总所带部队的防务管理，形成沿海道分地责成，按地防御的责任制。这样一来，既减轻了自己的压力，又调动起他们的积极性，让他们主动根据要求，整顿监察管理好兵事，定期向巡抚报告。巡抚则抓管各路兵备道，平时抓训练，有军情督查并验证军纪是否严明，任务完成后考核政绩或军功，下等称为“殿”，上等称为“最”。这样既综合考查，又相互学习，既减少弊端，又加大稽查力度；彼此联系像手指头与臂膀一样联动贯通，不失为有益于军政联系互助的好办法，有利于海防备战。

兵部转发万历皇帝对万世德奏言的批复：

部覆依拟行：兵备道加监军职衔，听海防巡抚节制，训练稽查，督察纪验，与海防巡抚臂指相通。②

朝廷同意万世德的建议，并要求各处兵备道员官听从他的节制与

①据《明神宗实录·卷三百一十九·万历二十六年二月丁巳》。

②据《明神宗实录·卷三百二十二·万历二十六年五月乙酉》。

各项考查检验。万世德每次在巡察当中，都会根据实情提出合理化意见，并监督落实，督促各处兵备道以及守防武官工作做到位，完成任务。

万世德在五月壬寅（十八日）巡察中，清除奸弊，果断上奏参劾：“太监王朝戢下不严，游击沈茂驭兵不肃，以致彼此交哄，殴死官军，应行正法。”[①]这种太监监军制度在唐后期与宋、明均有，属于常有的现象。太监监军中也有一些是比较好的，但多数因为不懂军事又狐假虎威，给明朝将领的军事布局与战略造成较多障碍。万世德刚正不阿，不畏太监权势，上奏参劾，处治违误者，严肃军纪，端正风气。

“上切责，王朝、沈茂夺俸三月[②]。”

万世德在万历二十五年秋汛、次年春汛的巡察阅示中，通核考察南北四路兵备道各营兵马有无缺漏，军器有无完备，官兵有无精练，会同兵备分别举劾，赏罚分明。这样，促使各路兵备与将领竭诚用心训练士卒，严肃部伍，使得军队兵强马壮，堪以应付战事。又将远行哨探，调到各处兵马分布处发遣，一应水陆战守事宜，与总兵、参将计议行事。经过对王朝等人的惩处，万世德在天津一带的军事指挥实现了令行禁止，官兵不用命者，以军法从事，顺从抚臣节制。

---

①②据《明神宗实录》。

七、巡阅蓬武赋诗章

万历二十六年五月三日，万世德巡察海防后，即兴游览了蓬莱阁。蓬莱，明朝称登州，位于山东省东北部、胶东半岛及烟台最北端，北临黄海、渤海，东临烟台，南接青岛，北与天津、大连及朝鲜半岛隔海相望。蓬莱有历代名胜古迹100余处，其蓬莱阁建于宋嘉祐六年（1061）。蓬莱水城古称登州港，建于宋庆历二年（1042），位于山东半岛的最北端，其地理位置特殊，自古以来就是对外经济文化交流的窗口，也是防御外患入侵的战略要地。早在隋唐时期，古登州港就与明州（宁波）、泉州、扬州并称为四大通商口岸，是东渡日本的主要出海口。因此，万世德对这一带很关注，值得特别留意的是，登州为抗倭名将戚继光故里，可了解名将的思想，也可找到一些资料。基于此，万世德自然少不了前去调研寻访。蓬莱阁是中国四大名楼之一，素以“人间仙境”之称闻名于世，其“八仙过海”传说和“海市蜃楼”奇观享誉海内外。万世德于五月六日在海防巡阅中，顺便登上蓬莱阁，恰好看到“海市蜃楼”，然后即兴抒发自己的感受，创作《蓬莱阁观海市》七律诗四首。后勒石嵌于蓬莱西北丹崖山上蓬莱阁东厢东墙，至今420年仍旧。

蓬莱阁观海市

登州之有海市，自昔视之，然多出于夏月。南至后，苏长公以冬月祷海神而见，遂以为千古异事，观其诗可知。余以五月三日抵登，四日直指广平，张公邀登蓬莱阁，方举酒而市出，众异之。余款张公亦然，而楼阁台榭、郊关草树影分明。从官指示云："此小市也，大市则连亘诸岛，出没万状，景色更多。"次为六日，余出阅武校射之际，侍吏传语市复见。回顾不见诸岛，或为城郭，或为村墟，或为楼台，或为桥梁，倏高倏下，忽隐忽显，至海外可环一青山，突兀数千里，尤为奇怪，即土人亦罕见之，至兹盖三遇矣。余阅蓬莱阁集游览诸公，望市不见者甚多。余一登即见，且至于再至于三，岂海若有灵亦际遇之偶然耶？即谢苏长公精神，亦属大观之奇矣。为诗四章乃报其灵贶云：

一上高楼一望奇，东来佳气转棽丽。
长城忽自波间出，绮阁逸慢天外垂。
明德敬云通奥杳，玄机真是发葳蕤。
竦方直挂扶桑外，拟向仙都驾六螭。

十洲三岛未能探，景物何由大錾涵。
岂是鼋鼍开化国，似将龙象挂灵龛。
波翻草树云连屿，风送楼台日倒岚。
曾笑浮沤成幻影，也能千古作奇谈。

日日拟将蓬岛游，云汉身世转悠悠。
衔杯幸得高人沏，望气真窥元化流。
隐显孙孙公奉敬，沧桑历历总沉浮。

凌风欲觅安期处，为问曦和第几洲。
始信壶中别有天，分明大地出重渊。
蛟波已布泉中象，蜃气应销海外烟。
拱极旦辰常夜夜，朝宗江汉自年年。
一付署庐称灵异，可载风雷下漱船。
万历戊戌(二十六年，1598)云中万世德书[①]

久在边关，万世德对边疆事务越来越熟练，他在练兵打仗之余，逐渐彰显文武两方面的优长。他亲自踏勘海道要害，对列营屯兵从实教练之后，也为军队取得实际成绩而感到欣慰。阅兵山东武定时，万世德见战旗飘舞，军容整齐，部伍严肃，遂赋诗一首：

阅兵山东武定[②]

辕门列戟海城阿，千羽从容霁色多。
日闪旌旗开岱岳，云连鼓角震鼋鼍。
壮猷一自归方叔，耀武争应系尉佗。
槐里汉封今日事，明光端听履声过。

①②据中华书局2013年10月版《偏关志》增订本。

八、制造战船打兵器

长袖善舞，行事从容，并不代表事情容易。万世德筹边海防所付出的艰巨努力，是有目共睹的。“公受事地方，草创悉力拮据，诸请饷、征兵、造舰，昼夜焦劳……”①

万世德莅任天津巡抚，为了海防建设的需要，督造坚船利炮、弩弓器械等，有福船、广船、仓船、沙船、哨船等新式战船，枪炮弩船不计其数，天津卫亦成为兵工厂。万世德还向民间征用过小型浙江温州苍山船、毛竹鹰船、敞口沙船等等。由于征用大量沙船，所以后任巡抚汪应蛟有遣还民船的举动。在万世德的筹划下，天津还建起“津辽水师”，与陆军紧密配合，形成了一整套防御倭寇的军事设施。配备炮类有押阵大炮、一字小炮、小信炮、鸟铳，配有弩弓、毡牌、竹牌、弩箭，还有明火药、毒火药、铅弹、铁蒺藜多达数十万斤。

这些战船、兵器、炮火，给倭寇以极大的震慑，解除了天子对京门的忧虑。史称万公“治军治海治行卓著，陆防海防供给无虞”，“治国安邦之文武全才”，是千里海防、抗倭援朝之勋臣。为此，后来在朝鲜战事吃紧的情况下，朝廷让万公统帅大军，抗倭援朝，不失为有远大的战略眼光。①

---

①据《偏关志·万公传·屠隆》。

②以上三段据 2003 年 5 月 31 日《天津青年报》所载整理。

九、查禁军火走私犯

明军和倭寇在朝鲜大战，倭寇使用长刀，擅长于短兵相接，其火器较为缺少。猖狂狠斗之倭寇，如果再配备上发射火药一类的铜铳，那就杀伤力更大了。日本出产硫磺，但缺少引火爆炸的焰硝。焰硝，即硝石，易燃，可用以引火。为此，日本国为了制造火药，不惜重金套购中国的焰硝。沿海奸商、民户以及猾吏在外夷重利的诱惑下，为了谋取暴利，不顾国家与人民的利益，私自煎制，将焰硝贩卖在东洋国，给倭寇制造炸药提供了帮助。火药的配方为硫磺、硝、木炭，硫磺和硝常常作为纵火剂在战争中发挥威力。到明代，火药的发展达到了更高水平。明天启元年版《武备志》中记载了提炼硝磺和配制各种火药的处方达30多种，这种配合比例与现代黑色火药的标准组配率基本一致。这时期火药的性能包括烟幕、毒气、燃烧、杀伤、催泪、喷嚏、昏迷等，威力较大。同时，制造火药的方法也趋于细密，原料呈颗粒状，不再是粉末，这样便于发射。一旦中国这个“四大发明”的火药制作技术被倭寇所掌握，那后果简直是不堪设想的。

万世德知道自己这个天津巡抚具有海防、平贼、保城等军事职权。当他意识到这个问题的严重性，认为必须严格控制焰硝的产出，严厉打击个人私熬煎制与贩卖。万历二十六年三月二十二日，天津巡抚万世德上奏：

军火重务，私贩横行速为议禁，以足国用，合行各省在产硝地方，设法稽查，立厂官卖。但有私煎私贩，一体究问，仍严稽查商引。凡省直置造火器召商贩者，必给有抚院各兵道印信公文，明开合用硝磺数目，方准纳税收买，其余别衙门文引俱不准行。又必申严海禁，凡闽广浙直出海商船，但盘有硝磺，不拘多少，即照例戮遣无赦，务使通番之贩不得行，其奸对敌之夷，无由操其技。①

万世德的奏章，深得万历皇帝满意，觉得万世德是心存社稷、忠心保国之股肱大臣，于二十三日转给兵部，由其回复并转达圣旨：

二十三日兵部奏一本："军火重务，私贩横行等事，复万世德：奉圣旨，兴贩焰硝，律有明禁。近来全不盘拿，以致出境资敌。这所议通行各省直抚、按，立法严缉，务绝私煎、私买等弊。出海商船，但有夹带斤两的，尽法处治，毋得容纵。"②

万世德除布置海防设施外，将朝廷给予自己"严厉打击火药走私"，当做一项严肃的政治任务来抓。他为了国家与民族的长治久安，发动属下兵备道员官、各级军官以及地方行政官员，对焰硝走私贩子四处张榜捉拿，又发动民众给予举报，平时还突击检查有无嫌疑之处，一经查获，严惩不贷。各种措施并举，使焰硝贩子没有藏身之地，有效地控制了焰硝私自贩卖。

①据《神宗实录》。

②据明刻本周永春《丝纶录卷四》。

万历二十六年(1598)六月，朝鲜战事吃紧，万世德临危受命，前去经理朝鲜。据《四库全书总目提要》存目介绍，从万历二十五年九月至二十六年六月，九个月共270天时间，万世德共著有《海防奏议》四卷，凡为疏48篇。平均每五六天就上奏议一篇，条陈一切海防事宜，可见其工作的艰辛和成效。可惜这部书至今无从查到，致使研究万公受命天津海防巡抚的政绩，受到一定局限。所幸其著作《辽东军饷论》一卷，收于《兵垣四编》，他的军事思想可见一斑。

第十一章

经理朝鲜　抗击倭寇

一、朝鲜经理几番选

万历二十五年(1597)三月,杨镐受命朝鲜经理,在“蔚山之战”失败后被弹劾。从万历二十五年十二月二十三日,至二十六年正月初五,在朝鲜战场发生了一场激烈的战斗称之为“蔚山之战”,持续时间 13 天。明军统帅者经理朝鲜右佥都御史杨镐,辅佐兵部尚书、朝鲜经略邢玠同领军务。杨镐部攻倭寇于蔚山(位于今韩国蔚山广域市),与日军名将加藤清正部展开了激烈战斗。明军一开始取得较大胜利,奏报朝廷大捷,又报包围日军,将要全歼。但第二天天降大雨,气候于明军不利时,明军被日军救兵反包围,杨镐大惧,率先逃跑。明军在此役中丧师二万,以损失惨重败归。正月初五,杨镐逃往庆州,二月十六日回到王京。

著名战将、总兵提督麻贵在取得稷山之战胜利后,为确保汉城安全,与副总兵李如梅协同杨镐共同指挥了蔚山之战,因损失较大,后与杨稿一起受到言官丁应泰弹劾。杨镐被罢官归国,麻贵则继续留在朝鲜,又一次准予戴罪立功。史载麻贵于二月初八回到王京。

万历二十六年(1598)六月初四日,丁应泰的奏本到达北京明朝廷。丁应泰,明湖广武昌府江夏县(今武汉)人,万历十一年进士,初为县令,升兵部主事。二十六年正月出任朝鲜经略邢玠赞画,五月回国。他虽为经略赞画,但又兼言官监察的职能。他陈述了朝鲜战事的情况,把蔚山战役失利的责任推在了朝鲜经理杨镐、提督麻贵、副总兵李如梅(李如

松弟)身上。他在奏言中道:

贪猾丧师酿乱,权奸结党欺君,盖辽东巡抚杨镐、总兵麻贵、副将李如梅等。抚臣杨镐,谬妄轻浮,机械变诈,既丧师而辱国,敢漏报而欺君。倭至则弃军事之命而潜逃,兵败则画屯守之策而掩罪。副将李如梅贪淫忌刻,欺罔奸谗,张虐势而凌耻将官,挟上交而淫略属国。提督麻贵巧于避罪而文致报章,忍于弃而仓皇驰马……又言辅臣(张)位、(沈)一贯,交结欺骗之状,除荫露阵亡花名册一本,私通清正倭书二纸进呈。①

万历皇帝阅完奏本大怒,欲斩杨镐,辅臣求情救免,将杨镐撤职法办。内阁大学士张位、沈一贯因推荐杨镐有误,又因丁应泰指责,亦受到处分。

东征特遣经略、经理等官,责任甚重,转饷调兵,月无虚日,冀收全胜,以安外藩。乃轻率寡谋,至于丧师,又朦胧欺蔽,奏报不实,法纪何在?杨镐革任回籍,着邢玠速赴王京暂兼经理军务,麻贵、李如梅姑且策励供职,候勘明处分。②

万历二十六年(1598)六月九日,神宗特令兵科给事中徐观澜复核查勘东征军务,监督明军的一举一动,并旨令朝廷大臣推选杨镐的继任者“朝鲜经理”。

六月十四日,吏部、兵部等衙门会同推选新的朝鲜经理。吏部推举

①据《万历邸钞·二十六年戊戌卷》。

②据《明神宗实录》。

的候选人有：天津海防巡抚、山西偏关人万世德，大同巡抚、湖广麻城人梅国桢；兵部推举的候选人有山西按察使、天津兵备道、南直隶徽州府婺源（今属江西）人汪应蛟，辽东巡抚、山西大同人李植，延绥巡抚、山东历城人王见宾；风力科臣侯庆远。候选人共推出六人。

六月戊辰（十五日），在众大臣举荐下的六人中，万历皇帝圣裁圈定了汪应蛟，提拔他为都察院右佥都御史经理朝鲜军务。汪应蛟，字潜夫，擅长水利治理，四天后奉圣旨升任朝鲜经理。汪更换朝服没几天，岂料，一向金口玉牙没空言的万历皇帝却改变了决定，于六月丙子（二十三日）：

诏更万世德经略朝鲜，汪应蛟巡抚天津，以监军陈效专驻朝鲜纪察功罪，另差御史一员巡按辽东。①

即旨令天津海防巡抚万世德前去经略朝鲜军务，以汪应蛟代万世德巡抚天津。除徐观澜外，又令监军御史陈效专驻朝鲜稽查功罪。

万历皇帝为何会改变自己的决定呢？原来是都给事中张辅之经过分析研究，认为此次的朝鲜经理人选不妥，上了奏疏，彻底改变了神宗的旨意。“都给事中张辅之疏言，非公不可！遂改公代杨经理，而改汪代公于天津。”②

时兵科都给事中张辅之，太仓人，他认为非万世德经理朝鲜不可，其理由是：

---

①据《明神宗实录》。

②据翰林学士陈懿典《万公墓志铭》。

> 天津近在腹里，即从容袭带，便可料理舟师，绾毂海口；朝鲜远在异域，必拮据鞍马，斯可统率大众，计剿狂倭。汪应蛟产属东南，质颇柔脆，剸裁机务，足称闲雅精详；万世德产自晋阳，性耐寒苦，纵横骑射，真是沉雄博大。窃意经理朝鲜，非万世德不能办此！而即以汪应蛟巡抚天津，庶为两便，特在一互调间耳！①

此段奏言颇耐人寻味。万世德在长期的抗击北方游牧民族的战争中，雄宏博大，文韬武略，尤其在平息西部鞑靼叛乱中屡建功绩。他在西部地区与靠近京门的怀隆地区，除以文臣谋略制定战策外，又以武将身份，亲自带兵上阵冲杀与敌博战，国内以“智勇兼备”评价他、认可他。万世德大度宽宏、气定神闲的性格，给众臣留下了深刻的印象。

究其实，文臣领兵就怕没有经过实战的高谈阔论之徒，也就是人常说的“纸上谈兵”。当时朝廷上下、兵部上下，不乏唱高调、尚空谈者，没有经过实战的“军事战略家”一大堆，但一当大的战事来临这些人朝廷又是用不上、指望不上的人。每当战事过后，这些人聚在一起“这里长了，那里短了”，又评头品足是“有眼光”的“军事战略家”。其时在中日战争已经陷入僵局、抗倭援朝能否取得决定性胜利的关键时刻，更需要一位力挽狂澜、扭转战局、大智大勇的能臣前去经理。万历皇帝启用万世德经理朝鲜，相对要比只经历陆地防御的文臣汪应蛟更为合适。同时，朝鲜战争中不仅要实施陆战，还有更大规模的海战，派遣万世德经理朝鲜，与他在天津海防巡抚任上一年期间治政、治兵、治海政绩显著是分不开的。

---

①据《明神宗实录·卷三百二十二·万历二十六年五月乙酉》；又据张辅之《太仆奏议·明天启刻本·卷二》。

也许有的读者会问，原初朝鲜经理为什么不直接任用有政绩、有军事才能的海防巡抚万世德呢？原因是天津属于京师重地，万公的治绩突出，天津的各项事业方兴未艾，也离不开万世德这位能臣继续经营。万历皇帝虽然后期临朝少，小事基本不管，但在大事方面还是不含糊的，特别是在国家有重大变故时，对朝中能臣名将的特性了如指掌，选择智勇皆备、多谋善断的军事主官，多次转败为胜，转危为安。不管是平息宁夏“哱拜叛乱”，青海、甘肃的东蒙古作乱，西南播州“杨应龙叛乱”，还是“东征朝鲜”，使这几场战争最后都取得彻底胜利。经过权衡，将万世德派用到最关键的地方，是他最放心的决定。

万历二十五年九月十日，自万世德受命以来，在天津这个既为京门防倭前线、又为朝鲜抗倭大后方基地，开垦良田，增加税收，创办兵工厂制造坚船利炮，支援朝鲜前线，治绩辉煌。张辅之认为万世德在陆地、海上防御，后勤保障方面经验丰富，故力荐他担任朝鲜经理。万公在经营南北千里海防线当中，亲自办理了大量的海防筹边事业，特别是善于在沿海一线巧妙布防，积累了大量的陆战海战经验。又从政从军资格老，久经沙场，时年 52 岁，成熟稳重又年富力强，正是干大事、建功立业的最佳时机。为此，让万世德驾驭朝鲜战争，成为朝廷上下的最佳人选。万公又娴熟弓马及刀枪剑戟，有膂力，善骑射，还能操作火器，这也是朝廷大臣敬重他的地方。史料载：“顾养谦、叶梦熊、万世德、梅国桢三四人，火器、弓矢能自操作。”[①]此四人为中国历史上文武全才的能臣，所以万世德出任朝鲜经理得到重用。

后来事实证明，万公与汪公互调是英明正确的决策。汪应蛟擅长农田水利基本建设，接任天津巡抚后，在万世德开垦良田的基础上，又发

①据明崇祯刻本《两朝从信录·卷六》。

挥了大的作用,做出了巨大成绩,受到朝廷嘉奖。

万历二十六七月九日,新经理万世德赴朝指挥的消息传到朝鲜,同时他们也得到杨镐被罢官的消息。十一日,朝鲜国王李昖(yán)在汉城弘济院为杨镐饯行。其时杨镐已改穿布衣,与朝鲜君臣挥泪话别。《朝鲜李朝实录》记载:"其归也,使东土人心,如失父母,遮道请留。"在朝鲜人民心目中,杨镐不惧危险,在战场上猛打猛冲,解救急难,且部队纪律严明,秋毫无犯,是一位好指挥官,更何况他是前来助朝抗倭的英雄。虽然他在指挥援朝战争中失利被罢官,但朝鲜军民还是很同情的。杨镐临别时,称道新任经理万世德通晓军事,会解除朝鲜危难,借以宽慰朝鲜君臣民众之心:"来此两年,一无所成,但扰贵国,惭恨不已。新经理万爷,谙练兵事,后头水兵亦多出来。粮饷一事,最为紧急,多整船只,速运天粮幸甚。"①

十二日,在朝鲜统兵的总兵官刘綎亦对朝鲜君臣说:"万都爷有识见,有胆略,然等候其行,则必至冻寒,以是日望军门之速来。"②

二十一日,在朝鲜的监军、四川温江人梁祖龄也宣传说:"今来万都爷亦好人,若来此有为,则可知其为人矣。"③

杨镐等人在朝鲜的地位逐渐巩固,朝鲜君臣不愿接受天朝更换经理一事,他们对新经理万世德的经历又不熟悉。所幸杨镐、刘綎等文武大臣大度雍雍,为新任经理万世德入朝,树立了一个良好的形象。万世德能否在朝鲜未来的战争中取胜?能否在朝鲜人民心中留下高大的形象?国内国外都在拭目以待。④

---

①②③据《朝鲜李朝实录》。

④此节《李朝实录》与部分资料由北京学者丰小强先生提供。

二、万历皇帝授节钺

正式决定万世德为朝鲜经理后，为其树立威望与保证绝对指挥权的举措也同时实施。

八月己卯(二十六日),兵部题:“加朝鲜经理万世德一品服”,从之。①

《偏关志》中载:“主上悯海邦陷溺,旁求戡乱之臣,明公当舆论推扬,独荷专征之重任。黄钺白旄,十万材官属统驭……”

东阁大学士于慎行在《贺中丞丘泽万公征倭功成叙》中曰:“乃命御史中丞万公,佐大司马邢公出讨,赐之‘节斧’以行。公既受诏,驰渡洱水,陈师王庭……致国之大罚,敢或有不共命,以干常刑。”②

朝廷重臣此两段记述指出，神宗赋予万世德最高指挥权利,“赐之‘节斧’以行”。唐代大文学家韩愈在《平淮西碑》中道:“赐汝节斧,通天御带,卫卒三百,凡兹廷臣,汝择自从。”这里所述的“节斧”,指国家统治权和军权的象征,是古代授予官员或将帅加重权力的标志。其中“符节”

①据《时神宗实录》。

②据《皇明经世文编·于公定文集》。

多是封建帝国权力的标志，是朝廷钦命的高级军官用以调兵遣将，或是钦命的外交官、其他高级官吏执行特殊重大任务代行皇帝权利、行使诏敕的一种金属制成的信物。其中“钺斧”，是一种斧类古兵器，曾是帝王斩杀大臣使用的，象征掌握生杀大权，君主多用黄色的钺。“敢或有不共命，以干常刑”。古人云：“国有常刑，军有纪律，各宜遵守，勿得违犯。”常刑，指法定的刑法。此句意为如有不遵命者，可按国法从事，连接前句意有“先斩后奏”之权。说明万公是掌节钺的朝廷重臣，圣上给予很高的权威，甚至掌握着朝鲜前线文臣武将的生杀大权。

这里有必要说明一下：钦授“一品服”与“节钺”，发生在朝鲜战争紧张而又严峻的时刻，为什么万世德在没有启程赴朝时，万历帝就特赐他这把“尚方宝剑”呢？笔者理解，万世德面对指挥的将是一批爵位比自己高的文臣武将，原国内四大总兵麻贵、刘綎、董一元、陈璘都是屡建奇勋的骁勇悍将，此次又在朝鲜提督部队征战，已经由一般总兵升为从一品的“提督总兵官”了，能否服从万世德这位四品文官的统一指挥调拨，这很难说。古今将相失和造成战争失败，国家利益受损，史书记载有之。借鉴历史经验，万历皇帝与朝廷谋臣也意识到这一点，所以将要给予万世德指挥朝鲜战场的最高权力，亦意味着其指挥权可以超越经略尚书邢玠，又赋予万公先斩后奏之权，这也是对万公的绝对信任。为此，满朝文武上下，对万公打赢这场朝鲜战争充满了期待与信赖。作为朝鲜经理万世德，在接受“节钺”赴任前，同时也接受了一次面圣考察或者是献策考验。

万历二十六年(1598)八月二十日，朝鲜经理万世德正在山东登州(蓬莱)、莱州一带筹粮与运粮，礼部派遣的朝臣突然来到了莱州海防巡抚衙门，转呈圣旨，要万世德择日进京，务必于二十六日吉日，接受圣上赐予“一品服色”与“节钺”典礼仪式。

万世德接旨后，斋戒沐浴三天，又将筹粮任务布置后，于二十四日上午从莱州海口乘船，在将日落的时候到达天津海港口，然后从陆路到了原天津巡抚衙门。休息一晚，第二天一早，万世德和新任巡抚汪应蛟巡察天津海防布防，交代了一些军事与后勤事宜，于上午时分，在随从人员的陪同下，一路车马颠簸，沿陆路来到了京城。在礼部主事官的安排下，晚上驻进了皇宫附近的宾馆。万世德自然少不了朝着宫阙方向祷祝："圣上啊，伯修一定不辱使命！"此时，他心心念念中都是如何应对解决朝鲜战事的问题，顿觉肩负的担子有千斤重。

二十六日上午，在礼部官员带领下，万世德来到了天安门面前，这座代表皇权象征、代表中国统治中心的紫禁城正门，明称"承天门"，清称"天安门"，是明清皇帝到天坛、地坛祭拜天地以及御驾亲征出入的城楼，更是皇帝颁布诏令与大臣接受重大使命的地方。此时的万世德注目着这座丹墙白柱、雕梁画舫、碧顶黄瓦、庄严雄伟的城楼，心潮澎湃，感慨万千！他将以不寻常的身份领受皇命，接受"符节"。当他进到紫禁城太和殿时称"皇极殿"院内金銮宝殿门前，毕恭毕敬地站立一旁，恭候万历大帝登临。过了一会儿，圣上在群臣的陪同下，进入金銮宝殿，登上了龙墩。紧接着是一阵"山呼万岁"的声浪与跪拜，然后文武大臣分列东、西两旁，呈现着一派庄重肃穆的表情。在这静下来的一刻，万世德赶紧上前跪拜，高呼："臣万世德拜见吾皇，万岁，万万岁！"

这时的神宗面如满月，目如朗星，龙眉入鬓，神采奕奕，一派非凡的天子风度。这是万世德第二次拜谒万历皇帝。第一次是他在考进士殿试时，所不同的是此次他被指名单独召见。万世德正在思忖时，突然听到圣上那宏钟般的声音："万爱卿！平身。"万世德道："谢皇上。"然后起身站到左侧。圣上接着道："万爱卿！今天吉日，朕赐予你'一品服色'与'符节''钺斧'，命你前去东征，统领三军，尽歼倭寇，光复朝鲜。"

万世德激动万分，赶紧谢过皇帝，郑重领旨。此时，殿外已经摆好卷头桌香案，正中是“二龙戏珠”的香炉，旁边放着长长的檀木香。香炉前放着一套“一品朝服”与“符节”，旁边刀桶里插着一把象征皇帝权力的黄色“钺斧”。万世德在礼部官员的导引下缓步走出殿外，首先敬香祭拜天地。万历帝亦跨出殿外，坐北面南，正襟危坐在香案后边，准备给万世德授“节钺”与“一品朝服”。祭祀礼毕，授权仪式开始，圣上起身将桌上的“一品朝服”与“符节”向万世德递来，万世德马上甩起身上的蟒袍跪接，称“吾皇万岁！万万岁！”然后将“符节”与“一品朝服”在头上一顶，交由礼部侍从官暂拿。接着圣上道：“万爱卿，平身！”万世德起身站立一旁。

万历皇帝起身，走到旁边，将黄色的钺斧从刀桶中抽出，然后两手把持向万世德走来，万世德赶紧迎向前，跪拜再行大礼。圣上将斧柄递向万世德，说道：“从即日起，你就持朕交与你的三项信物统帅三军了！朕期望你不辱使命，可凭此上管将相，下管吏卒，如有不规者可先斩后奏！”万世德礼节性地推让三次，每次都说：“臣不才，有辱君命！”最后万世德接过钺斧起身，热泪盈眶地说：“启禀万岁！陛下身负九鼎，臣惟有效死奋力。当今朝鲜前线，人心危疑；中日交兵，战争瞬息万变。臣请我主给予‘将在外君命有所不受’之权，以便随机处置一切事宜。”圣上龙颜欢喜，满口应答：“准请。”

接着，神宗炯炯有神的龙目注视着神情庄重的万世德说道：“万爱卿，此去东征，有何良策平息倭乱？”万世德道：“启禀吾皇：臣愚钝，以愚之见，劳师不宜速战，以议和为主，决战为辅，和战结合，戡平叛乱。”神宗称赞道：“爱卿所言极是！”

---

①此节内容据兵书《六韬·龙韬》中记载国君授权节钺仪式提示而撰写。

纵观历史，历次领兵平叛，尽管胜利，但还得处理好与朝廷的关系，这亦是最微妙的事情。《孙子兵法》云："将能，君不御者胜"，即此道理。将在外，君王怀疑、干预、掣肘，亦是时有发生的事，史书上亦有记载。此次万世德接受"节钺"，将要远在千里之外征战，提出"将在外君命有所不受"之请，确系睿智之举。后来事实证明，神宗对万世德在朝鲜的军事谋略、战术行动，是很认可的，给了他最高的封赏与褒奖。正可谓君臣上下同心，将士用命，成为战胜倭寇的必要条件。

古代皇帝一旦钦定了统兵将帅，当其率部出征之时，选定黄道吉日，授予其全权指挥军队的礼仪，彰显圣上"皇图永固"为国求贤若渴之心，期望将帅不负朝廷重托，不辱使命，完成重任。同时，也给予出征将帅绝对特权。《孙子兵法》云："夫将者，国之辅也。辅周则国必强，辅隙则国必弱。""知兵之将，生民之司命，国家安危之主也。"这里论述了作为将帅如此重大的使命、地位、作用，以及所关系到国家的命运，民族的安危。故万世德东征功成后，礼部言其"恢弘大略，有定国之勋"，即此道理。

万世德接受"一品服"与"节钺"，虽受命于危难之时，得到的却是最大的信任。他暗暗发誓，一定要效命疆场，以死报国。后来临出发前，又举行"祭师"礼仪，即明军祭祀神灵，祈求保佑出师顺利、战斗胜利的礼仪。

三、经理与经略分工

万历二十六年(1598)六月二十三日,钦命万世德取代杨镐为朝鲜经理。人们以为朝鲜经略与朝鲜经理为一个概念,因为史书上称万世德为朝鲜经理,有时称朝鲜经略,这两个名词有时混用,如前文"诏更万世德经略朝鲜,汪应蛟巡抚天津",就连皇帝的诏书也称其"经略朝鲜",其实这是两个不同的概念。

"经略"一职,为执行特殊军事任务时皇帝给予的临时职务,权力大于总督。如前兵部尚书郑洛,钦命为宣大山、陕甘宁固七镇经略平息西部叛乱,这样他有指挥宣大山、陕甘宁固两大总督、七镇巡抚的权力。当时,朝鲜经略为兵部尚书、蓟辽总督邢玠出任,职级为正二品;万世德按本身的职级担任朝鲜经理,实为巡抚一类的官,职级正四品。这说明经理与经略在权限上有差别,整体上来看经略大于经理。但是,万公快要到朝鲜时万历帝特赐"一品服色"与"节钺",保证万公在统驭朝鲜各路部队的绝对指挥权,赋予万世德这位四品官享有与二品经略邢玠同等的指挥权。同时也给了朝鲜前线文臣武将一种明确信息,万世德虽为经理,但拥有比二品经略更高的军事调度指挥权。

万世德的越级任用说明,有时干大事不论官职大小,是说办事能力。当时满朝文武大臣一二三品官员有的是,但在决定国家生死存亡的关键时刻,朝中文武大臣非要举荐这位四品官员赴任。正像万历礼部右侍郎、定襄人傅新德在给万公的一封书信中所言:"恭维台下,虎头封相,猿臂家声,以社稷臣为诗书帅。"信中所指,强调了万世德文武兼备的能力,使他实现了职衔上的转化。

又据史书载,朝鲜经略与朝鲜经理的分工是,邢玠统筹全局,负责大的战略;万世德负责战略战术以及具体指挥。需要说明的一点是,邢玠出任经略前是三品官的兵部左侍郎,在受命"朝鲜经略"时被提拔为正二品的"兵部尚书",邢玠上升了一整级。而万世德在出任"朝鲜经理"前是四品的巡抚佥都御史,受命"朝鲜经理"时连半级也没有提,仍是四品官。尽管万公在经理朝鲜中职级不高,但职权很大,穿戴着皇帝赐予的云凤四色织成花锦的"一品官服"以及赐予手中的"节钺"信物,实际上行使的是经略朝鲜的职权。不过为了与经略邢玠的职务名义上区分,仍称经理。

准确地说,在抗倭援朝取胜后原经略邢玠率师回国后,万公率领部分军队留朝戍守二年时因为独立处理朝鲜事宜,有时被称为朝鲜经略,至后来万世德接任邢玠蓟辽总督后,仍然过问朝鲜事宜,这时仍兼理朝鲜事宜,为朝鲜经略。

明代的巡抚、总督,被提拔为执行特殊军事任务的经理、经略,武官总兵被擢为提督,这类职务为中央派出机构职务,无品级、无定员,由朝廷重臣、大臣、武臣出任。亦为明朝中期兵备道、巡抚、总督等文官管武、管兵的介入,以及削弱武臣、武将权力的开始。

四、朝鲜上书保杨镐

朝鲜君臣自送杨镐回国后，又因为万世德一时不能到达，对朝鲜战事忧心忡忡。若以一次失利就撤换杨镐，天朝还能派出比杨镐更合适的人选吗？对此，朝鲜方面一直持怀疑态度。与其让一个不合适的人来替换杨镐，不如叫杨镐继续经理朝鲜战争。这一年即万历二十六年七月十五日，明朝总兵陈璘水师抵达朝鲜古今岛，与朝鲜水师提督李舜臣会合；同时，万世德入朝的前期工作也在此阶段开展得有声有色。

八月乙卯（十一日），朝鲜国王李昖告急，上奏万历皇帝：

朝鲜国王李昖奏："大兵既集，抚臣被参，群情疑阻，事机将失，乞洞察实状，亟回乾断策，励抚、镇以毕征讨。"①

朝鲜国王指出，大部队已经集中，经理巡抚被罢官，无指挥人，将士疑惑，行动受阻，战机将失，请圣上洞察实情，改变原来之成命，用以鼓励抚臣与总兵完成征讨。可见，朝鲜君臣对言官丁应泰弹劾杨镐强烈不满，对杨镐被罢免感到惋惜，请求神宗继续任用。他们认为杨镐虽然失败，但有了经验教训下一次绝不会重蹈覆辙。而神宗回复下旨："是非自

①据《明神宗显皇帝实录》卷之三百二十五。

明，不必为其代辩。”

又据《李朝实录》载，八月十二日，万历皇帝回复：

八月十一日，朝鲜国王一本“大兵既集，抚臣被参”等事。奉圣旨杨镐等损师辱国，扶同欺弊。已有旨特差科臣查勘，是非自明，不必为其代辩。兵部便马上差人传与万世德，着他上紧前去经理。仍传与督臣邢玠等官，今兵饷既集，应战应守，行会同详议举事，以图后效。毋得以行勘推诿，致误事机。

无论朝鲜方面如何委婉陈词请留杨镐，天朝理解他们的心情、明白他们的顾虑，因此神宗明确告诉他们，万世德前期征集粮草、办理军饷，现在已经齐备，就要前去朝鲜经理军务了，至于战守，你们会同定夺，不得以重新勘实杨镐事，贻误战机。

八月下旬，朝鲜国王李昖又奏一本，不再为杨镐争取，而是敦促万世德抓紧前去赴任：

自抚臣杨镐革任西回，军情紧急，角羊懈弛，全、庆疑惧，我势先动，贼焰益张，悖言谩语，无复忌惮，又非前日比，边书告急，朝报夕至，目今事势十分危急，而主管无人，督臣邢玠又尚未到，举目仓皇，茫然无依，伏乞委任荩臣，趁期征讨。

上曰：朕已另遣万世德前去经理。近总督邢玠奏，目下分兵三路进兵，刻期攻剿。尔国亦当振饬将士，整备兵粮，协助共期荡平，毋得专恃天朝，自诿积弱。①

①据《明神宗显皇帝实录》卷之三百二十七。

奏章中提到的“角羊”为角羊岛，在平壤附近；“全”为全州，“庆”为庆州，分别位于今韩国首尔西南232公里与东南海畔260公里处，二州其时均为军事战略要地。朝鲜方见新经理人一时难以赴朝，以“军情紧急”为由，说明杨镐被革职回国而造成的一时难以应对的局面，仍有挽回杨镐继续经理之意，暗喻杨是“荩臣”即忠臣，可见朝鲜君臣对杨镐的深厚感情，仍然试图争取天朝收回成命让其经理。于是，朝廷再次催促万世德早日赴朝经理。①

五、援朝受阻杏山驿

万历二十六年六月二十三日，万历皇帝作出让万世德经略朝鲜军务，除移交新任巡抚汪应蛟一切海陆繁杂事务需要一些时日外，主要对前期明军进入朝鲜后的一切后勤特别是粮草的保障工作，占用时间较长。值此紧急之际，万公夙兴夜寐地勤奋努力，费力费时地筹粮并往朝鲜运粮。万公究竟何时抵达朝鲜王京（今首尔市），指挥明军与倭寇作战的？

经略总督尚书邢玠，在蔚山之战前的万历二十五年（1597）十一月二十九日抵达王京，蔚山之战后的万历二十六年（1598）三月十六日，又

①此节《李朝实录》资料由北京学者丰小强先生提供。

返回义州(今新义州)催督粮饷,六月在凤城(为今辽宁丹东市辖),又因后勤回到了辽东镇城广宁卫(今北镇市)。万历二十六年八月三日再至王京,开始组织新一轮的对日攻势。

八月二十六日,万世德被圣上授予“一品朝服”与“节钺”,意味着筹粮运粮与交接手续基本就绪,经略邢玠于上旬出朝,国内援朝部队也正陆续到达朝鲜,眼下急需要万公出朝指挥抗倭战役。

那么,新经理万世德到底是于何日登程赴朝的?究竟带领多少兵马前往?因当时为隐秘的军事行动,甚至是诡秘的行动,至今仍未发现史料记载。但据后文中引用史料推断:出朝时间是万历二十六年九月十日稍后。至于万公带领多少兵马前往?根据史料分析,只带领亲兵与标兵。因为此次从八月份开始调动国内四大总兵提督的援朝部队,有前期入朝麻贵、董一元的后续部队,有国内东南部沿海一带陈璘的水陆部队,原系抗倭明将戚继光部队的根基,擅长打击倭寇。还有再次入朝的刘綎部队。号称“十万天兵”。万世德出朝主要是节制四大总兵与统领这“十万天兵”。至于自己的直属兵力,只能是亲兵与标兵了。翰林学士陈懿典记述万世德事迹为:“家世为将,选锋家丁以家资养者,常数百人,通籍临戎,帐下如云,皆与共甘苦,所至得其死力。”[①]家丁,即古代将领世家于正式军队外收养孤儿、幼儿等从小训练组建的精锐部队,又称家兵、亲兵,是一支忠诚、效死,装备精良、战斗力极强的部队。当时,万世德的亲兵,大约有500余人。标兵,就是明清两代总督、巡抚、总兵亲自直统的部队,似亲兵类,便利于直接指挥使用。此次万公出朝,除带驻登州(今蓬莱)、莱州的标兵营2000余人与500名亲兵,后又配备原天津海防区内的老部队1000余人,共计3500余人。

①据翰林学士陈懿典《万世德墓志铭》。

万世德在接受圣上“一品朝服”与“节钺”的隆重礼仪后，于九月临出征之前，又举行了祭祀礼仪。“公闻命祃舟渡江，北入辽东界，遇虏大举，道梗。公帅师与虏战于杏山，胜之。”[①]帅师，为古代最高指挥官元帅统兵出师之意，有挂帅、率领的双重意思。“祃舟”，指在大海畔的舟船上树立“牙旗”举行的祭祀“旗神”与“海神”之礼，有保佑陆战、海战胜利双重意思。

万公于巡抚治所莱州旗纛庙与舟船上举行祭祀旗神、海神礼仪后，然后率 2500 名健儿乘船北上到达天津，将原老部队 1000 人收拢归并后，然后从天津陆路上出师朝鲜的。这是据后来监察御史汤兆京弹劾万世德“天津去辽阳不二千里而遥，乃徘徊四月，始抵前屯”语分析判断，得出“从天津出朝”的结论。上文屠隆“祃舟渡江，北入辽东界”，实则是“祃舟渡海，北入辽东界”，如果是“渡江”，那就是直接渡海经过鸭绿江到朝鲜了，不可能是“渡江”在入辽东陆路界。此处为志书误字。或许有的读者会问：为什么不从登州乘船，往东大海上直线距离行驶到达朝鲜王京汉城？或者是从天津渤海上经过鸭绿江到达朝鲜，用不了几天就可以直达了。事实上是绝对不可能的事，当时倭寇以重兵控制着领海权，是无法通过的。或许有的读者又会问：为什么不渡达近距离的旅顺口，再到丹东渡鸭绿江畔不是距离朝鲜更近吗？据笔者分析，是当时这些地区被东北鞑子占据，陆路不通，否则不会舍近求远地绕道远行。

万历二十六年九月十日稍后，万世德率其亲兵、标兵一行 3500 名，从天津改乘骑兵急行军 680 里经过今唐山、滦州、昌黎、北戴河畔、临榆（榆关，今秦皇岛市），到达山海关。

九月中旬，秋高气爽，群星密布，皓月当空，一支铁流出山海关，傲

①据民国四年版《偏关志·万公传》。

然行进在一望无际的辽东平原上。在朝鲜经理万世德的率领下,大明官兵个个精神抖擞,隐秘迅速。他们跨山峦,涉河川,一路上村落、河流、林带一闪而过,挺立在山峰上的明长城,好似迎接他们的到来。一路经过关外三十里处的第一站——辽东镇前屯卫中千户所,再40里至前屯卫城,然后到杏山口驿(今锦州市凌海市杏山镇)住宿时,不料,遭遇鞑靼炒花、土蛮部的袭击围困,阻滞了行程。原来这支鞑兵是跃过锦州大胜堡进入边地,约有万余人。大胜堡(今锦州凌海市大胜堡村)南至杏山驿口直线距离仅六十里可快速到达,可见,阻挡万世德部队东进的就是这支鞑兵。“如虏初入,据塘报号曰五万。臣委官查之,则曰一支达贼,于九月二十日至边,贼跃大安堡台乘虚进入,约有万骑。又一支达贼跃锦州大胜堡进入,约有万余。”①据此,文中提到的“九月二十日”,便可知万世德于九月十日稍后吉日出师朝鲜日期是较为准确的。

一日,万公指挥督战,三千官兵奋勇,与万余鞑兵展开激烈战斗……疾风伴随着明军战士的怒吼声,黑暗中惨白的大地上火光四起,只听见刀枪撞击声,厮杀搏斗声,惨叫声,响成一片。明军将士个个奋勇当先,越战越勇,激战至深夜,斩其酋首,挫其锐气。混乱中少数残兵败将,借助战场上的微弱灯光,狼狈地向北逃窜。其他后援的鞑兵,见此情状,望风而逃……翰林学士陈懿典记述道:

方是时,邢司马驻师朝鲜,而辽阳虏警,道梗。公疾驱而前,道遇虏,斩其酋首。虏惊遁,遂渡鸭绿。

“臣行到山海关,闻鞑子再犯,万经理被围于杏山,仅脱,由他路东

①据山东巡抚王业弘万历二十七年二月二十四日奏本。

来。然虏异于倭,不能陷城,只掠在野人畜、禾谷以去。"[①]臣,指朝鲜使臣领议政李元翼,这是他从明王朝国都北京回到王京汉城后,奏报国王李昖的话。

辽东巡抚李植于万历二十六年(1598)十月间,也曾向朝廷报告鞑靼兵进入辽东骚扰的情况:"榆林堡等处鞑虏,九月二十六日出境。"[②]即占据榆林堡的鞑虏,大约七天后出境。榆林堡在沈阳城东北,鞑虏时常出入,骚扰范围广,不时地进犯明朝边境。万历皇帝为此回复:

> 丑虏冲突无常,该镇兵马单弱,顾此失彼,恐非全策。还传与抚、镇官,严防东西南路,免致疏虞。[③]

由于辽东地方接近朝鲜,长期为抗倭前线提供大量的兵员与军粮,其时东北鞑子各部乘虚而入,劫掠人、畜与谷物粮食,无疑使人民雪上加霜。之前,朝廷多次派出官军征剿。四月份,著名辽东战将、曾在朝鲜抗倭战场上大显神威的李如松率军与蒙古部落血战,在今抚顺浑河岸沟谷中埋伏身亡,从此一代将星陨落。此次,万世德又遇恣意逞凶的蒙古军进犯,神宗命令辽东巡抚与总兵官严防东西南三路,以免阻挡明军的行程。

万公率师在二十日以后击退大胜堡这股鞑兵向朝鲜挺进时,还得时刻防止榆林堡等处出塞的鞑兵侵袭,在辽东受阻几天的时间。接着,万公率师从杏山驿昼夜兼程,过中屯卫(在今锦州),经广宁卫城(隆庆前期总兵镇城,今北镇市城)、辽阳(时为东宁卫,总兵镇城)、摩天岭(在

①据《李朝实录》。

②③据《神宗实录》。

辽阳与本溪交界处)，然后奔驰南下到凤凰城(今凤城市)，至安东(丹东)鸭绿江畔。一路上，马蹄踏踏，疾风飕飕，鞍马劳顿，时遇秋雨袭击，有时道路模糊不清，加之饥饿与疲劳，但对这支钢铁般的大明王师，已经算不得什么了！他们只有一个念头，前进，奔向抗倭援朝的战场！

明军跨过鸭绿江，快马加鞭，到义州、平壤、开城，从天津出发总行程 3500 里，最终于十月一日下午跃进汉城王京。其时，清风扑面，晚霞染红天际，明军的战旗迎风飘舞，全体官兵神情庄重，个个精神饱满。万世德端坐在战马上，轻挽缰绳，稳重从容，不怒自威，黝黑的脸上，一双睿智的眼睛注视着远方……

从明军行进里程推算，明杏山驿至王京(汉城)至少还有 2230 里。从九月二十日在与鞑兵战斗中后几天的滞缓，至十月初一日赶到汉城，这断断续续十天的时间，每天平均 223 里的急行军，除过受阻时间，有时每天甚至是三百余里的加急行军，属于骑兵疾驰。万公一行赴朝可谓是高度紧张，昼夜奔驰，马不停蹄了！否则，十月初一日是难以赶到朝鲜王京的。即便万公不从中屯卫、辽阳、摩天岭、凤城一线行走，而改道从海州卫、析木城一线至鸭绿江，步行也是很远的，只有马兵先到。从天津到汉城，总行程 3500 余里。

《李朝实录》记载："十月朔(癸丑)，经理万世德入京。"此记载明确表明，十月初一日万世德与部队抵达朝鲜王京汉城(今韩国首尔)的。明天启刻本茅元仪《武备志》亦称："十月，世德至王京。"明代大文学家王稚登诗《万伯修经略朝鲜》①赞曰：

中丞秉钺赋东征，鸭绿秋潮饮马行。

①此节部分资料由北京学者丰小强先生提供。

十致半钟辽海粟，百无一练越营兵。
邦传箕子期恢复，乱比公孙待削平。
若说屯田能却敌，向来方略在金城。

诗中提到万巡抚把持皇帝赐予的“节钺”东征，于鸭绿江秋潮水涨的时候率铁骑过江。[①]

六、入朝时间经检验

万世德于万历二十六年六月二十三日被任命为朝鲜经理，但于九月十日稍后才启程。在北至旅顺口、中至天津、南至登莱往来奔跑两个半月，因为朝鲜战事陷入僵局，为了防止倭寇从中国的沿海地区进犯，他一方面加强沿海布控，一方面进行筹粮运输、制造船炮等各项重要工作，都是在夙兴夜寐、废寝忘食中进行的。在前往朝鲜当中，又受到鞑靼兵阻挡，可谓路途艰险，其后才马不停蹄疾驰。由于万公入朝时间较迟，在朝鲜战争胜利后，引发了一些监察官员的非议：

万世德自六月受命，迁延不敢前，比闻倭退，兼程驰至，会同邢玠奏

①据钱谦益《列朝诗集》丁集第八。

捷。[①]

监察官员以为万世德出朝迟缓是为了保全自己，或者是前去抢夺胜利果实。却对万公到达辽东杏山驿时受到东北鞑子围剿堵截不提半个字，毫无根据地一味责难。

那么，为什么万世德六月二十三日受命朝鲜经理，于十月一日才到达朝鲜王京？

其一，对于一支远涉国外的援军来说："患不在兵之不强，而在食之不足，食足则兵强，兵强则守固矣[②]。""兵马未动，粮草先行"。几千、几万、几十万部队出征，人要吃粮，马要吃料，做饭要燃料。如果事前没有妥善的安排，这支军队必败无疑。双方战争，就是耗费大量的人力、物力、财力的过程。至八月份，陈兵在朝鲜前线的大明官兵达九万人，每天光吃粮一项就需一二十万斤，靠饱经战乱之苦的朝鲜难民是根本无法解决的。前期出朝的明军由于朝鲜方粮草供给不济，明军为了不白白地消耗粮食，于是急于求成、匆促上阵出击倭军，结果带来损失。万公自从上任朝鲜经理以来，牢记南宋爱国将领辛弃疾说过的"用兵制胜，以粮为先"这句警语，摆在他面前的第一项重大任务就是筹集军粮运往朝鲜前线，这也是一项十分艰巨的差遣。

当时，日本控制着对马岛屿的海运线，陆运到朝鲜的运输线又长，前线的物资供给十分困难，这一点万世德在《辽东军饷论》已经论证清楚：

---

①据《明史纪事本末》。

②据《皇明经世文集·辽东军饷论》。

（辽阳）地方千有余里，卫、所军旅凡九万九千八百七十五员名，除新募应援兵不计，区区止借山海关一路馈饷，边卒者辄叫嗷待哺，甚至凶荒，士卒相食。区区一线之馈饷，其能充数万人之腹乎？迩者登莱运米，达辽甚便，惜其不多，旋复止。惜哉！

辽东防御蒙古族的驻军与朝鲜明军共计20万人，每日耗粮就是一个不小的数目。辽东与援朝军粮，初期均从国内千里奔波到山海关陆路运输，因路途遥远，时有馈运断绝的现象，造成前线士兵闹饥荒，饿肚子，严重时期达到了"人相食"的地步。如今要运送粮食至朝鲜，难度自然更大。原朝鲜经略宋应昌对粮草输送情况亦描述道："王京以南，如尚州、大邱之处，中国粮饷实难转输，须取足于全罗、庆尚两道，而庆尚又皆残破，今取给者惟全罗一道耳。近刘綎屡称粮饷不继。"①特别是明军进入朝鲜之后不断南下至今韩国，战线拉长，境内道路崎岖，造成军粮运输的困难。对入朝明军粮草的供给，已经是刻不容缓的事情。难怪宋应昌感叹："朝鲜之难，不难于进兵，而难于运饷。今日军中之事，调兵困难，而运饷尤难。"②一支军队如果伙食差，吃喝不好，甚至出现断粮，根本不会有持续的战斗力。

万世德在上任的两个月内，调动各方面的力量，克服种种困难，把前线所需要的物资尽快输送出去，于是调理布置了好几个后勤保障基地，新开辟数条运输线，为新入朝大批兵马输送去充足的粮草等军需物品。这些筹粮与运粮工作，费时费力。因为当时只能靠艰难的人力、畜力车、船只运送，或人力肩挑、背背。所有这些，都得组织协调好，才能安全

①据明宋应昌撰《经略复国要编》卷六。

②据明陈子龙编《明经世文编》卷四〇一，中华书局1962年版。

到达。

其二，预算兵饷及其他军费开支，向朝廷请示批拨，也得一些时日。同时，军事器械的准备也需要时日。除调拨补充军事物资外，后来朝鲜前线所需要的坚船利炮，是万世德征用以及新发明、新创造的，必须在其督导下制造成功方可运送。如前所述的福船、广船、仓船、沙船、哨船等新式战船，及新制造的押阵大炮、一字小炮、小信炮、鸟铳，还有新发明的火药、毒火药、铅弹、铁蒺藜多达数十万斤。这些装备，更需要一些时日。后来朝鲜战争中使用的战船、火炮、炸药有一半是万公输送去的。

其三，万世德在六月二十三日至八月二十六日授"节钺"这两个月期间，行使的是朝鲜经理的职权，不是朝鲜经略的职权，重点是后勤保障。到朝鲜后与邢玠协调暗行"经略"的职责。万世德为抗倭援朝的最后胜利，呕心沥血，勤勤恳恳，任劳任怨，充分做好了前期的后勤保障工作，往朝鲜增兵期间主要负责督军和督粮。

八月十九日，明军陆续到达朝鲜，在监察官员丁应泰的威逼下，没有等到新经理万世德的到来，驻朝鲜的邢玠经略开始组织"四路进攻"。二十六日，万世德受持万历皇帝给予的"节钺"与"一品服色"，才得到最高的军事指挥权。经过一番准备后，万世德才开始昼夜兼程地向朝鲜前线开进。

其四，抗倭援朝从国内调往朝鲜的部队至八月份陆续增加，号称"十万王师"。其中有总兵提督陈璘的广东水师、邓子龙的江浙水师、游击许国威的福建水师，刘綎的川兵，连同原来驻朝的麻贵、董一元的部队共计 87480 人，含水兵 6180 人。经过鞍马劳顿、晓行夜宿到达朝鲜前线的部队属于疲劳之师，深知兵法的万世德懂得"劳师不战，静观其变"的道理。所以前期他把心安在了筹粮与运输上，并在明军没有到达朝鲜前线之时而"静观其变"。历史上的"夷陵之战"可作前车之鉴，万世德深知三国时期刘备的蜀汉大军打到东吴防线一带，东吴陆逊用以逸待劳的方法，阻挡了蜀汉大军的攻势，在夷陵一带打败蜀汉军，成为蜀汉继关羽失荆州后又一次实力大损。所以，这时他绝对不和日军开战。事实证明，万世德的分析判断是非常正确的，于是他大胆放心地争取时间开辟多处筹粮点与运输点，筑成牢不可破的后勤保障线。

其五，万世德为新任经理，属于新换将，又在朝鲜军民崇拜原经理杨镐的情况下上任，中朝双方对他多有疑虑。故万公在大抓后勤的同时，挤时间从各个方面充分了解掌握朝鲜前线地形、双方兵力布置及各级指挥人员特点等军事情况。他懂得只有“知己知彼”，才能稳操胜券。

至于有人指责万公入朝是去抢夺胜利果实，纯属无稽之谈。九月间万世德出朝时正是朝鲜开战，明军攻击不顺利，胜负难料的时刻。至十月入朝，明军已经出现了败绩，十七日宣告四路围攻失败。其时朝鲜经略邢玠是在新经理万世德未到任的情况下又兼职经理，迫于朝野压力及兵部主事、赞画兼监察官员丁应泰的责难，贸然组织明军进攻倭寇的。恰好是万公在杏山驿受到东北鞑靼军阻路的时间，即万历二十六年(1598)九月二十日左右。在不懂军事的丁应泰的威逼下，此次大规模的秋季攻势，邢玠在军事部署上未能体现“集中优势兵力各个击破”的原则，结果导致失败。受到内阁首辅、大学士赵志皋的指责，并上书主张撤换经略邢玠。其时，昼夜操劳朝鲜军务的邢玠，被搞得左也不是，右也不是，无所适从。近似苛刻的言官丁应泰与后来赴朝的徐观澜、陈效等监察官员，对稍有不慎的官员就会举报。而对万世德的出朝时间与后来在朝鲜的指挥决战，一直没有找到毛病上言弹劾，说明万公所做的一切是正确的、有成就的。

还有监察官员说万世德“滞留不前”，甚至说他是“讳怯恇战”。如果真的是这样，在战火纷飞、随时就有生命危险的朝鲜前线，为什么万公还要带上自己的两个爱子出朝？身经百战，过惯戎马生涯的万世德肯定不会恇怯讳战的，他反而会以驰骋疆场、奋勇杀敌、建功立业为荣。其实万公一向在战略上轻视“倭国”，他曾在与朝臣的议论中说过“倭兵战斗力有时不如漠北鞑兵骁悍”。他在国内十几年不论在青海、宁夏，还是在靠近京门的怀隆地区，还是此次在辽东的杏山，都是与鞑靼兵、东北的土蛮部打出来的，根本不会“恇怯讳战”惧怕东洋倭兵。

延迟入朝的根本原因，是如前所述的筹粮与运输的主要五条。只有对朝鲜前线及时地补充后勤供给，才能取得战争的彻底胜利。为此，万公入朝的时间稍为迟了一点，这也是合乎情理的。不然的话，总兵官刘綎就不会对朝鲜君臣说道：“然等候其行，则必至冻寒，以是日望军门之速来。”①

这说明军事家、战将刘綎是有远见卓识的，他深懂战争的道理，不像言官那样时有说胡话。如果万公真的有意拖延入朝时间，在六月二十三日受命至八月二十六日这整两个多月时间没有作为的话，为什么不对他处罚？万历帝反而还授予他“一品服色”呢？果真如此，朝中众文武大臣及监察言官肯定会对他责难不休的，甚至朝廷会给予处分的。同时，言官的责难也极大地增加了万世德备战的压力，使得他常处于高强度地忘我工作之中，导致后来身体日趋衰弱。

新经理万世德刚去朝鲜不久，得知四路围攻失败的消息后，忧心如焚。摆在朝鲜战场的最后残局，还需要他去收拾。

---

①据《李朝实录》。

七、朝鲜战事陷僵局

万历二十六年十月份，万世德初到朝鲜的战况是：奉钦命暂兼朝鲜经理的兵部尚书、朝鲜经略邢玠，组织的大规模秋季攻势，进行了将近40天，八月十九日组织的陆路三路进攻于十月七日结束，最终以损兵折将告终。

具体战况是：东路军，提督麻贵率三万中朝联军集结于庆州，于九月二十三日攻打据守蔚山的加藤清正部倭城，因吸取上一次蔚山失败教训，作战比较谨慎，双方互有胜负，处于拉锯状态。但后来日军拒不出城作战，麻贵只好退守庆州。听闻中路军败退，麻贵于十月四日起将步兵辎重器械尽行撤退，只在庆州留下少量骑兵。说到麻贵，不得不提到山西右玉麻家将。明清两代，麻家先后出了30多位总兵、将军，且个个忠勇双全。麻家为回族人，祖籍在甘肃祁山地区，善养战马。明正统年间，麻家被朝廷征召到长城边塞大同右卫一带专门牧养战马，以供前线使用。嘉靖年间，右玉城被鞑靼军围困，时任大同参将的麻禄引领儿子麻贵、麻富、麻锦等将士与百姓奋力保卫，后援军赶到，鞑靼撤兵。麻禄最初从大同总兵官刘汉长途奔袭“板升城”得功，晋升参将。此次麻家父子也一一获功受封，自此为右玉“忠武世家”。麻贵，由舍人从军，万历间积功至宁夏总兵，平哱拜，征倭寇，累官至右都督、镇守辽东总兵官。其父麻禄积功至宣府副总兵，其兄麻锦从父有战功，累官至山西、宣府镇总兵，卒于官。国内号称“东李西麻”，与辽东总兵李成梁家族齐名。”①

中路提督董一元率领近三万名中朝联军集结于星州，先攻取晋州，准备再拿下泗川。九月上旬开始日夜攻打泗川城，日军两万人分守内外二城。董击毙日军大将相良丰赖，主将川上忠实身负重伤，率领一百余人逃进内城。逼得总指挥岛津义弘背海临时筑起工事防守，置之死地而求生的日军十分顽强，明军数攻不下。董一元调来大将军炮、红尊炮，对日军阵地开炮，日军临时搭建起来的工事崩塌了好几处。明军本已打破日军最后一道防线泗川新寨城门，正要攻入，眼看这个日本战国奇人、外号为“鬼石曼子”的岛津义弘要毙命于朝鲜时，明军的大炮突然炸膛。又游击茅国器（后查实为游击彭信古）阵中突然火药失火爆炸，众人仓皇奔救，前军误以为后路被日军偷袭，登时乱成一片，纷纷逃窜。这给了岛津义弘可乘之机，随即命令日军出击，击败了混乱中的明军。明军被俘三四百人，阵亡近七千人，军粮损失二千余石，尸体、兵器等狼藉130余里，损失极大，泗川又被日军夺回。董一元不得已退晋州，又退守星州。

董一元作为万历抗倭援朝四战将之一，他是宣府前卫（今张家口宣化）人，大同参将董旸之子，明将董一奎弟，著名将领。嘉靖四十三年（1564）正月，一元担任蓟镇游击将军抗击土蛮、黑石炭等部一万多骑兵获胜，以大功升石门寨参将。隆庆元年（1567）九月，明军在棒槌崖打败鞑靼军，升任副总兵，驻防古北口。万历十一年（1583）以后军都督佥事出任昌平总兵官，不久迁往宣府。十五年八月改任蓟镇总兵官，之后被弹劾罢免。十九年，征西经略郑洛命其在西川迎击火落赤部，多有斩获，升副总兵协防宁夏，十二月又提拔为榆林镇总兵官。哱拜叛乱，率轻骑

①据明宋应昌撰《经略复国要编·卷六》。

直捣土蛮老巢获胜，署都督同知。二十二年十月，董一元代替尤继先担任辽东总兵官，雪夜突袭，大败把兔儿部，震慑各部。二十五年（1597）三月，为经略邢玠属下军事参赞。此次二十六年九月代替李如梅担任御倭总兵官战败，万历皇帝下诏斩属下逃跑的游击马呈文、郝三聘，降彭信古等人官职，充当事官。董一元被降官三级，后于十一月最后决战获胜，官复原职。二十七年三月班师回朝。

九月二十日，西路军提督刘綎率近28000名中朝联军集结于全州，攻打日军小西行长部把守的顺天城，因易守难攻，进展也不大。刘綎以谈判为诱饵试图捕捉小西行长，未能奏效，迫使小西行长退守顺天城。然后刘綎施行攻城，激战一天，攻陷顺天城外围木栅，烧毁营房60余间，杀死烧死倭兵1000余名。后于十月三日进至曳桥城下60步近处，但因疑惧怕付出代价，错过破城良机，结果失败。

接中路董一元泗川败报以后，刘綎于十月七日急忙退兵。刘綎，字省吾，南昌人，有父刘显战将风，号刘大刀，为明朝杰出的抗倭将领、军事家，是万历年间武状元，有“晚明第一猛将”之称。累官四川总兵，讨平番酋杨应龙，进左都督，先后于万历二十年（1592）与二十五年入朝抗倭，建功立业，后同杨镐出征辽东战死，身经百战，名扬四海，天启初赠“少保”。

配合刘綎作战的水师提督、号称常胜将军的陈璘，与朝鲜水军统领李舜臣率领中朝近27000名水军赶到顺天湾，从海路围攻顺天倭营小西行长部，于十月二日在行船当中，日军发射的铁丸致死朝鲜兵29名、明朝兵5名。三日夜，水兵酣战，不料因海水退潮撤退不及，而致唐（明朝）船23只（内有大船两只）搁浅，被日军迫近纵火焚烧。死伤、被俘者甚多，船上明兵800多人仅生还140余名。陈璘、李舜臣水兵留三日后，发船退至螺驴岛观望。

陈璘，字朝爵，号龙崖，广东翁源县人。少怀大志，身材魁梧，膂力过人，熟韬略，善用兵，嘉靖末为都督佥事，从讨英德贼有功。万历年间以来，相继讨平广东境内大盗赖元爵及岭东残寇叛乱，晋升肇庆游击、高州参将、副总兵兼东安参将、贵州总兵，改镇广东。东征朝鲜立首功，回国后任湖广总兵官，参加平息播州（今贵州遵义）苗民叛乱，战功卓著。万历三十五年（1607）卒于广东总兵官任内，同年九月赠“太子太保”。

至此，明军蔚山、泗川、顺天左中右三路与水路“顺天湾”一路大军皆大败，伤亡九千余人，损失程度超过杨镐指挥的蔚山战役。由于前方打了败仗，帮助运粮与救护伤员的朝鲜民众四散奔逃，明军的后勤补给也出现困难。对于此役，《李朝实录》有详尽的描述：

> 是时，东路天兵二万四千，我兵五千五百十四名；中路天兵二万六千八百，我兵二千二百十五名；西路天兵二万一千九百，我兵五千九百二十八名；水路天兵一万九千四百，我兵七千三百二十八名，共计十余万。资粮、器械称是。而三路之兵，荡然俱溃，人心恟惧，荷担而立。①

不过，这也不能一味责难邢公，因为在朝廷派来的新经理万世德未到达之前，是不能轻举妄动的，只能积蓄粮草，养精蓄锐，等新经理到来再谋进攻方案。遗憾的是，万公入朝至杏山驿受到东北鞑靼兵阻挡一段时间，一下子到不了位，而言官丁应泰先万世德一步到达。邢玠不得不提前采取行动，不然丁应泰会上奏章说一顿“光耗费粮食不干事、不打仗”的话，把邢玠撤职查办，甚至给予更大的处分。

说到丁应泰，起初职务是为参与军事监察的“兵科给事中”，职级七

①据《朝鲜李朝实录·宣祖·万历二十六年十月十二日条》。

品官，与监察御史互为补充，有弹劾百官的职能。出朝时虽升为从六品的兵部主事、经略赞画，但他仍然没有脱离监察官员职能，可以直接给皇帝上言，是一名受万历皇帝夸赞的言官。据《明朝纪事本末》，神宗认为丁应泰是“朕从政二十六年，罕见之直臣、忠臣”，并在卧室的墙壁上贴了他的名字。丁应泰得志更猖狂，他如上言指责谁，毫无疑问，谁就得倒霉，轻者也得接受审查质疑。有的大臣暗地里骂他长得一张臭嘴，咬谁一口，谁着实受不了，就连将要成为一品大员的朝廷重臣邢玠对他也畏惧三分，这属于明代“以小官制大官”制度之约束。鉴于此种情况，邢玠觉得与其不明不黑地死在小小的言官手下，不如主动出击，轰轰烈烈地与倭寇大干一场，或许取胜成功，平定朝鲜。邢玠怕丁应泰把事情闹大，等不及经理万世德，先开战再说吧，所以在不懂军事的丁应泰的胁迫下，未能取胜。

秋季四路攻势的彻底失败，明军上下顿感压力巨大，愁云笼罩。讨平倭寇，光复朝鲜，不知要等到何时？此时邢玠一筹莫展，深感肩负的责任重大，他寄希望于新来的万经理能给予有力的配合。

秋季战败的消息，由山东右参议、朝鲜前线监察官员梁祖龄报告给驻朝鲜王京的监察御史陈效，陈效于十月十七日题本上奏万历皇帝，并追究泗川之败的责任。经略邢玠批准按军法从事，以率先逃跑罪，拟诛杀骑兵马呈文、郝三聘二将（战后勘罪不实而实际未杀），其他游击将军师道立、柴登科、茅国器、叶邦荣、蓝芳威，原游击彭信古、副将祖承训等，准戴罪杀贼，立功赎罪。

十一月初，朝鲜败绩的消息传至京城，朝野震惊。在家养病的内阁首辅大学士赵志皋上书主张撤回邢玠，专留万世德负责朝鲜战争，奏称：

先败于南原,再败于蔚山,今三败于泗川,贻笑倭奴,耻辱中国。岂朝廷之钱粮、百姓之膏血,为博功名之儿戏也?臣窃谓用此忿兵,原无胜理。倭以逸待劳,以近制远,而我裹粮束刍,野栖露宿,安见其能胜也?不如令督臣邢玠仍归本镇,以东事悉委经理万世德,择一大将与之协同,兵将择其精健量留若干,其余悉令撤归。将所留之兵分布全、庆要害之处,择其膏腴之地广行开垦,久则彼食自足,我饷可以免运矣。一面调选八道精壮,严加训练,久则我兵渐撤,彼兵可以自守矣,尤望严旨切责。朝鲜君臣卧薪尝胆,陪臣有不用命者,许经理即以汉法绳之。如此则中国之兵饷,不烦远输;朝鲜之积弱,亦可渐振。倭奴知我有备,进无所逞,亦将自图归计矣。①

万历皇帝接到战报后也十分担忧,批复:

东征未得取胜,朕心日夜悬注。

当然,此次进军攻击,客观因素居多,并非明军将士厌战、惧战,也并非邢玠战略战术的失误,只是攻击不顺利等而致。但首辅赵志皋认为,邢玠是在顾及经略的面子,贸然用兵,属于兵法中所讲的"劳师""忿兵",根本无取胜之理由。既然出现败绩,应该还原邢玠总督蓟州镇、辽东镇之职守,调回总督衙门驻地之密云,重新管理蓟辽事务。然后,全权赋予谙练军事的新经理万世德,并选一员大将与其积极配合,一面在全罗道、庆尚道屯垦,一面准备与日军打持久战,迫使日军疲惫厌战而主动撤兵,并授权万世德,对办事违误的朝鲜大臣按大明法律予以究治。

①据《神宗实录》。

赵志皋主张“撤邢留万，屯田、持久战”之议案，事关重大。十一月中旬，万历皇帝令府部九卿科道官员集议。其中《万历三大征》记载详明：“兵科给事中张辅之、御史于永清等上疏力争，乃一意进剿。”最后，睿智果决的万历皇帝权衡利弊，认为邢玠虽有失利，但居朝鲜时间较长，熟悉朝鲜地理与战况，通过总结经验教训，与新经理万世德合作，是可以转败为胜的。“临阵换将兵家大忌”，遂放弃撤回邢玠的建议，仍命全力谋划，取得最终胜利，并以“举国财力”作担保，驾驭好朝鲜战争，使得邢玠得以最后实现青云之志，取得抗倭援朝的胜利。战后，邢玠尽管受到苛刻的丁应泰、徐观澜等言官的责难不休，好在万历皇帝不听其言，认可其功绩，否则他也会和杨镐一样，背负败绩的罪名遗恨终生。原朝鲜经理杨镐后被重新起用为辽东巡抚，但在萨尔浒与后金作战当中误中埋伏又一次大败，受到言官的责难，被下狱处死。其辛勤一生，不得善终，难道他是天生的败将？还是命运所使？

八、先声夺人破敌胆

万世德于万历二十六年（1598）十月初进入朝鲜，初步得到明军败绩的消息，也就是这两年的两次东征大会战均以彻底失败告终。持续七年之久的朝鲜战争已经进入黎明前的最黑暗之时，以他多年从军的戎马生涯感到“坏形已著，败局谁收？”他知道，此时邢玠经略的心情是沉重的，明军的士气是低落的，朝鲜军民在等待、观望、犹豫，对他这个新经理的到来以及指挥能力持以怀疑态度，看他能否指挥得力，取得最终胜利。邢玠也在观察万世德究竟会采取什么样的手段来扭转目前的战局。

万世德一过鸭绿江，就给盘踞在朝鲜的倭寇下战书。“遂渡鸭绿，飞檄倭营：新中丞率生兵十万且至。倭众与我兵相持久，心惮其难胜，会平秀吉死，闻公来，益气夺。”①实则万公只率领明军三千五兵力入朝，其目的是先壮大声势以压倒对方，给日军造成心理上的恐惧，破坏日军的士气，使其心惮难胜。万公讨倭檄文大意如下：

讨倭檄文

蕞尔岛寇，穷兵黩武，屡兴犯顺，污秽邻邦。致三千里江山尽遭沦陷，古箕子国度生灵涂炭。夫鄙倭国，本我一体宗亲，但丧尽秦汉遗风、隋唐文明，背宗叛祖，戾气乖张，狼子野心，昭然若揭。明火执仗之兽行，几无廉耻；惨无人道之杀戮，罄竹难书。于是乎天地震怒，人神共愤！吾炎黄子孙，帝胄之后，血脉流淌仁义，博爱遍及寰宇。今新中丞万，奉行天讨，率王师十万，铁骑三千，驰渡浿水，风起云动，大军压境，不期讨平巨恶大憝。谅汝蠡贼，不堪我大明官军之一击！望汝等停止战争，火速撤军归国。否则，尔罪恶难容，唯可引颈受戮耳！

这篇讨倭檄文，痛斥了日军七年来侵占朝鲜，造成生灵涂炭的罪行。万公这是一种典型的心理战法，对日军施行军事恫吓，首先在心理上打垮对方。

万公以《孙子兵法》中的“造势”谋略，壮大明军的声势，恫吓倭寇退缩。前内阁首辅王家屏后在《贺万丘泽中丞东征奏捷》一文中赞扬说：

①据翰林院编修陈懿典《万公墓志铭》。

"肃军容以严宪,破贼胆以先声"。

据明军中路大将董一元事后报告:

> 董提督报曰:沈安道新寨,难遽攻破,寨内有石曼子之用事名郭国安者,愿作内应。乃蒙经理都院万爷发谕文,令本营参谋官史世用,持文往谕石曼子。曼子即招行长、正成、忠长、玄苏、调信等,说称:天兵新来甚多,若不乘此谕文撤去,后日欲归无名。众倭将皆听撤去。此虽史世用宣谕之功,实郭国安之力也。①

文中的"沈安道"指日本的行政区划的一道,其长官为日军在朝鲜的中路将领"石曼子"岛津义弘,"沈安道"为其代称。石曼子寨内有帮其谋事者郭国安,为明军的内应。郭国安,华人,七年前驻日本,后跟随岛津义弘来到朝鲜,成为其属下日军中的一个头目。但郭时刻想念着祖国,随时准备为祖国奉献一切。董一元部署参谋史世用持万经理的檄文与谕文,找到郭国安,说明来意。郭史二人同心同德,愿为光复朝鲜出力。当郭将文件传到中路倭首岛津义弘手中,并招来西路小西行长等战将说道,天兵势众,不如以此"谕文"议和为名撤归。如前所述,丰臣秀吉之死亦给他们造成心理上的打击,再加上这几年的朝日战争死伤严重,国内财力衰竭,兵员不济,久拖不决的战事给他们带来身心上的创伤,如果继续与地大物博、人口众多的中国长期耗下去,那后果简直是不堪设想的。眼下这批倭寇虽然小胜,但疲惫不堪,精神不振,又被天朝大元帅万世德所率"十万生兵"摆开决战的气势所惊吓,假如与其搏战肯定没有好果子吃。考虑到这些,石曼子部愿意与其他部队撤归。此为史世

①据《朝鲜李朝实录·宣祖》万历二十六年十二月二十一日条。

用与郭国安之功。

后来朝鲜廷臣卢稷说起这件事亦称道不已：

今日之事，俺与茅游击有功。董提督败军之后，他无所为，翌日即往贼阵，见沈安道扬言曰："万都爷领二十万众，已到王京，一举尽剿，使贼船一只不返。尔亦有心计者，其可抗彼天威乎？今者秀吉已死，人心皆欲思归。可于此时撤去，以保余命也"云云。

沈安道亦曰："吾等果有撤去之意，而无端未决矣，敦谕如此，我当去矣。天朝亦当使三国，永为相好云云。其后三路之贼，果为尽撤矣。以此邢爷移咨于兵部，使俺由福建往日本，谕倭酋使之尽还掳去朝鲜男妇，永为相好。明年七、八月，当自日本出来。须以此意启知尔国，将俺与茅游击功劳，移咨于兵部"云云。①

卢稷说道，董一元接受倭军"议和"，见了"沈安道"岛津义弘，虚张声势，恐吓说万经理率天兵二十万，将日本水军尽歼，你赶快撤军，以保余生。后沈安道说，如此我应当撤去。后来，其他三路日军也撤走。明总兵大将董一元在与倭"议和"时，配合万公"飞檄倭营"为明军壮大声势，给敌方施加压力。取胜后邢经略上书兵部，使卢稷由福建到日本，宣谕明朝的命令，将掳去朝鲜的男妇尽数归还，使中朝日三国永远和好。后万历二十七年七八月，卢稷从日本归来，将他的前后行动告知明朝兵部。倭寇退却，是他与明中路军董一元营中的游击茅国器部属毛国科、史世用深入倭营造势与"议和"宣谕有功所致。

在本年九月秋季四路攻击中明军失败，特别是驻守泗川的岛津义

①据《李朝实录》。

弘(石曼子)一个先防守、后反击,加之明军内部意外事故,其中董一元军大败而归。日军获得与明军交战以来的一次空前胜利,造成了骄横放纵、气势逼人的态势。就在这种历史背景下,亦给新任朝鲜经理、巡抚都御史万世德带来很大的压力。但万公是国内"咸以文武器略推之"的名声显赫的军事家,他绝不会辜负朝廷上下对他的期望,以及两国的人民信任。面对这场即将到来的第二次攻势,他正如屠隆在《万公传》中所描述的那样:

公天性豪爽,意度豁达,如古名臣将相,鲜有兼长。公文淹子史百家,下笔宏丽汪洋……武娴《素书》《黄石略》,每当大敌,意气雄毅,身先士卒,虽矢石如雨,神色不变,出奇料敌,智算若神。

万公这种造大明军声势与恫吓倭寇的军事谋略,给失败的明军一个极大地鼓舞与激励,给各路日军一个强大的心理打击。①

九、整顿军纪治兵戎

万历二十六年九月末,当万世德一过鸭绿江踏上朝鲜土地,就好像大明将士与朝鲜方无数双眼睛在紧紧盯着他的一举一动,并对他寄予

①此节中《李朝实录》资料,由北京学者丰小强先生提供。

取胜的期望，

他做的第一件事就是“飞檄倭营”下战书。十月初一，在王京汉城，万世德与经略邢玠会面，两人都激动万分。对于万公的到来，经略邢玠喜出望外，他深知同年万世德在国内西征东杀的战绩，智勇兼备的军事谋略，顿感压力减轻，对打胜倭寇又充满信心。两人像久别重逢的老战友一样，叙说着往日的衷情。二人本是隆庆五年同时考中进士，在各自的岗位上为国效力。邢玠在万世德的家乡山西守戍时间较长，先在偏关东南部的宁武关任主管马政的太仆寺卿，后又升任陕西按察使，万世德当年出任陕西按察佥事征伐青海时，二人于西宁见过面。后来邢玠因病返乡没有卷入“西宁事变”的纠纷，而万世德虽然在战役中获胜，但被当事者弹劾，卷入其中被罢官返乡。后来邢玠升任山西布政使，再升大同镇巡抚，为保卫北疆立下汗马功劳，而万世德亦升任邢玠家乡山东布政使，再升天津巡抚，在当时的海防线登州、莱州驻守。他们的经历很相似，又很有趣味。这次为了抗倭援朝，经略与经理二人又走到一起来了。

邢玠见到万世德很兴奋，为他接风洗尘后，马上转入当前大事，即如何赶走东洋兵，光复朝鲜领土。邢玠向万世德介绍了朝鲜前线情况，万世德聚精会神地听着，不住地点头称是。叙述完后，邢玠问万世德有何打算，万世德成竹在胸，他向邢经略建议：首先要在四路明军中整顿军容、威仪、纪律，严格将士官吏的规章制度。眼下必须先从各级军官开始，再到兵士，振作士气，壮大官兵的声威。

之前的“四路围攻”，中朝联军十余万，战将如云，军粮器械充足，各方条件超过日军。因为来自五湖四海的各路将领配合不力，各自为战，反而给倭军以可乘之机，最终导归失败。

邢经略对于万世德的举措表示赞同，并提出商议重新制定出战前军法军纪。因为军法军纪是步调一致、保证胜利的基础；令行禁止，赏罚分明，是提高战斗力、克敌制胜的保障。

在冷兵器作战时代，残酷的战争，要求每一位军人在战场上保持较高的精神素质和勇于牺牲的自觉性。只有这样，才能使军队立于不败之地。因此，深通兵法的万世德，以强化参战者“信仰、心理、习惯、行为”为第一要务，采取“攻心”管理策略，使各位兵士心甘情愿地效命国家，浴血疆场，战斗到生命的最后一刻。

一日上午，天清气和，阳光灿烂。身材颀长、精干利落、双目有神的朝鲜经理万世德，身着天子赐予的“一品朝服”，更显得庄严尊贵。邢经略与万经理，两位朝廷重臣，在兵士的护卫下，来到大明官兵前，不慌不忙，沉静安稳，和蔼慈祥，落落大方，显现着“不怒自有三分威”的神态。在邢经略的引见下，万世德先后到四大战将“董麻刘陈”守成地与军营逐一视察，并将这里的地形与布防一一牢记。每到一地，他都向各位将士鼓气安慰：“各位将士，你们辛苦了！你们不负皇命，在邢经略的率领下与朝鲜友军并肩战斗，与倭寇生死相搏，打得勇敢顽强，朝廷很感念你们！”

万世德视察完四大军营后不几天，又将董一元、麻贵、刘綎、陈璘四位提督总兵及部属副总兵、参将、游击、守备、千总等将官集中在一起，在王京开会部署“整顿军容军纪”的举措，并进行战前动员。

经略邢玠道：“本月我军组织的四路围攻失利，官兵士气有点不振。未来胜负难料，每位将士肩负的责任很重。为了统一思想，轻装上阵，我军决定来一次军法军纪重申及整顿。具体步骤，由万经理主持进行。”

新任朝鲜经理万世德和往常一样，精力充沛，神态自若，身着“一品朝服”更显得英武气派，一双明亮的大眼睛扫视全场一遍，然后有条不紊地讲道：“此次我大明官兵‘奉行天讨’‘恭行天罚’，一定要不辱皇命，尽快将倭寇赶出朝鲜。”禀承天意皇命，以王师征伐为“天讨”；禀承天意皇命,恭行诛罚为“天罚”。

然后,万世德对军事整顿的内容进行了布置。最后,将《大明军法十七禁》重点重申了九条:

其一:闻鼓不进,闻金不止,旗举不起,旗按不伏,此谓悖军,犯者斩之。

其二:呼名不应,点时不到,违期不至,动改师律,此谓慢军,犯者斩之。

其三:多出怨言,怒其主将,不听约束,更教难制,此谓构军,犯者斩之。

其四:好舌利齿,妄为是非,调拨军士,令其不和,此谓谤军,犯者斩之。

其五:窃人财物,以为己利,夺人首级,以为己功,此谓盗军,犯者斩之。

其六:或闻所谋,及闻号令,漏泄于外,使敌人知之,此谓背军,犯者斩之。

其七:调用之际,结舌不应,低眉俯首,面有难色,此谓狠军,犯者斩之。

其八:托伤诟病,以避征伐,捏伤假死,因而逃避,此谓诈军,犯者斩之。

其九:主掌钱粮,给赏之时阿私所亲,使士卒结怨,此谓弊军,犯者斩之。

宣布完上述九条,万世德说:“我与邢经略又根据朝鲜战场具体情况,新拟制五条战场纪律,望诸位将领回去传达,如有不遵循者,按照军法从事。”接着万世德宣布了新七条，其大意：

谣言诡语、煽动军心者斩；谎报军情、临阵脱逃与退却者斩；临危胆怯，见死不救者斩；保护不力失掉军旗者斩；克扣军饷、私存物资者斩；私抢朝鲜老乡财物、私存战利品者斩；调戏奸淫朝鲜妇女者斩。

万世德着重强调了第三条，要求诸位将领回军营传达执行。他说道：此次陈兵朝鲜的王师，有南派北系、东路西伍，其各自的作战特点不同，作风习惯又不尽相同。特别是我们这批来自五湖四海所组成的生力军，在未来战场上要相互遇见，甚至是并肩战斗。在战场上官军的性命是休戚与共的，如有临危胆怯，见死不救者，则为我军的耻辱，也是为人所不齿的。战场上一定要互相救助，情同手足。今后我与全体官兵是亲兄弟，我等全体兄弟要精诚团结，共御外侮，收复失地。

翻阅史册，古代官兵以“兄弟”相称、恩义治军的方法，对军队在战场上密切配合，提高战斗力起到了重要作用。士兵之间的相互称兄道弟，有时代替了“士兵”一词。其实这与军法军纪并行不悖，成为古代军队中的一大特点。

同时，万世德也重申了军容风纪的内容，他强调，我大明官兵要做到着装整洁，举止端正，精神振作，文明礼貌，维护军法军纪，爱护朝鲜百姓。

万世德又颁布了执法“监军”人员的名单。“监军”，即监督军队战场纪律的官员。最后万公强调，对部队进行遵纪守法与赏罚分明的教育，最重要的是我等各级军官自己带头遵守军法，执行军纪，要“正人先正己”，而后对其他士兵监督检查。他说，将领的身教就是无声的命令，在座的诸位，在军法军纪上要严格实行官兵一致的原则，还要“以礼治军”，即通过奖励官兵的方法，来提高兵士执行军纪的积极性。使大明官军这支王师，其长官与兵士，就像父兄带子弟一样用心用情。

万世德决心在短期内，将所有入朝的大明官兵那种自由散漫习气去掉，统一训练成一支纪律严明、令行禁止、战术精良的军队。

最后，经略邢玠补充说："为了能让将士效命疆场，服从指挥，我等必须在平日训练教育中，反复申明军法，并使全军熟悉军令条例，自觉养成遵守的良好习惯。对于少数违反军法军令者，在惩处之后，以此典型事件实行教育。"

事后，邢经略与万经理"立法行令、宽严相济"的治军方针，在明军中产生了良好的作用。

东征朝鲜功成，原朝廷内阁首辅王家屏给万世德发来贺信："宠兼四镇之节……旋移八路之麾，援枹径往。肃军容以严宪，破贼胆以先声。"[1]文中"肃军容以严宪"，赞扬了万世德从严治军治将的举措。

原朝廷东阁大学士于慎行亦发来贺信："铺敦熊罴之旅，致国之大罚，敢或有不共命，以干常刑。"[2]意指万公率领勇猛善战的明王朝军队，奉行"天讨"，如有不遵从命令者，按照军法从事。

---

①据《王文端公集》卷一《尺牍》。

②据《皇明经世文编·于公定文集》。

十、议和为名派间谍

深知兵法韬略的万世德懂得，明军四路围攻失败后，不能急于与倭寇决战，如战，属于“忿兵”，然而“忿兵”是不能取胜的。“不忍忿怒者，谓之忿兵，兵忿者败”[①]。万公已得知日本丰臣秀吉死去的消息，料定倭寇必退，但于何时、何地退却？采用怎样的方式退却？

就在万公入朝到王京的十月初一，德川家康等日本五大老已经派德永寿昌、宫木丰盛等人亦于十月初一抵达釜山浦，传达撤军命令。先后秘密通知泗川岛津义弘、顺天小西行长、蔚山加藤清正，约定十一月十五日（实际上是十一月十八日）统一撤兵。为防止明军堵截追杀，要于明军进行体面的“议和”。为了防止明军间谍套取消息，日军千方百计地保密，并与明军使计斗智。在长达七年的抗倭援朝战争中，明朝一直不能获胜，所以相当一部分朝臣认为，东征后期必须是以“和谈为主”，“决战为辅”。从万历二十年四月至万历二十六年九月，其“和谈”已经进行过三次，均未奏效。

万历二十六年十一月期间，朝鲜经理万世德接受了日军方面的“议和”邀请，决定按照兵法所示“用间”，实施明军最高层“秘密派出间谍，瓦解日军军心，掌握日军动向”的谋略。在他的主持下，以议和为名，派

①据《汉书·魏相丙吉传》。

出各路明军间谍组赴日军营中“刺探”消息。

中路军以游击将军茅国器为间谍长官，精选以毛国科为首的亲兵19人，深入到中路泗川守将岛津义弘部探秘；西路军以总兵提督刘綎为间谍长官，精选以刘天寿（万寿）、王建功为首的亲兵30人，深入到西路小西行长部探秘；水路以水军总兵提督陈璘为间谍长官，精选陈文栋为首的亲兵20人，亦深入到小西行长部水军以探秘。同时，都以造大明军声势，给日军施加压力为目的去说服其撤军。事后，狡猾的日军，并且将这几路明军人员都留下人质，即是万世德暗中称为的“用间之人”。当时，只有东路大将麻贵部对付蔚山日军强烈主战派加藤清正部，未派间谍。

万历二十六年十一月初五日，万世德首派明军中路大将董一元属下游击茅国器营千总毛国科，带人进入泗川倭营，于十四日获取日军撤退之情报，并派部将密切监视。

随因倭据泗川寨，师老食匮，经理万公草一檄札，衔加都司，以大其威，俾入寇穴陈利害，谕以大义。由是倭酋义弘密敕部落遁去，水陆官兵始得夹击成功。①

文中指升毛国科六品千总为四品的都司中级军官衔，以壮其威，持万经理草拟一檄文，入倭营陈说利害关系，为此倭酋岛津义弘秘密命令部队逃走，中朝水陆官兵始得夹击成功。

毛国科于万历二十六年十一月初五日径进泗川倭营，多方用间。说

①据《义乌秀川毛氏宗谱》。

得萨摩倭酋义弘、忠恒等，于十一月十五日收兵撤寨。及至釜山，又因倭酋清正按兵扎营，科又用计说，令正成暗将营寨焚毁，是以各路倭兵俱不敢留，至十一月二十七日尽皆扬帆东归。①

究其实，是万世德一封造势、恐吓的檄文，又派以"议和"为名的间谍出使，用计说服，使得岛津义弘产生厌战情绪，并给日方台阶下，使其同意不战而撤军。

毛国科，明浙江义乌人，据《毛氏宗谱》与《两朝平壤录》②载："幼颖异，性孝友，喜读书，尤精孙吴兵法。屡试不第，后投在蓟镇总兵戚继光帐下，又转山东巡抚孙纩属下，授裨将，寻调登莱为中军，凡所谋划，无不中肯。"至孙纩总督蓟辽，参与咨询朝鲜、训练军队事宜。万历二十五年(1597)日军进攻朝鲜，毛国科担任南军水兵游击杨万金营督阵千总，缘以本将阵亡，归并浙江游击茅国器营，仍任前职，破蔚山，取晋州，身先士卒，斩获良多。

毛国科与日军将领岛津义弘的"议和"，也许毛是个小人物未能引起中朝双方重视，但后来确实发挥了重大作用。在东征援朝最后决战中，与他同行者来自中、西陆二路、水一路明军使者共60余人，进入倭寇营垒谈判，施行反间计，说服他们与明军议和，不与战，及早归国。并且，严密注视并掌握日军准确的撤退时间。

万世德派出的间谍组，多方诱迫日军各部早日撤军，达到明军最终的战略意图。"间使"们搜集到的确切情报，关乎战争胜负，保证了明军高层把握战争形势，谋求战略上的主动权。毛国科的出行，后被国内尤其是朝廷内官员引起误解与争议。

---

①②《两朝平壤录》，台湾学生书局，1969年版第385—394页。

关于这一军事谋略，被朝鲜方面的官员德州庆尚道观察使郑经世察觉，他指出：

本月（十一月）十四日，降倭佥知金归顺率彭（信古）游击军一人，持要时罗送沈安道书，往泗川贼营。近日唐人等连络往来，初十日唐人一名不削头发，持沈安道送茅（国器）游击书一封出来；初七日茅游击、周通事，称名人及唐人持和书往贼营。十四日，茅游击又送史相公、孟通事及唐人二名，我国通事一名，入归贼营。①

文中提到的要时罗，本是对马岛领主宗义智的通事官，但得到了小西行长的赏识，一向派他代表自己与中国、朝鲜交涉。文中的唐人为朝鲜人对中国人的称谓，说明了中方人员出入倭营的情况。

万历二十六年（1598）十一月二十一日，邢玠经略收到董一元的塘报。塘报，称边报，明代指塘兵探访的情况经下级官员整理后上报的军事情报，属于官方的新闻传播工具。塘报称：

据浙胜营游击茅国器等报称，中路倭寨已破五座，惟沈安道新寨不下，而各寨之倭尽归此寨，徒以力功，遽难即破，与通判黎民化密议，有寨内石曼子之用事者名郭国安原作内应，乃具禀经理都院，而以计破之，蒙发谕文。于是月初九日，令本营参谋史世用同督阵官毛国科等持文往谕石曼子等。①

---

①据《李朝实录》。

②据邢玠撰《经略御倭奏议》卷十。

文中有“寨内石曼子之用事者名郭国安原作内应，乃具禀经理都院，而以计破之”语，说明派出的间谍作为内应，都已禀告经理衙门，使万公及时采取对策。可见，万世德在入朝近两个月未露面，已经主持了“用间”。派在倭营的毛国科、史世用与倭营中的华人郭国安联系，名为与岛津义弘(石曼子)议和谈判，实为掌握日军何时退兵的机密。日军在撤退时对明军“议和”人员所为：

奈倭人虑我舟师追杀，因要毛国科与刘总兵委官刘万寿、王建功，陈总兵委官陈文栋同往日本。①

原来被日军扣留的有毛国科、刘天寿、王建功、陈文栋等人，日军在撤退时带回日本。战后经过近年半的时间，丰臣秀吉之子丰臣秀赖得知后，觉得再滞留中方这些属于白丁的“人质”已经毫无意义了，于万历二十八年(1600)四月五日，命小西行长及宗义智，差日船从朝鲜海峡东与本国西之间的对马岛一并将当年明军“人质”与其他羁留人员，送达朝鲜，然后转回国内。送回重要“人质”毛国科，则是命萨州太守岛津义弘至后于十四日搭乘福建商船到福建海上，又至浙江海上，于十八日到达国内岸上的。②

①据《义乌秀川毛氏宗谱》。

②此节中《李朝实录》与部分资料为北京学者丰小强先生提供。

十一、行踪诡秘的兵家

万世德奉皇命出任朝鲜经理期间，有重要的《经理奏议》《经略奏议》等著作问世，但此书经多方查考无下落，很多史书比如《四库全书》中也未提及，怀疑是万氏家族存有此书，恐怕已于顺治六年（1649）“反清复明”事变毁于万氏阖门自焚中。由于该书的失传，加之当年万公指挥抗倭援朝最后一战时处于高度绝密的状态，致使当年战役布防、调控，部队的指挥调动，对战将的授计以及具体部署事宜，许多涉及战争“机要”细节，以及高级指挥枢纽中心，更是鲜为人知。如前所述，亦给人们造成口实，认为万公出朝没有工作，轻而易举取胜，或者全是经略邢玠的功绩。今据邢玠《经略御倭奏议》一书残存的“二、四、六、九、十”五卷中，可以看到，“赞画”兵部主事丁应泰、兵科给事中徐观澜对他的责难，导致他们之间的关系不和以致恶化。从只言片语中得知万世德在指挥此场“议和”与“决战”中沉着、冷静，言行机智隐秘，不漏玄机，令人捉摸不定。

文中提到的丁应泰，于万历二十六年正月到朝鲜，踏勘杨镐功罪，五月回京向朝廷上奏本，还不顾实际情况指责邢玠指挥不力。朝鲜上书力保杨镐后，他于九月初四再度来到朝鲜王京，期间弹劾朝鲜国王，其奏言苛刻，还指责朝廷内阁首辅与其他大臣，与中朝两方不和。二十七年正月回国。

徐观澜，山西泽州人，万历十七年进士。初官知县，历官南京户部郎中、兵科左给事中。他与万世德、陈效是万历二十六年六月同月被指派朝鲜的。他是继丁应泰后复勘杨镐及东征事件的监察官员，以敢说真话著称，又是一名书法家。朝鲜国王为驳斥丁应泰弹劾“朝鲜通倭反华”一事，曾派出大臣强烈辩诬与请愿。徐观澜通过核实杨镐“蔚山之战”中的功罪与“朝鲜通倭”一事，给予一一辩诬、纠正，朝鲜方对他印象很好。但后来他又与丁应泰弹劾“东征成功”的朝廷内外文武大臣，因事实与证据不实，被一起罢官。他是于九月十一日抵达朝鲜王京的。

监军御史陈效，四川成都人，九月二十四日左右抵达王京，以都察院监察御史出任监军。监军，官名，古代监军皆临时差遣，代表朝廷协理军务，督察将帅。明代以监察御史或宦官为监军，专掌功罪、赏罚、稽核事宜。

上述三位监察官员于万历二十六年十月初，又转向邢玠组织的秋季陆三路攻击于本月出现败绩的调查上。据《朝鲜实录》记载，徐丁陈三位当时除在王京等地秘密调查其真实情况外，并计划南下到前线明军驻地考察、核实。走前，他们也想拜见一下他们之后到达的新经理万世德，毕竟是本国明军中的一位统领。

接近十月底，朝鲜国王李昖因为明军四路围攻失败，朝鲜一直处于水深火热之中，企求新经理到达后，扭转败局危局，有新的谋略实施，盼见新经理，咨询方略。但新经理万世德入朝一个月，一直找不到也见不到。

十月二十八日，朝鲜国王李昖心急如焚，不顾国王身份，亲自找到徐观澜了解情况。其实，当时就连丁、徐、陈三位明朝监察官也不知道万世德的去向和活动情况，以致后来形成对他的积怨。这说明万世德行动是十分保密的。

当李昖见到徐观澜时说：

万经理不远且至，亦待其来，十分料理，以期万全。俺亦先为下去，欲审战守形势便否耳。①

意谓万经理不远千里到来，期待他竭尽全力管理，有稳妥的战策保证全胜。我也深入下去，调查研究战守形势。徐观澜对国王安慰了一番，劝说他耐心等待万经理新的战略决策。

朝鲜国王李昖回去后，还是坐卧不安，于二十九日再次找到徐观澜打听万世德的下落。徐观澜讲：

今当休兵整槊，以待万都爷之来，一时进剿，以图万全。粮草诸事，十分措备，俾无临时窘乏之患。②

徐观澜不知道万世德的行踪，但又不便说明，只好为其稳定情绪，再次安慰说，当今大明官兵正在休整期间，等待万经理选择合适的时机进剿，以图万无一失。眼下，您要协助将粮草筹措到位，以便无后顾之忧。

朝鲜国王李昖察访两次，仍然不知万世德的底细行踪，十一月三日，李昖在公署中心乱如麻，心境难平，忽然想到拜见驻扎在王京的明军最高首领——经略邢玠。他觉得，尽管战后的邢玠心情不好，善后工作繁忙，还是要听其言论，观察了解对方在未来决战中有何新的良策。双方会面后，国王说明来意，在交谈中，邢玠首先向李昖谈了自己的近

①②据《朝鲜实录·宣祖·万历二十六年十一月三日条》。

况：

近以中路之师小衄（nǜ），俺过用心虑，寝食不安矣。又曰：俺亦以焦劳之故，口内尽疮，不得饮酒矣。[①]

邢玠也极为聪明，中午与国王吃饭交谈之间，他说自己嘴里生疮，不能饮酒，也不好说话。究其实是免得多说，以免走漏风声。只说了明军中路兵“小衄”，即打了小的败仗，自己“过虑、焦劳、寝食不安”。接着李昖关切道：军门要调养好身体，以便下一步的军事行动。然后探究邢玠经略以后有何战略战术取胜，从以下对话便可得知双方的心理、态度。

（李昖）上曰：天兵以小邦之事，跋涉万里，载饥载渴，再进贼穴，而小邦无禄，中路之兵，未免伤衄，罔知所言。小邦则计无所出，大人必有成算，愿一闻之。

（邢玠）军门曰：俺亦无他奇策，但欲收拾兵粮，必讨此贼。国王亦须保合余烬，期于灭贼，何如？[②]

李昖讲道，天朝兵跋涉万里，忍饥挨饿，再次进剿贼寇，小国无福，使得中路兵受到伤损。小国无计可施，大人您必有胜算策略，愿闻端详。谈到新的战略，邢玠也有点顾虑，觉得此时没有妙招良策，只是劝慰朝鲜国王保存休整剩余的军队，以便后来灭倭。实际上此日距离最后决战只有十二天了，由于没有出现战机，邢经略此时也觉得一下拿不出计谋。

李昖见不到万世德，万世德也没有见他，从监察官员口中得不到万

---

①②据《朝鲜实录·宣祖·万历二十六年十一月三日条》。

的消息，从邢经略口里也得不到方略，仍然放心不下，觉得是否得罪了新经理？于是他又到监军御史陈效处察访，仍然无效。他说道：

大人之初至敝郊也，不谷方在负罪待命之中，既不得出迎大人之入居敝馆，日亦多矣，而又不得来候，不胜惶恐。①

国王李昖向陈效解释说，万大人初次到达朝鲜，因本人受丁应泰弹劾，在“负罪待命”中，没有迎接新经理的到来，更没有招待入住宾馆。好长时间了，万经理也没有来问候，为此感到惶恐。朝鲜国王并非傲慢，而是觉得自己是明朝的有罪之臣不便接待。同时，万世德也没有主动会见国王，一到朝鲜便全身心地投入到考察与谋划之中。国王对倭寇长期侵占朝鲜，不能光复国土，忧心忡忡，一筹莫展。他寄希望于新经理的战略决策，但又摸不着其行踪，只得来向陈效表达对万经理的歉意。陈效亦向国王说明了自己的意见：

且新经理出来，大败之后，不可率尔再举。若率尔再举，则是谓忿兵。兵骄者亡，兵忿者败。当今之计，莫若收拾败亡，休养兵马，徐图更举。②

陈效并没有说出万世德的行踪位置，也是安慰国王，忿兵不可轻率地去战，应休养兵马，慢慢图谋新的用兵法。接着，又向国王李昖谈了一下自己的打算：

①②据《朝鲜实录·宣祖·万历二十六年十一月三日条》。

御史曰:"俺职分内事,何劳之有?俺前往星州,转向顺天。还由东路,即为上来矣。"①

此句在《李朝实录》中原有国王"有劳监军多来提示"的话语,而陈效给予"俺职分内事"的一番回答。

十一月一日,也是万世德入朝整一个月的时间,就连本国的三位监察官员也一直见不到他,更不知这位新统领要做何打算。他们在战策上听不到新见解,更帮不上忙,只能按照工作程序自行出去考察。兵科给事中徐观澜首先出行王京之南,去考察星州(在韩国中部),再转向顺天(在韩国西南端),然后返东路庆州(在韩国东南部),再回王京。其后,经略赞画主事丁应泰也随之出发。十一月四日,监军御史陈效也出汉城南大门,首入中路星州董一元败后休整的地方,再往西路顺天刘綎处视察,又去东路庆州麻贵处视察,然后返回汉城。

朝鲜王李昖对徐、陈二人都亲自送行,恭敬备至,但对弹劾他的丁应泰恨得要死,没有理他。三位监察官员即使在相继考察明军三路驻防地的当中,还是没有见到万世德。朝鲜国王更是几次想见而未见到经理万世德。

由于朝鲜方对国王李昖的期待,使得他急切想知道新经理万世德将会采用何种新的战略战术,实施何种方略与计谋?

十月一日,万世德一到王京,与经略邢玠会师后,了解了朝鲜前线的战略地理与敌我双方兵力布防等情况。万公深知,上年的"蔚山之战"与前不久组织的四路进攻新败,等待他的将是如何去扭转此败局。此次万历皇帝赐予他节制四镇总兵、全面指挥的权力,这意味着什么呢?如

①据《朝鲜实录·宣祖·万历二十六年十一月三日条》。

果此次对日决战不能取胜，那将会贻笑国内、贻笑朝鲜、贻笑后人的，甚至还会成为千古罪人！但他也知道，虽然万历帝赋予自己绝对指挥权，但比自己早一年出朝的经略邢玠毕竟是自己的上级，决不能擅自越权、超越邢公发号施令，古今将相不和，当朝督、抚不和造成的悲剧大有人在。他发自内心的表示，自己必须以大局为重，与邢公协调好关系，求大同、存小异，精诚团结，愉快合作，打胜这场朝鲜战役，彻底将倭寇从朝鲜境内驱逐出去！

万世德自入朝后，除必要的工作外，再没有接见过中朝双方任何人。也许有的人会说万公一到王京汉城，朝鲜国王未迎接也没有委托其他大臣接待，万公受到不理睬与冷遇，会心灰意冷也不愿意见他们。首先肯定，万公从国内率兵风餐露宿、昼夜兼程、马不停蹄地渡过鸭绿江抵达王京援助朝鲜时，朝鲜方面连象征性地、礼貌性地一般迎接招待也没有，当时万公心中是很不快的。以下从《李朝实录》中得知：

经理衙门将官亦曰："李议政曾为杨经理陪臣，极力善待，今日顿不如前云。万经理下人与臣无相接之路，皆言臣之不来见也。"①

文中提到的李议政为原经理杨镐的接伴使（接待外国使臣的官员），极力善待杨镐。今日万经理到来，接待不如从前。

沈喜寿曰："前年及上年，物力稍优于今年。杨镐出来时，稍为善待。万爷出来，一路别无作弊之事，入城缺望，怒曰：'尔邦待俺，不如杨爷云矣。'"②

①②据《朝鲜实录·宣祖·万历二十七年二月二日条》。

上述资料，足以证明朝鲜君臣对万世德初到王京时的怠慢，以及他们对前任杨镐的善待与感念。但此时万公肩负重大使命，他绝不会赌气故意不见朝鲜方面的人，更不会因小失大、斤斤计较这些小事的。他是从战略战术、决胜敌人的高度来考虑，来行事的。《万公传》中对万世德有这样的评价："即狂士使酒骂座，人所最不堪，公夷然，了无忤容。有忌公才名下石龁之者，公终身如不闻，其豁达大度类若是。"

万世德作为一个军事战略战术家，深知"兵者，诡道也"的道理。战争是动态的，是无常形的，用兵打仗是一种变化无常之术，需要运用种种谋略方法欺骗迷惑敌人，并不断地制造玄虚。万公一入朝后，马上飞檄倭营，下战书，对倭寇施行了"造势、恫吓"等谋略，让敌人摸不清我方意图。

然后，万公不顾鞍马劳顿，一心扑在朝鲜战事上，身着便衣带领二子锦衣卫佥事邦孚、三子有孚（官生，历官辽东宁前道）与有关近侍的军事参谋秘密地深入前线勘察地理形势，熟悉朝鲜情况，秘密地走完了四大将的防守地，掌握了大量军情。他还和在天津千里海防线任巡抚一样，尽职尽责，发现漏洞，清肃弊端，弥补不足。尤其是对海军与战船督查，非常注重，因为万公经过一年多的海防积累了丰富的经验，对各处海路港口的战船配置、兵力安排，都有明确的指示与计划。

随后，万世德秘密主持了"用间"，即以"议和"为名，派出间谍，留有人质，刺探军情，瓦解日军。力求密切关注、时刻掌握倭寇的静态与动态。

我们从中朝方史料得知，并从徐观澜、邢玠、陈效与朝鲜王李昖的对话当中得知，从万历二十六年十月一日至十一月十五日，即本年第二次中日正式开战时，直至二十日"露梁海战"胜利结束，中朝双方都不知万世德究竟在哪个位置指挥。所以，他在朝鲜的行踪极为机密、隐秘，甚至是诡秘的，就连朝鲜国王、明朝文武大臣及监察官员也不知道。

十二、驱倭寇四路大捷

内外交困的丰臣秀吉于万历二十六年八月十八日郁郁死去，他留下一首辞世歌："随露珠凋零，随露珠消逝，此即吾身。大阪的往事，宛如梦中之梦。"不可一世的丰臣秀吉一死，大臣们决定密不发丧，自朝鲜撤军。九月五日，五大老以丰臣秀吉名义，指示在朝各军，"争取最体面的议和"并秘密撤军。

关于日本灵魂人物丰臣秀吉去世的真假消息，万历二十六年(1598)几乎风传了大半年。从该年三月份即有流言传出，七月再次传出，真假难辨。而据日本史料载，丰臣秀吉实际死于八月十八日。

就在邢玠组织万历二十六年九月二十日那次失败的秋季总攻势之前，实际得到了关于"日本关白丰臣秀吉已经去世"的消息，但真假难辨。九月六日，朝鲜庆尚道观察使郑经世驰启曰：

降倭言内，关白七月初七日病死，叮咛倭将等方欲撤归之际，自日本奇别出来。关白虽死，其子已立，左、右、中三纳言，摄政国事，少无异议，传令诸将，勿为撤还云云。倭将等会议曰："天兵进攻某城，则我等各

①据《李朝实录·宣祖·万历二十六年九月六日条》。

自守城，勿为弃城相救。”虑有乘虚掩袭之患云。[1]

翰林学士陈懿典曰：“倭众与我兵相持久，心惮其难胜，会平秀吉死，闻公来，益气夺。”这时，日军盘踞朝鲜半岛已有七年之久，在沿海分布三处，战线长达千余里，士兵疲于奔命，供应不足，难以获胜，士气低落。日军与明军交战往往“举阵惊骇奔散”，投降者愈来愈众。日本国内普遍怨恨丰臣秀吉，秀吉在满腔懊丧中病死。

九月二十日至十月三日，明军在四路围攻皆败的同时，日军也遭重创，无力反攻，只困守釜山、顺天、南海等据点。

十一月初，丰臣秀吉死讯传到朝鲜，给日本撤军提供了一个很好的借口，实际上日军当时已经无力占领朝鲜。日军暗中确定于万历二十六年(1598)十一月十五日全线撤军。值此，抗倭援朝战争出现转机，诚如明人茅瑞征在《万历三大征》载：

时倭盘踞朝鲜七年，沿海千里，亦分三窟，东路则清正据蔚山，自去冬攻围，益增筑西生机张，在在屯兵，而恃釜山为本；西路则行长据栗林、曳桥，建坚寨数重，凭顺天城与南海营相望，负山襟水，最据扼塞；中路则石曼子据泗川，北恃晋江，南通大海，为东西声援隆摩州，兵剽悍，称劲敌。而行长水师，番休济饷，往来如驶，尤倭系重。经略惩岛山之失，特于三路外，置水兵一路，约日并进。而中路李如梅寻调辽师，以董一元代。

此段对倭寇盘踞的地点记载详明。茅瑞征又在《万历三大征》中载：

而天津巡抚都御史万世德代杨镐，或语经略：“朝鲜地甲，隔越山水险阻，兵聚一处，难以成功，不若因地分任，人自为战守。”经略然其谋，分三协与水路四路，路置大将。中路李如梅（实为董一元），东路麻贵，西路刘綎，水路陈璘，各守信地，相机行动。

此段内容实指经理万世德与经略邢玠四路围歼倭寇的战略一致，虚怀若谷的万世德与同一年中进士的朝鲜经略邢玠，共谋全歼倭寇。

他们的计谋是：九月份的第一次攻击后，此次第二次攻击计划分为水陆齐头并进，对沿海日军各处要塞同时形成压力，促使敌各处守军以及海路不能互相支援，从而避免蔚山之败的教训。陆地上，明军同上一次一样仍然是三路：总兵提督董一元出中路，游击茅国器等辅佐，追击中路从泗川撤出的倭寇悍将石曼子（岛津义弘）部；麻贵出东路，副总兵解生等佐之，追击从东路蔚山撤出的倭寇加藤清正部；刘綎出西路，副总兵吴广等佐之，追击从西路顺天撤出的小西行长部；陈璘出水路，游击季金等佐之，在倭寇奔逃的必经之地露梁海峡，截击撤退中的日军。

茅瑞征《万历三大征》载：十一月十七日五更，东路加滕清正弃蔚山，向釜山方向退却，他很快在釜山乘船回国。在朝鲜漫长的战争中，他的部队减员高达四成以上。在加藤逃走的时候，麻贵的东路军集结于庆州城南区域，先头部队驻扎在蔚山城附近，不损一兵一卒乘势占领岛山、西生浦、蔚山。

又据茅瑞征《万历三大征》载：“而董将军一元则报，据浙兵游击茅国器称，参谋史世用持经理谕文往，有石曼子用事郭国安内应。石曼子遵谕先撤。”即十月十三日，中路董一元属下浙江兵游击茅国器部毛国科为和谈代表，带着经理万世德的檄文与议和谕文，来到泗川倭将岛津义弘营，然后由属官、实为明军内应郭国安翻译，念给岛津听，他越听越颤抖、越激动。这两篇文章文笔犀利，内容精深，无法辩驳。郭、毛二人趁机说道：“明军新经理万世德率天兵十万入朝，我们无法与之决战，不如赶快停战撤军。”岛津同意议和并撤军,将毛国科等 8 人留在军中为人质。十月十九日岛津义弘父子开始从泗川撤退,并把营寨焚烧,决定退往釜山、做好起航的准备。其时,驻守在星州休整的董一元部的前卫部队亦趁机占领其原防区。结果岛津后于十一月十七日在釜山附近,被西路小西行长求援请到了露梁海域,遭到了毁灭性的聚歼。

西路小西行长的第二军团部队离釜山最远,之前曾经与刘綎将军秘密议和停战,于十月二十四日撤出顺天倭营,进入外洋。刘綎趁夜袭击,夺取栗林、曳桥等地。小西亦于十一月十五日把第二军团都装上倭船,沿海路在快到达猫岛的时候,发现陈璘水师在前,于是派出倭船于十六日到达釜山附近,分别向岛津义弘与原南海的宗义智求援。后在岛津、宗义智到来先在露梁海域、后在观音浦港海湾与陈璘、李舜臣中朝水师纠缠决战的时候,小西行长率船趁机逃脱。

中路泗川与南海日本兵正在得意陆路逃脱的时候,没想到在海路露梁海峡将要葬身鱼腹。

十月三十日,四路日军定下了撤军部署:驻顺天、南海、泗川、固城之各部,会师釜山,然后集结到今韩国南部的巨济岛,候船回国。当时中朝联军封锁了出海道路,日军小西行长第二军团无法撤走。此时,驻泗川、新城之日军第五军团主力在岛津义弘率领下,与从南海开来之宗义智部、固城立花宗茂船队会合。三支船队会合后,共有兵力 15000 余人、舰船 500 余艘,于十一月十八日夜向顺天海湾开进,开始通过露梁海峡。

当日,日军密谋到巨济岛集结的消息,明朝内应郭国安及时地通过“议和”谍使陈文栋、王建功秘密告知陈璘。于是,陈在日军舰船队经过地今韩国南部之露梁海峡有了充分的准备,设下天罗地网。陈璘、李舜臣当即命令明军老将邓子龙驾3 艘巨舰为前锋,埋伏于露梁海北侧。陈璘率明朝水师主力为左军，准备在泊昆阳之竹岛与水门洞港湾内正面阻击日军，待机出击。以李舜臣率朝鲜水师为右军，进泊南海之观音浦，待机与明军夹击日军。

十一月十九日午夜，日军舰船队悠闲自得地来到露梁海峡，被中朝水师联军三面合围，展开了东亚近古时代规模最大的海战。朝鲜著名将领李舜臣亲自驾船擂鼓，率龟船(即15至18世纪间属于朝鲜王朝对日反侵略作战的大型战船)冲入敌阵，被日军包围，明将陈璘舍身救援。明朝老将邓子龙，率领壮士200人，跃上朝鲜战船，杀敌无数，所驾战船不幸起火，壮烈牺牲。李舜臣、陈璘杀出重围，赶来救援，连开虎蹲炮，击沉敌船。但李舜臣在作战中不幸中倭弹，伤重垂危，他叮嘱不许声张，把军旗交部下代为发号施令，继续战斗，直到胜利。

此次海战，中朝军队大获全胜，击沉敌舰450艘，全歼日本水军，日本陆军完全孤立。及至天亮，日军死亡人数达13000余人，第五军主力几乎全部被歼，舰船也几乎全部被击毁击沉。岛津义弘率残兵50余艘战船突围而去。这一战中，联军也付出了相当大的代价，李舜臣、邓子龙皆战死。十一月十八日夜至十九日凌晨，小西行长率万余人船队趁两军混战之机，从露梁战场之西赴南海逃跑。如果小西行长整军加入露梁战场，从后方夹击陈璘、李舜臣，那后果简直是不堪设想的。这也是万世德派间“议和”的成功。

据史料载，在经理万世德的主持下，陈璘在南海、锦山、乙山，率队围剿，遍搜崖洞丛林，歼灭日军千余名。二十六日，陈璘从南海由陆路抵王京。十二月中旬，除部分残倭诸如小西行长、岛津义弘等将领与兵士仓皇逃窜回国外，日军在朝鲜半岛残余部全部肃清，朝鲜战争至此结束。

《明史·日本传》载：

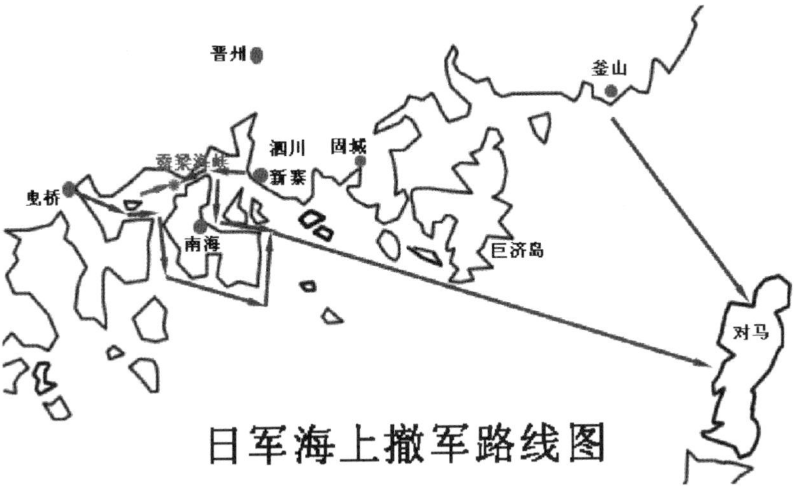

日军海上撤军路线图

秀吉死，诸倭扬帆尽归，朝鲜患亦平。然自关白侵东国，前后七载，丧师数十万，糜饷数百万，中国与朝鲜迄无胜算。至关白死，兵祸始休，诸倭亦皆退守岛巢，东南稍有安枕之日矣。

然而，这一说法争议颇大，尤其是丧师数十万之说，明朝从战争初期一直到最终结束，兵员数量仅仅增添至八万人，而且各路大军英勇奋战，军队统帅又都布兵合理。

朝鲜之役，对当时东亚的政治军事格局有着深远的影响。明朝一方在二十年内无力进剿后金力量，使得女真部落日益强大，最后对明朝形成了致命的威胁。而且朝鲜此役从亡国到复国，付出了伤亡数十万军民的沉重代价。由于此役，日本元气大伤，丰臣秀吉集团的势力彻底垮台，日本从此进入德川幕府时代。从长远来看，万历朝鲜之役实际上起到了重新整合东亚各国政治军事力量的作用。

朝鲜之役是明朝战史上较为精彩、较为曲折的战例之一，史称“其军威之盛，战胜之速，委前史所未有。”这是一场公平的较量，在战场上，明军和日军均有过良好表现，当然，双方也都在不同时期犯过错误，遭受过败绩。而在停战议和期间，中日双方政治和外交手段的角逐，一波三折。同时，战争期间也有极富戏剧化的人物和荒谬的事件掺杂其中，颇具野史和演义色彩。战与和期间无休止的纷争，使整个战争的进程诡谲多变。

自万历二十年倭乱爆发以来，明朝考虑朝鲜是国境的门户，一旦朝鲜失陷，明朝也有不堪设想的后果，不惜一切，毅然出兵救援朝鲜。涉险远征，历经七年艰苦奋战，终于取得胜利。朝鲜感激中国有“再造之恩”，从而更加密切了两国关系。[①]

十三、论万公军事谋略

抗倭援朝最后决战，主要是万世德谋略“造势”“用间”的成功。万世德一踏入朝鲜境内，就按照《孙子兵法》“激水之疾，至于漂石者，势也”所示，“飞檄倭营”以带领三千兵说成是“十万生力军”到来，造势恫吓倭寇，使对方恐惧。这一招，对明军“四路围攻”新败之后，鼓励提高士气，

①此节背景资料除注明出处外，部分来自《中国历代战争史全集·明抗倭援朝战争》。

增强自身力量与自信心，打击倭寇气焰，使明军一直处于盛气凌敌、居高临下的昂扬态势。

《孙子兵法》云："故用间有五：有因间，有内间，有反间，有死间，有生间。五间俱起，莫知其道，是谓神纪，人君之宝也。"又云："故三军之事，莫亲于间，赏莫厚于间，事莫密于间。非圣智不能用间，非仁义不能使间，非微妙不能得间之实。"在东征最后决战之前，与万公同来的监军陈效会见朝鲜国王等军政领导时已经阐明万公的谋略，新败而不能用"忿兵"与"劳师"，因而不宜速战。但十万大军出朝光吃粮不打仗也不行，所以必须选择一个合适的时机发起进攻。前期万世德最重要的事情就是用间，极为保密，战后居然连言官也不知道，故后来被诬指为"通倭"。万公将毛国科作为人质派入倭营属于"死间"，按兵法所云是指制造散布假情报，通过我方间谍传给敌方间谍，诱使敌人上当。一旦事情败露，我间难免一死。当时，毛国科与一部分人在议和谈判中被日方扣押，有性命之虞，他在倭营的情况是："寇疑其为郦生，欲杀之。君不挫志，且抗声与言曰：'天朝以大义望汝等，而委我独来，我岂惜死者！'倭钦其节，释之。携而羁日本者历三载，凡所饭馈，悉辞不受。倭知其志不可夺也，遣使乘风，送之还朝。"[①]文中郦生，即郦食其，以其三寸之舌游说列国，为刘邦的"统一战线"做出重大贡献。

这就是万世德高明之处，战胜倭寇而无勇功，战胜敌方而人们不知其所以胜。"故明君贤将，所以动而胜人，成功出于众者，先知也。先知者，不可取于鬼神，不可象于事，不可验于度，必取于人，知敌之情者也。"[②]

①据《义乌秀川毛氏宗谱》。

②据《孙子兵法》。

水军提督陈璘，也在万世德的授意下，派出陈文栋、王建功等为人质，深入日军小西行长部"议和"，避开了朝鲜水军统领李舜臣的视线。决战之前，明军水兵将领陈璘、西路军刘綎、中路军茅国器，与经理万世德频繁相见，密议"用间"之术，万公掌握准确情况，在后来日军出逃时，精心组织预伏，准确地发起战役，在露梁海域全歼日军，成为流传后世的经典战役。朝鲜决战胜利，是经略邢玠坐镇、经理万世德直接指挥的结果。

此次朝鲜决战，如果没有总指挥、经理巡抚万世德的主持决断和经略总督邢玠的默许，总兵董一元、刘綎、陈璘是不敢擅自前去"议和"的，因为"通倭"罪极大，往日军营中派出"人质"间谍，似乎有礼送敌人出境之嫌。邢玠享胜利之功，不愿担"议和"之名，因为之前他多次受到言官上纲上线、甚至是危及生命的指责。

从总指挥万世德经理的谋略分析，三路明军在追击日军中，基本属于放跑，海路拦截猛烈打击，正是他用兵的一贯方式。当年万公在平息国内西部蒙古族叛乱时，先通过游说宣讲议和、发布倡议书的方式，分化瓦解驻青海依附蒙古族"顺义王"125 番族部落，成为"不战而屈人之兵"的最上策，孤立了"顺义王"部。当"顺义王"在"观望"不愿东归撤走时，万世德果断以武力镇压"火酋"部，迫使其东归，使他们屈服于明军。这种"和战结合"的方式，军事成本投入少，避免了全体参战带来的重大损失。时下的万历朝，边患四起，兵力捉襟见肘，疲于应对。万历皇帝也意识到这一点，并不愿意拼上老本与有退意的倭寇进行消耗战。所以，保存明朝的军事实力而又能取得最大的战果，这也符合万历皇帝的意图，因此，后来他认可万世德的功劳。①

①以上两段资料为北京学者丰小强先生提供。

万历戊戌朝鲜战争最后一战，与万世德当年在青海决战中，与郑洛率三路大军猛烈追击鞑靼军于青海界外之西藏地区，最后在返回途中火烧其大本营“仰华寺”绝其后路有惊人的相似之处。此次朝鲜决战，万世德采取兵法“围师必阙”的原则，或者说“围三阙一”的经典战法，其“阙一”即虚留缺口，并非放敌自留不管，而是要在敌人逃跑的必经之地预设埋伏，在重点的那个地方包围封打，使敌人在逃跑过程中陷入埋伏。朝鲜依海多山，倭寇多驻扎在靠近海边的地段，并不容易在陆路上拦截，明军在追击中，陆上三路日军基本处于逃窜状态。万世德命令陈璘在狭窄的露梁海道上预设埋伏，当倭船经过时，集中优势兵力拦截猛揍，给倭寇以毁灭性打击，致使日方损失一万余人。这就是兵法“围三阙一”的成功运用。

当年成吉思汗之所以能够率领他的骑兵在东方战场上所向披靡，无论是野战还是攻城，几乎攻必克、战必胜，主要原因就在于他多次采用“围师必阙”之计，将守城敌军诱出城堡，消灭在广阔的野外战场。这个战策的核心是不能把敌方逼到绝路上，否则敌方会“困兽犹斗”“背水一战”，反而会使自己受到损失。

本来朝鲜最后一战，万世德“议和”成功，日军全线撤退，完成了军事上的最上策“不战而屈人之兵”，“使敌国完整无损的降服于我”。但当时为了避免朝臣“通倭”甚至是“汉奸”的指责，最后邢玠、万世德只能采用“围师必阙”的战法，在露梁海峡上决战。

尽管决战胜利，事后还是受到了明朝廷大臣与言官暴风骤雨般的激烈指责与长时间的质疑。他们认为“不能一个不剩地全歼倭寇”，是“通倭卖国”的行为，甚至否定抗倭援朝的胜利。这与当年的征西之战相似，郑洛与万世德率领三路大军追伐蒙古军，已经深入到了千里之外的不毛之地，由于给养上不来，对其实行“穷寇勿迫”的策略。最后为了交代朝廷上下，只好在还师途中焚毁蒙古各部的聚会处仰华寺。

万世德的指挥，对于国家经济和军队、民生损失来看，成本是最低的，并且达到了主要战略目标。毕竟，盘踞了朝鲜国土七年之久的日本军队彻底地从朝鲜半岛消失了。

翰林学士陈懿典后在《万公墓志铭》中为万世德平西征东进行了总结：

如公东、西二役，毋论躬冒矢石崎岖戎马之间，义无反顾，即车辙马迹，自出嘉峪涉青海，自平壤历八道，中间包络辽左、燕、齐、秦、赵并海并塞，往返几二万有余里。触寒暑，冒霜露，宁啻叱驭九折之坂哉？而悠悠之口犹或异同，亦未深察公奋不顾身之一腔侠烈矣！或谓公不过以功名自喜。

文中"叱驭"与"九折之坂"，指万公为报效国家，不畏艰险，甘受九曲迂回之险。而众说纷纭莫衷一是之口，根本未体察万公为国家与民族利益奋不顾身之一腔刚直严正、见义勇为之气概，或谓公不过以功名而沾沾自喜矣。毋庸置疑，后一句夸大其词的流言，对万世德一贯"高效办事、低调做人"的风格是极不相称的。

万历朝朝鲜战争在中外学者眼中，成了不明不白的胜利，认为这是在日军退却时所围攻取得的胜利。殊不知，如果不是明朝王师的声威壮大与英武强悍，倭寇岂会轻而易举从朝鲜国土上撤退？明军的声势与威望又是谁造起来的？这肯定是统率明军正义之师的首领与将军！要讲抗倭援朝战争，这必然是一个决定性的胜利，而绝非偶然的成功。任何妄议与诋毁，都是徒劳的。而作为一代文臣战将万世德无疑是其中最杰出的表率，他的功绩不可抹杀。这是当时明朝时贤所作出的中肯评价。

十四、露面王京慕华馆

“慕华馆”，是朝鲜王朝的国宾馆，位于朝鲜首都汉城（今韩国首尔）敦义门（西大门）外，紧邻迎恩门，为举行郊迎等礼仪的场所。

万历二十六年十一月二十四日，李昖收到一份十八日露梁海战的最初战报：

军门都监启曰：“即者陈（璘）提督差官入来曰：贼船一百只捕捉，二百只烧破，斩首五百级，生擒一百八十余名。溺死者，时未浮出，故不知其数。李（舜臣）总兵一定死了云。敢启。”传曰：“知道。”①

李昖得知露梁海战获胜后，一扫满脸愁云，多年的忧虑一下子跑得无影无踪。

十一月二十五日早上，兴高采烈的朝鲜国王李昖赶到王京慕华馆会见万世德，一直恭候到中午，终于见到了抵达王京两月时间的朝鲜经理万世德，这是二人第一次晤面。万公身材高大，器宇轩昂，精神抖擞，两目有神，一派豪迈的军事家风度。李昖望之，肃然起敬。《朝鲜李朝实录》记载：

①据《朝鲜实录·宣祖·万历二十六年十一月二十四日条》。

卯时,上幸慕华馆,迎慰万经理。午时,经理来到,上迎入幕次,行再拜礼。

(李昖)上曰:杨经理大人出来小邦,尽心讨贼,小邦之保有今日,莫非杨经理之赐也。一朝被参西归,小邦若无所依。今大人以小邦之事,天寒远地,劳苦万状,地方残破,事不称情,不胜未安。

(万世德)经理曰:贵邦酷被贼祸,朝廷再发兵粮,拯济苍生,此事理之所当然也。俺奉天子之命,又为东来。贵邦兵火之余,多作扰害,令人惭恧。今承分付,多谢。

行茶礼。

上曰:三路倭贼,一时撤归,皇灵震慑之所致,皇恩罔极。且大人东来,威声所暨,凶贼自遁。大人恩德,无以为报。

经理曰:凶贼尽遁,兹盖皇上之威灵,抑亦贵邦社稷之福也。

上曰:小邦自祖先二百年来,至诚事大,逮至不谷之身,竟被罔极之谗,有罪无罪,无路暴白,只望大人之昭雪冤痛也。

经理曰:贵邦敬事天朝,天下之所共知。虽被丁参,九卿、科道无不洞烛。虽有查勘之命,非此之谓也,欲查东征功罪耳,岂有此理?

上曰:欲行宴礼,方在待勘之中,不敢矣。

遂再进茶,上呈礼单。

经理曰:既受于中路矣,然领之。

上仍幸万经理馆,行茶礼。

上曰:贼倭尽渡,疆域再造,皇恩及诸大人之德,为如何哉?但贼虽退去,凶狡万端,后日之患,安保其必无?又有大可虑者,若入据南海、巨济、釜山等地,则未易剿灭。水陆大兵,并进夹攻,期于荡灭,专仰大人成算而已。

经理曰:俺受命东来,讨此贼也。去草不去根,从当复生。扫荡此贼,使只轮不返者,是俺之职分事也,敢不尽心完事?凶贼既弃三大栅,必有畏惧之心而然也。①

文中的大意是,朝鲜李昖于二十五日早晨六七点钟早早到了慕华馆迎候万经理,直到中午十一二点钟才等到。足见其真诚心可佳,接待礼仪之高。国王首先向万公做了简单的道歉,“地方残破,事不称情,不胜未安”,万公谦虚称谢“贵邦兵火之余,多作扰害,令人惭恧”。然后行上茶礼仪。又夸赞万公“且大人东来,威声所暨,凶贼自遁。大人恩德,无以为报”。国王又谈到被丁应泰弹劾的苦恼,即丁文中所述朝鲜罪名有三:“招倭复地,交通倭贼”;“轻藐中国,移祸天朝”;“结党群奸,朋欺天子”。国王曰:“竟被罔极之谗,有罪无罪,无路暴白,只望大人之昭雪冤痛也。”国王自述被超级的谗言诬陷,没有人帮助澄清,只望万公帮助昭雪。

万世德安慰说:“贵邦敬奉天朝之事,人所共知,您虽然被丁应泰所参劾,但其他九卿、科道无不知道实情。他虽负有查勘东征之责,并非全依他说的办。”李昖听了万世德这一番话,内心顿感宽慰。然后万公慷慨陈词,神情激昂,对未来的抗倭充满必胜的信心。

十一月三十日,朝鲜方面驻万经理衙门的臣子,发来了万世德正式公开入驻经理衙门、为时不长的情报:

经理都监启曰:“万都爷先声,素有勇多大略之誉。虽杨经理亦尝称

①据《朝鲜实录·宣祖·万历二十六年十一月二十四日条》。

道其雄才伟器、喜立功名之士，而自过江来绝无谋猷兴作之事，专以慈祥恬默为主，大异于前日所闻。固不可以寻常浅见，骤度大人之量，而亦可想见其大概也……昨日令臣，查呈三路道里，再无多样分付。姑以事势言之，则釜山之贼，亦已渡海，更无所为之事。经理似当停行，而若不意起身，则自畿甸至南边，满目蒿荻，无复人烟，许多夫马及一路支待等事，茫无形象，其与上年杨经理南下时，大不相同。反复思量，罔知所措。请速下谕于京畿、忠清、全罗、庆尚等道监司，使之预先料理，庶无临时窘迫之患。”

上从之。①

实录指出了万经理公开的办公公署。文中的“经理都监”，即指朝廷派驻在朝鲜万世德部队的监察军务的监军御史，“都监”为监军的别名。此为监军陈效上报于朝鲜国王的消息。文中指出万公自入朝以来“无谋猷兴作之事”，以微笑静默为能事，不像以前听到的那样闻名。后来令我们查报了东、中、西三路的里程，“再无多样分付”。到最后倭巢空荡，海氛安静，朝鲜平定，朝鲜人才觉得万公早已成竹在胸，有战胜倭寇的良谋了！“其与上年杨经理南下时，大不相同。”原来朝鲜君臣、民众对杨镐很崇拜，不愿意换走，对万公的指挥能力持有怀疑态度，甚至对万公的作为不屑一顾。在朝鲜彻底取胜、澄清倭患后，他们才感受到万公有卓越的指挥能力，从此对万公刮目相看。②

---

①据《朝鲜李朝实录·宣祖·万历二十六年十一月三十日条》。

②此节文中资料与《朝鲜李朝实录》资料由北京学者丰小强先生提供。

十五、赏赐功臣庆胜利

朝鲜露梁海战给日军以重创、取得决定性胜利的消息，于万历二十六年（1598）十二月中旬传回京城朝廷后，万历皇帝龙颜大悦，愁云尽扫。十二月庚辰（十九日）：

> 东征始收完局。此乃皇天助顺，俾朕得行，诛暴之义，兴继之仁。连年东顾之怀，朕方慰释。邢玠先赏银一百两，大红纻丝蟒衣一袭；万世德赏银八十两，大红纻丝飞鱼一袭；文武将士功次，着上紧叙来。念其远征久劳，许其从宽拟叙，咸使沾被庆典。”①

此段说明东征功成，明神宗对赴朝参战的总指挥邢玠与万世德功劳的认可与赏赐，随之亦要对其他参战之文臣武将封赏。推荐万世德为朝鲜经理的言官张辅之有功，亦得到封赏。反之推荐杨镐的内阁抚臣张位因用人有误受牵连，受到处分。

万历皇帝几次东征抗倭援朝，是及时果断的。否则朝鲜不保，辽东、山东及东南沿海也永无宁日。这场战争虽然耗费了明朝巨额财力，却换来了边境的长期安宁，其意义是重大的。

---

①据《神宗实录》卷三百二十一。

万历二十七年(1599)三月,钦命征倭总督邢玠,提督麻贵、陈璘、董一元等班师回朝。四月十五日,神宗皇帝破例升座午门,接受总督邢玠献上的日军平秀政等61名战俘付“所司正法”,当场砍下头颅,传送天下。同日,神宗皇帝接受百官朝贺,祭告郊庙,把献祭祖先的果酒都分赐给了内阁官员们。下月闰四月初八日,神宗为征东胜利,向全国颁发诏书,通告此次东征的缘由:

奉天承运,皇帝诏曰:朕缵承洪绪,统理兆人,海澨山陬,皆我赤子,苟非元恶,普欲包荒。属者东夷小丑平秀吉,猥以下隶,敢发难端,窃据商封,役属诸岛。遂兴荐食之志,窥我内附之邦。伊岐、对马之间,鲸鲵四起;乐浪、玄菟之境,锋镝交加。君臣逋亡,人民离散,驰章告急,请兵往援。

朕念朝鲜,世称恭顺,适遭困厄,岂宜坐视?若使弱者不扶,谁其怀德?强者逃罚,谁其畏威。况东方为肩臂之藩,则此贼亦门庭之寇,遏沮定乱,在予一人。于是少命偏师,第加薄伐。平壤一战,已褫骄魂,而贼负固,多端阳顺阴逆,求本伺影,故作乞怜。册使未还,凶威复扇。朕洞知狡状,独断于心。乃发郡国羽林之材,无吝金钱勇爵之赏,必尽弁服,用澄海波。

仰赖天地鸿庥,宗社阴骘,神降之罚,贼殒其魁,而王师水陆并驱,正奇互用,爰分四路,并协一心,焚其刍粮,薄其巢穴。外援悉断,内计无之。于是同恶就歼,群酋宵遁。舳舻付于烈火,海水沸腾;戈甲积于高山,氛浸净扫。虽百年侨居之寇,举一旦荡涤靡遗。鸿雁来归,箕子之提封如故;熊罴振旅,汉家之德威播闻。除所获首功,封为京观,仍槛致平正秀等六十一人,弃尸藁街,传首天下,永垂凶逆之鉴戒,大泄神人之愤心。

於戏!我国家仁恩浩荡,恭顺者无困不援;义武奋扬,跳梁者虽强必戮。兹用布告天下，昭示四夷，明予非得已之心，识予不敢赦之意。毋越厥志而干显罚，各守分义以享太平。凡我文武内外大小臣工，尚宜洁自爱民，奉公体国，以消萌衅，以导祯祥。更念彤力殚财，为日已久，嘉与休息，正惟此时诸因，东征加派钱粮，一切尽令所司除豁，务为存抚，勿事烦苛，咨尔多方，宜悉朕意。①

神宗诏告，道出了万历援朝战争的辉煌胜利。抗倭援朝不仅保卫了朝鲜半岛，巩固了中朝友谊，对当时东亚的政治军事格局有着深远的影响，起到了重新整合东亚各国政治军事力量的作用，奠定了之后三百年东亚的和平局面。

①据《明神宗实录》。

第十二章

留守善后　德泽绵长

一、"用间"引起的是非

万历二十六年(1598)十一月:

丁丑(十六日),兵科右给事中桂有根以东征荡平奏陈善后七议:"一议防守,以弭再犯;二议分兵,以收全功;三议请饷,以裕军需;四议去冗官,以规省便;五议久责任,以底成功,当仍令邢玠、万世德经营长计,假以三年之期,必倭警永息,虏焰全消,然后徐议释兵,振旅告成凯旋;六议明赏罚,以作士气;七议却虚文,以图实效。令督、抚将领等官,凡兵马火器以及操练之务,悉增修实事,种种堪用,乃称武备。"

疏下兵部。①

十二月十九日,万历皇帝对所有参战的大明官兵以及相关廷臣,按功绩都予以不同层次的封赏。但是,官兵沉浸在胜利的喜悦之中还未缓过神来,言官的奏折指责,犹如一盆凉水将朝鲜战争的指挥者从头浇到脚,凉透心底,欢快的气氛顿时冷却下来。

①据《明神宗实录》。

(一)言官的指责

明朝都察院监察御史与六科给事中,属于言官和风宪官的范畴,其职级虽然不高,但职权颇大。“代天子巡视诸侯,巡视郡县,监察百官,纠正刑狱,弹劾违误,肃整朝仪等事务。”有直接给皇帝上奏本的特权,大事奏裁,小事主断,即“风闻奏事”,可以根据传闻进行举报,不必拿出真凭实据,甚至是言者无罪。上至一品官的“内阁大学士”,下至府州县官都可以弹劾,即使是皇帝也可以批评。而纠弹对象不管职位高低必须停职待查,待事实澄清后再起官复用,或者接受更严厉的处分。这就是明代以小官制大官的一种制度,目的是起到控制诸多大官员的作用,有时令皇帝也无可奈何。京官与地方官也有给朝廷上言的权力,即使是六部中品级较低的主事官,也能直接给皇帝上奏折,建言献策,弹劾百官,职权同样也很大。这种朝廷上下、互相制约、互相监督的吏治制度,就是为了促使官员清正廉洁,秉公办事。但凡事有一利必有一弊,诬告诬弹的监察御史又称巡按御史官员自己却很少受到处罚,成为皇权示信的宠儿。

万历二十七年(1599)春正月,提督麻贵奉命率军自朝鲜(今韩国)东南海畔釜山,不辞劳苦地行九百里来到王京,朝鲜国王李昖亲自到汉江海滨迎接慰劳。其时,邢玠、万世德正在筹划朝鲜战后防御、明军留撤、将吏赏罚诸事宜。负责查勘东征事宜的兵科左给事中徐观澜于正月十一日,又上言横加指责:

皇上大发帑金,大征士马,固望直捣长驱,灭此而朝食也。乃王师久顿外疆，清、行二酋竟逃诛戮，臣与文武将吏俱不得辞其责矣！①

徐不顾当时战火纷飞、刀兵相见、双方互相厮杀的战场实际，而一味责难。他与经略赞画丁应泰等在朝鲜战地千里巡查，返回王京汉城，除揪住前“岛山之败”事件不放外，又指责此次抗倭援朝大获全胜是中路茅国器、西路刘綎、水路陈璘与倭“议和”，实为邢玠贿倭以五千白银礼金“通倭”，才使日军撤兵。并言辞尖锐地指出日军退兵与关白丰臣秀吉去世相关，不是明军靠主战而取得胜利。看来言官也在指责邢玠“无功请赏”，与指责万世德“无功请赏”的情形是一样的。当年兵部尚书、七镇经略郑洛征西功成，也受到朝臣苛刻的指责，郑洛气病归乡。

丁应泰又于正月二十六日第三次上疏：“论总督邢玠贿倭卖国，兵部尚书萧大亨与科道张辅之、姚文蔚等朋谋欺罔。”又论朝鲜“阴结日本，尊奉日本加于天朝，远甚而出，僭称太祖、世祖列圣，敢于天朝称祖尊上。”并引《海东记》与中州事为证。又言“朝鲜国王乃敢诱倭入犯，夺取辽河以东，恢复高丽旧土。复与杨镐结党，朋欺天子。”②

真是一石激起千层浪，丁应泰连上三书弹劾，议论尖刻，文笔如刀，朝鲜国王李昖气得几乎痛不欲生，连忙再次派出大使辩诬。

据朝鲜《天朝先后出兵来援志》，万历二十六年：

六月，军门赞画丁应泰诬构经理岛山之役，“兵马多损，匿不以报，叙功又不以公”。上本劾之，经理削职回去。天子遣给事中徐观澜，详勘岛山功罪，以右佥都御史万世德为经理。丁应泰连上章诋军门邢玠等，

①据《明神宗实录》。

②丁应泰上疏引文据《明神宗实录》。

且毁我国与倭交通，朝廷遣陪臣崔天健具奏，辨经理被诬。又遣陪臣李元翼、许筬等续奏之，又遣陪臣李恒福、李廷龟等辨本国被诬。

又据《李朝实录》载：丁应泰"为人凶忮，岛山之役，听人诬毁，上本参杨经理，我国救之。应泰移怒于我，以我国为与倭交通，以申叔舟《海东纪》为证……"即后来史料中指的丁听信南兵的一面之词上本参奏杨镐，朝鲜君臣力保之，故迁怒朝鲜方面，亦参奏邢玠总指挥不力。

监察御史于永清上奏辩驳弹劾丁应泰的指责。二月十一日兵部尚书萧大亨上疏，对丁应泰进行了驳斥。之后，经略邢玠也参劾丁应泰，罪名是"主和"、误参"朝鲜国王"等。

丁应泰为经略赞画，本应协助邢经略在平息倭乱的指挥布防方面出谋划策，尽职尽责，结果却不"赞画"，而是一味充当非正常监察言官的角色。朝鲜战争是一场长期的、艰巨的、复杂的战争，历时七年才彻底取胜。这次来之不易的辉煌战果，言官们本应一同分享才是。在军事上、谋略上毫无建树的丁应泰不以此为耻，反而耿耿于怀，横加责难，一味指责。

二人所述，是将最后战胜倭寇的谋略"用间"，上升诬陷为"通倭"，令人心痛难忍，无法接受。因其中涉及"用间"，是属于战争时期的绝密。时万世德与同为山西老乡的徐观澜单独见面，劝说徐上疏论议要掌握分寸，不要言语尖刻使人无法接受。不料，与固执的徐观澜难以沟通，终归不欢而散。事后徐观澜变本加厉地上奏本，称：

内阁辅臣沈一贯、本兵（兵部尚书）萧大亨、蓟辽总督邢玠、朝鲜经理万世德，四凶党和卖国。①

被参后，人人担忧，惧怕万历皇帝听信其言，给予惩罚。时“万经理又招戴中军及茅、许两游击，以去晚闻。诸将将拟各上本，而军门及经理，时方做本稿云。”②万世德急招姓戴的中军与茅国器、许国威两游击商议，二将将拟本奏辩。又经略、经理亦正在拟本上奏辩诬。邢玠被参后，寝食不安，连夜上万言书《奏辩东征始末疏》。

言官的横加指责，反而更能说明万公在当时派遣间谍赴倭营侦探，用间获取情报成功。试想，就连在身边的朝臣与言官也毫无察觉，说明这一军事行动是多么的绝密稳妥。后朝鲜方面密报：

天朝及我国被掳人带同倭子，自贼中出来。茅游击为此一事，疾速驰来，至与经理，辟人密语，其间必有事情，故昨日招表宪，使之密探于衙门矣。今者表宪来言：今朝，宪因事拜孙中军，问及此事，则中军初甚隐讳，终乃言天朝人当初，果以诱贼渡海侦探贼情事往日本，而今者带同尔国被掳人与倭子若干，来到釜山。贼之所言则要尔国通好遣使，复得前日赐米等事也。

经理与茅将相讲，而将拿致此倭子，令韩同知勘问，报诸杜副使，副使转报经理，则经理当具奏朝廷，而且欲招还李德馨议处云。③

“用间”属于刺探军情，保证中朝联军取胜；“通倭”，属于汉奸一类

①据谷应泰《明朝纪事本末》。

②据《朝鲜实录·万历二十七年二月十日条》。

③据《朝鲜实录·万历二十七年二月十日条》。

的性质。

二月十七日,万历皇帝命廷臣会议东征之事,群臣均认为“贿倭数千金”就可以使日军撤兵是无稽之谈。陈璘如果贿倭,最后还在海上将倭船之寇聚歼?无此道理!圣上最后表态,七年来狂妄至极的倭寇,怎能像丁应泰所说贿赂白银五千两就能买通败退?其理由不言自明。据《李朝实录》载:“……赖天子明圣得无他,吏科都给事中赵完璧劾应泰,革职。”最后万历皇帝也厌烦这位弹劾不息又不准确、不实或误奏的言官,令丁应泰回籍听勘,徐观澜继续任用。神宗曰:

> 国体军情皆朝廷大事,朕岂以小臣私念妄讦,不念将士久戍劳苦?与属国军民泣吁苦情?丁应泰举动乖谬,几误大事,姑令回籍听勘。徐观澜奉有专命,还赴王京会勘,务须秉公持正,以称任使。一面督、抚详列四路功罪、善后、留撤事宜,星夜驰奏朝鲜国王。尔部(兵部)里移咨慰谕,俾知朕善终字小德意,仍令戒训国人,益坚恭顺之节。[①]

丁应泰这个书呆子不体人情世故,不权衡上下左右关系,不顾形势局面,树敌过多,打击面过大,并且胡言乱语,夸大其词,引来很深的积怨。

三月,负责勘察的兵科给事中徐观澜,被大学士沈一贯弹劾,“谓观澜有病,求归票准回籍调理,改命杨应文代完勘事”。[②]由于徐观澜不听万世德的劝阻,也被罢官,督其回籍养病,基本上与丁应泰落了个同样下场。本月,监军御史陈效在万世德办公室里,当着万公面,在举起茶杯

①据《明神宗实录·卷三百二十一》。

②据《明史纪事本末》卷六十二。

的一瞬间突然倒地猝死。邢玠则认为是丁应泰、徐观澜将陈效逼死的。事后分析，丁、徐二人拉拢陈效与他们弹劾东征文臣武将，陈效拒绝不从，被丁应泰、徐观澜施加压力，使其精神受到极大打击，心脏病复发突然而死。四月初，朝廷又命刑科左给事中杨应文复勘。

万历二十七年(1599)四月十五日，邢玠率师凯旋，李昖前来饯行。

(二)毛国科归国的风波

万历二十八年(1600)四月十八日，宁波昌国卫报告：

> 倭船一只来泊，船插大旗一面，上书“平倭奏凯”四字，正是送毛国科归朝的日本来船，随带有日本王送邢经略书一封、福建巡抚金学曾书一封，兵各馈刀枪、马甲、金盔，俱用箱盛。①

浙江巡抚刘元霖报称：

> 哨获乌尾异船一只，官役华夷一千人。审得千总毛国科，蒙游击茅国器差委倭营用间，今有执政家康令倭酋觅船送归及先年被掳人口。并将贼首李州等十一人绑送，与科带回正罪。合行福建巡抚查审归结，其被掳民兵各取原籍亲邻里甲保结收管。②

这是一艘福建至日贸易的乌尾商船，船中有中日兵民，为首者是毛国科。就是万世德当年以“议和”为名派出，深入倭营岛津义弘部留在日

---

①据诸葛元声《两朝平壤录》，台湾学生书局1969年版。

②据《明实录》“闽海关系史料”。

方的“谈判人质”。此次毛国科等被日方送归中土，在从福建到达浙江海面时，被明军查获。同时，四月前后其他几位先年委官陈文栋、千总王建功、把总王甫均，并原随官丁陈元等40余人也回国。

万历二十八年三月二十八日，三封来自日本的书信，均被送到朝鲜，交付经理万世德。三信内容均与万历二十六年十一月由明朝主持的朝、日议和之事有关。现在急盼明朝遣人主持朝、日和谈，从而了结万历二十六年冬派遣毛、刘、陈、王四将为代表到日本“议和”之事。①

这本来是当年万经理以“议和”为名，在战争之间暗中“用间”，现在又被日方抓住“议和”一事不放。前期因为“议和”一事，朝臣言官借此以“通倭罪”指责，导致了激烈的派系与政治斗争。现在这个敏感话题又被提起来了，搞得人心惶惶。特别是上文“随带有日本王送邢经略书一封、福建巡抚金学曾书一封”，更引起当局者的重视。本来抗倭援朝彻底胜利后，出于当时的政治气氛，“议和”成为明军高层讳莫如深的事情。这次毛国科的回归，又在朝廷上下，甚至是国内外引起轩然大波。

委管毛国科禀为倭情事……于十一月初五日径进泗川倭营，多方用间，说得萨摩倭酋义弘、忠恒等于十一月十五日收兵撤寨。及至釜山，又因倭酋清正按兵扎营，科又用计说令正成暗将营寨烧毁，是以各路倭兵俱不敢留，至十一月二十七日尽皆扬帆东归。奈倭人虑我舟师追杀，因要科与刘总兵委官刘万寿、王建功，陈总兵委官陈文栋同往日本。及到倭京山城伏见等处，遵将我国威德一一宣谕。比有执政家康见辅关白幼子秀赖行事，此人颇重信义，因见国科到彼宣谕，即令各倭俱回岛穴

①据《毛国科使日考》。

安业，不许出海生非。及命倭酋船送科归国……①

文中“宣谕”，指宣布明朝廷的政策、法令。万世德对此认为：

近据海上之报，三提督所差“行间”之人悉归矣。东事祸源，今始尽拔。此岛奴悔罪，实天诱其衷，贵国之灵，诸将吏之幸也。所致贵国侍臣之书，谨以原封具上，刻下草檄，完日即斥来倭渡海，不得登岸，窥我虚实也。诸惟长虑，以怀永图，不宣。②

万公说，原明军西、中、水三路派出“用间”之人，今已经归东土。倭患虽平息，但要识别倭寇的阴谋，即利用送东土人士“窥我虚实”。我方除接待本国人员外，要以置之不理的态度对待日人。

后来毛国科还在《旅日记》中说其经历：他到倭京山城伏见等处，见过辅佐关白幼子秀赖的执政家康，此人颇重信义，同意将我国威德一一宣谕。因被国科“宣谕”感化，令各倭俱回岛穴安业，不许出海生非。又命倭酋觅船送毛国科归国，以彰彼国尊敬天朝之意。最后家康命人找船送归，因海盗盛行而羁缓。缉得海盗后，在原旅日明人许仪后、郭国安等人的帮助下，终得归返明朝。于万历二十八年四月十四日，毛国科等人搭乘至日贸易的福建乌尾商船启程归国。

九月庚戌（十日），兵部复经抚朝鲜邢玠、万世德《倭奴解送华人疏》言：“用间之法，兵家不废；下海之禁，令甲甚严。毛国科自称宣谕，初无

①据明刘元霖《浙抚奏疏·卷一七题报倭使送还差官请旨勘处人疏》。

②据《朝鲜李朝实录·宣祖·万历二十八年四月十四日条》。

文凭；既解至闽，应听审明真伪，酌议功罪。仍如经臣言，备讯海水情形，明白具奏。奸商高光国等航海牟利，宜从重究，以惩生事。”

从之。[①]

此段说到，毛国科自称到倭营宣谕，起初没有印信凭证，现在应在闽省审明真伪，酌情议处功罪。毛国科的回归，引起了朝廷的重视。十二月甲戌（十二月初五日）兵部题：

会审闽抚所解毛国科吐称：初入倭营，奉经理之檄文；今归本土，赍倭将之书器。或者进兵时，经理抚臣奉扬天讨，先礼后兵，震军声以褫倭魄不可知。然所持檄文止一抄白，既无印信可凭，又无年月足据，其言曷敢轻信。惟是倭书之中诱以和平，要以通商，为谋甚狡。除书、器进纳外，国科宜仍送经、抚两臣，备查真伪，奏上定夺。其沿海省直，移文督抚，严禁奸商阑出，以防窥伺勾引。并咨朝鲜国王提备釜山一带，毋令狡奴复觇，隳天朝恢复之功，贻彼国沦覆之患。

允之。[②]

可见，几经会审之后，毛国科事到年末仍未认定，兵部令经略、经理两臣再审定夺此事真伪。邢玠认为，毛国科与史世用“持文往谕石曼子，有寨内石曼子之用事者名郭国安，愿作内应，乃具禀经理都院，而以计破之。”[③]邢玠确认毛国科与史世用出使是奉万经理的谕文而深入倭营

①据《明神宗实录》卷三百五十一。

②据《明神宗实录》卷三百五十四。

③据《李朝实录》。

“离间”的，并非是卖身投靠而偷渡前往东洋。毛进入倭营不久传出情报，造成四路明军围攻。在惨败中逃跑的倭军“安得不执国科去”？最终因留之无用、杀之不值而送归明朝，以达到窥视、搜集情报之目的。不过邢玠又认为：“日军为败而去，非一间一谕所能去。”他强调了当时战局形势不利于倭寇，并非仅靠一谍使离间取胜。依据前因后果邢玠得出的结论是：

> 今毛国科等，当两军对垒，慷慨直入虎穴，亦好义敢死之士，而又能完身而归，使以礼送回，虽倭之蓄谋未可知，然既归中国、朝鲜行间与被掳之人，又擒海寇以献天朝，又监余党以候上命。则国威已震，国体可观……①

邢玠对毛的结论是：当两军对垒之际，慷慨深入虎穴发谕文，是不怕死的忠义之士。虽然倭寇的用心不可知，但归还被掳之人，又擒拿海寇以献我大明王朝，从而振扬国威。朝廷的结论是：“毛国科稍有微劳，但不值得表彰”。兵部复议也肯定：毛国科，一是奉差而往无疑，二是行间亦有微劳：

> 国科之奉差，系浙胜营游击茅国器，以沈安道新寨（岛津义弘）徒用力攻，遽难即破，密议郭国安，令作内应，具禀万经理，蒙发谕文，则国科奉差而往明矣。惟是国科羁留三载，一旦遣回，既为护送，又裹馆粮，献我逋寇，足表恭顺，似乎行间亦有微劳。②

---

①据邢玠《经略御倭奏议》卷一〇《题倭奴送回宣谕人役疏》。

②据《明神宗实录》。

民间总结朝鲜之役也说：

是役也，设非天夺其魄，用间出奇，力攻血战，岂旦夕所能奏绩？[①]

丰臣秀吉上天不佑而死，毛国科等人深入倭营成功用间，四路明军奋力战斗才取得彻底胜利。日军撤退，明军奋力拼搏，固然与丰臣秀吉的死有关系，但不能说在决定战争生死存亡之际与明军毛国科等兵士“行间”没有关系。如中路日军营垒毁坏，这就确切地告诉明军，日军就要撤退了！从而使明军指挥部准确地获准信息，进一步实施围歼计划，将日军赶回老家。

知己知彼的军事家万世德，在选择日军将要撤退的关键时刻决战“用间”，这是大谋略、大智者所为。尤其是扣留人质毛国科的“死间”，只有毛和万公知道其中奥秘。朝中对立派系与朝鲜官方对此不能理解，反复质疑诘问，所以至后来战事平息时，万公才告知所谓当时与日“议和”不过是要刺探军情、尽快取得战争胜利罢了。而邢玠作为经略在此过程中，显然仅仅是知晓，暗中部署实施是万公一人所为。

（三）议和引起的党争

朝廷中与内阁首辅赵志皋、兵部尚书萧大亨、朝鲜经略邢玠、朝鲜经理万世德政见不同的派系，仍然抓住此事不放，继续向纵深进攻。最后还是万历皇帝出面调停，他觉得日军已经败归本国，朝鲜解放，国内需要休养生息，如果继续陷入无止境的纷争与内耗之中，于国于民都是不利的。于是他果断地制止了这场无休止的“内战”。

---

①据诸葛元声《两朝平壤录》，台湾学生书局 1969 年版。

关于抗倭援朝时期的“议和”，一直是朝廷上下、国内国外争论不休的问题，并且牵涉进了“东征”功过是非问题。无论是朝廷大臣之间的互相弹劾，还是言官丁应泰、徐观澜的纠缠不休，以致后来引发朝中大臣对万世德东征“用间”取胜功劳的非议，都有惊心动魄的事例。毛国科被羁留日本两年后归国，再次引起朝廷上下的猜忌与重视，部分大臣以此事为突破口大做文章，妄图通过对毛的重新认定，重新勘核东征功罪，明确其时“议和”的性质，继续以“通倭”罪名扳倒政治对手。本来抗倭援朝长达七年够艰辛的了，他们不是对东征功成理解与认可，而是“借题发挥”，达到不可告人之目的。经过较长时间的论战以及对毛国科的历史背景、个人经历、所作所为彻头彻尾地调查审查，终于使这场牵涉面广的政治斗争不了了之。

这就是当时明朝政治制度的弊端。一两个人在拼死拼活地干事，却有一群人躲在后面寻找毛病，容不得干事的人有一点闪失和缺陷。正如邢玠、万世德在受命经略、经理后，虽然昼夜不息竭忠尽智地在干着抗倭援朝各个时段的应急工作，还是引来了非议。

明翰林学士陈懿典对万世德平西征东的“议和”与“用间”这样评价：

在湟中时，不胜少年请缨之意，一遭挫折，未免却步；赞画西事，遂因郑司马以利诱虏王还巢为功，而竟不能制火酋之死命。经理东事亦因邢司马，乘瑕用间，以倭之自还为功，而非尽出于陷阵摧坚之力？

夫制敌者不必尽用战，战胜者不必尽斗力，故赵充国以屯田困羌，未尝以不战贬功；苻坚自溃，谢玄乃有淝水之捷；金亮身亡，虞允文乃有江上之胜。晋、宋推再造，焉令必出于力战然后可……而鲸鲵之迹既绝，譬之医之治病已起阽危，而安全之有年矣。又安有不用以为功，而反用为罪哉?

在征西中,万公协助郑经略游说“议和”,致使西海蒙古部“虏王”东归,被指责为纵容其逃跑,是“无功”的。此次万公辅佐兵部尚书邢玠东征,趁机“用间”以倭寇撤军归国为功,被认为是“非出于冲锋陷阵摧毁之力取胜”,即被指责为“无功”,甚至指责为“通倭贿敌”。

最后陈懿典评价说,制服敌军者不必“斗力用战”,西汉赵充国屯田西北不用战,使国家与军队强大起来,外族不敢侵扰,从来没有以“不战”被贬低功劳。前秦苻坚率领大兵南下意图消灭东晋,由于自己军中秩序混乱、攻击不力,又遭之前投降的鲜卑、羌人背叛,80 万大兵最终被东晋谢安、谢玄领导的 8 万北府兵打败,才有“淝水之战”的大捷,难道谢安、谢玄也是无功吗?南宋绍兴三十一年,中书舍人虞允文以不到两万的兵力与 15 万金军决战于采石矶,结果大败金军,赢得了“江上之胜”,是由于金将完颜亮被部将杀死,不谙水战所致。东晋与南宋再度复兴,不是出于死战力战的结果。而“鲸鲵”倭寇之绝迹,譬如医生之治病始于危险的境地,而抢救到安全期之多年不犯,难道不以为功,而反以为罪吗?翰林学士陈懿典以历史上的“不战获胜”“以少胜多”的案例,暗喻万世德以“议和”为名,“用间”成功,“不战而屈人之兵”,是以最小的军事成本换取了最大的胜利。①

①此章部分资料为北京学者丰小强先生提供。

二、封赏恩荫诸将吏

前文说到万历二十七年(1599)四月，朝廷新任命刑科左给事中杨应文赴朝复勘东事。

六月己卯(初二日)，经理朝鲜万世德会同总督邢玠，以叙平倭功，举荐督、抚、镇、道部属，司、府等官孙矿等。章下部议。①

八月初一日，礼部上书报告：经过杨应文最后复勘核实为"荡平釜山倭寇，四路共擒斩倭酋二千二百三十八人。"并请"择日宣捷，祭祀郊庙"。八月初九日，以平倭寇大宣捷音，祭告郊庙。遣定国公徐文璧等，各行礼仪。

九月九日重阳节，万历皇帝赐辅臣上尊珍馐，对东征文武大臣加官晋爵：

以东征功成，大赉文武诸臣。总督邢玠加"太子太保"，荫一子世袭锦衣卫指挥佥事，赉银八十两，大红纻丝蟒衣一袭，给诰命。督饷张养蒙赉银币，巡抚万世德升右副都御史，赉银币，各荫一子入监读书。总兵陈

①据《明神宗实录》。

璘以舟师歼倭功最，刘綎曳桥之功次之，麻贵功浮于罪，各升授，荫子，赉银币有差。董一元罪不掩功，复原职，赉银币。监军王士琦、梁祖龄并需大用，仍与饷。郎董汉儒，转输部臣周一梧、杨恩、王修行各升职俸，赉银有差。副、参等官戴延春等十三员，游击叶邦荣等十六员，参、游等官杨廉等二百一十八员，中军孙堂、祖承训等，运同等官吴良玺等升授、复职、赉银各有差。其死事副参邓子龙等十三员，坐营方时新等八员，各赠官、赐荫，厚恤其家。鲜臣李舜臣行彼国旌，恤从兵部覆也。

上曰：自决战以来，在内筹兵饷者，朕且图其功。萧大亨复原衔如故，赉银六十两，大红纻丝蟒衣一袭。李桢遇缺起用。杨俊民赠加兼"太子太傅"。陈蕖赉银六十两，大红纻丝四表里，给诰命。田乐荫一子国子生，给授勋阶，赉银八十两，大红纻丝蟒衣一袭。给事中张辅之于四品京堂推用。徐观澜令吏部优录。杨应文升都给事中。郎中杨应聘升京堂用。仍与先今兵科、兵部官各赉银有差。播告中外，用敷大庆。①

神宗对所有有关廷臣、官员均一一给予褒奖。文中指萧大亨原任刑部尚书时，因兵部尚书石星、御史曹学程两大狱案交刑部定罪，萧为曹学程讼冤解救，而受到撤销改任的兵部尚书职务的处罚。此次重新起用，官复原职。徐观澜重新启用，但没有恢复兵科给事中职务，令吏部从优录用。

"兵部复以'皇仁覃施'，为石星、曹学程、许守恩、萧应宫乞贷。上不许。"②即兵部以"皇仁广施"为由，乞求对上述官员宽宥，皇帝不允。最后发配许守恩、萧应宫于瘴城守戍。石星死于狱中。九月十九日，诏令杨镐以巡抚原职叙用。

---

①②据《明神宗实录》卷三百三十九。

十月戊子(十二日),经理朝鲜万世德疏,辞"加恩",不允;十一月戊申(初三日),万世德称疾乞归,不允;十二月癸未(初八日),荫经理朝鲜右副都御史万世德子邦孚为国子生。

十二月己未,以东倭荡平推恩,辅臣赵志皋加兼"太子太师",进中极殿大学士,荫一子;尚宝司丞沈一贯加"少保",改吏部尚书,荫一子;中书舍人仍各赉银币,给诰命。志皋等上疏辞恩。

上曰:"朕仰赖天地、祖宗洪庥,文武戮力,水陆馘俘,属国保全,东陲宁谧。卿等朝夕运筹,功宜居首,叙劳加恩,原系彝典。其钦承之寻再用,疏辞不允。"①

后来在万历二十九年(1601),万世德于蓟辽总督任上,朝廷赐予恩赏:

七月丙午(十一日),以朝鲜善后事竣,录各官劳绩,命经略邢玠、经理万世德各升俸一级。世德原荫国子生改锦衣卫副千户,总兵官署都督佥事李承勋准升。实授本兵及文武将吏,各升赏有差。"

七月辛酉(二十六日),总督蓟辽兵部右侍郎万世德辞朝鲜善后"恩荫"。不许。②

万世德在皇帝给予较多封赏时,不断上书辞退,反映了其居功不傲,仍然精勤报国的高风亮节。

---

①据《明神宗实录》卷三百三十九。

②据《明神宗实录》卷三百六十一。

万历大帝历来是对文武百官恩怨分明，赏罚严明。对万世德的奖赏也比较公允，虽然万公在最后决战中功劳最大，但仍然以奖赏邢阶为第一。这样二人劳苦之功顺乎人情，合乎众意，颇能服众。对万世德的战绩，神宗心中明了，后来力排众议，以特殊的方式越级提拔为"蓟辽总督"兼朝鲜经略。

三、留守朝鲜保平安

中国之援朝参战乃为义战：朝鲜受侵，明军及时入援，完全基于正义，出兵既无条件，却敌后撤兵亦无条件。且撤兵之后，犹酌留万世德部，为朝鲜分防戍守，协训新军，期其自强自守。至于丧师十万，耗金千镒，为属邦赢得国家之安全，亦明廷之义举。故此次援朝之师，称为仁义之师，堪当无愧！①

日军从朝鲜半岛撤退后，朝鲜战事平息，留存原四提督总兵部队继续戍守已经毫无意义，大量撤军回国已成为定论。但还需要留一批少量部队在朝继续戍守，帮助朝鲜恢复战争创伤。

朝鲜王李昖于万历二十七年(1599)一月一日新年伊始，急忙前去拜会经略邢玠、经理万世德，打听明军回国及朝鲜善后留兵事宜。其对

①据台湾《中国历代战争史》。

话内容载于《朝鲜李朝实录》:

(国王李昖)上曰:天兵为小邦,万里征役,既赖其力而退贼,又请留防而为恃,此藩邦之所不敢发,而以小邦之力,万无自振之计。顷日移咨禀问,留兵几何,何将当留?

(经略邢玠)军门曰:南下将官齐聚,然后方可议定。然贵国兵士,拣选训练,所不当少缓。仍曰:当往拜万都察,请辞。

"当往拜万都察",指邢经略要求朝鲜国王李昖去拜见明王朝都察院佥都御史万世德。经略总督邢玠声名级别虽高,但还是很谦虚,不擅自做主。朝鲜王李昖又去经理万世德处打听。

(国王李昖)上,仍幸万经理衙门。

(万世德)经理曰:新春贼退,国王洪福!

上曰:皇恩罔极,诸大人之功,亦无以为喻。但非天兵,小邦万无自为之计,故敢咨请留兵,不知尊意如何?

经理曰:皇上调天下兵,发天下粮,得却此贼,贼大慑天威,可保七八年无事。留兵事,前虽咨会,今可面教。俺是兵马之主,国王亦一国之君,此事当对面讲定,何必文报?

上曰:事在大人指教,何敢容喙?

经理曰:谨领。

经理万世德敢下令做主此事,而自称是东征朝鲜的明王朝天兵"兵马之主"。其留兵之事,不需要发文定论,他可以代替万历帝当面与朝鲜王讲定。可见,经理万世德在入朝抵达王京汉城以后,处于实际的军事总指挥地位。

战争结束，明朝廷不愿继续负担留驻朝鲜部队的给养，因路途遥远，转运粮食物资成本又很高，所以明军留朝善后事宜，要求朝鲜方面就地解决。可是经过战乱朝鲜方面经济实力有限，不愿意承担过多的给养。但是，朝鲜国王恐倭余威，苦留明朝官军在朝戍守，避免日军可能进行的第三次侵略。这让朝鲜国王李昖左右为难，多次与属下大臣论议。

二月四日，吴宗道（都司）受万世德之命，前来安慰了一下朝鲜君臣：

吴宗道来见，说称："留兵之事，系贵国存亡。倭贼之来否，未可必也。且虽再来，不过两南被害。若三万作歹军兵留驻，则是内地俱被其害，比倭贼还甚，此极可虑。前日会议时，军门、御史力主，而万爷不强争，此是万爷之意，而邢、陈两爷替他说者。国王首言粮饷不足，而天朝人或说朝鲜厌天兵，不欲留，似涉浅露。"当应之曰："小邦非天兵，则无以支撑。至今三万，亦似少留，四五万乃是小邦情愿。"

如是措辞，以符万爷之心，终乃言："小邦各道粮饷，已尽括取应用，秋成前所支，不得不仰给于天朝之大人，终始周旋救济。"至于折色银，上司试贵国意思如何而已，其难办之状，则尽知之矣。当以实告之曰"不须言三十万两，虽三百两，亦无出处"，据实以告之可矣。

前日尔以撤兵之事，禀于军门、经理两衙门。尔则急于收拾南方，而万爷以尔为未便。我亦在西路时，以少留兵之意开禀，故亦不肯于我言。今贵国众陪臣，欲为呈禀于各衙门，则先须解惑于万爷，然后可矣。不然则徒激其意，无益而有害矣。

若乞天朝，备给九月前支粮，则户部必不肯，而减撤折色，则又不得不取于天朝，一年应用，至于百万两。假令不尔国备三十万两，而朝廷必不再费七十余万两。所闷者，目前留兵，其弊难支云云。敢启。传曰：知。①

经略邢玠、监察御史陈效开始主张留兵三万，以避免原副总兵杨元孤军三千在朝独挡、全军覆没的教训。但经理万世德分析判断认为，驻兵一多，在和平时期易犯军纪，管理难度较大。况且，朝鲜方面总兵力也就是一万多，明军留朝不需超过朝鲜的总兵力数。议定结果，留天朝兵力一万多人，其余大部队撤回本国。

万历二十七年(1599)闰四月初八日，万历皇帝又致书朝鲜国王李昖指出：

兹命经略尚书邢玠振旅旋归，量留经理都御史万世德等，分布偏师，为王戍守。王可咨求军略，共商善后，卧薪尝胆，毋忘前耻……②

可见，神宗对万世德之军事韬略信任备至。

第一次撤兵：本年四月，经略邢玠以及其属下文职官员，武将总兵提督麻贵、董一元、刘綎、陈璘四大将以及部下官兵大部凯旋西归。

第二次撤兵，七月至九月，撤回宣大兵、蓝芳威兵、姜良栋兵，李应昌、李天常船兵，茅国器兵等部共计 13280 人。

七月间，朝鲜经理万世德，向万历帝详细报告了撤兵安排，并于文中透露："朝鲜多疑多虑，寇来，惟恐我援之不速；寇退，惟恐我去之不

①据《李朝实录》。

②据《明神宗实录》。

③据《朝鲜李朝实录·宣祖·万历二十七年十月十七日条》。

早。”[3]

经理万世德在奏议中，详细报告了第二次朝鲜撤兵部队人数，这一部分应该记载于万公的著作《经理奏议》或《经略奏议》中，可惜该书失传。今可散见之于《朝鲜李朝实录》，万公奏曰：

臣谨会同总督蓟辽、保定等处军务兼理粮饷，经略御倭、兵部尚书兼都察院右副都御史邢，遵照节，奉明旨，及先后部议，又会同该国，请留水兵八千，其役杂应给钱粮，臣等另行疏请外，其宣、大兵五千七月间撤回，其游击蓝芳威兵二千六百余员名，与原留善后蓟永营兵二百一十余员名，俱总兵李承勋入境之时，先期撤回。在八月之应撤者，守备姜良栋兵一千四百余员名、左总兵三百余员名、千总李应昌船兵一千七百五十员名、把总李天常船兵二千八百余员名、游击季金兵一百二十余员名；在九月之应撤者，游击茅国器兵四千一百员名；在十月之应撤者，副总兵张榜兵四千六百余员名。

则海上留兵，乃游击陈蚕之四千余员名，张良相、白斯清、坐营贾祥之四千八百余员名，共该八千八百余员名。其总兵李承勋之标兵三千六百余员名，亦当尾张榜之后，尽数撤回，计期在十一月中旬，正冬深冰冻，秋汛乃竣耳。

此东征撤留兵数，先后凯旋时月也。[1]

万经略计划只留下其标兵2000余人，以及陈蚕、张良相、贾祥等水兵8800余人，合计兵力10800人。留下管粮同知韩初命，负责管理明军粮饷事宜。

---

①据《朝鲜李朝实录·宣祖·万历二十七年十月十七日条》。

兵部尚书萧大亨等认为,陆军兵力几乎尽撤,不太妥当。于是,于万历二十七年(1599)十月十七日,命令张榜部、李承勋部暂缓撤军:

> 副总兵张榜步兵四千余,并提督标兵三千余及本院标兵并杂流二千余,连先留陈蚕、张良相等水陆之兵,共该一万七千有奇,暂留驻防,俟明岁春汛完毕,入夏尽撤。在年终先撤陆兵,春初尽撤水兵,以省糜费。①

留朝明军部队及官员:经理万世德统领留朝全部海陆兵马,总理防御等一切事宜,亲领标兵 2000 名,与监军道按察副使(在国内称兵备副使)山东高唐人杜潜驻朝鲜王京汉城;提督总兵、处州府(今丽水市)人李承勋领正兵浙江兵 3600 名,亦驻王京从中调度;副总兵张榜奇领浙江步兵 4600 名,驻守巨济岛;陆军共计 10200 名。副总兵茅国器、游击陈蚕领浙江水兵 4000 名,千总张良相,把总白斯清、贾祥领广东水兵 4800 名;海军共计 8800 名驻守釜山。水陆军总计 19000 名,分兵把口,在朝鲜较长的海岸线与陆地戍守。各路留驻兵马守防要塞,整修营垒,训练士卒,密切注视东南隔海之日军新动向。

麻贵、董一元、刘綎于四月二十日归国,陈璘以及陈效的灵柩于四月二十二日自汉城起身归国。万世德于万历二十七年闰四月四日起程往义州会见新任职的官员,五月二十九日返回汉城。李承勋于七月二十

①据《朝鲜李朝实录·宣祖·万历二十七年十月十七日条》。

②此节《李朝实录》及主要资料由北京学者丰小强先生提供。

二日由国内抵达汉城,所有明军官兵以防备日军有可能的再次进攻。[②]

四、建立关庙正孔庙

万世德留驻朝鲜后,为庆祝平倭胜利,于万历二十七年(1599)秋八月,在朝鲜釜山子城树立《平倭碑》一通。于是年秋八月奉万历皇帝旨意,筹集人力、物力,以明廷拨发的四千两银圆,在王京汉城东大门(今首尔东大门区崇仁洞街)兴建"关圣帝君庙"一座,于万历二十九年建成,简称东庙。其庙内三大建筑依次为大门、二门、正殿,坐北朝南,排在一条中轴线上,颇为雄伟壮观。其后,东庙再于朝鲜英祖十五年、清乾隆四年(1739)重修,朝鲜英祖题赐匾额"灵显昭德王庙"。现今关王庙占地面积约 9300 平方米,为首尔第一大庙,被政府指定为宝物。

关公作为一个历史人物,在中国文化史上折射出灿烂的光辉,不仅在国内是被崇奉的尊神,而且遍及海内外。被中国民间尊称为"文圣"的孔子和"武圣"的关公,成了"县县有文庙、村村有武庙"的大格局模式。上至帝王将相,下至士农工商百姓,无不顶礼膜拜。关公一生淋漓尽致地体现了忠、义、信、智、仁、勇的精神,是封建社会最高的政治原则和道德理念。关公行为是涵盖儒释道三教思想的华美穹窿,是链接各民族的一条精神纽带,更是人类的精神寄托。明神宗在朝鲜敕建关帝庙,确系明智之举,表达了朝鲜民众的心愿!

南关王庙位于汉城(今首尔)南大门,时由明军水师统领陈璘首建于万历二十六年(1598),后由于战乱几经迁移,现在隐藏于首尔舍堂洞山林间。朝鲜半岛深受中华文化影响,至今建在韩国的关帝庙共有14处。

万历二十八年(1600)九月,万公班师回国驻辽东守戍不久,于次年新年伊始,朝鲜因各地文庙内供奉的孔子牌位"大成至圣文宣王"字样一事向他发来咨文,提出异议,要求改为"大成至圣先师",与中国一致。孔子作为儒家学派的创始人,无疑是中国历史上一位伟大的思想家、教育家。两千多年来对中国人民和东南亚等国家的道德思想有着极其重大的影响,儒家文化对全球的影响是多层次、多方面的。关于最初祭祀孔圣人,其封号牌位来历是这样的:

据史料记载,中国古代封建统治者追授孔子封号制度始于汉代。汉元帝尊奉为"褒成宣尼公",唐玄宗尊为"文宣王",宋真宗尊为"至圣文宣王",元武宗尊为"大成至圣文宣王"。至此,追谥加封孔子达到巅峰。明世宗时尊为"至圣先师",为了改这一封号,朝廷上下进行了激烈的斗争。在嘉靖之前,孔子祀典沿用了元朝的天子冕服之制,乐舞、祭物也用天子之仪。"王"号与孔子教育家、思想家的形象大不相同。为此,对其祀典与谥号弊端革新之呼声不断,然而阻力又异常大。内阁首辅张璁(世宗改名张孚敬)在嘉靖九年(1530)主导孔子祀典改革,曾三次上疏请求改称孔子为"至圣先师",不称王。他的理由是"王"号名不符实,蒙上了浓厚的官僚气息。但朝廷上下反对声激烈,后来在世宗与几位大臣的力挺下,才制止了历代不断提升孔子政治地位"王位"的倾向,将其思想用到教化的功能上来。明代政治家、文学家王世贞认为:"世宗皇帝下明诏,易(塑)像为(木)主,易王称师,此万古独信之真,足破迂儒浅陋之

①据王世贞《弇州续稿》卷一百三十七。

见。”①

万世德深知:“大成至圣文宣王” 是元代以前的称谓, 与孔子的思想、道德、教育体系不一致,必须反对僭越,划定秩序,使之符合礼制,不诬圣人形象,保持自始至终“至圣先师”的尊号。他从少年时就熟读《论语》,孔子“名不正则言不顺,言不顺则事不成”的道理始终贯穿他的思想,朝鲜方仍然没有按照天朝的礼制去执行,直到现在才咨询变通孔子谥号,这是很不合适的。于是他回复诸位朝鲜大臣时曰:“按照先皇帝世宗规制:孔子神位‘大成至圣文宣王’重新改为‘至圣先师’,即使改为‘大成至圣先师’也是不如法的,应该去其王号及大成、文宣之称。”他又翻出祀典,重申礼部祭祀孔子规矩:

改大成殿为先师庙,大成门为庙门。其四配称复圣颜子、宗圣曾子、述圣子思子、亚圣孟子。十哲以下凡及门弟子,皆称先贤某子。左丘明以下,皆称先儒某子,不复称公侯伯。遵圣祖首定南京国子监规制,制木为神主。仍拟大小尺寸,著为定式。其塑像即令屏撤。春秋祭祀,遵国初旧制,十笾十豆。天下各学,八笾八豆。乐舞止六佾。①

后来, 万世德又致函朝鲜国王李昖强调将孔子放置于教育者的地位,非王者的位置,彰显孔子思想的教化功能。他在函文中议论道:

每见孔子神位,俱系“大成至圣文宣王”字样。夫薄王称而尊师号者,我祖宗尊崇不易之制,隆师道而遵时制者,尤天下共守王章之义也。朝鲜藩邦,礼乐衣冠,悉禀王制,而独此未行改正,殊属缺典。此虽一字

①据《明史》卷五十礼四《至圣先师孔子庙祀》。

相沿之误，而所系非细故也。伏乞咨行该国，将此各处文庙牌位“王”字，改正“师”字。又据沈思贤等云云，朝鲜文庙孔子神位，皆系“大成至圣文宣王”字样，已经呈禀。外查得国家有建启圣公祠，盖推其所出两庑七十二贤，因师及弟祀典斯周。近蒙皇上，俯采群议，又将胡(居仁)、陈(献章)、王(守仁)、薛(瑄)四贤，准令从祀，无论属国，俱宜遵守。今查该国文庙有周(敦颐)、程(颐)、张(载)、朱(熹)，而无七十二贤。该国则以薛聪、崔致远、安珦、郑梦周四人配享，或该国儒臣。无容别议，第启圣公祠与七十二贤，并后之从祀者俱未建付，均属缺典。

伏乞并咨该国，一体遵行等因到院。据此看得先师孔子，为万古纲常之宗主，有一定至尊之名号，与夫一切众贤享祀大典，皆有成规，毋容谬易者。该国久习文风，尊崇先贤，固无间于天朝，而其中有应改应增者，相应厘正，以崇祀典。贵国将此前项孔圣名号，及启圣公祀典、七十二贤名位，俱照天朝制度改正，则庶祀典隆，而文化益弘矣。①

从唐太宗贞观四年(630)诏令各州县皆立孔庙，随着儒家思想的传播，孔庙已经远远越出国界。岁月沧桑，人们始终对孔圣人有着一种特殊的尊崇，其规模宏大、气势雄伟的孔庙比比皆是。儒家思想对世界影响深远，身前“道冠百王，功高万世”，身后是“立道缓和，比尧舜而功为益远；圣神美大，配天地而德更难名”。为此，万世德的上述议论对朝鲜文庙所缺失的“启圣公祀典、七十二贤名位，俱照天朝制度改正”，“一切众贤享祀大典皆有成规，毋容谬易者”。要求对各类名宦、乡贤、忠孝、节烈等祠以及明伦堂、斋宿所、更冠亭、省牲所等建筑，仿照天朝制度一应

①据《朝鲜李朝实录·宣祖·万历二十九年十一月四日条》，由北京学者丰小强先生提供。

俱全。

朝鲜沿袭宋代或元代孔子谥号，且又祀典不明确，直到万历年间在经理万世德的干预下才变更并导入正规。朝鲜战争期间，赴朝的明廷文武大臣、饱学之士，在戎马倥偬中无暇顾及此事，至后来有的只关心自己的生祠或者晋升，万世德不为自己名利着想，而是一心一意致力于朝鲜儒学祀典步入正轨。

第十三章

总督蓟辽　鞠躬尽瘁

一、特授总督任蓟辽

万历二十八年(1600)三月,据《明神宗实录》载:

三月丁卯(二十四日),兵部题:经略御倭尚书邢玠、经理朝鲜都御史万世德,议请罢兵振旅为照。属国初复气势,尚微留兵善后,所以周万全之虑,终字小之仁也。第当撤不撤,必滋糜费;不当撤而遽撤,恐隳成功。彼中情形难以揄度。督、抚同朝鲜君臣详为酌议,如果倭氛全消,朝鲜足自为守,则如期撤回。先发后闻,傥有意外之虞,宁为过慎之计,须会议妥当,以为行止从之。①

八月初六,万历皇帝下令罢朝鲜兵。期间,万世德敬奉皇命率 19000 兵在朝鲜戍守二年,安然太平。兵部奉万历帝旨意,尽撤留守朝鲜的水陆之师。九月,最后一批明军,其将领经理都御史万世德、按察使杜潜,游击张良相、李天常、李香,守备李应昌等率领部队踏上归国之途。万公临班师回朝时,与朝鲜国王李昖告别。当北上抵达开城时,又向朝鲜君臣转达:我虽回去,仍兼经理之任,朝鲜如有边报,则报我使知,采取措施。后来万世德虽然率师凯旋,但是经营朝鲜的职责犹在,无论是对日

①据《明神宗显皇帝实录》卷之三百四十二。

本岛国的局势，还是对朝鲜的战后恢复治理，都给予高度关注，提出指导性的意见。过鸭绿江后，万世德仍然以朝鲜经理的身份领部分兵驻守辽东，密切注视着朝鲜的动向。

万历二十九年(1601)，万世德时年55岁。“二月甲申(十五日)，钦命经理朝鲜右副都御史万世德回都察院供职”。

二月辛卯(二十二日)，兵部复奏经略督抚官邢玠、万世德条陈朝鲜善后事宜：

一选将帅。以朝鲜右文左武又兼参以文臣，将权不一，宜令该国君臣搜访将才，专一委任。

一练兵士。丽人鸷悍耐寒苦，而长衫大袖训练无方，宜以东伍法教之。

一守冲要。朝鲜三面距海，釜山与对马相望，扬帆半日可至，东入机张、蔚山，西入间山、唐浦涂，所必经我登釜山瞭望如指掌，而巨济次之，宜各守以重兵，东之西生、蔚山，西之嘉德、开山、南海、顺天等处皆宜戍守。

一修险隘。朝鲜王京，北倚丛山，南环沧海称四塞，而忠州左右鸟竹二岭，羊肠绕曲，有一夫当关之隘，向倭守此防，我南渡，而副将吴惟忠孤军久戍，倭不敢窥，皆得地利也。今营垒遗址尚存，亟令修葺，而南原、康律等皆因地设险。

一建城池。朝鲜八道，十九无城，以避地为便，而平壤西北鸭、浿二江俱南通海，倘倭别遣一旅，占据平、义，则王京声援断绝，皆应修筑屯聚，以备不虞。

一造器械。倭战便陆不便海，以船至重大不利攻击，令准福船造千百艘为奇兵，而添造神机百子火箭。

一访异材。朝鲜俗贵世官、贱世役，一切禁锢往往走倭走胡为患，本国宜令破格搜采。

一修内治。国家东南临海，以登、旅为门户，以镇江为噤喉，应援之兵不宜尽，辄我自固，亦所以固朝鲜也。奉旨善后事宜，移咨彼国君臣，克励奉行，务振积衰，以绝外侮。①

万世德久劳兵事边务，头颅早衰，疲累成疾，又有同僚嫉恨、监察官员毁谤，常诵古人“功高不受赏，徒步归南冈”诗句，多次上疏乞归故里，朝廷不许，反而于“三月庚戌（十二日）都御史温纯三年考满给与‘诰命’”，“以督抚万世德改左副都御史（正三品），协理院事”。②为职务上升，暂管都察院院事。

三月，邢玠卸任蓟辽总督，改任南京兵部尚书闲职，蓟辽总督一职需要补选。

其时，朝廷“廷推”组成的内阁成员，推选“蓟辽总督”候补人员三名，无万世德。许多言官为此鸣不平，认为万世德又在朝鲜守戍辛劳二年，回国后还兼任朝鲜经理，仍关注朝鲜问题，并未得到重用。但也有部分言官以责难的口气，甚至是苛刻的语言论劾万公。

五月庚戌（十三日），左副都御史万世德以“人言”，请去。不许。③

五月丁巳（二十日），在最后审定、通过、钦命蓟辽总督一职时，万历帝发现“廷推”没有万世德名，于是抛开“廷推”不置，特旨诏命“万世德改任兵部右侍郎（正三品）兼右佥都御史，总督蓟辽、保定等处军务兼理

①②③据《明神宗实录》。

粮饷，节制顺天、保定、辽东三巡抚，蓟州、昌平、辽东、保定四镇”，治所今北京密云。

以吏部为主的“部推”，曾两度推举万世德，均未通过“廷推”。什么叫“部推”？明代三品以下空缺的京官、外官职位，由吏部推选人名，报上一级朝廷所设的“廷推”成员，并通过廷推，最后请皇帝审批通过。什么叫“廷推”，亦称“会推”，即“大臣缺员”，经由内阁大学士（明朝后期相当于宰相）、六部尚书、都御史、六科给事中、通政使、大理卿及掌道御史等，会同三品以上官员推荐任职人员，最后报皇帝审批决定任用，称廷推。程序为：廷推后报请皇帝圈用，但皇帝可就名单圈选，亦可不予采用，另外对官吏破格选用，特旨任命，称“特简”“特旨”。廷推大臣无论怎么推举，最终必须由皇帝认可。廷推重视选贤荐能以为国用，期望贤人在位，能者在职，相与共谋国事之兴隆，而杜绝佞幸之臣窃位。

在万历帝破格任用万世德后，廷推委员会成员觉得脸上无光，好像没有按皇帝的旨意办事一样。内阁大学士沈一贯专门上帖解释了否定任用万世德为蓟辽总督的理由：

> 昨吏部会臣于朝房，言蓟辽总督，蒙皇上亲擢万世德，才地甚宜，不胜钦服。各官廷推，原曾拟及。但为总督节制巡抚，而顺天巡抚李颐已为右都御史二品官，今万世德以三品侍郎节制之，有妨行事，所以中止。①

沈一贯的理由是：昨天吏部召集我等大臣于朝房议论，蓟辽总督万世德由皇上亲自擢拔，其才能堪当重任，很感佩。原来廷推最初也决定任用万世德，但最后又觉得以万世德三品官节制顺天巡抚二品官，甚为

①据《敬事草卷九·言李颐当升揭帖》。

不便，所以廷推未报万世德名。

史载，万历皇帝特旨任命并言，万世德经理朝鲜，熟知边情，其功绩朕心深知，"盖特简云"。在这种情况下，万历帝发现廷推从部推多名的人员中，最后选定的三名未有万世德，就开始发话了，朕早就想好了，万世德担任此职最为合适！且不说万的才能满朝皆知，而蓟辽总督须兼经略朝鲜军务，万世德在朝鲜戍守二年熟知边情倭情未得到任用，此时正宜出任蓟辽总督。陈懿典后在《万公墓志铭》中载："固素知公名，亦由圣明睠顾东国，谓非公不终此局也。岂寻常特达之知哉！"这正像三年前选拔朝鲜经理时有的大臣奏疏"非公不可"，今朝廷选拔蓟辽总督，神宗亦认为"非万世德不可"。

为了便于行事，沈一贯建议将二品官顺天巡抚李颐改任南京右都御史，这样三品官万世德出任蓟辽总督就名正言顺了。当时，南京右都御史一职已经空缺两年，万历帝接受建议两方便任用，将二品大员、顺天巡抚李颐改任南京右都御史，三品大员万世德顺利出任蓟辽总督。次月，万历皇帝借机加赏万世德等朝鲜善后功臣，为其升俸一级，成为享受二品职级俸禄的官员。

朝中尚书、都御史为正二品级别的，如遇擢拔，上升总督自然顺利。万历皇帝体察到万世德的情况，以超常特擢的方式将职务补了上来。如不是有知遇之恩，万公也只能继续是总督属下的巡抚官员，不可能做到总督这一级封疆大吏。对万公的才能有人嫉恨，有人不满；对万公的提拔，有人排挤，有人压制。可是每当到了国家有重大事故、变乱之时，众大臣都想到万世德，一致推举这位文大臣带兵到战火纷飞、生命不保的前线，甚至有的大臣曰，此事"非万世德莫属"。

二、总督任上政声显

明永乐元年(1403)分别设蓟州镇、辽东镇,派遣总兵官镇守,节制一方,权力很大。后来文官管军,于景泰年间常驻镇守文臣——巡抚,管理军政。嘉靖二十年(1541)添设"真保镇",总兵驻保定。嘉靖二十九年(1550)"庚戌之变"后,明廷为全力对付北部的鞑靼部进犯,设立蓟辽总督,进一步拱卫京师巩固北疆。嘉靖三十八年又增设昌平镇。这样,蓟辽总督节制两镇巡抚、顺天巡抚与四镇总兵,兼理粮饷,在抗击蒙古部、抗击东北女真族侵扰中,发挥了重要作用。蓟、辽巡抚及总督与国内其他各镇巡抚、总督,形式上是派遣到地方上安抚、督查的中央部院廷臣,实际上逐渐演变为地方上总览军政事务的最高长官。总督,既要处理好中央与地方的关系,又要协调几镇的配合关系,形成团结一致的抗击"虏寇"的凝聚力。屠隆在《万公传》中载:"公感激特恩殊眷,愈思捐縻以报。至镇下令,务为宽大简静,以宁兵农,边境肃然。"

万世德感恩万历帝对他的"特简"任命,对于朝廷的眷顾,他以身许国,发誓哪怕粉身碎骨也要报答皇恩,为国家效力。虽然已经身患数疾,但继续抱病工作,为国家竭忠尽智。他上任后仍然按照巡抚天津时的作为,以"屯戍结合"的方式治理边方,在遥远而辽阔的辽东地区,在人烟稀少的蓟镇边塞,他颁布律令,指挥屯军开垦荒地,改变现状。他亲自带领专家勘测水源,发动百姓开挖大渠,利用河网,保证平原地区的千顷田地得到有效灌溉,使之成为旱涝保收的良田。他还号召扩大良田面积，精耕细作，改良畜牧，多渠道发展水利并开发矿产，发展小手工业。

万世德十分重视土地法规，制定相应政策，扼制土地的垄断。根据实际情况，制定征粮政策，减轻民众负担，在大动荡后安定人民生活，发展生产，医治战争创伤。在发展农业生产的同时，实行“寓兵于农、藏粮于民”的政策，开垦良田多者给予优惠与奖励，将边方地区治理的民富兵强，成为牢不可破的军事重镇。

万世德认为，兵与农是相互依存不可或缺的，兵不强则农无以为卫，农不丰则兵无以为食。所以他一直实行“兵农结合，屯垦戍边”的方针，减少了国家军费开支，也加强了蓟、辽地区的边防建设。边塞有事时，命将出征；战事平息时，各回自己的屯垦地。万世德的政绩得到了朝廷的认可。

而公病转剧，日就尪羸。逆酋谋，大举入寇，公檄镇、道，命将迎敌。擒斩首虏，获马驼、盔甲、器物甚多，皆力疾视事。秋防方急，不敢顾躯。①

敌兵不时扰边，时世德已病矣，授计诸将，各奉指挥，战汛地，擒贼甚众……②

据翰林学士陈懿典记述：

适獐兔、拨计二酋谋盗边，要挟市赏，将从冷饭谷毁垣入。公素严斥堠，我得为备，拒堵去已。谍知二酋借兵具甲，将大举。公指授方略于镇道路将，选夷丁骁骑，袭之红草沟，斩虏八十级。三卫胁息，詟公威不敢复动。

①据《偏关志·人物》中屠隆《万公传》。

②据清《宁武府志·人物》。

适逢獐兔、拨计二酋首率兵从冷饭谷口毁坏边墙，大举入侵，抢劫财物，并讹诈互市所得。万公传檄蓟州镇兵备道、参将等官，指示谋略，选择骁悍的铁骑袭击于红草沟，擒斩虏寇，缴获马驼等器物，再次奏捷。从此，蓟州镇边地上的三个军卫平息，北虏慑于万公威名，再也不敢轻举妄动。万公克服病痛，坚持工作，秋防方急，不顾身体劳累，尽力完成国家之事。

十二月甲子（初一日），朝鲜国王李昖奏对马岛倭求款……兵部言倭与朝鲜款事未可悬断，总督万世德熟知倭情，职在经略，宜令酌议以闻。[①]

朝鲜国王李昖上奏明朝廷，对马岛日本要求款贡。兵部答复说，日本与朝鲜款贡事宜从来没有明确的断定，可与熟知倭情的总督兼朝鲜经略万世德商议，李昖服从。款贡，指归附明朝廷而进贡。

十二月辛未（初八日），命开复朵颜各夷马、木二市，并复宁前木市……蓟辽总督万世德以闻且言："辽之马市，视他镇不侔。他镇皆系贡虏，抢必不市，市必不抢，岁出数万。明以为饵彼，亦嗜汉财物，不敢动也。若辽之二市，止可当他镇之民市，民以为利，故虏虽有顺有逆，终不为之绝市。且虏情不可知。即嘉、隆之间，何年不开市？何年不大抢？不过外示羁縻，内修战具耳。岂可以往年之虏或市或抢，恐人之议其后，而不为担当哉？天下事未有全利而无害者，利多害少则为之。若有利无害，复持两端以观望，岂人臣所以计安边境者乎？疆场利害关系至重，须如

①据《明神宗实录》卷三百六十六。

古之权不中制，亦不外监，行无掣肘，而事有底绩。伏乞天语叮咛戒谕，使得毕力封疆不误大计，臣等之上愿也”。

兵部如世德言覆请。从之。①

万世德此段奏文说明，朝廷决定在辽东与长城线外的朵颜等外族开办马、木互市，即以东北地区丰富的木材交换朵颜等外族的马匹。但万世德觉得在辽东地区与兀良哈三卫开办互市，利少弊多，并以嘉靖、隆庆时开办互市出现虏“大抢”说明。因为其他军镇地区与鞑靼族互市，每年为明朝廷纳贡形成制度，与其互市利多弊少。万世德反复陈述利害关系，其奏文由兵部转达皇上，遂取消互市。

世德才智胆略，伯仲威宁、晋溪间②。病笃，惟以国事为念，其忠悃不稍衰，尤有古大臣风。在蓟、辽以息兵宁人为务，宽大简静。③

明工部尚书温纯诗《送万伯修司马之镇蓟辽》④亦赞曰：

异邦振旅九重知，锁钥亲提十万师。

---

①据《明神宗实录》卷三百六十六。

②威宁：指王越，河南浚县人，为成化、弘治时期兵部尚书、延甘宁三边总督，著名军事统帅，以功封“威宁伯”。晋溪：为嘉靖间兵部尚书、延甘宁三边总督、太原人王琼的名号，建有殊勋。伯仲，指才能相当，不相上下。此句意谓蓟辽总督万世德的才能功绩与他们相当。

③据清《宁武府志·人物》。

④据《明温恭毅集·律诗》。

对弈先筹淝水捷，请缨欲向幕南驰。
辅京列阵金汤在，属国三韩保障宜。
只恐材官生髀肉，翻嫌款塞忘羁縻。

三、返乡举办龙华会

万世德自从万历二十九年（1601）五月二十日担任蓟辽总督以来，除夙兴夜寐处理繁忙的政务与军务外，还有一件大事一直萦绕在他的心里，那就是在东征朝鲜战役中为国捐躯的大明官兵，还有惨死的日本兵，他们的躯体永远留在了异国他乡。受牵连的一切遇难的水陆动物亡魂，亦时刻像幽灵一样在他眼前晃来晃去。他是大明王朝用计用谋杀敌的文臣，但又是在保国戍边的疆场上带兵冲杀的武将，从明初戍边以来至今，虽然万氏为保家卫国立下了大功，但也造下了沉重的杀孽。每当想到这些，他内心总是不得安宁，真是“一家饱暖千家怨，半世功名百世愆”啊！于是他决定上疏万历皇帝，在自己的家乡山西偏头关举办水陆大法会，超度所有水陆亡魂，了却自己念念不忘的一桩心事。

(一)请旨水陆大法会

请旨举办水陆大法会

圣主万历大帝阁下:

臣万世德启:岁在壬辰,岛夷无道,犯我天威,荐食朝鲜,主臣播越。昭命王师,前去征伐。七载剿讨,僵持不决。天子震怒,蕞尔蠡贼,岂容横行?臣遂受命于危难之时,担荷专征之重任,时于戊戌初冬,驰渡鸭绿,陈师王庭。十万材官属统御,四路大军追飞电。三千里江山鬼神嚎,露梁海域血染红。斩鲸鲵于异域,破群魔于他国。尸横遍野,白骨累累;海域异族,亦遭屠戮;刀兵相见,亡魂惊吼。风萧萧兮海水寒,夜茫茫兮天地沉。我阵亡之大明官兵,岛国遇难之倭兵,一切水陆遇难之孤魂,缘其负屈而横死。臣每当闭眼之时,哀魂嚎哭、血流成河、海陆动物索命之惨状,历历在目。其无所凭依,最堪怜悯,又知其依草附木,必兴妖作怪、祸害阳间矣。为保我大明江山皇图永固,人民安居乐业,不佞兹请在家乡偏头关举办水陆大法会,超度亡魂,转升天际,使世界承平,灾厉不起,天清地宁。并让吾后来者接续,凡隔十年举办一次。兹请恩准。吾皇万岁,万万岁!

总督蓟辽侍郎、偏关万世德呈请

万历二十九年(1601)六月八日

万历皇帝接到万世德的题本上疏,两眼紧紧盯着奏章中的内容,他从字里行间感受到了万世德沉痛而悲壮的情调,也被他的才情所感动。铿锵有力、议论精严的话语,折射出万世德这位保国大臣的真心诚意。于是万历帝在奏折后面朱笔一批,“准奏”,然后转发礼部。过了几天,礼部派遣朝臣来到了蓟辽总督衙门驻地顺天府密云县,转呈圣旨。万世德让人在大厅内摆设香案,礼部官员将黄绸缎上绣有"双龙戏珠"的圣旨放在香案正中,上面写着"勅旨钦命龙华盛会"。万世德毕恭毕敬地立于香案台下,恭听读旨官宣读:

奉天承运,皇帝诏曰:准予朝臣万世德于九月间,返乡偏头关,延请高僧,诵经礼忏,择吉举办水陆大法会,超度朝鲜战争以及历来一切水陆遇难之亡魂。期冀社稷安康,江山永固。钦此。

万世德对着香案上的圣旨双手合十奉揖,然后跪地面向北连拜三拜,高呼"吾皇万岁,万岁,万万岁!"上前将金黄色的圣旨在头上一顶,恭恭敬敬地托在胸前,交与侍从官妥善保管。过后,万世德发函于家乡偏头关官员,说明将要于九月间举办"钦命龙华盛会",请提前准备筹办,届时举行。当驻守偏关的官员接函后,一听是圣旨,自是一番虔诚恭敬,选择优秀人士忙碌筹备。

八月中旬,万世德拟出办会内容的一些项目,传予偏关官员,八月下旬踏上返乡的路途。一路上,万世德望着远方连绵不断的烽火墩台,近前的一座又一座军营城堡,内心百感交集,自成边始祖万杰从南昌北上,到他这一代,再到自己的孙子辈,已经是第十代。万氏十代将士在保家卫国的疆场上,曾经杀敌无数,双手沾满了鲜血。三年前万世德亲自指挥的那场抗倭援朝的最后决战,彻底平定了朝鲜。但是那场"露梁海战",短兵相接,奋力杀戮,战船起火,杀死烧死的兵士无数,烧死的动物漂满海面。那惨不忍睹的场景,至今令他心有余悸。每当他闭上眼睛时,就觉得有无数人影怪物和鱼鳖虾蟹在眼前晃动,苦苦挣扎。两年前留守朝鲜时,每当在军帐中休息时,似乎就有嚎叫索命的怪物出现。鉴于此情此景,他默默许愿,口中念念有词地安慰:"请你们赶快离去,赶快离去！我要于适当的时候在家乡为你们超度冤魂，送往天国。”今天承蒙皇上恩准，机会终于来了，从此闻名华夏的钦命“龙华盛会”就要在偏关举行了！

这次陪同他回家的是二子邦孚，官职为锦衣卫副使。锦衣卫，明朝时期为专有的特务机构，一般由皇帝亲信武将担任，成日出入京城要地，直接向皇帝负责，故特令其掌管刑狱、巡察、缉捕、审问等项。三子有孚、四子国孚由于父亲平倭功高，皇帝恩准在京城国子监读书，未能与父亲一同返乡。后来有孚官做到辽东宁前兵备道（五品），国孚官做到户部员外郎（从五品）。

远在偏关南门关城楼下迎候万公的有提督雁门等关兼巡抚山西地方都察院右佥都御史、陕西肤施人白希绣，驻守偏关的岢岚兵备参政、陕西肤施人赵彦，驻守偏关的西路管粮太原府同知、陕西泾阳人张鉴，老营奇兵营副总兵、宣府前卫人姚国忠，分守山西西路驻偏关参将、平阳府人吕仁，驻马站堡老营游击沈应奎，驻偏关营中军守备等官。还有万世德长子万化孚，其时为分守山西西路河保营（今河曲城）参将。化孚，字同我，初始以世职任宁武兵备道道标中军，即宁武兵备副使亲统部队的主将；历任大同、河保营、神木营、偏关营参将，升任大同镇阳和副总兵加都督佥事。他才兼文武，颇有父风，其翰墨挥洒，优于文士。当他看到父亲一行人骑着马快要走到关城门前，情不自禁地喊了一声：“父亲大人，您可回来了！”儿子万化孚亲切的呼唤，打断了万世德的沉思。接着，迎接万世德的文武大员热情洋溢地上前，将万世德一行团团围住，双手抱拳行礼问候，万世德也向各位一一回礼，问候寒暄。

又一次回到老家里了！万世德按捺不住内心的激动，他时刻不忘生他养他的偏关城，更不忘生他养他的衣食父母。自 25 岁入仕以来，连同给父母双亲守孝、西宁任上被罢官、任兵部主事返乡巡边，还有这次举办“钦命龙华盛会”一共是五次回乡！光阴似箭，30年过去了，如今他已经55岁，两鬓染霜，身体瘦削，如果不是那双炯炯有神的眼睛，家乡人都要认不出他了。

万世德站在雄伟的关城门楼前，瞭望四周，眼前是他儿时玩耍过的非常熟悉的地方，依然是关河如带，绕城而过，四周九龙峰环抱，山势挺立，连绵不断的群山伸向远方……

万世德在关城楼前凝神伫立一阵后，在文武大员的陪同下缓步走进南门，偏关古城南北大街光滑的青石块铺就，干净整洁。关城大街两旁商铺林立，各种字号牌匾琳琅满目，往来的行人熙熙攘攘，一派升平和睦的气象。他们来到中大街钟鼓楼东侧，走进兵备道署衙门，稍事休息后，将随行人员安排在道署食宿。然后他与长子化孚、次子邦孚顺路向后大街走去，行几十步向西一拐，就是平阳营街，父子三人来到万府门前。

万府门前威严依旧，一对大红灯笼高高挂起，两扇朱漆大门耀眼闪光，一对活灵活现的石狮雄视远方。早已等候的老少成员有万世德叔伯弟弟万世表、万世勋、万世威等以及侄子辈，全族成员，个个兴高采烈，喜气洋洋。说到万世德的兄弟辈还有亲弟弟万世明，官山东临清州同知；昆弟万世辅官临洮府同知。万世德与家人一阵寒暄后，用过晚饭，回房休息。

第二天一早，山西巡抚白希绣、驻偏关岢岚兵备参政赵彦、驻偏关管粮厅太原府同知张鉴、偏头关守御千户所指挥杨文一同到万府拜会蓟辽总督万世德。万公说明此次奉旨返乡举办“钦命龙华盛会”的重要性，请求赵公与张公、杨公组织地方乡绅等头面人物成立“龙华盛会筹办组”，制订程序，从即日起开始办理盛会的一切事宜。他们三人听后，内心非常激动，天下几大“龙华盛会”，偏关就为一大盛会地址，是英明的万历皇帝恩赐给山西镇及偏关人民的福祉。他们表示一定要竭尽全力地办好“龙华盛会”。

万世德回乡后，这里走走，那里看看，偏关在这些父母官的精心治理下，边备一新，防守严密，地方祥和安定，人民安居乐业，内心不禁涌起一阵又一阵喜悦之情。他与筹办组一起议定盛会项目，连日里又不断接待应酬着驻扎山西镇三关文武官员的拜访，其中有驻宁武关山西镇总兵官、驻老营奇兵营山西镇副总兵、驻代州山西东路参将、驻偏关与河保营山西西路参将，驻各边堡之游击、守备、千把总官员，还有镇西卫的指挥使，雁门、偏关、宁武、保德、老营、八角等千户所指挥、千户长等官员。

万世德同级别的、与蓟州镇相邻的宣大山总督、河南开封人杨时宁专程从大同镇阳和卫总督府赶来，会见同朝重臣同僚、也是从宣大山镇走出来的万世德，彼此相见，意气相投，话题均为忠君孝亲、保家卫国、清正廉洁、鞠躬尽瘁的儒家治国道理。短短几日，驻偏关兵备道署、偏关西路管粮厅、偏关参将府、偏关守御千户所、万府大院，凡是有万世德出入的地方就门庭若市，万公利用此大好时机竭力向官员灌输“为官一任造福一方”“不负皇恩”“不负衣食父母”的道理。万府上下喜气盈门，男女老幼，笑逐颜开，愉快地聆听着世德公的教诲。

万世德一生为国家担当重任，又为总督重臣，代替皇帝说话办事节制京畿要地辽东、蓟州、昌平、真保四镇，辖顺天、天津、保定三巡抚。再看看万氏家族子孝孙贤、世享朝廷俸禄、后代兴旺发达，及大明王朝的安定稳固，正是那些为江山社稷、为保卫大明王朝不惜献出生命的壮烈之士，是他们用鲜血换来了百姓的幸福。为此，万世德更觉得举办“龙华盛会”的重要性。

在一个六边雄峙、烽传三晋、营堡威严、战马嘶鸣、刀枪林立的三关首镇——偏头关举行龙华盛会，实属破天荒的首次，边防要地一片欢呼声，消息不胫而走，迅速传到边塞之山西镇偏头、宁武、雁门关。驻岢岚兵备道所管辖的老营、贾堡、小营、长林、柏杨岭、水泉、马站、草垛、滑石、黄龙、寺埝、韩家坪、八柳树、楼沟、永兴、五寨、三岔、八角、桦林、楼子营、罗圈、河保营、唐家会、杨家寨、五花营、河会营、阳勉堡,河曲营城、保德州城等,边防地区的将士都知道,是兵部侍郎兼右佥都御史出任蓟辽总督的偏关人万世德,奏请皇帝奉旨在偏关举办龙华盛会。他们知道,祭祀为保家卫国而牺牲的所有将士,超度他们的亡魂转升天际,为江山社稷与黎民百姓消灾祈福,祝愿所有将士们身体康健,保卫边疆志气更加高涨。

当守关将士明白了龙华盛会是怎样一回事后，群情激荡，人心振奋,懂得了为保卫大明王朝即使战死也是死得其所,是光荣而高尚的。国家除抚恤外还皇恩浩荡，不忘超度同为人肉躯体的敌我双方战死的将士,这体现了朝廷上下人性化的策略。三关将士亦认为,是朝廷重臣万世德做了一件积德修福、庇荫子孙后代的大善事,他们又争相传颂着万世德两到青海讨伐鞑靼叛乱,以及巡抚天津、东征朝鲜决胜倭寇的事迹。他们都在拭目以待,九月十九日隆重而祥和的“龙华盛会”的来临。

(二)筹办龙华盛会

龙华盛会筹办组在万世德与偏关地方父母官精心策划下，已经在偏关周围各县散发榜示,从河曲海潮庵、香山寺和五台山请来大德高僧云集关城,共商办佛事盛会的内容。他们制定程序,分工负责,一切办理的有条不紊。从八月下旬开始,关民便在白衣殿外的平坦处,用彩木搭“金桥”,架“银桥”,张灯结彩;又搭彩棚,垒“火龙”,点灯盏,雇请“八音会”提前吹奏。城乡与周围县的民众也蜂拥而至,前来参加百年不遇的“钦命龙华盛会”。

水陆法会地址选择在偏关城北城墙外、关河东岸的白衣殿寺庙,白衣殿是主供白衣大士——观世音菩萨的道场。白衣殿又是关人去世后在这里"叫夜"上庙、求神拜佛的地方,观世音菩萨大慈大悲、救苦救难、法力无边,将水陆大法会选择在白衣殿是最合适不过了!

白衣殿,虽名大殿,实为偏关大规模的佛教寺宇,酷似太原的崇善寺,是一座庄严而雄伟的佛教寺庙。据寺内碑石记载,该寺创建于明成化七年(1471),寺院建在关河东岸一块平坦的台地上,坐北向南,平面布局十分严谨,中轴线上前后连接三进大院,均为悬山顶琉璃瓦布顶,花琉璃脊兽。正南设山门,为砖石仿木结构的三迭式牌伤,正中砖碹门洞上悬嵌"白衣殿"门额石匾一块。入山门进院,对面正中为"水陆堂",面阔三间,进深三间,门额匾上书有"水陆堂"三个大字,东、西侧为钟、鼓二楼。院内东、西两面各设配殿七间,此为前院。

入中院,迎面是正殿,面阔三间,进深二间,门额上书有"华严堂",正殿内主供"华严三圣"释迦牟尼佛、文殊菩萨、普贤菩萨。院内两旁,亦是各设东、西配殿七间,有古槐一株,绿荫覆盖。正殿东、西两侧有垂花门各一道,通往后院。

后院正面为后正殿,硬山顶,重檐楼阁上下各三间。下层为砖碹八海窑洞,中间主塑白衣大士——观世音菩萨,左间塑有地藏菩萨,右间塑有"送子娘娘"神。第二层为砖木结构楼阁,设为弥陀堂,中间塑有"西方三圣"阿弥陀佛、观世音菩萨、大势至菩萨,左间为"十二缘觉菩萨",右间为"十八罗汉侍观音"。楼阁下又见东西配殿各五间,配殿北侧山墙下又东、西各跨出小院一进,各有小房两间。后正殿前的院内东、西面有松柏两株,保存有明代碑碣一通。

经过考察,万世德首选佛寺白衣殿作为"敕旨钦命龙华盛会"超度亡魂的场所,在"水陆堂"举办"水陆大法会",全称"法界圣凡水陆普度大斋胜会",又称"水陆道场""悲济会"。这种法会,起源于南北朝时的梁武帝，上供十方三世诸佛、圣贤，以无遮普施斋食为基础，救拔六道众生，范围相当广泛，集合了消灾、普度、上供、下施诸多功德。

（三）僧道作法与撰写文庙碑记

白衣殿内大德高僧开展“水陆大法会”法事内容如下：

升扬宝幡：佛事水陆法会分为内外共七个坛场。得道高僧做法七昼夜，吟诵经典超度救拔，使得功德圆满。

内坛布置：内坛在白衣殿水陆堂正中供奉毗卢遮那佛、释迦牟尼佛、阿弥陀佛三圣像；下置供桌，罗列香花、灯烛、果品、面食等供物。

外坛布置：在白衣殿的殿堂中依行持分设大坛、法华坛、净土坛、诸经坛、楞严坛、华严坛六个坛场。

结界洒净：是佛教的一种仪式，恭请诸佛菩萨、龙神降临并护持道场，禁止斜魔怪气扰乱与闲杂人等污犯，令坛场内外清净。参会的所有大德高僧与在家学佛居士组成一支队伍，万世德父子三人亦参加“洒净”队伍。在巡回偏关城的主路上，高僧中一位抱持观音菩萨像，一位拿着一个插着杨柳枝的陶瓷净水瓶，边走边撒“甘露水”，称颂“大慈大悲救苦救难观世音菩萨”佛号。其余高僧、居士一路上也高呼佛号，念诵大悲咒。总之，遍洒一个地方清净，成为佛法道场。

发符悬幡：于九月十九日“观音菩萨圣诞日”开始在五更天时，高僧手持符牒、疏文，往天、空、地、冥“昭请众圣神灵”莅临。又升扬“启建十方法界四圣六凡水陆普度大斋胜会功德宝幡”，高悬于大雄宝殿左前方的刹竿上，昭告人天。

奉请上堂：在次日的四更天，请参与内坛的高僧上堂，五更天奉浴。“恭请诸佛菩萨、缘觉、声闻、明王、婆罗门仙、梵王帝释、历代祖师，及一切尊神等众降临坛场”。

奉供上堂:备斋筵、香花、灯、食、衣、珍宝、法等,是为六尘妙供,如法供养。

奉表告赦:为悲悯六道,五更天告达司事天神,祈求赦放被禁六道群灵莅临法会听经闻法,除患得安。

召请下堂:六道既赦,众苦皆离,可赴盛会。第四日三更天请下堂高僧,四更天奉浴,五更天说戒。

受幽冥戒:召请五岳河海及大地鬼神、地狱众生诸鬼神众受幽冥戒,召请六道众生等,同来受法味饮食,同沾法益。

奉供下堂:受戒以后,得清净识,得以入坛坐列,安享法味。第五日四更天,诵《信心铭》,五更天时,供养下堂高僧,午时斋僧。准备美味素斋,宴请六道群灵,并为其诵阿弥陀经及念佛。

放生:就是救命,当动物有危险的时候把它们救下来,并在一定的时间内举行念佛、念观世音菩萨以及大悲咒的放生仪轨,放到适合它们生存的环境里面,让它们获得新生。

放焰口:乃是对地狱里体形枯瘦、咽细如针的饿鬼施水施食、救其饥渴之苦的一种佛教仪式,根据《救拔焰口饿鬼陀罗尼经》而举行,则饿鬼皆得超度。从下午五点举行到夜晚子时正中的12时结束。

供僧及送圣:第七日五更天,普供上下堂众僧,午时斋僧,未时迎请上下堂至外坛。为所有参加水陆法会的群灵说法、加持、供养,六道众生趁此出离苦海永不沉没,回向使他们往生西方极乐世界。

内外等七个坛场,讽诵金刚、法华、华严、楞严、阿弥陀佛经等,以七天为期。除了施食以外,又有诵经持咒的法施,可令六道受苦众生心开意解,得法水滋润,使之离苦得乐,同证佛道,故名盛会。

从九月十九日至二十五日,七坛大法会有声有色地开展,五台山等寺大德高僧诵经念咒、拜佛礼忏、救拔超度的经声佛号,响彻云霄。

除开展“水陆大法会”外，还有道士打醮的活动。即道士在净地设坛做法事，祈求上苍消灾免难，赐福人间平安，保佑风调雨顺，五谷丰登。

道教坛场，北岳恒山的得道高士除打醮外，又通过“上表”科仪，将书写信徒心愿的表文送达天庭，祭告上苍，请众圣光临醮坛，祈求赐予天下苍生阖门康泰，增福延寿。

偏头关城大街小巷，香烟缭绕，弥漫上空；禳灾祈福呼声，一阵紧似一阵。无数大明阵亡将士以及一切亡魂，在佛力加持中得到度脱超升。在这七天大法会之际，万世德与两子辛苦奔忙，每天奔走于每一坛法会，沾佛祥光，受佛加持，以居士身份念佛诵经，还追荐了万氏先祖、父母双亲，以及万氏亡故的先人。

这七天大法会，了却了万世德的一桩宏伟意愿，他的心灵得到彻底解脱，头顶似乎升起了一朵祥云，脸上呈现出喜悦的笑容。

偏关为边防重镇，兵多将广，市贸繁盛。龙华盛会期间，热闹非凡，异常隆重。江湖卖艺，江浙杂要，山东武术，晋、冀、鲁、豫、陕商贾，内蒙古、陕西求神拜佛者，以及邻近县喇嘛、僧人、云游道人，八音会鼓手，训虎团、杂技团、秧歌剧团、晋剧团云集偏关，各献技艺，为大会助兴。偏关古城张灯结彩，盛况空前。街上人山人海，万头攒动。民间娱乐的红火——高跷、船队、抬挠阁、西洋游千、狮子老虎舞、龙灯舞一起出动。还有二人台、要大马戏的、踢拳卖艺的，各货物摊贩，商品琳琅满目，令人眼花缭乱。

本年九月，喜事双临，在隆重举行完“钦命龙华盛会”后，偏关文庙因历时久远，有所坍塌，庙学师生很难维持正常的教学秩序。驻偏关岢岚兵备参政赵彦、管粮厅太原府同知张鉴竭力承担修复事宜，并倡议庙学生员与民众积极出资出力投工参与。偏关儒学训导、山西太平（今襄汾）人王桐与偏关邢吾仁等 137 名生员积极出资、出力、出工、出料，参与修复。修复工程起始于万历二十七年（1599）春二月，正好落成于二十九年辛丑秋九月。当万世德看到红墙大院、丹垩辉煌、焕然一新的圣庙时，感慨万千！自弘治二年(1489)偏关武备之区立庙学后，文化肇兴，科第连绵，仕声蔚起，使偏关成为文德与武备共荣的关城。其时，赵公、张公二位父母官就文庙修复之事决定立碑纪念，正好蓟辽总督大人万世德是偏关首开天甲的文进士，又是受皇帝器重的当朝重臣，其道德品行真是“高山仰止，景行行止”，于是请万公撰写碑文，刻成后立于大成殿檐下，永做纪念。万世德受请托后，以其高超的文笔，睿哲的思想，抒发了一个学者继承儒家道统的理念，将孔圣人的学说发挥到了最高境界。他在碑记中写道：

岁在辛丑(1601)赤奋若，偏关修学宫成……国家驱胡元，北边于虏戎马其急务也。然淳庞敦厚之气，休明清淑之储，盖积于列圣之重熙累洽焉。是以创建学宫，作兴贤俊，雍雍济济，比于宇内郡邑庠序，然经制既备，教化毕兴，百余年间家传户习。近悦远来缝掖之士多于鞮鞪，弦诵之声溢于刁斗，遐哉盛矣，文明之奥区也。

……

故孝弟之道，圣曰为仁，贤曰希圣。三代之所以敷教，万世之所以作人，皆是物也。故恣睢以长傲，孰若雍睦以示谦；奔竞以逐时，孰若安贫以乐道；嚣哗之相和，孰若简默之自裁；横议之为公，孰若厚养之待贾。①

万历二十九年，偏关成功地举办了首届“勅旨钦命龙华盛会”，又成功地修复了文庙，万世德的《重修偏关庙学碑记》，立于圣庙内，刊载在志书里，成为一篇教化世人的千古绝唱！然后，万世德叮咛嘱咐万氏的

①据民国四年版《偏关志·艺文志·碑记·重修偏关庙学碑记·万世德》。

子孙后代要“常思父母养育之恩，恒念祖宗创业维艰”，在祭祀之日勤去祖宗祠堂拜谒，勤去墓地祭祖上供，常去偏关寺院拜佛敬香，布施斋僧，戒杀放生，更要积德行善。他还让时任河保营参将的长子万化孚照顾好家中亲人与偏关的父老乡亲，有空常去曾祖父创建守卫过的万家兵寨巡察，时刻维护。万世德去世后的第五年——万历三十四年（1606），万化孚调任山西西路偏头关参将，他与兵备道赵彦组织指挥重修万家寨，气象规模一新，将曾祖父万亿生前在顶层平台修道的地方以其名字命名“翠峰禅林”，立堂叔万世辅、万世表撰文所刻的石碑《重修翠峰禅林碑记》，以彰显万氏祖上与后代虔诚向佛、一心办道之家风。

（四）传统的万人会

九月十六日，一位铺兵骑着一匹快马从老营方向沿关河向关城疾驰而来，直奔平营街万府大院，守门的兵丁接到信件呈交万世德。万公在记录簿上签字后转交铺兵。朝廷通知，边事军情紧急，又有朝鲜善后事宜，需要万世德速回密云蓟辽总督衙门处理裁决。“军令如山倒”，万世德吩咐两个儿子及随从人员马上收拾行装，准备原路返回密云总督府。万世德再次向驻偏关的父母官与边关守将告别，向万府父老兄弟子侄告别，亦向邻里乡亲匆匆告别。跨上骏马率领一行人沿关河上游向京城方向奔驰而去……

万历皇帝“勅旨钦命龙华盛会”首次开办后，第二年九月十七日万世德病逝于任上。其后每隔十年，凡遇辛年开办一次，形成传统制度，一直延续至今。发展到后来，演变为俗称的“万人大会”或“万人会”。正好又于万氏相联系，故又多了一项内容，那就是偏关人民纪念历史名人“太子太保兵部尚书”万世德。

据偏关父老讲，1941 年也是辛年，正是日本侵华部队在偏关一带占领的时刻。当日本人得知偏关万世德，就是340年前在朝鲜指挥明军围歼他们“大日本帝国”官兵的总指挥，异常惊讶，不由地气愤恼怒，咆哮道：“万世德的良心大大地坏了！害得我帝国好苦啊！朝鲜这场最后战争，使帝国军队蒙冤受辱几乎遭受灭顶之灾。”本年是龙华盛会期，日军觉得举办吧，这无疑是祭祀我帝国的死对头、大仇人万世德；不办吧，又怕错过与帝国有利的祭祀神灵期。想来想去，最后决定避开白衣殿，于秋季到他们“红部”附近的南寺庙小规模地举办了万人会。

历史悠久的“钦命龙华盛会”，主会场一直在白衣殿内，分会场设在附近白龙殿等寺庙。一般仍在九月间举行，会期延长到10至15天。主要内容除了僧人做佛事、道士打醮、祈求神灵保佑等，后来不断增加了物资交流、商品贸易与各地风味小吃等等。四方宾客届时云集偏关，参加佛事盛会接受洗礼，同时，观赏戏曲，听评书，品尝各种名吃。

四、树大招风惹是非

万历三十年(1602)闰二月二十二日，万世德任蓟辽总督九个月的时候，突然遭到陕西道监察御史汤兆京的弹劾：

如万世德者，才全用之行险，奸佞足以济贪。琵琶歌舞，酷类优伶；鼠目獐形，原非奇伟。西宁逼将出师，三千人尽丧胡尘，革勘。有幸庚寅(1590)，州守起家。七八年骤至开府，钻刺通神。

最可恨者，岛山既破，朝鲜危在旦夕。天津去辽阳不二千里而遥，乃徘徊四月，始抵前屯，犹以虏阻，上章希复久驻。夫零星之虏不能御，乃能破重大之倭耶？观望支吾，肝胆尽露。此其违命逗遛之罪一！

迨釜山巢破，倭奴尽去，世德始驰入朝鲜，攫有前绩。夫东事称功，止在退倭。皇上试问，倭众渡海之时，世德曾在督阵否耶？此其掩袭盗功之罪二！

世德出镇二载，善后宜有完策，乃对马岛之倭，复屡胁迫朝鲜，鲜人岌岌惧祸，请命天朝，部既咨行世德矣，漫无成策相闻，仅以塘报塞责。此其苟且结局之罪三！

冒侵鲜饷，曾经论列，访其赃秽所至，昭彰食客技流，混滥公府，执贽不遗于下贱，取偿转付之诸营，假挥霍之虚名，饰溪壑之巨欲，僧人上茶而赏银牌，院役送回而给三十金，顾山人荐人卖笔，一朝而费三百金。概可知已，此其贪饕干没之罪四！

满载归来，玉关生色，捐资结纳，《竿牍》成书。俄而回院，俄而协理，俄而总督蓟辽，皇上不假廷推，特加超擢，无非拊髀颇、牧，磨砺后来之意，而世德且将谓进退得以自由。此其冒滥显融之罪五！

有此五罪者，而身都枢宪，爵延苗裔，恐非所以核功实照劝惩也！①

《明史》载：

汤兆京，字伯闳，宜兴人，万历二十年进士。除丰城知县，治最，征授御史。连劾礼部侍郎朱国祚、蓟辽总督万世德，帝不问。巡视西城，贵妃宫阉竖涂辱礼部侍郎敖文祯，兆京弹劾，杖配南京……后请罢税监、矿

①据明崇祯刻本许重熙《嘉靖以来注略·万历注略卷十》。

使，上不予批复。屡遭排击，后以不得其职而归。[①]

万世德于隆庆五年(1571)中进士，汤是万历二十年(1592)进士，在学界属于后生，在官场亦属于晚辈，本应虚心向政绩卓著、德高望重的万公学习才是，可是汤不问青红皂白，不顾事实依据，言辞尖刻，一味责难万公。

汤第一条侮辱性地攻击万公是“琵琶歌舞，酷类优伶，鼠目獐形，原非奇伟。”本来万公是位多才多艺的能人，在昼夜不休地筹边谋划、辛勤工作之余，以弹琵琶、拉二胡来缓解一下疲劳，这是很正常的事。“……每至夜分不息政，稍有暇，即鸣琴以自娱。”[②]而汤对万公的地方政绩、文韬武略，冒着生命危险驰骋疆场屡屡取胜的战绩视而不见，听而不闻，却污蔑万公“酷类优伶”，跟戏子差不多，说万公眼睛像老鼠那样又小又圆，脑袋像獐子那样又小又尖，相貌丑陋，神情狡猾，原本不是雄奇伟岸之人。上述则纯属人身攻击。即使真的生成那样，与人与事又何相干？汤又将西宁战役副总兵李魁盲目出兵失利、万公出朝在辽东杏山口被鞑靼阻挡延迟出朝事，是“三千人尽丧胡尘”“零星之虏不能御，乃能破重大之倭耶”？总之，诽谤万公是不能破虏，观望不前，冒充退倭之功，盗名邀赏的人。更严重的是，汤诬蔑万公靠政绩军功半级半级地升迁至“巡抚”，是七八年时间的突然“钻刺通神”。意为万公的官职是靠投机钻营通了神路得来的！

其次，指责万世德“天津去辽阳不二千里而遥，乃徘徊四月，始抵前屯……”同前边监察言官“万世德自六月受命，迁延不敢前，比闻倭退，

①据《明史·人物志》卷二百三十六。

②据清《元城县志·艺文志·碑记》。

兼程驰至，会同邢玠奏捷"[1]，如出一辙。万世德于万历二十六年六月二十三日受命朝鲜经理，于十月一日到达朝鲜王京。如前所述，朝鲜前线的军队刚吃粮一项每天就是一二十万斤，万公除了昼夜不息地在天津布防与筹集粮饷，还的想尽一切办法往朝鲜运送。况且，路途遥远，转运相当费时费力费难，陆路几千里靠人力、畜力车或肩挑背背吃力地运送；海路运送虽说方便点，但遇倭寇、海盗劫掠或者遇风暴袭击，一时不能送达前线。万公是于九月十日稍后从天津开始奔赴朝鲜王京的，中途在杏山驿口又被东北的鞑子兵阻挡约七天左右，全程 3500 里，实际用了 13 天左右的时间，每天都是以二三百里的速度急行军的。当年兵部尚书邢玠于万历二十五年三月二十九日受命朝鲜经略，于七月七日抵达王京，与万世德出朝所用的时间无意中一致，亦是用了 98 天的时间。这说明出朝前期大量的、以及繁重的后勤工作需要做妥才能动身，绝不是他们所说的"徘徊四个月"或者"迁延不敢前"，难道经略邢玠也是"迁延不敢前"吗？

第二条指责万公是"掩袭盗功"，即倭寇退了，万公才入朝冒功请赏。此话完全是一派胡言。《神宗实录》是确凿的证据，记载万世德是于万历二十六年十月初一到达朝鲜王京的，于十一月十五日摸准倭寇全线撤退的消息，与邢玠组织四路会战取胜的。怎么能说成是"倭奴尽去，世德始驰入朝鲜，攫有前绩"的呢？又"倭众渡海之时，世德曾在督阵否耶"？可想而知，在决定战争胜负的关键时刻，是属于高度的军事机密，就连直接在朝鲜前线的监察官员也不知道万公在什么位置指挥，何况其他局外的监察官员呢？故汤兆京主观臆断万公不在督阵。

第三条指责万公留朝后"仅以塘报塞责"，第四条指责万公留朝后

①清谷应泰《明史纪事本末》。

“贪饕挥霍”即贪污浪费，挥霍无度。第五条指责万公回国后“捐资结纳，《竿牍》成书”。甚至捎带地指责万历皇帝“皇上不假廷推，特加超擢。”

至于弹劾万公第三、第四条事，皇帝配有留朝驻守“稽查功罪”的监察官员，他们在万公身边不可能享受皇帝俸禄，不负监察责任。第五条万公的好友同僚丁佑武愿意帮助出《竿牍》一书，这是朋友自己的事情，与弹劾者没有任何关系。

汤氏文采斐然，语句流畅，言辞辛辣，讥刺指摘，竭尽诬蔑攻击之能事，把一位受到万历皇帝器重的朝廷重臣贬损得一无是处。汤兆京虽屡上奏折，但皇帝也发现其中不实与攻击之词，最终不予理睬。

三月丁卯(初五日)，蓟辽总督万世德以“人言”再疏，自白乞骸。①

万公以人言可畏，而上书“乞骸”。又称“乞骸骨”，即古代官吏因年老请求退职的一种说法，使骸骨得以归葬故乡。

笔者表述到这里，也许有的读者会问，汤兆京为什么会弹劾万世德，指使他的朝中大人物有些什么人？他和万世德有什么过节，朝堂上有什么争斗？笔者认为，首先是明朝廷派出监察官员的巡视制度所使，以及全体官员都有弹劾的权利与义务，弹劾盛行，弹劾成风，并非有朝中大人物指使。这种制度使得所有官员都处于被监督之中，一般不敢作奸犯科。当时，不光是像万世德这样的大臣遭受弹劾，就是朝中皇帝信任的内阁首辅等重臣名臣遭受弹劾的，也比比皆是时有之。诸如“内阁辅臣沈一贯、本兵(尚书)萧大亨、蓟辽总督邢玠、朝鲜经理万世德，四凶党和卖国”。这种弹劾自由随便，导致言官变得骄横跋扈，出言狂妄，甚

①据《明神宗实录》。

至口无遮拦,捕风捉影,搞得人心惶惶,人人自危。

还有,朝中大臣对万世德的成见,主要是嫉贤妒能形成的。他们认为抗倭援朝战争举七年而不胜，万世德出任总指挥不到两个月时间一战定乾坤,功成名就,后来四个儿子也受到封赏,得到的功劳太容易了。此外,万世德恩义广施,家中养活有部分落魄文人,受他俸禄接济的家族、朋友等贫困人士也多,生活开支也大,当然就会引起品级不高、俸禄不厚的下层御史的妒忌。

万世德比较欣慰的是没有卷入党派争斗之中。史称万公“吏道精白”,第一次征西宁时受到的严重挫折,使他深得教训。后期他更老于世故,人情练达,善于应变,并能处理好方方面面的关系。当年在朝鲜,与总督邢玠的关系很和谐,就是十分难缠的言官丁应泰,与他的关系也还是比较好的,没有过分地难为他。

针对有关弹劾和万世德的请求,万历皇帝专门下诏:

东征乃朕独断,战功人所共知,万世德累官皆朕亲擢,待何公论之明？仍用心供职,不许畏避再渎。①

万历皇帝肯定了万世德东征的战功，并且指出万世德的每次官职都是自己亲自提拔的,不需要等待什么公论。

万世德在朝鲜所使用的军事谋略,所采用的战略方法,所付出的艰巨劳动,神宗心知肚明,不忍埋没他。于陆三路没有拼上血本与日军决战,而是在日军退往的狭窄海域上,给日军以重创,这种既保本又受益的战略战术,深得神宗欢心。因为万历中后期国内边患不绝,抗倭援朝

①据《明神宗实录》。

国力消耗巨大，所以他对万世德的谋略是非常欣赏的。后来超常提拔他，当有人想扳倒他的时候，神宗发话力挺，也在情理之中。

三月丙戌(二十四日)，工科给事中钟兆斗弹劾“延绥巡抚孙维城搬沙一事”与“蓟辽总督万世德请兵一事”，称万公：

逗师辽左，攘积釜山，妄通虏王请兵，以骇众听，均属不职；今日发属国请使之书，明日发虏王请兵之札，支吾骇众，自匿其隐伏期蔽之私。

全延绥、蓟辽将二臣或移腹地，或释兵权，更饬边臣，勿踵故智疆圉。幸甚。①

钟某说万公当年援朝时是“逗师辽左，攘积釜山，妄通虏王请兵”。其实，当年万公率师行至杏山驿口，今辽宁锦州北、凌海市西北时，遭遇东北鞑子阻挡，并非“逗留”辽东、“攘积釜山”。说“妄通虏王请兵”，我们也可通过确凿史料予以反证。翰林学士陈懿典曰：“方是时，邢司马驻师朝鲜，而辽阳虏儆道梗，公疾驱而前，道遇虏，斩其酋首，虏惊遁。遂渡鸭绿，飞檄倭营：新中丞率生兵十万且至。”屠隆在《万公传》中亦有记载：“北入辽东界，遇虏大举，道梗。公帅师与虏战于杏山，胜之。”

三月己丑(二十七日)，蓟辽总督万世德就给事中钟兆斗“妄通虏王请兵”之奏，上疏辩驳曰：

臣边人也，记往年虏王夫妇，诸凡请祈事体，但有干系，俱抄达阁部、兵科知会，以见虏情。日者顺义王与擦汉儿部虏仇杀，因有借兵之

①据《明神宗实录》卷三百七十。

书，且引天兵救援朝鲜例，臣循往套亦抄达阁部、兵科，使知虏中有此衅变，而边臣作用，后来有所证据云耳。原非孔亟虏情，可以奏报上闻者。况虏王驻牧原在宣大，就中机宜操纵，宣大总督主之，臣虽有书，不过听宣大当事处分，一言足矣。就中有何欺隐，而藉口支吾乎？

往臣经理朝鲜度辽之时，值虏内讧，臣自前屯即披甲乘马杂于行间，与虏相望，而驰至杏山，虏复内犯。臣督官兵挫前锋，辽兵望风奔溃。兹一战也，辽人至今称之。谓臣"逗师辽左"，无论不足以服臣，且不足以服辽人矣。大都臣孙踪远，裔年来谬从戎马之场，以皇上宠灵所至荡灭，何敢贪天为功？唯是承乏塞上，久逾涯分，伏乞赐罢。

上报闻，令仍供职。[①]

最后一句，万世德仍请求"伏乞赐罢"，即赐予罢官回籍。圣上闻报，仍令安心供职。万历皇帝没有为言官之辞所左右，再次一心支持万世德，"倒万风波"才算平息。

"有忌公才名，下石龁之者，公终身如不闻，其豁达大度类若是"[②]。面对来自各方的诋毁与谩骂，万世德不怒不躁，"持其志无暴其气""居身若万石之钟"，不为称讥毁誉而所动，胸怀度量而超常过人。至于"人言可畏"，而上书"乞骸""罢免"，不失为一种以退为进的高明方法。所以，他是一位千秋人，也是他超出常人的素质所在。

由此可知，涉及万历朝鲜战争，好像一趟浑水一样，朝廷上下文武官员只要谁淌上或沾上边，大大小小都要有点牵连，不是战死，就是论

①据《明神宗实录·卷三百七十·万历三十年三月己丑条》。

②据民国四年版《偏关志》中屠隆《万公传》。

死，或者是下狱、处罚，或者背负莫须有的罪名。

万历二十年七月，辽东游击将军史儒首次率骑兵出征，误中埋伏而牺牲。随后的副总兵祖承训在平壤战败后逃回，被罚“戴罪立功”。朝鲜经略宋应昌和李如松于万历二十一年击败日军收复平壤等地后，宋因建议留兵协守，朝廷不同意而撤换回国，虽然功大，但没有受到封赏，视同处罚。战后处理朝鲜事宜的兵部尚书石星，指派浙江商人沈惟敬去朝鲜议和，因议和失败，日本再次侵略朝鲜。后以失策劾论，二人下狱皆被处死。议和初开始，广西人、监察御史曹学程不知就里，上疏强谏，反对议和，触怒皇帝，下令逮下锦衣卫严讯。常熟人萧应宫为辽阳等处兵备使兼监军衔，也因深入朝鲜前线，不慎与沈惟敬案获罪，被论下狱。

内阁首辅赵志皋因相与应和“议和”一事，至后“凡劾星者必及志皋”。刑部尚书萧大亨因兵部尚书石星、御史曹学程两大狱案获罪，被论罢官。万历二十五年正月，已接替宋的经略“顾养谦不能用朝鲜兵，数年无功”，被罢官；八月，副总兵杨元失守南原城，回国后被处死。二十六年正月，朝鲜经理杨稿领兵战于蔚山，大败，被罢官下狱。协同的总兵提督麻贵，给予“戴罪立功”的处罚。内阁大学士张位、沈一贯因推荐杨镐有误，亦受到处分。八月下旬，朝鲜经略邢玠组织的“四路围攻”至后失败，受到朝廷内阁“撤邢换万”的议论。其属下中路总兵提督董一元因其部下战将在战斗中失误，被降官三级。

朝鲜战争胜利后“论总督邢玠贿倭卖国，兵部尚书萧大亨与科道张辅之、姚文蔚等朋谋欺罔”与“内阁辅臣沈一贯、本兵萧大亨、蓟辽总督邢玠、朝鲜经理万世德，四凶党和卖国”的言官尖刻劾论，仍然不休止。只要沾上这事的边，即使是朝廷的重臣、大臣也不能幸免。但至后来，这些上奏折掌有弹劾大权的皇帝示信宠儿、朝鲜前线监察官员，忽然发生了戏剧性的变化，也被朝廷重臣反弹劾。丁应泰和徐观澜以“举动乖谬”

被罢官回籍，监军御史陈效由于心理压力巨大，病发突然而死。所以朝鲜经理万世德，被论劾、被诬陷、被指责、被猜测、被误解，也是很正常的。只不过是，后世放大了这些内容，而忽视了他的真实功绩所在。

五、呕心沥血卒于任

万历二十九年（1601）五月丁巳（二十日），万历皇帝特旨钦命万世德为蓟辽总督。屠隆在《万公传》中如此评说：

特诏以公为兵部右侍郎兼右佥都御史总督蓟辽，此近年以来未有数，上知公深矣。仍以东征功升俸一级，原荫国子生改锦衣卫副千户，赏银币，追赠二代如公官。公感激特恩殊眷，愈思捐糜以报。至镇下令，务为宽大简静，以宁兵农，边境肃然。而公病转剧，日就尫羸。

万世德以三品的兵部右侍郎出任蓟辽总督，是当时多少年没有的事，除万公被任用为总督加待遇一级外，又将其次子万邦孚，由原荫国子生升荫锦衣卫副使，即保卫掌管皇帝仪仗和侍卫的锦衣卫副指挥使。又赏银币，追赠万世德之父万岩、祖父万亿两代亦为“兵部右侍郎”。

随着工作量加大，操心费劳，繁杂的事务增多，万世德身体也日渐消瘦，四肢乏力，后来健康每况愈下，以致友朋“谒伯修幕府，时已奄奄垂绝，犹披衣，两使者掖之骨立而出见客。”①

①据民国四年版《偏关志》中屠隆《万公传》。

同是抗倭名臣的邢玠先生，三年蓟辽总督任期，经朝廷考核为上等，本来还能连任，但这个位子位高权重、责任重大、劳心费力，甚至是功大过大的差使，所以邢玠早在之前就上了辞呈，但皇上不允许。此次邢玠被考核后转任“南京兵部尚书”这一闲职，三年以后卸任回籍，颐养天年。没有做过官的百姓，以为官高位尊，荣华富贵，是一个令人仰慕、倾倒的差使。其实，当官做到这个地步，就考虑到“高处不胜寒”容易招惹是非，让人嫉妒嫉恨，最后难以保全自己的道理了！中国历史上的能臣在最后的高位上被人陷害，或自身不慎失事，被论罪下狱、处死的，大有人在。为此，朝廷大臣每思退路，保全自身，落得个善始善终的结果。也就是“功成、名遂、身退，天之道也”的道理。万公于万历二十七年十月留守朝鲜时曾以身心疾病为由，上书请求辞职归养。其后也多次上奏章“乞休”，但万历皇帝“不允”。

万历壬寅（三十年，1602）七月十日，万世德56岁大寿，友人携酒往贺，“先生病泄方起，相待欢甚，杯酒笑谈，必夜分乃罢，累十余日勿倦。”[①]即饮酒每谈话至深夜，十余日不累，反觉精神，极为欢洽。友人“谛视其微”，还了解观察到万世德“则有不宜疾者三：宾客应接不厌，案牍裁答无留，而机务巨细必亲”。

几十年如一日，万世德历来“意正、心诚”地对待宾客，不是亲人，胜似亲人。不管是官府的高官胥吏，还是相交的文人墨客、落魄文友，甚至当年在知县任上相识的朋友和家乡的父老乡亲只要来访，他都挤时间不厌其烦的接待，倾心交谈。“人遇之者，若披春风，如游华胥。又如渴者之饮江河，饥者之饫九鼎，无不虚往实归，而先生不知也。”[②]万世德和风细雨的态度，亲情温暖的话语，好像把人带到理想的不知忧愁的“华胥

①②据民国四年版《偏关志·祭大司马万公文》。

国"一样。他一贯忠于王事，勤勤恳恳，任劳任怨，桌案上每天摆放着朝廷与官府的公事文书，他都谨慎认真地对待，不停地埋头书写应对，而机密的军国事宜以及其他事务，更是事必躬亲。长期戎马生涯带来的疾病，再加上过度的疲劳，不断加重引发了他的身心疾患。"矧以望六之年，而又时与二竖交耶！"[①]他仍然尽心尽力地为国效力。

是年，南京兵部尚书邢玠预先为母亲郑夫人制作墓志铭，请蓟辽总督、经理御倭、协理院事万世德用朱砂直接将文字书写在墓碑上。邢与万不仅先后入朝抗倭，而且有"蓟辽总督"职责交接关系，又是同年进士，彼此关系亲密，请万公为母亲墓碑书丹。万世德是一位技艺高超的书法家。其字迹工整，端庄雅丽，俊逸洒脱，有深厚的翰墨功底。此碑与书法拓片现存于山东青州博物馆。

九月庚午（十二日），总督蓟辽兵部右侍郎万世德以三年考满，升都察院右都御史兼兵部右侍郎，仍旧总督。[②]

在万公升任中央"六部一院"中正二品官的都察院右都御史的五天后，即明万历三十年（1602）九月乙亥（十七日）病逝于密云蓟辽总督任上，享年56岁。

九月中旬，探望万世德的友人闻知噩耗，悲痛万分：

乃至九月中旬，忽闻凶枃，不觉失声而起，曰："果至斯哉！"于是束刍絜酒，匍匐泣祭于总督蓟辽等处、兵部侍郎震泽先生万老师之灵曰：

①据民国四年版《偏关志》屠隆《万公传》。

②据《明神宗实录》。

呜呼！域中不朽者三：德一，功一，言一。士君子秉心塞渊，操修屋漏，出而徒天地，胞万物，舍德何称焉！先生于学无所不窥，而于人无所不容。泾渭灼然于衷，而无失色于喜怒。涓涓乎若流渊渟，汪汪乎若千顷波。先生多从戎马间树大业，而国家遇有大故，征讨辄惟先生是畀。且筹边多暇，方从容著作，与经济并隆。诵卫武之什德，是务修于所谓三不朽者，盖斤斤也。宜而寿考，宜而阜昌。

呜呼痛哉！独念时方多故，天下以先生为安危，天子以先生为股肱。乃一旦溘焉即世，巨川滔滔，谁为舟楫？大厦岌岌，谁为梁栋？故吾不为先生悲，而为时事悲矣。而泰山梁木，遽当吾世而失焉。呜呼痛哉！人如可赎，则百其身；某感恩知己，愿亿其身以赎，而何可冀耶？故在先生则可以瞑目，在某则不知其泣血沾膺也。爰陈不腆之奠，先生未远，其格思哉，尚飨！”①

万世德好友以沉痛的心情，撰写祭文，概略了他一生的辉煌经历，表达了万分崇敬之情。

九月乙亥（十七日），总督蓟辽都御史万世德卒。世德，山西偏头所人，由进士授知县，历兵部主事、员外郎，陕西兵备佥事，听勘降知州。升辽东兵备佥事，经略陕西七镇；累升右佥都御史巡抚海防，经理朝鲜。加右副都御史回院管事，升兵部右侍郎总督蓟辽，加右都御史。至是卒于任。②

万世德在蓟辽总督任上一年零四个月，与世长辞。万历皇帝获得消息后，联想起万世德一生忠心报国的事迹，以及一年前上奏章举办“水

①据民国四年版《偏关志·艺文志·祭大司马万公文》。

②据《明神宗实录》。

陆大法会”慈悲为怀、超度众生的心胸,值得朝廷全体命官效法。于是,他下诏给予封赠,以示恩宠。

讣闻,上震。悼叹边徼失一长城,予祭三坛,加赠兵部尚书,仍荫一子,盖亦异数云。①

皇帝遣官往奠,予祭三坛,追赠“太子太保兵部尚书”,荫一子入国史馆立撰。②

万世德右都御史衔与兵部尚书同为正二品,再赠为从一品的“太子太保”,实为高级别荣誉,非实职性官职,故称“太子太保兵部尚书”。

万历三十二年六月壬辰(十三日),原任蓟辽总督、兵部侍郎万世德卒。世德,山西偏关人,系辛未(隆庆五年)进士,历官边徼,经理朝鲜有功。干局通敏,一时称为才臣。上命照例给与祭葬,仍加祭一坛。③

万历三十六年(1608)二月戊午朔(初一)追赠:予原任总督蓟辽右都御史兼兵部侍郎万世德祭葬如例。世德,山西偏头关人,隆庆辛未进士。授南阳知县,历官右佥都御史经理辽东,以“朝鲜南海余倭荡平”升右副都御史,寻升兵部侍郎经略防倭、朝鲜善后。事竣,荫子锦衣千户世袭。卒于官。礼部言其“恢弘大略,慷慨雄才,有定国之勋”。例应予祭二坛,给全葬。从之。④

---

①据《偏关志》中屠隆《万公传》。

②据清《宁武府志·人物》。

③据《明神宗实录》。

④据《明神宗实录》卷四百四十三。

万世德去世后，按规定应该为“例祭两坛”，皇帝恩准“加祭一坛”。因朝廷圣旨隆渥，例祭、加祭，办得非常隆重。

万世德墓地脱离偏关万氏祖茔将台坪，选在了距关城北十五里的贺家梁，后称“马蹄梁”，传说墓前的石马不翼而跑，在山梁上留下了一行马蹄印。后因方言演变为“马茨梁”。明末五子之一的屠隆悼念万世德说：“伯修，奇男子，英名勋略，足与三公埒，不幸不得为汾阳、蕲王，而为定远！岂非命哉？”

万世德生前功勋业绩可步汉定远王班超、唐汾阳王郭子仪、宋蕲王韩世忠的后尘，但是没有享受到郭汾阳的荣华富贵和韩蕲王退居杭州西湖的逍遥自在，却像西汉班超一样，老年上书告退，刚回到洛阳后就病逝。

屠隆，浙江鄞县人，明代著名戏曲家、文学家，有异才，落笔数千言立就。举万历五年进士，历任颍上、青浦知县。十一年，升礼部主事、郎中，与兵部主事、员外郎万世德同朝为官，意气相投，结为莫逆之友。他为官清正，关心民瘼，作《荒政考》，极写百姓灾伤困厄之苦“以告当世，贻后来”。十二年，蒙受诬陷，削籍罢官，回乡隐居，专心著作，一心修道，代表作有《修文记》等。为人豪放好客，纵情诗酒，多结交海内名士。一生仕途坎坷，际遇艰辛，生前曾受到万世德接济。

屠先生曾约定好友万世德退出官场后，乐居西湖，寄情山水。“伯修梦寐不忘西湖，遗书道民（屠隆），愿以异日角巾野服，约道民把臂湖山，寻坡老（苏东坡）、逋仙（宋朝林逋）游约处，而竟不可作矣。呜呼，悲哉！”意为退休以后，两位朋友始终伴随，依其山水，漂泊四方，排解尘世喧嚣后留下的伤痕与污垢，还原生命之初的自由与宁静，依照山水静态来旷达的应世。结果，事与愿违，万世德英年早逝。在万公去世3年后，屠隆亦逝世，他只能到“天国”里寻找好友万世德去了！

第十四章

中朝评价　声名永播

一、中方人士之评价

（一）朝廷大臣之评价

万历二十七年（1599）闰四月初八日，神宗为征东胜利，向全国颁发了诏书。

自此以来，许多原任、在任朝廷重臣、大臣向朝鲜经理万世德发来贺信。前内阁首辅、山西山阴人王家屏发来贺信《贺万丘泽中丞东征奏捷》：

> 蠢焉岛寇，恣其凶残，狞噬外藩，鼠窥近塞。致于大怒，命将徂征。谋臣盈廷，羽书载路。悉列镇之精锐，竭内帑之富饶。久屯而远饷者七年，偾事而失利者数辈……坏形已著，败局谁收？所幸天启圣衷，公膺特简。宠兼四镇之节，拜表辄行；旋移八路之麾，援枹径往。肃军容以严宪，破贼胆以先声；指纵南北之师，部署风云之阵。两军夹击，三道齐驰。陆攻而釜山之巢穴俄空，水战而炎海之波涛欲赤。亿万众之生口尽还，数百里之侵疆顿复。云开百济，欣闻时雨之兵；地隔三韩，阻介春风之使。①

此文一针见血地指出：日军“久屯而远饷者七年”，明朝“偾事而失

①据《王文端公集》卷一《尺牍》。

利者数辈。坏形已著，败局谁收？所幸天启圣衷，公膺特简。宠兼四镇之节，拜表辄行；旋移八路之麾，援枹径往。”如前文所说，万世德受到神宗的恩宠重用，特赐“一品服色”，赋予朝鲜战场明军四路大军的绝对指挥权。文中描述万公入朝后调动指挥明军八路部队，在战旗招展、鸣锣击鼓的壮烈声中向盘踞在朝鲜的所有倭寇进击。夸赞万公的指挥才能称：“指纵南北之师，部署风云之阵。两军夹击，三道齐驰。陆攻而釜山之巢穴俄空，水战而炎海之波涛欲赤。”表达自己听到胜利消息后的喜悦心情则：“云开百济，欣闻时雨之兵；地隔三韩，阻介春风之使！”

前礼部尚书、东阁大学士、山东东阿人于慎行，也发来贺信《贺中丞丘泽万公征倭功成叙》：

廷议宿师有年，议罢兵者亦是有说，然于国家大体不无小损，请且寝罢。上益赫然凭怒，“以是蕞尔蠢蜮，不亟殄遏，予一以子万国”。乃命御史中丞万公，佐大司马邢公出讨，赐之“节斧”以行。公既受诏，驰渡浿水，陈师王庭。传檄四路将吏，各殚乃心力。铺敦熊罴之旅，致国之大罚，敢或有不共命，以干常刑。亦会倭渠秀吉伏天之诛，戎心方懈，望风而靡。乃使将军一元，要其酋石曼，扼诸泗川；使将军贵，跖(zhí)其酋清正，栖之岛山；使将军綎，踦(yǐ)其酋行长，踣(bó)之粟林；使将军璘，呼余皇而进，薄其水军，拦之海上歼焉。乐浪、玄菟(tú)之间，廓然夷清。①

按照常理，礼部尚书、东阁大学士于慎行与蓟辽总督、经略邢玠是同乡人，邢玠又比万世德职位高，出朝早，为管理朝鲜军务一把手，本应

①据《皇明经世文编·于公定文集》。

给邢玠发去贺信才对，但还是首先将抗倭援朝最后胜利的贺信发给了职务次于邢公的巡抚经理万世德，这也说明万公在最后一次决战中确实是起了主导作用。

礼部右侍郎、山西定襄人傅新德为万公发来贺信：

伏以真气东行，庆王正之无外；岛氛南净，喜周代之有成。威动海隅，欢驰日域。恭维台下，虎头封相，猿臂家声，以社稷臣为诗书帅。北伐方吉甫，本为宪于万邦；东征若周公，遂是皇于四国。运奇兵于掌上，堕黠虏于目中。鱼丽之阵，几呈鸭绿之标顿，纪鲸鲵就戮于异世。①

傅新德先生在信中称赞万公是，"虎头封相，猿臂家声，以社稷臣为诗书帅"。借班超虎头相指万公相貌不凡，以文臣兼武将战功被封为文大臣。用李广将门家声，喻万世德家族为将门之家。

一名朝廷大臣贺词：

恭维台座，天赐勇智，岳立忠良。昔经略于西陲，旃裘破胆；今奋威于东海，鲸鳄亡魂。盖经文纬武，胸贮之甲兵不异韩范；故安内攘外，指顾之勋略再见孙吴。②

该文称赞万公文韬武略，不亚于宋代名臣名将韩琦、范仲淹；安定邦国，排除外患，所创造的功勋业绩犹如春秋战国时期的军事家孙武、吴起。

---

①据《傅恪公文集》载。

②据民国四年版《偏关志·艺文志·大司马万公平倭班师颂有引》。

另一名朝廷大臣贺词：

先生起家县令，历枢曹，管藩臬，多从戎马间树大业。而国家遇有大故，征讨辄惟先生是畀。故西陲构虏，则先生西而尘静龙荒；东溟构倭，则先生东而波恬鲸岛。盖举青海、天山而衽席之，天子舒宵旰之忧，宗社奠盘石之固。先生之功，真与国同久者矣。①

文中称颂万世德先生，虽为文臣，却在军事中建功立业。当国家遇有兵寇祸害等重大事故，首选万公前去西征东讨，稳固江山社稷，深得皇上信任。

明翰林学士陈懿典评价曰：

公于学无所不窥，六籍子史、百家九流，啜英咀华；诗歌词赋、大篇短牍，狎主齐盟。其他星野堪舆、音律歌曲、舞槊戏马、弹棋击筑、酒经馔谱，无不曲尽其妙。

此处说万世德在学术领域涉猎广泛，百家九流无所不知；诗词歌赋皆有作品传世；通晓天文地理，精通琴棋书画，长于舞刀弄枪，堪称文武全才。

特别是在朝鲜征倭成功，朝廷重臣、大臣给予高度评价，充分肯定了万公在最后决战中所起到的重大作用。

①据民国四年版《偏关志·艺文志·祭大司马万公文》。

(二)文人学士之评价

民国四年版《偏关志·艺文志》中有一篇明代阙名的作者《大司马万公平倭班师颂有引》:

> 虽晋公之平淮蔡,功未能先;即充国之毙羌戎,谋不是过。奉行天讨,公虽不有其功;简在帝心,恩则独蒙其厚。

此句提到的"平淮蔡",指的是唐宪宗李纯于元和十二年(817)平定淮西藩镇,归功于宰相裴度(后封晋国公),借喻万世德出任朝鲜经理抗倭,与前期出朝的经略邢玠指挥了抗倭援朝的最后一战,取得彻底胜利,有的朝廷大臣或官员有争议,认为毕竟他比经略邢玠总督迟后一年入朝,不应给予首功。

"充国之毙羌戎",指汉宣帝时大将军赵充国以恩威并举方略,招降安抚罕羌、开羌及其他被先零胁迫的羌人部落,借喻万世德在"西部平叛"中招抚藏族等少数民族、"和战结合",以及在天津屯垦戍边、朝鲜抗倭谋略的成功运用。

"公虽不有其功""简在帝心",指万世德后期参加抗倭援朝任总指挥,获胜后没有争功,而是让功于先期出朝的经略大臣,万历帝内心清楚。皇帝是圣明的君主,他没有被蒙蔽,最后以超常的方式,擢拔重用为蓟辽总督,并给予深厚的恩泽。

明末五子之一、大文学家屠隆在《万公传》中评价:

> 惜哉!公天性豪爽,意度豁达,如古名臣将相鲜有兼长。公文淹子史百家,下笔宏丽汪洋,所纂辑文章、诗赋、尺牍,咸有先民矩矱,成一家言。武娴《素书》《黄石略》,每当大敌,意气雄毅,身先士卒,虽矢石如雨,

神色不变。出奇料敌，智算若神……公提兵气吞胡虏，处权贵人傲骨崚嶒。至折节下寒畯、毛褐，不难屈体。军政鞅掌、羽檄星火时，与海内名流闻问，倾刻裁笺，百亟其发，长短合度，咸有文采。诗沉雄隽丽，尤工塞下篇什，悲壮跌宕，有高常侍、王龙标风。所著诗有《署中稿》《湟中稿》《塞下曲》《妫上稿》《析津稿》《海上稿》，所著书有《湟中牍》《家食稿》《经略牍》《妫上牍》《监司草》《竿牍》《偶语两河》《边镇西事》《画余考》。娶于杨，为参军秉礼女，有贤德，伉俪情笃，白首相庄，旁无姬侍。丈夫子四：长化孚，山西分守河曲参将；次邦孚，锦衣卫副千户；次有孚，官生；次国孚，恩生。讣闻，上震悼，叹边徼失一长城，予祭三坛，加赠“兵部尚书”，仍荫一子，盖亦异数云。

《偏关志·人物志·乡贤》载：

戊申(1608)，里人请入乡贤祠。疏云：“公，关塞人龙，庙堂天柱。文章卓绝，首僻千古之荒；经济匡时，远系万邦之望；威镇华夷，勋业钟镛不朽；才兼文武，姓名草木兼知。如公者，始可谓功在当时，名垂后世者矣。”

过去偏关城大十字街牌楼书一联云：

身显道隆一代殊勋垂国史，
德高望重千秋洪范仰乡贤。

万世德，他是一位享有盛名、流芳百世的千秋人物。

二、朝鲜官员之评价

万历二十七年(1599)岁次己亥八月、朝鲜宣祖三十二年,万世德在朝鲜釜山子城立《釜山平倭碑铭并序》①一通,后又称《万世德纪功碑》《釜山子城碑铭》。朝鲜方面称,明大中丞万世德立碑纪念大明官兵奉行天讨、英勇奋战、平倭取胜全过程,碑阴镌刻部下59位文武官员姓名,落款为"善后参将陈蚕立"。

全文内容由经理赞画、兵部职方司郎中贾维钥撰写,万公审定。此碑,万公对自己的功劳业绩基本未予提及,其碑文内容如下:

釜山子城碑铭并序②

按:壬辰倭贼毁釜山城,别筑一城于旧城东南,即今佥使所镇城内,有山陡高,就其顶又筑子城为将台。贼退后,皇朝万公世德驻节于此,立碑以记功。

唯皇明万历,岁在屠维渊献(己亥)之次八月上浣,经理大中丞万公

①《平倭碑》:碑文内容载于《朝鲜李朝实录·宣祖·万历二十七年十月初一日条》。又载于朝鲜高宗五年(1868)版《忠烈祠志附录一·万公坛事迹》。

②本篇录自朝鲜《忠烈祠志附录一·万公坛事迹》此碑文与后面所引用碑文均由复旦大学文史研究院博士生张哲提供。

世德受命专征，至于三韩，廓清倭氛，保定属藩，乘秋南狝，放于东海，遂偕大将军李公承勋，率文武吏登釜山之巅，而喟然叹曰："於铄哉！圣仁神武，丕扬流畅，一至于斯乎？"乃授简外史氏、前兵部职方司郎中蓟门贾维钥，叙其事而铭之，曰：盖维朝鲜内附，称藩与国，同久倭奴不道，螯其山川宗庙，鞠为丘虚，旄倪转于丘壑，箕封板荡，状极惨楚，天子闻而援之。王师渡江，平壤克捷，关酋惧祸，狡伪革面，乞受命封。朝廷推诚柔远，是信是予。顾使节甫旋，盟寒口血。是奚异夫有苗之逆虞，鬼方之负殷猃狁之猾周者哉！

天怒震叠，义在必讨，以大司马邢公玠行总督诸军事，擢参政杨公镐为御史中丞经理朝鲜，亡何，以行间事龃龉去。而万公自天津移镇焉，则宠命郅隆，肩任益巨矣。先是，朝廷郑重厥役，领四大将军印绶。于是，麻将军贵、董将军一元以蓟辽、云谷步骑之统，至刘将军綎、陈将军璘以吴越、闽蜀舟陆之雄至，简诘兵戎则左右道参政王士琦、参议梁祖龄、副使杜潜，而督饷则民部郎董汉儒，有专责焉。至于随职宣猷则运同吴良玺等，分障戮力则副总兵解生等，各有司存，共襄机务。惟是御史陈公效，躬膺特简，以绣斧按治弗戒。

吁嗟乎！七萃胲，百职备，如云如林，太原之戎，细柳之屯，庸讵肃于斯耶。于是，克日誓师，四路竞进，击斗则空谷翻雷，扬帆则洪涛浴日，捣抗中窾，排坠斯穷，奋螳臂者授首荒原，悲狐丘者扶伤夜遁。海截山歼，京观岳峙，除残拓境，水国风清。上以纾九重宵旰之忧，下以洩八道神人之愤。黍离不作，鸿雁兴谣，猗欤至矣。

国家德濡穹壤，而威加日出之域，考镜三五，曷以加焉。因封山刊石勒铭，以昭鸿烈，以示无穷。其辞曰：维皇仁覆怗遐荒兮，蠢兹凶枭侵轶疆兮。爰整六师以遏徂征兮，执禽获丑孰逆颜行兮。取残植弱静海邦兮，耆远柔迩风四方兮。瞻彼巉岩兮，天威有赫；酌彼溟渤兮，帝德罔极。拜手题石兮，挥昭鸿烈；万岁千秋兮，永奠王国。

碑阴：

东征文武例得并镌：运同吴良玺、韩初命、李培根、郑文彬，通判陶良性、黎民化，知县赵汝梅；副总兵戴延春、解生、吴广、曹希彬、祖承训、吴惟忠、李芳春、张榜，参将王国栋、彭友德、杨绍祖、杨登山、李宁、俞尚德、孙邦熙、沈栋、庞渤，游击茅国器、陈蚕、叶邦荣、杨廉、蓝芳威、陈寅、颇贵、许国威、王之翰、司懋官、牛伯荣、傅良桥、季金、王元周、彭信古、柴登科、叶思忠、张良相、白思清、贾祥、秦得贵、董用威，都司薛虎臣、吴从周、李天常、李香，坐营张维成、周敦吉、沈烁、叶思义，守备左总姜良栋、李应昌、吴宗道。

善后参将陈蚕立

此碑到清康熙四十九年(1710)，经111年，其字体已经漫漶不清，成为残碑断碣。时朝鲜权以镇代理东莱府提格府使，见此情状，雇请能工巧匠以“铸铜”的方式接续两截断碑，再用竖石柱架梁的方法包覆之，又“以补石之漫漶者”，并建碑阁供奉，再立新碑移刻旧文，“欲令当时旧迹永畀来裔”。他发心纪念万公，“在碑阁西坛前立小碑，刻‘万公坛’三字，筑墙设门”，并撰新碑记：

子城碑阁记

己丑三月，余登釜山，有折碑卧草。问之土人，以何年月折？未有能详者……万公以天子之重臣，为属藩劳戍海国三载，卒完大功，登高勒石，备叙东征首末，并记将士姓名，欲以昭示无极。岂可以才过百季遂致折毁，令伟绩壮图将至于湮没？……余岂为区区一片石惜哉？后之观者，必有感慨悲伤于斯者矣。万历己亥(二十七年，1599)后百十一年上章，摄提格府使安东权以镇识。①

权以镇又撰文在碑阴刻录《子城立新碑移刻旧文碑阴小识》,然后上报“备局”,请求按照月份在“万公坛”开展祭祀活动。“岁祀则既报备局,不许,故不敢擅行”。

在拟“祀典”不允许的情况下,权以镇仍然不死心,又上书朝鲜国王李焞(tūn),请建“万公庙”:

府使权以镇请立万公庙状启

釜山子城有折碑,叙天朝经理万世德东征之功,其阴刻将士姓名五十九人。而万公天子以卿贰之尊,仗节东临,劳戍二年,极图之东,固我国之至荣大恩,而将之祀典亦经所谓“抗大难则祀之者也”。今者竭国之力,日输米布于此地以给仇倭,而不为天朝累年劳苦、廓清仇贼之人烧一瓣香,臣窃为圣朝悲此事也。宜于此地为万公立庙,使边民知万世不可忘此贼,万世不可忘此恩。②

此碑距离当时朝鲜釜山子城向日本出口贸易繁盛的米布街不远处,故有“日输米布于此地以给仇倭”语。朝鲜东莱府使权以镇代表了当时广大朝鲜民众的心声，念念不忘万世德在朝鲜征倭并劳戍二年的功绩,于是上书朝鲜国王李焞为万公在釜山建立庙宇,作为垂教后人的纪念。但当时的朝鲜国王李焞已是宣祖李昖的六世孙了,他命礼曹复议。复议后答复:

---

①②据《朝鲜李朝实录·肃宗·清康熙四十九年十一月十日条》。

为经理立庙事,前所未遑,到今追举,未知合宜。①

由于时过境迁,朝鲜方面觉得在明代征倭取胜后还没有建庙,现在已过百余年再追建庙宇,不合时宜,故不了了之。

时过 40 年,至朝鲜英祖李昑(1724—1776 在位)英朝二十六年(1750),为清朝乾隆十五年,时任朝鲜东莱“府使资景源为万公立坛(神武坛)于府城内积翠亭旧址。上以四月庚寅祀万公及陈提督璘、刘提督綎、麻提督贵、董提督一元,以每年卜日一祭,确定后竟不行”。

府使资景源在“神武坛”祝文:

桓桓万公,天子之将,自彼天津,秉钺东征。维时秀吉,大邦是抗,屠我王都,流血四涨。公莅六师,六师克壮,乃统诸将,以战以防,分路而进,轴轳相望。西浦之役,擒二酋长,献俘京师,天威遐畅。公犹留屯,莱山之上,三岁戍边,劳苦万状。属国既安,永世难忘。翼彼子城,惟碑在嶂。余守兹府,周览恻怆,民免漆齿,伊谁之既。新坛嶷嶷,荐此酒浆。公其不昧,庶赐歆谅!②

又过 16 年,即朝鲜英朝四十二年,为清朝乾隆三十一年(1766)岁次丙戌,时任者府使姜必,继续请求为万公立庙:

府使姜必复报备局状

……万公以天子重臣受命东征,总兵二十万,扫荡倭贼,擒获无数,

①据《朝鲜李朝实录·宣祖·万历二十七年九月二十六日条》。

②据《朝鲜李朝实录·肃宗·清康熙四十九年十一月十日条》。

贼势穷蹙遁逃。遂乘胜逐北至于莱山，而贼蜂屯蚁穴，固守城寨，未即撤兵渡海。万公自丁酉(1596)至己亥三载，相持防守戒严，暴露海上，劳苦万状，而卒成大功。保定属藩，仍率文武将士登釜山之巅，立燕然片石，备叙东征首末，并记将士姓名，欲以昭示无极。万公之壮烈丰功，与山岳并峙，宇宙相始终者也。今读其碑文章，如江汉雷霆，不觉壮发之竖也。

鸣呼！海东一域，终免为漆齿雕题之乡者，是谁之力？夫子所谓微管仲吾其左衽，今于万公虽以是称之，诚非虚语也。往在己丑，权尚书以镇，莅本府时请立庙，于朝议遂不行。又于庚午，黄台景源谋设坛于乡，事又不成，莱州有志之士至今悲之。经云："抗大难则祀之"，万公之廓清七八载倭氛，再奠数千里东藩。其抗大难之功可谓巍荡，其不合于祀典之例乎？目今我国竭其财力走米驮布，有若南宋岁输之金缯，日月车船奔驰经过于子城碑之下，供给仇倭，犹恐不及，而独不念万公莫大之德乎？

今距己亥(1599)一百七十年之久……天将有大恩于朝鲜，而反置相忘云尔，则为东人者宁不愧乎？伏念国家昭揭大义，上立大报坛，下建生祠堂，凡所以酬报皇恩之典靡不用拯？今宜于子城碑旁立"万公庙"，使边民知万世不可忘之仇，万世不可忘此恩。则人心可以激劝，彼倭亦将惮哉！朝家处置，可以有辞于天下后世……于万公碑侧筑坛、立石、报祀一节，不可不及时举行，兹敢兴由驰报云云。[①]

由于时间推移久远，处于和平的安稳时期，尽管几任朝鲜东莱府使尽心竭力地为当年朝鲜平倭经理万世德歌功颂德，请求立庙祭祀，但当朝者出于种种考虑，不予立庙与颁发祀典。虽然如此，万世德的英雄形

①此篇据朝鲜《忠烈祠志附录一·万公坛事迹》。

象，在朝鲜基层官员与民众心目中还是非常高大的。

其实，早在明万历二十七年(1599)七月，朝鲜方面于王京汉城太平馆西为邢玠建造了生祠，内设“天兵祭坛”，供奉大明东征阵亡官军牌位，并设“宣武祠”以原经理杨镐配享祭祀之。早些年在平壤还建有李如松提督生祠，以及供奉兵部尚书石星、都督佥事将军李如柏、副总兵将军杨元等五名将相之“忠烈祠”。

当年，经略邢玠对修建自己的生祠比较关心，“差官连续来到，每问其建置与否”。[①]邢玠还要求立铜柱于釜山界。古代“标柱交趾”，指东汉大将马援(字伏波)平定交趾(越南)立铜柱，定汉之界限地，表其平定越南之功绩标志，为立碑的另一种形式。釜山，今为釜山广域市，位于韩国首尔市东南450公里处，南临日本海与日本对马岛相望，并有群岛屏障，西临洛东江，西北山地耸峙，为今韩国半岛南部门户，是一个风景秀丽的海滨城市。早在15世纪早期，釜山就被朝鲜李氏王朝指定为商贸港口，当时明军收复朝鲜，在国界处釜山立定铜柱是仿效汉马援所为。

对立铜柱，记功劳，朝鲜廷臣深有看法。万历二十七年(1599)九月二十六日备边司报告国王李昖：

古者立碑，必名有可述，功有可纪，然后为之，故世弥久而功宣，身逾远而名劭。何者？杜预之碑，马援之铜柱是也。彼天将等，拥兵一隅，坐视倭奴扬波渡海，而虚张名誉，至于刊石铭功，欲使万世留名，其为无耻至此极也。[②]

---

①据《朝鲜李朝实录·宣祖·万历二十七年九月二十六日条》。

②据《朝鲜李朝实录·宣祖·万历二十七年十月初一日条》。

杜预，晋朝人，博学多才，在政治上、学术上建树颇丰，西晋时为其立碑表功。马援，在东汉新朝末年大乱时，为刘秀统一天下立下了赫赫战功。后虽已年迈，但仍请缨东征西讨，西破羌人，南平交趾（越南），官至“伏波将军”，被人尊称为“马伏波”。其老当益壮、马革裹尸之气概，深得后人崇敬。

为此二人树碑立柱，古今人心皆服。此文则指责明朝将领，集中兵力在一个角落，坐视倭寇架船渡海回国，还要勒石记功，名留后世，真是“无耻之极”。朝鲜廷臣明显对立铜柱一事不满：

军门生祠堂则已为完了，至于遣官致祭，更无可为之事。而铜柱，当此多事之时，虑其功役重大，未易成就，前以不可举行之意，具由启达矣。今闻军门差官等来问，极为未安。①

铜柱还是立于釜山，名曰“昭示勋业，垂教后人”。其铜柱文，由朝鲜礼曹判官沈喜寿所撰：

院右副都御史邢公，受命东征，统文武将吏官兵十余万众，四路分进，荡平倭寇，再造朝鲜，万历二十六年冬十一月也。国人感戴无已，建生祠于王京，又立铜柱海上，以勒成绩。公名玠，号崑田，隆庆辛未进士，山东益都人，形貌魁梧，器宇宏深，望之俨然，可知为大人君子云。②

万世德除在明朝首开天津巡抚治任巡抚，在防倭御倭的海防事业

①②据《朝鲜李朝实录·宣祖·万历二十七年九月二十六日条》。

做出巨大政绩后，又与邢玠抗倭功成，率军在朝鲜驻防二年整，做了加强海防、整顿社会秩序、恢复发展生产、兴办文教事业、修建文庙武庙、颁发天朝祀典诸多工作，其功绩不言而喻。他如果利用东征威望及手中权力为自己也建一个称功颂德的生祠庙宇实属易事，但万公一直是居功不傲，低调做人，高效办事，从不彰显标榜自己，把功劳归于其他将士名下，万历皇帝在后来对他大力赞许、提拔、保护。

三、万公品行之评价

翰林院编修陈懿典对万公评价：

性喜延揽，重交谊，山人、游客称一什、擅一技者，靡不倒屣而身下之，人人分润务厌其意，宾至如归，绝无倦色。家世为将，选锋家丁，以家资养者常数百人。通籍临戎，帐下如云，皆与共甘苦，所至得其死力。生平擅人伦之鉴，属吏、材官一经识拔者，往往大用。朝提猛士，夜接词人，盖二十年以为常。友人丁参政此吕，以萋菲冒墨名得罪，公念其困，为代输偿官。屠仪部隆，负才落职，公念其贫，岁割俸遗之。仕宦三十年所得禄赐，强半用以供交游，资斧尤厚于睦族。婚嫁丧葬，与不能举火者，公皆周济有加。其慕义乐施，固天注然也。

明代著名文学家、明末五子之一屠隆《万公传》：

三党九族，待公举火者，无虑佰什家。周生以新进，年少有俊才，以诖误罢诸生，而非其罪。余心怜之为作书，推引之长安故人，属故人以事出都。生游困无所遇，作八行抵公怀隆，自称是长卿门下士。公曰："长卿之友，见之如见长卿。"亟以骑从，迎至署中，礼为上客，握手吐肝胆，问其饥寒，恤其人口。上自夫人，下至僮仆，悉体公意，骨肉待之，十年如一日。

万世德一生贵为朝廷重臣高官，但敦交谊，睦宗族，待人真诚，人品高尚，礼贤下士。有四方怀才抱艺之士，或者抑郁不得志的穷困潦倒的生员、隐士、学者、艺人、游客，最后欣然投奔万公。他们来到，都一概接纳，真诚热情到倒屣相迎，以礼相待，给予适当的差事做，并将自己的俸禄分拨给这些人养家糊口，使他们感觉宾至如归，面无难色。万氏为武将世家，选用的家丁家将有数百人，亦以自己的薪资养活。部下猛将很多，同甘共苦，效死力于疆场。万公白天忙于公务，夜晚接待文人墨客，几十年如一日。

万世德友人同僚多称他为伟丈夫，当年在青海任西宁兵备佥事时遇到陕西参政、江西人丁右武，二人以文韬武略相交很投缘，成为一生挚友、莫逆之交。右武生性倜傥耿直，被仇家诬陷中伤，横被墨名，打入牢狱，万世德罄囊捐助救赎之。同朝共事的知己莫逆、后来成为著名文学、戏剧家的屠隆也被罢官归籍，家徒四壁，度日艰难，他分出自己的俸金常年救助，又照顾屠隆推荐的有才气受诖误却衣食无着的周生十余年。屠隆在《万公传》中曰：

镇朝鲜，强敌在前，简书在后，性命呼吸，羽檄旁午。斯时，业置七尺、八口于度外，而犹时时向宾客、将吏口长卿不置；材官、信使从绝域万里外走山中，问长卿无恙，盖往来络绎于道也。

文中的“长卿”是屠隆本人，万世德在战火纷飞的朝鲜前线，连自己的身家性命都顾不上，但还是念念不忘挚友屠隆，多方打听他的下落，可见万世德对待朋友的一片真情厚意。万世德自从投入宦海生涯三十年来，薪资一半用于济助好友亲朋以及落难者，对待宗族亲属婚嫁丧费以及家中揭不开锅者，资助尤其厚重。一生急公好义，慈悲施舍，尤其注重朋友情谊，声誉犹如“龙门之望重”。

自幼深受孔孟思想熏染的万世德，他懂得为官之本在于造福一方，为官之理在于勤政爱民，为官之德在于廉洁奉公，为官之义在于明法守礼。他入仕以来，始终牢记为官四箴，上无愧于天，下无愧于地。

正如黄石公在《素书·正道章》中所言：“德足以怀远，信足以一异，义足以得众，才足以鉴古，明足以照下，此人之俊也。”万世德德广，临危受命而得到君王信任；信足，统率三军而一呼百应；义高，将士舍命报效而愿为驱使；才博，如古名臣将相而足以察今；明智，知人善任而众人以他为楷模。这就是“地利不如人和，选卒不如择将”[①]之理。

又如《素书》中所言：“贤人君子，明于盛衰之道，通乎成败之数，审乎治乱之势，达乎去就之理，故潜居抱道以待其时。若时至而行，则能极人臣之位；得机而动，则能成绝代之功。如其不遇，没身而已。是以其道足高，而名重于后代。”万世德一生得其主，得其时，得其地，得其才，得其行，然而谦抑其名，后举家忠烈抗清，独不得其名。成圣功而无名，为世人所敬重而崇拜！

---

①据民国四年版《偏关志·艺文志·偏关赋》。

尾　声

明崇祯十七年(1644)三月,李自成攻克太原,出身世代明将的陕西榆林人大同镇总兵官姜瓖,投降“大顺政权”。四月,大顺军为清吴联兵所败。五月,姜瓖又降清,随阿济格进兵征伐山西、陕西,封为统摄宣化、大同诸镇兵马大将军。清顺治五年(1648)腊月,姜瓖对清朝统治者崇满歧汉政策心怀不满,正好他早已听说江南燃起了“反清”烈火,误认为时机成熟,便声明反正,归属南明。他树起“反清复明”大旗,自称大将军,据大同“起义”反清。其时为清顺治六年(1649)一月,此年是戊子年,后称“戊子之变”。

他的部队很快占领了山西雁北各地,又于春天先后攻下了晋西北地区以及交城、文水、晋南广大地区,直接威胁着清朝政权的稳固,震惊了在北京建都不久的清王朝,于是清廷立即派兵镇压。清摄政王多尔衮派王公重臣英亲王阿济格率重兵载红衣大炮火速包围了大同,对姜瓖及其“反清复明”部队进行围剿。围困大同八个月,城内粮食罄尽,“兵民饥饿,死亡殆尽,余兵无几”[①]。姜瓖部军心不稳,多尔衮趁机亲赴前线收买了姜的部将杨振威。杨振威等人斩杀姜瓖,打开城门,大同城破。清兵入城后,竟将城内七八万手无寸铁的平民百姓和已经交出武器的五六

①据清《朔州志》。

万降卒全部斩杀，尸横遍野，血流成河。城外百里乡间，男人被拉去当兵，女人被当作战利品在北京市面上出售，并“隳其城睥睨五尺”。邻近参加起事的各府、县等地区的军民也遭受残酷屠戮。这就是清初有名的“大同之屠”。

姜瓖“反清复明”，逐渐占领山西等地的同时，又联络明代偏关守御千户所世袭官职的万氏成员与原大同总兵孙吴世代将领旧部和偏头、宁武、雁门三关兵士，试图推翻刚入关不久的清王朝。当时，万世德长孙万炼为清廷锦衣卫使，他立即返回家乡偏关，发动万氏家族与部分关人，配合姜瓖起事，并答应筹集粮饷，捐献家产，接济起事的部队。万钺的遗妻——总兵孙吴之孙女孙氏协助筹划举事，发书信给姜瓖，表明万氏配合“反清复明”的决心，并发文书号召三关将士参与恢复大明江山的兵变。这样，万炼主持于外，孙氏策划于内，各地纷纷起来响应，投入到反清斗争中来。

姜瓖兵败时，万炼正在太原为三关兵士筹集粮饷，山西巡抚祝世昌领兵前来抓拿，万炼铁骨铮铮，绝不投降，危急中吞金而死。参与这次“反清复明”行动的万氏一家情况又怎么样呢？偏关城万府在被清廷派兵镇压途中，眼看就要满门抄斩，在此万分危急关头，万氏子孙三百余口在一个月黑风高的夜晚，有二百余男女老少结队成群，向偏关北部的长城口外出逃，后来重新定居在大青山一带。在家的有少部分人改名换姓逃往附近县内，剩下的百余人宁死不屈，在顺治六年九月八日，为了不被清兵捉拿杀戮，在孙氏的指挥下，关闭平阳营街万氏住宅门户，燃起熊熊大火，家宅房屋全部焚毁，举家殉难。万氏所雇的仆人皆携财物星散，唯独忠实的老仆人张选守候不走。他见万氏家主已经殉难，主人妾曹氏携带财物欲夺门逃去，张选唯恐玷污主人名声，手起刀落将其砍死，然后跳入余火中自焚。

关城与万家有至交的五户官宦人家随同起事，因失败部分人亦随同殉难。几天后，平阳营街万府豪宅变成一片废墟。“平阳营街，即大司马旧宅，因万氏事败之后，誓不为满清戮辱，纵火焚宅，阖门蹈火而死。”①

就在万氏大宅焚烧之时，老营参将罗映垣奉清廷之命，以谋逆罪惩治“万叛”，领兵攻入偏关城内，大加杀戮，甚至殃及无辜。驻偏关参将、京卫人张国缨与武官万年图也死于战乱之中。在驻偏关的岢岚兵备道员官、浙江义乌人楼希昊的极力劝阻下，才有所收敛，大部分关人免遭祸害。后关人感恩戴德，为楼希昊建生祠供奉。

万氏家族二百余人逃至口外，到了今内蒙古大青山中部的土默特左旗定居，“山故多煤，夜梦大司马冠带坐其上。旦日挖之，果然，遂家焉。其后，椒聊蕃衍，聚族而居。”②所居地后称“万家沟”，至今其村仍在。

孙氏出身偏关老营堡“忠武世家”，为老营堡世袭千户、后升老营副总兵、大同总兵孙吴之孙女，怀隆总兵孙继隆之女，大司马万世德之孙妇，自幼承蒙庭训，习读诗书，通达纲常伦理，深明大义，“雅好经史，尚气节，与人谈忠孝，竟日娓娓不倦，事亲以孝闻”。女流之中，鲜有可比。15岁时，她嫁给门当户对出身偏关将门与书香世家万炼的弟弟万钺，遗憾的是丈夫英年早逝，年方19岁的她本想以身殉夫，在家人的极力劝阻下，才放弃轻生的念头。后来，独居僻室，侍奉婆母40多年不倦息。崇祯十七年明王朝结束后，孙氏哭泣着对家人说：“孙、万两家之祖若父，世受国恩，今国祚既倾，何以生为？”孙氏除婆家万氏成员为明朝的文臣武将外，他的胞兄孙维为宣府镇副总兵，有“西北长城”之誉，其四个侄

①据民国四年版《偏关志·志余》。

②民国四年版《偏关志·人物·节烈》。

子也分别为大明副总兵、游击、守备等将官。“生当为明雄，死亦为明鬼”。后来，她果然以实际行动践行。

清顺治初“剃发令”下，初期汉人认为这是破坏汉文化伤自尊的大事，一部分知识分子奋起反抗。深受忠君思想感染，世代以武侍国的将门孙氏，时刻思念明朝旧事，更不甘心接受满清入主，于是她在大门外高悬蒜辫，“以辟腥膻”，用来讽刺清王朝统治。听闻史可法奉福王即位于南京，遂与伯兄万炼等人共谋起兵举事，妄图恢复明王朝。

没过几年，大同总兵姜瓖起兵反清，大明旧臣、文人学士、武将军多有响应。孙氏知此情景，又积极配合伯兄万炼筹划“复明起义”一事。其时，族公万世威极力阻止，他说，现在明朝气数已尽，即使三关与其他地方兵士一起献出生命来拼搏也无济于事。咱们现在已经是清朝的子民了，那就顺从朝廷本分守己，过安生日子吧！不然会祸延全族。他反复陈说利害关系，但孙氏不听劝阻，她说：“大义所在，虽鼎镬可蹈。”万世威见其意志坚决无挽回的余地，预感到就要大祸临头，觉得与其被清兵处死，不如自尽，于是自缢而死。

过了些时日，孙氏听到伯兄万炼在太原自尽的消息，见起事未遂，但她镇定自若，很快做出了惊世骇俗的举动。她指挥全族100余名成员关门闭户，焚烧了万家大宅院，阖门殉义。当时“复明派”称其为“关人仗义复明，部分先哲罹难”；又称孙氏为“女中丈夫”“巾帼豪杰”。“此巾帼丈夫，比之南都阁部，又何让焉”！①

这一年，偏关不知道有多少“反清复明”的豪杰之士殉节！与万炼相好的知己关绅王维垣，为蓟州镇总兵官王维城之弟，二人平时以道义相勖，关系默契，满清入关，表示誓不为异族奴隶。听闻福王即位于南京，

①据民国四年版《偏关志·人物·节烈》。

暗中与孙氏谋举义兵，后又交结大同总兵姜瓖，帮助鼓励三关将士“起义”，功败垂成，万炼吞金而死。其时，王维垣代理保德州知州，与跟随他的童生儿子王翊鼎先后投黄河而死。悲痛欲绝的妻、媳亦相继自缢死。《偏关志》载为“维垣父子协同万氏‘创义复明’不克，而死之……”

有关人赵玉者，为万氏府第经理盐务，为人以朴实好义著称。己丑（1649）姜瓖之变，他发现万氏与之相谋举事，赵玉披肝沥胆以谏以劝，万炼与弟媳孙氏均听不进去。赵玉道：“吾妻贤子孝，夫复何恋？万氏灭族之惨，不忍身见之也”。[①]于是，投缳于西郊白衣殿，以死相谏。不数旬，万氏竟罹于祸。关人评价，赵玉是商贾中铁骨铮铮之豪杰者。

这度时期，万氏家道中落。但一门忠烈，光照千秋，万氏精神与气节永存！

在偏关，至今留有记载万世德与万氏家族光辉事迹的《偏关志》，留有“太子太保兵部尚书、总督蓟辽都御史万公世德神道碑”，有世人祭祀万世德与万族不朽英魂的白衣殿，后来建有供国内外游人瞻仰凭吊的西山岗“万世德广场”，还有那座残存在黄河岸畔的万家兵寨，以及那块屹立于顶层410年不倒的“翠峰禅林碑记”！

据关城白衣殿《万世德神道碑》载，民国四年（1915）夏，万公十五世裔孙万源和、万全仁、万德和、万宝讳、万鹏杰、万鹏志、万荣、万恒与子辈万英、万金施舍银圆，“孝思追远，为公矗石道旁，芳垂百代，假以风世”。据考证，万氏后人从位于内蒙古大青山的土默特左旗万家沟回到老家偏关县城，在白衣殿祭祀祖上万世德树立了此神道碑。这是民国初年，万氏后代重新崛起、兴旺发达的表现。

1980年以来，全国上下新编新中国第一代社会主义地方志时，《山

①据《偏关志·人物·忠义》。

西通志·人物志》责任编辑是偏关县城人、省图书馆古籍部研究员武海先生，本来将万世德编入通志中是很容易的事，但他谦让过度，觉得应该由偏关县志办撰写报送入志为妥。县志办觉得他的文笔好，应该由他来写合适。结果误过了截稿印刷期，又使万世德这位历史人物在新时期离开了省级地方志书。

在明王朝 277 年的历史长河中，万氏一门十代，文臣武将层出不穷，代代保家卫国，效命疆场、享誉政坛，成为匡扶社稷的大臣与忠勇之士，为国家和民族利益抛头颅、洒热血，甚至粉身碎骨也在所不惜。明王朝的兴衰起伏史，亦是万氏家族的兴衰起伏史，构成了一部悲壮的、可供后人借鉴的家族史。

后 记

万世德，这位中国历史上叱咤风云的文武全才的名人，出自偏关这个小县城，是乡人一直引以为自豪的事。作为一名文史工作者，撰写一部《万世德传》，早已成为我最迫切的愿望。但原初苦于资料不足，对万世德的研究没有达到深入透彻的境地，动起笔来总是捉襟见肘，无法展开内容。再者，为万世德作传有两难：一难其当年备兵怀隆、巡抚天津、经略朝鲜的著作已经散轶，史志对其记载又语焉不详，查找资料难；二是一位未入明史却功勋卓著，在历史上有争议的人物，如何为其正名？准确定论更难。此外，如完成这一部传记力作，除占有翔实丰富的资料外，还得有相当强的史学与文学功底，以及形象语言的表达能力。只有这样，才能铺陈展开，全面描写出这位具有鲜明性格特点的历史人物。鉴于当时的情况，我的初衷是找一位想象力强的大作家来完成。

前些年，手头只有民国四年版《偏关志》中的一篇《万公传》，以及书报上复印或抄录的一些有关万世德的零散资料。明代文学家屠隆《万公传》也许算是一篇长传，而在现代看来仅是一篇简略的传记。该传记述每当国家遇有重大变故，朝廷在启用万世德治理平息时，往往是几句话，或只言片语带过。而创作万世德长篇传记，资料必须充足且又有说服力,很有必要到万世德当年工作经历过的地方仔细采访。但搜集其整个一生经历资料,谈何容易?费时费力且不说,阻力也很大,在短期内完成相当困难。后来,通过朋友介绍到石家庄市图书馆,查找万世德在明万历年间的著作《湟中牍·附家食稿》。原来单纯地认为,馆藏图书就有服务的功能。结果,该馆一直以独家收藏绝版书炫耀,以珍贵的国家一级文物不准翻阅拍照、须等待其“缩微胶片图书数字化”服务为由谢绝了。后来有北京的文友研究万世德,去查阅此书,也是同样的遭遇。鉴于此次挫折,同时因每天从事繁忙的研究与编纂工作,遂将外出查考资料一事搁置。

随着时间的推移,省内外有的学者、作家研究万世德,试图为之作传,亦觉得没有充足的正史资料打基础,光靠文学想象力是很难完成的。忻州市内的作家和作者也只是依照《偏关志》或民间传说,写出了不少的成型或不成型的片段文字,也将为其作传视为禁区。至此,我依靠作家撰写万公传的想法有所淡化,进一步感到史料是历史人物传记的生命之源,不能光靠文学创作。按照正史要求,如果历史名人主干部分失真,更会引起读者的非议,反而会贬损人物形象。尤其是这样一位有争议的历史人物,更需谨慎从事。

功夫不负有心人,功业促成有心人。科技进步,信息发达,使我作传的里程竟然出现了“山重水复疑无路,柳暗花明又一村”的局面。2000 年至 2015 年,笔者曾两度整理增补民国四年版《偏关志》,期间除加深对万世德研究、逐渐理顺其一生脉络外,还征集到万世德以上三代祖宗四通墓志铭文。又根据书刊信息,从上海图书馆征集到万历朝臣给万世德的贺文两篇。更可喜的是,陆续得到文友与热心人士的支持和帮助,大家提供了有关万世德的一系列新的资料。青年学者崔皓先生在天津上大学期间,从《明神宗实录》以及《天津府志》中查找到很多详细资料,无私地提供给我。乡贤贾宝才先生在北京住子女家时，从国家图书馆查找到万公《辽东军饷论》给予支持。乡贤水泉人胡文耀先生原任青海省工商局副局长，受委托在清《西宁府新志》中通过逐页翻书，牺牲休息时间复印几十页的万公平西资料。还有偏关县志办原主任、恩师牛儒仁先生撰写的万世德任南阳知县、宝坻知县部分政绩资料，亦予赐赠。对他们的帮助和支持，笔者再一次表示最真诚的感谢！

2014 年 10 月，山阴县人、北京文化学者、科普作家丰小强先生研究“万历朝鲜战争”课题以及万世德，来偏关采风。他将从国家图书馆搜集到的明翰林学士陈懿典所撰的《万公墓志铭》，明代七子之一王世贞所撰的《万岩墓志铭》，万历朝内阁首辅王家屏《贺万丘泽中丞东征奏捷》的文篇，《李朝实录》中记载万世德在朝鲜决战前夕与留守后的大量资料，还有先生本人的一篇研究文章《万历朝鲜最后一战总指挥万世德》等，都无私地奉献于笔者。非常感谢丰小强先生，如果没有他提供的骨架性、关键性的资料帮助，该传是很难完成的。

作传当中，丰先生的好友、河北怀来县学者司全福先生赠送新版清《怀来县志》《怀来文史资料》十余册，以及他本人的著作《土木之变》，促成对《祭拜显忠祠》一节与《戍边宣府　备兵怀隆》一章的撰写，对万世德升任“怀隆兵备道”，在怀来驻防六年时间所处的军事地理环境、历史背景、工作实绩提供了翔实的资料，帮助笔者成功地撰写此章，填补了原属空白的内容。书成后司先生亲自把关审阅、校正并加工润色。

在网上查找资料时，意外地看到介绍尘封的万世德著作《湟中牍·附家食稿》信息资料，即石家庄市图书馆古籍部李锡凤对万世德研究所撰写的短文《海内孤本〈湟中牍〉及万世德刻书》，得到了非常不易得的万公当年平西时与同僚通信的几段论议，以及西宁战略位置与万公罢官返籍时的感想资料。此外，在网上意外地找到万历礼部尚书、东阁大学士于慎行《贺中丞丘泽万公征倭功成叙》一篇，找到了明朝沈德符等文学家对万公在天津巡抚任上治理盐碱滩开垦荒地、兴办水利记述及评价万公文武全才的议论文章，以及2003年5月31日《天津青年报》一篇对万世德首任天津巡抚治绩的文章。另外还有一些明朝大臣、文人学士对万公西征东伐、巡抚海防时所作的奏议、诗词、评论等。又查阅了《明神宗实录》，得到万世德历次高于知县以上的官职的任命、褒奖及明神宗的诏书、回复的议论等相关史料。在电子版清《元城县志》中，查找到万世德任元城知县一篇德政事迹碑记，填补了其在该地任职的资料空白。所有这些，都不是一朝一夕完成，而是长时间积累所为，由此而极大地丰富了撰写《万世德传》的资料宝库。

也许是"真诚所至，金石为开"的缘故吧，至此，撰写《万世德传》的机缘水到渠成，加之乡贤人士对我这位从业30余年史志工作者的嘱托与期待，觉得有责任和义务完成此传，"不畏世人眼，而立千秋业"。于是，根据这些较为丰富翔实的资料，我条分缕析地整理出《万世德年谱》，将其一生经历胪列清楚，成为传记提纲与基本框架。

2015年9月1日起，动笔作传，至年底完成初稿10万字；二稿完成于2016年6月，增添2万字。三稿作于2016年11月15日至2017年3月18日深夜，又增添10万字。从2017年5月8日至7月底在修改打磨中新增五节内容4万字，8月份又增添1万字，至此完成全书共近27万字的内容。至后仍然时有修改或增补内容，感觉越写越有劲，越写越顺利，连续三稿总经一年多的时间昼夜奋战而完成。2018年以来，一直在听取专家学者与出版社编辑与总编的意见。至5月26日，对史料核实再核实，修订再修订，润色再润色，打磨不断，至此定稿，第二次交付出版社。

《万世德传》全书的完成，得益于资料比较充足，遗憾的是万世德当年青海平叛、备兵怀隆、治理天津、经略朝鲜时的重要著作未能找到，未能进一步充实传记内容。“传记属于非虚构作品，所写须是事实，须有出处；援引他人记载，要经过一番核实，这一底线不可移易”。写传记有如写历史，不允许“合理想象”或“合理虚构”。笔者是专门从事地方志编撰、文史写作与研究的工作者，“求真存实”这一理念耳濡目染30余年，所以《万世德传》自然不能例外。

本书最后由《易经美学》《诗经美学》作者高乾源先生对后半部分“巡抚天津”与“抗倭援朝”等重点章节予以审阅，指出不足之处并提出指导性意见，使内容更充实。朔州市作家王宝国先生亦对篇首两章修改润色。又经南京大学博士后、中国长城文化研究传播者、《中国长城志》原编辑、人民出版社某教育出版机构编辑黄益老师对全书通盘审校、修订、加工、润色、定稿，第一次行使了责任编辑的职能。忻州市原文联主席、著名作家彭图先生亦对本书作出文字性评述，并提出宝贵意见。对以上各位老师的无私帮助、热情指导，深表感恩！

特别要感谢的是，中国作家协会副主席阎晶明先生对该传记的出版给予大力支持和帮助！他的一篇《乡贤们的固执与坚守》发表在2017年8月25日《光明日报》第13版《光明文化周末》，并配有图片资料，占了近半个版面，对偏关的文化事业、旅游资源，以及笔者的《偏关志》《三关志》校注的整理出版大加赞赏，寄予厚望。这次又专为拙传作序，给予非常中肯的评价。感谢阎先生扶植家乡宣传偏关文化的奉献精神！同时也对三晋出版社原社长、总编辑张继红先生对此书出版的精心策划与大力支持，表示衷心感谢！

偏关出了万世德这样一位名扬中外的大人物，边远古塞知名度也因此大为增色。近年来，采访名人故里，探幽揽胜，考察长城边塞，瞻仰古关风采的国内外专家、学者、作家、记者、游人络绎不绝。大家从中感受偏关地域文化的韵味，也领悟出特殊的历史内涵。因此，打造偏关这座历史文化名城势在必行，《万世德传》或许能够起到推波助澜的作用。它如能给大众带来精神上的满足和愉悦，那更是笔者的幸运了！尽管满腔热情、废寝忘食地撰写，但是书成之后，内心反而感觉不踏实。我深知自己学识与才力之不逮，疏漏与缺陷一定很多，恳请各位专家、学者不吝赐教，敬请各位读者批评指正，则不胜感激。

卢银柱

初稿于 2017 年 3 月 27 日深夜

二稿于 2017 年 5 月 9 日

三稿于 2018 年 5 月 26 日

主要参考书目及论文:

《孙子兵法》,中华书局,2016 年。

《素书》,汉黄石公著,北京联合出版社,2015 年。

《六韬三略·百战奇略》,明刘基编著,上海文化出版社,2014 年。

《明神宗实录》。

《万历邸钞》。

《兵部右侍郎震泽万公墓志铭》,明陈懿典《陈学士先生初集》卷十三。

《宣大山西三镇图说》,明杨时宁纂,万历三十一年版。

明《山西通志》,万历版,中华书局,2015 年。

《三关志》,明廖希颜撰,明嘉靖二十四年版。

《万历野获编》卷十二《西北水利》,明沈德符撰。

《万历三大征》,明茅瑞征撰。

《朝鲜李朝实录·宣祖》,中国国家图书馆出版社,2011 年。

《明史》,中华书局,1974 年版。

《万氏墓志铭》。

清《登州府志》,清施闰章纂,康熙三十三年版。

清乾隆《天津府志》,清李梅宾、程凤文纂,清乾隆四年版。

清乾隆版《宁武府志》,清魏元枢、周景柱纂。

清光绪《山西通志》,清王轩、杨笃纂,三晋出版社,2015年。

《秦边纪略》,清梁份著,青海人民出版社,2016年。

《明史纪事本末》,清谷应泰著,中华书局,2015年。

《西宁府新志》,清杨应琚纂,青海人民出版社,2016年。

清《元城县志·艺文志·碑记》。

清《怀来县志》,怀来县档案局印,2013年。

《偏关志》,民国四年版。

《中国历代战争史全集·明抗倭援朝战争》,台湾三军大学编,中信出版社,2013年。

《贺中丞丘泽万公征倭功成叙》,明礼部尚书于慎行纂。

《海内孤本〈湟中牍〉及万世德刻书》,明李锡凤撰。

《明朝经略青海——武力打击蒙古势力用互市控制经济》。

《松山古城:四百年前的战争遗迹》(天祝县政府)。

《晚明东亚海域地缘政治变迁与天津镇、登莱镇的建立》,赵现海撰,《国家航海》2015年第11辑。

《首开天津巡抚治》,《天津青年报》2003年5月31日。

《明代天津巡抚考》,陈洁撰,(《黑龙江史志》2009年第18期载。

《万历朝鲜最后一战总指挥万世德》,丰小强撰,2015年5月。